浙江文叢

徐一夔集

〔明〕徐一夔 撰 徐永恩 點校

浙江古籍出版社

圖書在版編目(CIP)數據

徐一夔集 / (明) 徐一夔撰;徐永恩點校. 一杭州:浙江古籍出版社, 2017.11(2022.6 重印)
(浙江文叢)
ISBN 978-7-5540-1150-8

Ⅰ.①徐… Ⅱ.①徐…②徐… Ⅲ.①中國文學一古典文學一作品綜合集一明代 Ⅳ.①I214.81

中國版本圖書館 CIP 數據核字(2017)第 276325 號

徐一夔集

(明) 徐一夔 撰 徐永恩 點校

出版發行 浙江古籍出版社
(杭州市體育場路 347 號 郵編:310006)
網 址 https://zjgj.zjcbcm.com
責任編輯 路 偉
文字編輯 潘丕秀
封面設計 劉 欣
責任校對 余 宏
責任印務 樓浩凱
照 排 浙江時代出版服務有限公司
印 刷 浙江新華數碼印務有限公司
開 本 710mm×1000mm 1/16
印 張 32.25
字 數 360 千字
版 次 2017 年 11 月第 1 版
印 次 2022 年 6 月第 2 次印刷
書 號 ISBN 978-7-5540-1150-8
定 價 180.00 圓(精裝)

ISBN 978-7-5540-1150-8

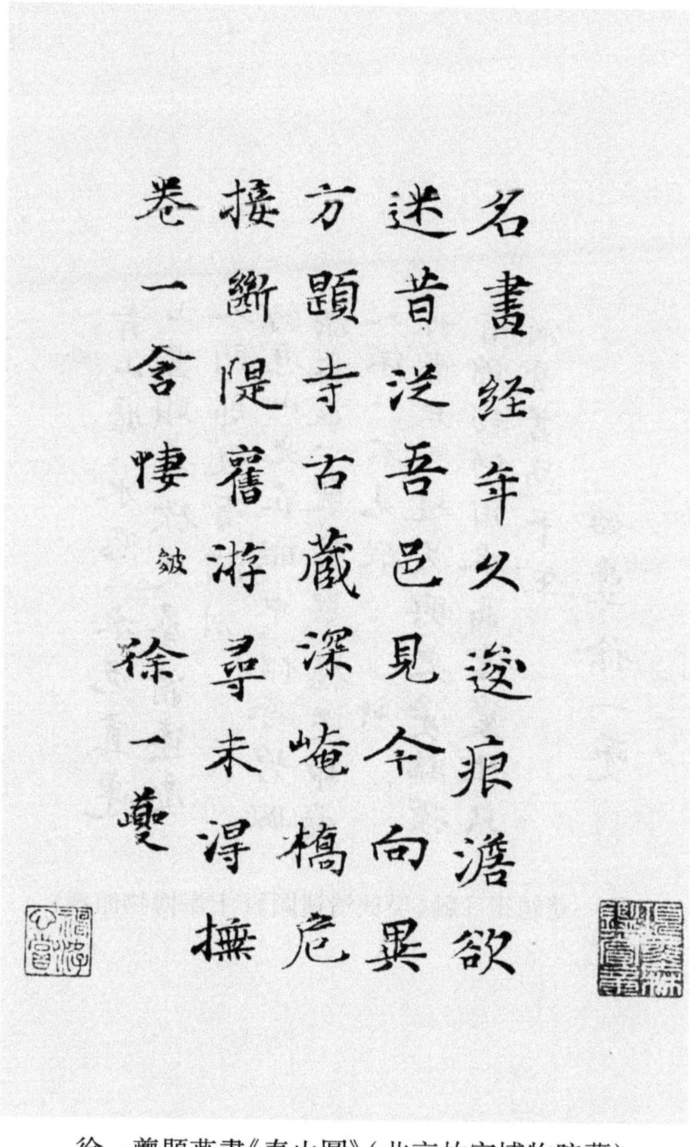

徐一夔題燕肅《春山圖》(北京故宮博物院藏)

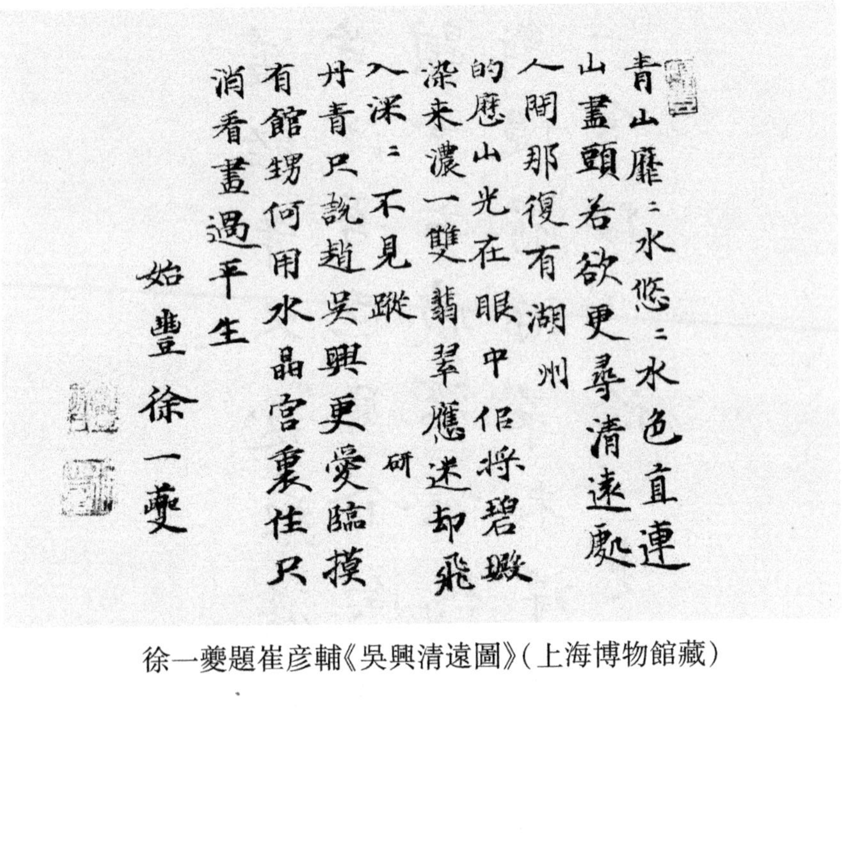

徐一夔題崔彦輔《吳興清遠圖》(上海博物館藏)

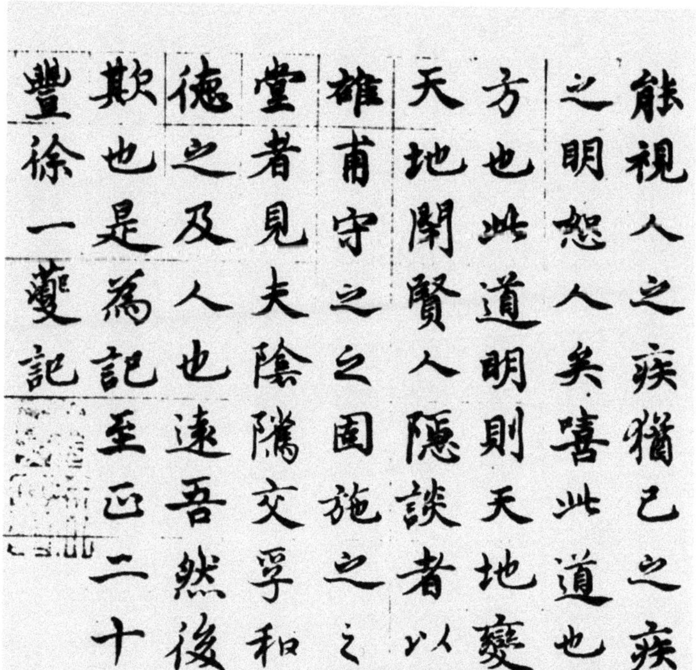

徐一夔《小楷如心堂記》(局部)

整理前言

徐一夔（一三一九—一三九九），字惟精，又字大章，號始豐，明台州府天台縣祥鸞鄉二十七都東徐村（今天台縣平橋鎮藤橋東序村）人。一夔生於一小農之家，其父徐伯仁，『通義義，精堪輿，善吟詠』，依叔父道生自天台白鶴厚澤遷到藤橋東徐下園居住。母親吴氏旦夕紡織，清苦度日。

元順帝至正八年（一三四八），爲避戰亂，一夔寓居於杭州仁和之相安里。至正十年（一三五〇），曾被聘爲錢塘侯泮助教。至正十六至十八年（一三五六—一三五八），一夔避居浙江海昌縣（今海寧市）黄灣，執教馬家。至正十九至二十三年（一三五九—一三六三），一夔僑居於嘉興春波門外白苧里，爲嘉興郡學助教。至正二十三年，授福建建寧路教授，未赴。至正二十七年（一三六七），即吴元年，一夔因有俊才而優於文辭，被選入誥局。洪武三年（一三七〇），在金陵撰《大明集禮》成。洪武五年（一三七二）九月，薦授杭州府學教授。次年九月，與修《大明日曆》。《日曆》成，返杭州，任府學教授，直至洪武末年老於任上。事迹見《明史·文苑·徐一夔傳》。

一夔賦資絶倫，自少學文。童年時，曾就學於鄰村杏所翁胡德完先生，且得胡德完尊人胡叔輝的勉勵，尊人刻厲爲學，見輒以學事相勉，麗澤之益多矣。稍長，則隨在越中一帶教書的父親讀書受業。除刻苦勤讀外，遐時則隨親友遊歷天台山名勝，開闊眼界。曾屢試有司，惜未中功名。度不足以科舉自立，轉而探求古人之道，出遊四方，初謂廣其聞見，可以有成。爲了立言明道，毅然遠離家鄉拜師求學，曾師事林古泉、貢師泰、劉基等。其序《郁離子》自署門生，蓋嘗出誠意之門。至正元年（一三四一）前後，其求師足迹最遠曾到達元京城大都。本想在北游後返南方時，取道魯橋而南，瞻望聖人之居。至正四年（一三四四），丁内艱，自大都南返，行旅匆匆，想去齊魯之邦的願望也没有實現。後因戰事爆發，一直爲未去齊魯而抱憾終生。至正八年（一三四八），正值而立之年的一夔，避亂僦居於杭州仁和之相安里，生活飢寒。但求學之志彌堅，潛心研讀經史傳記與凡諸大家集，含咀其精華，規模其步驟。於是，『即期以載道，非六經所存，不復輕宣念慮於其間。含積既久，燁然以文名江南』（宋濂《徐教授文集序》）。至正居杭州，間或與鄉友朱伯言、陶中立、陳性初等游西湖，與元末遺老、隱居宿儒暢遊廣陵。至正十六至十八年，張士誠攻陷蘇、松，一夔應朋友馬公著之請，避居於海昌縣之黄灣，爲馬家子姪執教三年。教學之餘，與貢師泰等以文相聚。後去嘉興，尋教職以求生計，居城東白苧里（今嘉興南堰區白苧村），助教諸生，且與四方避居者相酬唱，與高巽志、鮑恂、牛諒、周斐、張翼等十四人在嘉興南湖聚會賦詩，稱南湖詩會。與四方避地者，桐廬姚桐壽居海鹽峨溪，崑山顧德輝居合溪，温州陳秀民居竹鄰巷，閩卓成大居甓川，會稽唐肅、江漢皆來僑居，……四明周致堯以陸宣公書院山長留黎林，鹽城秦約教授崇德，日以文酒相酬和，一時名士爲聚桂文會，以文卷赴者五百餘人，桐壽稱爲樂郊（朱彝尊《明詩綜》）。

至正二十三年（一三六三），被危素薦授建寧路教授，未赴任。吳元年，即至正二十七年（一三六七），朱元璋平兩浙，一夔亦見徵於誥局，以撰誥命。洪武元年（一三六八）春，丁外艱，懇懇上請，獲准從金陵天界寺回天台奔喪，並看望啟蒙塾師胡宗衡。洪武二年（一三六九），返杭州，再回金陵。洪武三年（一三七〇），因其俊才而優於文辭，參與編撰《大明集禮》。《大明集禮》撰成，因『連歲奔播之餘，生事寥落，且有寒濕腳疾之苦，遠適海隅，覓一館穀之地，聊用養疴』[一]，堅辭返杭，棲身於瀕臨浙河的吳山之陽，安心養病。洪武五年（一三七二），因友王褘推薦，詔續修《元史》。有司不容見辭，逼上道，舟至嘉興驛，其疾大作，行步不前，於是堅辭不往。夏，一夔因貢去南京吏部衙門。九月，一夔因杭州知府王德宣等推薦授杭州教授，試職三年，育材奏功，方許真授。秋，參與組織浙江行省選貢考試。洪武六年九月，詔修《大明日曆》，因赴南京。時宋濂與吏部尚書詹同爲總裁，越四月書成。縉紳之家爭欲薦大章入詞林，一夔堅以足疾辭，宋濂因爲陳情於上，乃詔賜文綺、纖繒各三裝、錢六千文，仍俾其職爲真。洪武七年（一三七四）春正月，一夔從南京返杭州，被正式授予杭州教授。一夔自洪武五年開始執教，日以横經講道爲事，遠近生徒莫不趨之，猶水之赴壑。直至八十歲高齡，尚在任所，益申教條，多所成就。宋紹聖以來，府學教授一職須進士第上五人，禮部奏名上三人，府監廣文館第一人纔能擔任，一夔以一介寒儒，執教於杭州名郡，蓋因其『博覽載籍，發之於詞章，霞粲波縈，峻潔鮮朗，威儀儼雅又足爲後進師表，聲名籍籍起儒林間』（宋濂《送徐教授纂修日曆還任序》）。若非博古通今，斷難應命，可以説他是一個鞠躬盡瘁、堪爲人師的教育家。

一夔首先是明初忠於職守的教育家，更是一位通經博古、擅名兩浙的文史學家。一夔在史學方面有出色成就。明一統後，一夔即被詔入誥局，撰制誥，繼修《大明集禮》，再與修《大明日曆》，後王禕推薦，詔續修《元史》，可見其文材、史材。歷代書目繫《大明集禮》於徐一夔名下，可謂一夔出力居多。『洪武初，徐一夔所著《杭州府志》，頗稱簡明。今不傳矣』（田汝成《西湖志餘》）。『陳繼儒嘗稱大章《宋行宫考》、《吴越國考》研檢精確。余觀集中如《歐史十國年譜備證》、《錢塘鐵箭辨》等篇，皆極精核，不獨二考也』（王士禎《漁洋書跋》）。丁刻本漏收的《宋官署考》載《康熙杭州府志》，條分縷析，詳盡周至。其《與王待制書》論述撰修《元史》的有利條件與欠缺，述説清晰，有理有據。其所著之《織工對》一文是比較可靠的有關資本主義萌芽最早的記載，吴晗先生於一九三六年首先介紹它之後，曾引起許多史學工作者的關注，把它作爲研究中國資本主義萌芽問題常常提到的重要史料。

一夔的作品多爲散文，主旨深刻，内涵豐富，體裁多樣。記、序、説、考、贊、傳、解、銘、碑、表、書、頌、疏、文、誄、墓誌、祭文、祝文、墓表、墓碣、葬志、題跋、雜述等，應有盡有。短章長篇，精當縝密，有平易而無奇怪，悠永宏闊而餘味無窮，『其文皆謹嚴有法度，無元季冗沓之習』（《四庫全書總目·始豐稿提要》），『爲學尚理而不尚多，爲文尚質而不尚葩』（《鞠隱先生墓碣》）。『一夔工於文，深而不刻，質而不俚。其言曰：「理足而言暢，斯天下至文也。臨文而後索理，理惡乎粹？惟夫求諸經而有得於堯、舜、禹、湯、文、武、周公、孔子立言之旨，融而攝之方寸之間，吐之觚翰，則其爲言自不患其不醇矣。彼以才驅氣，駕爲高者，坐於造理不深故爾。」君子以爲篤論』（朱彝尊《徐一夔傳》）。『其言閎肆博大，信其爲卓然偉丈夫也』（楊循吉《徐君始豐稿序》）。

集中有序八十、記七十，兩者約占《始豐稿》文章之一半。如果加上題跋、傳，則占全書的三分之二篇幅。這些記、序、傳等擅長述事，大多以記人敘事爲主要内容，多描寫、記敘、抒情、敘議結合，均信手拈來，平易流暢，『惇篤而尚志，警敏而有文。其好學尤知向方，而不墮於世儒習俗之病』（朱右《知學齋記》）。

碑碣、墓誌銘、墓表、葬志、碑等文體，自宋以降，難免冗長。元季之文，冗沓尤甚。一夔的墓誌銘等，皆能以銘載道，『敷張神藻，潤飾鴻業，以鳴國家太平之盛者』。所撰墓誌之主人甚少達官貴人，平民百姓如醫者農者之類的處士卻占有很大比重。然所撰墓主不管是官吏還是平民，皆秉道德性命之藴，故書之藉以貶惡揚善。

祝文、表等都屬於官員向朝廷或上官奏報之類的公務應用文，有相對固定的格式，是歷代沿用的文體。一夔所著表文等，向皇上謝恩，語氣謙恭懇切。集中祝文是一夔進入杭州府學任教時謁告大成至聖文宣王祈禱所用，言簡意賅。勸農文僅一則，代杭州府官向農民所作，循情達理，言詞委婉。其祭文八則，皆爲友人而作，『含哀莫宣，聊以辭矣』，『追想交遊，一奠爲訣』。

一夔留下的詩詞不多，從《始豐稿》十五卷來看，末卷當爲詩詞，可惜散失殆盡，故僅存十四卷而無十五卷。所存詩（包括聯句二首），僅十首左右。然從留存之數首詩來看，其詩平易，無俏麗峭突之語，樸實清新，雅俗並存。他主張詩『貴平易而不貴奇怪』，『情性以本之，問學以充之，才氣以發之，思致以廓之，此之謂詩』，以其論錢南金之詩來評其自身之詩正合適，『清而不枯，華而不豔，整暇而不汎，精切而不刻，屏去奇怪之語，得詩人之意焉』（《錢南金詩稿序》），其長詩《桐柏山》就很好地體現了這樣的風格特點。

一夔『通經學古，以詩文擅名於時。……凡言教授之賢者，必曰一夔云』（《康熙台州府志》），但是『晚抱西河之戚，繼起孤單，稿本零落。明《文淵閣書目》雖有著録，亦注殘闕。俞氏憲《盛明百家詩》、錢氏《列朝詩集》皆不登隻字。幸新城、秀水表而出之，始克登四庫，儲七閣。然兵燹銷磨，傳亦幾希』（丁丙《始豐稿跋》）。

一夔著有《始豐稿》十五卷。《雍正浙江通志》所載卷數相同，《四庫全書》所收爲十四卷，無詩。《千頃堂書目》載『徐一夔《始豐類稿》十五卷』，然未注録刻書家名。宋濂《徐教授文集序》曰：『去歲過武林，獲觀其文集若干卷。』此序未言一夔的文集共幾卷，然可知一夔文集在明洪武十年（一三七七）前已整理了若干卷，極有可能即《始豐稿》的前稿一至四卷及後稿上五、六兩卷，當爲手稿。

《明文淵閣書目》載有『徐大章文集一部，二册，闕。徐大章文集一部，二册，闕。徐大章文集一部，二册，闕。』《明文淵閣書目》爲明正統年間楊士奇奉旨整理。《明史·藝文志》載：『正統間士奇等言：「文淵閣所貯書籍，有祖宗御製文集及古今經史子集之書，向貯左順門北廊，今移於文淵閣東閣。臣等逐一點勘，編成書目，請用寶鈐識，永久藏弆。」』直至正統六年（一四四一）整理完工，共收書一三一一一部。《明文淵閣書目》分三行著録徐大章文集，而且都是『一部，二册，闕』，可能有三種情況。第一種：其一『一部二册』，極有可能就是宋濂所説的徐先生文集若干卷，即一至六卷，其次『一部二册』可能是七至十五卷，其三『一部二册』可能是另一種版本《始豐稿》。第二種：有三個不同版本的《始豐稿》一至六卷，各二册。第三種：一至六卷一部二册，七至十五卷分刻成兩部，每部各二册。但是，如果是第一種情況，一般應該著録徐大章文集爲『一部四册，一部二册』。如果是第三種情況，一般應該著録爲『一部六册』。只有第二種情況才寫成一部二册，往復三次。

不管怎樣，有兩點可以肯定：（一）不著録書名，很可能是徐先生文集當時還未以《始豐稿》命名，故楊士奇編輯《明文淵閣書目》無法著録書名。（二）其中的『一部二册』，即宋濂所説的徐先生文集若干卷，即一至六卷，也就是《始豐稿》最早的刻本，也即清人朱彝尊、黄蕘圃所説的一至六卷二册爲明初刻本。

翻檢《始豐稿》，可以發現一個有趣的現象。卷五末篇《送廖思誠知安肅縣序》作於洪武十年，而卷八《時雨詩序》前的一些序文均作於洪武十年之前。作於同一時間、同一文體的序文卻分列於兩卷之中，中間隔了卷六、卷七。再者，一夔於洪武九年作《平陽王公墓誌銘》，此銘早於卷六之末的《耕樂處士墓誌銘》、《崔母趙夫人墓誌銘》，同是墓誌銘，卻編排在卷之九。最好的解釋便是：一至六卷是徐一夔先行整理的文集，即宋濂所説的文集若干卷，七至十四卷是一夔後來整理或者是他故世後他人整理的。一夔的文集在宋濂作序後，其門人就刻板梓行了。初刻本當爲六卷，即一至六卷，分裝二册。此即後人所説的《始豐稿》明初刻本。

現在所能見到《始豐稿》最好的善本是明初刻本，經朱彝尊、黄蕘圃、汪士鐘先後收藏，現藏南京圖書館。此本共二册，一至六卷，頁十五行，行二十七字。後人稱此本爲閣本，又稱二十七字本。然黄蕘圃在此本卷六後跋認爲『六卷後有割裂補綴之痕，且後稿下總目及每卷後似具有上字而挖去者，則其有後稿無疑。是本得無爲十四卷而逸其半歟？』清錢塘丁丙跋則以爲：『一至六卷，明初先刻，當竹垞家藏之本。』又稱：『又數年得黄蕘圃藏本前六卷，爲明初刊。』

上海圖書館藏的清初鈔本以及藹溪老人鈔本《始豐稿》六卷、浙江圖書館藏的清鈔本《始豐稿》六卷、北京圖書館藏的清鈔本《始豐稿》六卷屬同一系統，母本就是明初刻本。

浙江圖書館藏的清鈔本《始豐稿》原爲嘉業堂所藏，一至三卷爲前稿一册，四至六卷爲後稿一册，每頁十五行，每行二十七字。根據鈔本中『玄』、『曆』、『弘』字未避諱，以及紙質情況判斷，當屬康熙以前的鈔本。上海圖書館藏的清初鈔本《始豐稿》六卷，一至三卷爲前稿，四至六卷爲後稿，每頁行數、每行字數都與明初刻本一樣，而裝訂略異，是一至四卷一册，五至六卷一册。此鈔本卷四的《雪庭贊》與上篇《陳節婦序贊》换了位置。卷後有朱彝尊及潛采堂藏書印，潛采堂是朱彝尊的室名，此本顯然爲朱彝尊得明初刻本後所抄。另外還有謙牧堂藏書印、趙宗建非昔軒藏書印。謙牧堂，清康熙間滿洲正白旗人揆敘的室名。揆敘官至右都御史，曾刻過不少書，如元周伯琦的《近光集》等。朱彝尊的《始豐稿》鈔本後來到了揆敘手中，或許朱彝尊本來就是抄給揆敘的。此本後來又到了趙宗建手裏。趙宗建，清江蘇常熟北門外人，字次山，一字次公，號非昔居士。

藹溪老人鈔本，分裝四册，一至二卷一册，三至四卷一册，五、六兩卷各一册，頁十二行，行二十五字。卷末有『雍正五年丁未閏三月藹溪老人手録於雲窩書屋，時年五十有五』，並有『古芸閣』印。卷末附記稱：『得之熊潤桐（一九〇二—一九七四），此書原爲莫天一五十萬卷樓舊藏也。』按：莫天一（一八七八—一九五八），名伯驥，廣東東莞人，好藏書，積書五十萬卷，藏書樓名五十萬卷樓。未詳莫天一從何得之，因無其他印章可資探尋。此本漏抄了卷四《雪庭贊》，還把卷三末篇的《鞠隱先生墓碣》與上篇對調了位置。

北京圖書館藏的《始豐稿》六卷，一册，每頁九行，行二十一字，無序跋，目録下有『臧真精舍偶得』、『友竹軒』、『雪苑宋氏蘭揮藏書記』、『延古堂李氏玥藏』、『風月天遺庭黄翠』等八枚印。此本來自天津延古堂李氏，延古堂爲天津延古堂李氏的堂號，始祖李京琦有《延古堂詩存》。李家有藏書樓，編有《延古堂李氏藏書目》，收書四千餘種，多明鈔本、明刻本。未詳李氏得於何人之手。

最早稱徐一夔所著有《始豐稿》十五卷的，是明太平人謝鐸于明弘治十年（一四九七）撰成的《赤城新志・人物傳》。《赤城新志・典籍門》稱『今有刻板在杭州』，然未注録刻者姓名。可見《始豐稿》初刊本刊行於弘治十年前，距一夔謝世不到百年。所著録的十五卷有兩個可能，一種在初刊前六卷的基礎上補刊七至十五卷，另一種則從卷一至卷十五全刻。丁丙跋稱：『又得九之十一凡三卷，與明先刻卷一式。』據此分析，丁丙所見的《始豐稿》九至十一卷當是明初補刊本。

明嘉靖（一五二二—一五六六）間，族人徐廷試（號東谷處士）重又刻板梓行。據《康熙天台縣志・仕迹》載：『徐廷試，字宣舉，天台東横人。幼善屬文，弱冠領鄉薦。時天台同舉者八人，號八先生，廷試居首。任廣東河源縣令，陞江西吉安通判，所在有異政。生平無所營，以墨莊貽後人。』徐廷試刻本未見諸書目。

國家圖書館藏清鈔本《始豐稿》十四卷，分裝八册，無目録和序，每頁十一行，行二十二字，無格。編次先是宋濂的《徐教授文集序》，次爲宋濂的《送徐教授纂修日曆還任序》。有一眉批言：『此序作於文集序文之前而附於後者，以前序當爲集而作也。』卷之五、九、十二前均有『石倉出校』、『吴允嘉印』、『老屋三間賜書萬卷』、『歙甸長塘鮑氏知不足齋藏書印』等印五枚。卷十四後有『完顔景賢……號樸孫别號小如庵印』等二枚印，卷末小如庵誌曰：『《始豐稿》多作六卷，甚爲簡略。此十四卷係知不足齋舊藏，吴石倉先生手校，考核精詳，誠罕見秘籍也。書中夾有吴迹删録目一張，特粘集後。前賢手翰日久庶不至遺佚，亦愛書之一道耳。』還有『小如庵墨緣』印一枚。按：吴允嘉字志上，號石倉，浙江仁和（今杭州）人，有《吴越順存集》等，曾手抄書數百册。知不足齋是清安徽歙縣人鮑廷博（一七二八年—一八一四年）的室名。鮑廷博，字以文，號渌飲，寄居杭州，後住桐鄉，喜藏書，歷購前人書以養志，成爲大藏書家。有《知不足齋叢書》。小如庵，未詳待考。此八册裝的《始豐稿》十四卷全卷找不到鈔寫者的蛛絲馬迹，也不知抄自何本。

王氏十萬卷樓鈔本《始豐稿》十四卷，藏無錫市圖書館。此本無目録，序次先是宋濂序，次爲宋濂的《送徐教授纂修日曆還任序》。序下有『元和王同愈』、『栩緣所藏』印。每卷一册，頁十一行，行二十二字，有藍色格，版心有『王氏十萬卷樓鈔本』藍印。從字體看，此本當爲三人分段合抄。『十萬卷樓』爲清浙江蕭山人王宗炎（一七五五年—一八二六年）與子端履的室名。宗炎原名琰，字以除，號谷塍，乾隆四十五年進士，築十萬卷樓，以文史自娱。據《中國藏書家板刻辭典》載，十萬卷樓『有鈔本……明徐一夔《始豐稿》十四卷』。按：王同愈（一八五五—一九四一），字文若，號勝之，别署栩緣，元和（今江蘇蘇州）人，晚清舉人，國史館編修，文淵閣校理，著有《栩緣隨筆》等。此十萬卷樓鈔本經王同愈，後入藏無錫圖書館。

顯而易見，十萬卷樓鈔本與知不足齋舊藏本（國家圖書館藏清鈔本《始豐稿》）同一母本，或者説是先後從同一本上抄得。因爲這二個鈔本每頁十一行，每行二十二字，驚人地一樣，序次排列也完全相同，先是宋濂的《徐教授文集序》，再是宋濂的《送徐教授纂修日曆還任序》，而且都没有目録。如果不是出於同一母本，不可能完全一樣。

八千卷樓鈔本《始豐稿》十四卷，藏中國科學院圖書館，分裝四册一函。此本抄自《四庫全書》，因爲有四庫書録字樣，序次與四庫本同，先是四庫本的提要，後接《明史》本傳。有丁丙跋二則，首則跋刻入清光緒甲午錢塘丁氏嘉惠堂《武林往哲遺著》本《始豐稿》卷末。其中稱：『明文淵閣書目有徐大章集三部，皆二册，皆注闕字而不著《始豐稿》之名，豈别一刻本歟？……郁嘉慶《至正庚辛唱和詩人小傳》云終於杭州府學教授，正刊集事竟之後矣。』

中國社科院歷史研究所藏清鈔本《始豐稿》十四卷，每頁九行，每行二十一字。目録前有《始豐稿提要》，下鈐『錢江何氏夢花館藏』、『何元錫印』二印，目録鈐『鷦安校刊秘籍』。有夢花館是清錢塘何元錫（一七六六—一八二九）的室名。元錫字敬祉，號夢華，監生，精於目録學。此本有五處題跋，分列在目録前、目録後、卷六末、卷末。目録前爲提要，該提要係唐翰題於乾隆五十年校後所書，稱：『此集卷一至卷三爲前稿，自四卷至十四卷爲後稿，皆雜文無詩。……此本爲明代舊刻，乃一夔全集。別一本，僅六卷，佚篇頗多，不及此之完善也。』按：唐翰題（一八一六—？），字鷦安，初名寳衒，字子兵，一字鷦安，號蕉庵，又號文伯，浙江嘉興人，官吴縣知縣。精於鑒藏書畫，工畫。有《説文臆説》等。翻檢此本，卷之四也無『後稿』字，而卷五、六有『後稿』字。此本錯字較多，唐翰題校正了不少。此本與其他十四卷本鈔本有兩處明顯不同：一是目序次不同，卷一至卷十一和其他鈔本都一樣，自卷十二開始與他本不同，即把他本中卷十二《國子助教李君墓誌銘》以下至卷十四的《平山禪師塔銘》插到他本卷十四的最後，作爲十三卷、十四卷。二是删去其他鈔本中三個有目無文的篇目，即卷三的《五雲書屋題詩序》、《題全荃谷水仙樂府後》，卷六的《金剛經經義撮要》。唐翰題以爲『當是傳鈔者因卷中無其文，遂删去之』。此鈔本來自於明代舊刻本，和他本鈔本不屬同一系統，正如唐翰題所説的『此本傳出之本，以脱字計之，當即二十七字之本，□中有全闕之葉二。又元人名，此本與刻本均不同，則此本又似從別本傳出，當更訪之』，又稱『以元人姓名異於刻本度之，是本當從閣本傳出』。

此外，還有《元豐文集》四卷，藏浙江圖書館。此本無藏書印，也無鈔録、校刊者的姓名，共四卷，按體裁分類，卷第一爲雜述、解、説、贊、辭、頌、銘碑，卷第二爲記，卷第三爲序，卷第四爲題跋、誄、書、表、傳、祝文、祭文、墓誌銘。此本爲普通本，未被《中國古籍善本書目》著録。目録前有彭應龍翼夫序，此序未提及一夔大章，只稱《元豐文集》、元豐先生。按：未見徐一夔有元豐的别號或室名，其友人也未有提到諸如此類的名稱。

由上可見，徐一夔的《始豐稿》先刻宋濂所説的徐大章文集若干卷，即今所説的明初舊刻六卷本，亦即二十七字本，即《明文淵閣書目》著録的刻本。其後十五卷本出現在明弘治十年（一四九七）前，之後徐廷試重刻。

據清朱彝尊《靜志居詩話》説：『大章遺稿罕傳，余於京師見之新城王貽上所，凡四册，比余家藏者倍之。然驗其目無詩，猶未是足本也。』光緒間錢塘丁丙説『先生文稿僅五卷。越數年得明初刻本卷九至十一三卷』，後從四明盧氏借抄，然盧本也非刻本，待得到黄蕘圃藏本，『前六卷爲明初刊，後八卷影寫明刊者，於是方睹原書面目』。

現今行世的《始豐稿》有三種。一爲六卷本，即清朱彝尊家藏本現藏於南京市圖書館的明初刻本，是國内最好的善本；一爲十四卷本，即黄蕘圃藏本，後採入《四庫全書》；三是十五卷本，清光緒癸巳（一八九三年）丁丙又輯補遺一卷，收録遺詩，並收提要、《明史》本傳、宋學士序、王褘文、梁石門諸序與志文遺事爲附録一卷，即丁丙嘉惠堂《武林往哲遺著》刻本《始豐稿》。另外還有一本《元豐文集》，現藏浙江圖書館，未標注一夔名，全是一夔文章，當是傳鈔之誤，但歷代書目均無著録，未知所本。

徐一夔的著作除了《始豐稿》，著録的尚有《杭州府志》、《大明集禮》、《藝圃蒐奇》。《杭州府志》，今已不存；《大明集禮》係皇家官修之書，冠於徐一夔名下，非一夔之文；《藝圃蒐奇》一書，《四庫全書》從該書的成書年代以及某些逸事分析，認爲該書乃後人託僞，而非一夔所作。

筆者於一九八五年鈔録了《始豐稿》十四卷，邊著手校點，邊赴北京國家圖書館、中科院圖書館、中國社科院圖書館以及上海、浙江、南京、無錫等圖書館查閱善本書目上記載的《始豐稿》所有善本，並查閱部分與徐一夔相關的姓氏宗譜，於一九九三年首届天台山文化節時撰成《徐一夔考略》一文，考證了其籍貫及生卒。尤其是卒年的考證，推翻了史上稱徐一夔犯忌被殺的荒唐説法。二〇〇五年，初步完成《始豐稿校注》任務。《始豐稿校注》，以丁丙嘉惠堂《武林往哲遺著》本《始豐稿》爲底本，參校《四庫全書》本、明初刻本、清鈔本和其他鈔本，亦參校《元豐文集》，同時也參校了史書、别集和有關典籍。爲了保持《始豐稿》原貌，依照原來的分卷，原文章分類標注亦依舊。二〇〇八年四月，《始豐稿校注》（簡體字版）由浙江古籍出版社出版。

此次整理《徐一夔集》，不收《大明集禮》、《藝圃蒐奇》等非徐一夔之文，以二〇〇八年出版的《始豐稿校注》爲基礎，再次校以《四庫全書》本，並以其他鈔本參校。文後新輯自新點校本民國二十四年之《蕭山縣志稿》遺文《吴越兩山亭記》一則，輯自上虞祈山清光緒元年（一八七五）《陳氏續修宗譜》所載之《過上虞魏氏福緣精舍題》詩、一九九六年重修之《天台夏氏宗譜》之《天台始祖怡松公像贊》詩、北京故宫博物院藏燕肅《春山圖》之題詩以及上海博物館藏崔彦輔《吴興清遠圖》之題詩共六首，輯自明顧瑛《玉山名勝集》之《人日興聖方丈小集玉山與大章致堯元樸聯句二十韻》聯句一首，加上二〇〇八年增補的《貝助教文集序》、《靈溪八詠詩序》、《至正辛丑倡和集跋》、《南渡大小官署考》四文和《游廣福寺分韻得高字》、《聯句》二詩，共輯佚五文八詩。此外，附録增加了丁丙、黄蕘圃等數則題跋，以供研究者參考。

目録

始豐稿卷之二前稿

始豐稿卷之五 後稿上

始豐稿卷之六 後稿上

題跋

書

表

始豐稿卷之七後稿中

始豐稿卷之八 後稿中

序

題跋

始豐稿卷之九後稿中

始豐稿卷之十後稿

始豐稿卷之十一 後稿

記

碑

序

始豐稿卷之十二後稿

序

墓誌銘

始豐稿卷之十三 後稿

墓誌銘

墓碣

葬誌

始豐稿卷之十四 後稿

始豐稿續補遺

始豐稿附録

始豐稿續附錄

始豐稿新附錄

欽定四庫全書總目

《始豐稿》十四卷

明徐一夔撰。一夔有《藝圃搜奇》，已著録。朱彝尊《静志居詩話》曰：『大章遺稿罕傳，余於京師見之新城王貽上所，凡四册，比余家藏者倍之。然驗其目無詩，猶未是足本。』案今行世凡二本：其一本六卷，當即朱彝尊家所藏；此本自一卷至三卷爲前稿，自四卷至十四卷爲後稿，皆雜文無詩，當即王士禎家所藏矣。據《千頃堂書目》載，一夔《始豐類稿》十五卷。此本所佚不過詩一卷耳。其文皆謹嚴有法度，無元季冗沓之習。其《與王褘論修史書》，《明史》載之於本傳。陳繼儒嘗稱其《宋行宫考》、《吴越國考》研核精確。王士禎又稱其《錢塘鐵箭辨》精於考核。其《歐史十國年譜備證》一篇，謂歐陽氏於吴越改元止據寶石山制稱寶正六年爲證，一夔復得錢鏐將許俊墓磚，有寶正三年字，以證歐史之不誣，又謂元瓘襲位後不復改元，立説皆有根據。觀其所辨，始知明嘉靖間錢德洪所撰《吴越世家疑辨》謂改元之事别無證據者，特爲先世諱耳。是又多資考證，不但其文之工也。

徐教授文集序

宋濂

曹丕有言：『文章者，不朽之盛事。』其故何哉？夫山之巍然，有時而崩也；川之泓然，有時而竭也；金與石，至固且堅，亦有時而銷泐也。文辭所寄不越乎竹素之間，而謂其能不朽者，蓋天地之間有形則弊，文者道之所寓也，道無形也，其能致不朽也宜哉！是故天地未判，道在天地；天地既分，道在聖賢；聖賢之殁，道在六經。凡存心養性之理，窮神知化之方，天人應感之機，治忽存亡之候，莫不畢書之。皇極賴之以建，彝倫賴之以敘。此豈細故也哉！後之立言者，必期無背於經，始可以言文，不然不足以與此也。

是故揚沙走石，飄忽奔放者，非文也；牛鬼蛇神，佹誕不經而弗能宣通者，非文也；桑間濮上，危絃促管，徒使五音繁會而淫靡過度者，非文也；情緣憤怒，辭專譏訕，怨尤勃興，和順不足者，非文也；縱横捭闔，飾非助邪，而務以欺人者，非文也；枯瘠苦澀，棘喉滯吻，讀之不復可句者，非文也；廋辭隱語，雜以詼諧者，非文也；事類失倫，序例弗謹，黄鐘與瓦釜並陳，春穠與秋枯並出，雜亂無章，刺眯人目者，非文也；臭腐塌茸，厭厭不振，如下俚衣裝，不中程度者，非文也。如斯之類，不能遍舉也。必也旋轉如乾坤，輝映如日月，闔闢如陰陽，變化如風霆，妙用同乎鬼神，大之用天下國家，小而爲天下國家用，始可以言文，不然不足以與此也。

故所貴乎文者，前乎千萬世而不見其始，後乎千萬世不知其終，有不可一刻而離去者，其能致不朽也宜哉！丕也惡足以知之？徒以魯國孔融等七子，學無所遺，辭無所假，足以令聲名傳後而已，安知其文哉！傳有之：『言以足志，文以足言。言之無文，行之不遠。』此則文之至者也。文之至者，文外無道，道外無文。粲然載於道德仁義之言者，即道也。秩然見諸禮樂刑政之具者，即文也。道積於厥躬，文不期工而自工。不務明道，縱若蠹魚出入於方册間，雖至老死，無片言可以近道也。

夫自孟氏既没，世不復有文。賈長沙、董江都、太史遷得其皮膚，韓吏部、歐陽少師得其骨骼，春陵、河南、横渠、考亭五夫子得其心髓。觀五夫子之所著，妙斡造化而弗違，百世以俟聖人而不惑。斯文也，非宋之文也，唐虞三代之文也；非唐虞三代之文也，六經之文也。文至於六經，至矣盡矣，其始無愧於文矣乎！世之立言者奈何背而去之？

吾友天台徐君大章，賦資絶倫，自少學文，即期以載道，非六經所存，不復輕寘念慮於其間。含積既久，煜然以文名江南。洪武中，嘗召入史館與修《大明日曆》。遂出教授武林，日以横經講道爲事。遠近生徒莫不趨之，猶水之赴壑。當修《日曆》時，予適爲之總裁，每與大章論文，竊歎今之作者何其與古異也，大章深以予之言爲然。

去歲過武林，獲觀其文集若干卷。今山居多暇，因徇大章門人之請，漫爲序其篇端。嗚呼！世有豪傑之士知文與道非二致者，必以余説爲不謬。苟非其人，則以好高尚誇尤之矣。

予一聽焉，無事乎辨也。

金華宋濂撰。

明史傳

徐一夔，字大章，天台人。工文，與義烏王禕善。洪武二年八月，詔纂修曆書，一夔及儒士梁寅、劉于、曾魯、周子諒、胡行簡、劉宗弼、董彝、蔡深、滕公琰並與焉。明年，書成。將續修《元史》，禕方爲總裁官，以一夔薦。一夔遺書曰：

『邇者縣令傳命，言朝廷以續修《元史》見徵。且云執事謂僕善敘事，薦之當路。私心竊怪執事何惓惓於不材多病之人也？僕素謂執事知我，今自審終不能副執事之望，何也？

『近世論史者，莫過於日曆。日曆者，史之根柢也。自唐長壽中史官姚璹奏請撰時政記，元和中韋執宜又奏撰日曆。日曆以事繫日，以日繫月，以月繫時，以時繫年，猶有《春秋》遺意。至於起居注之説，亦專以甲子起例。蓋紀事之法無踰此也。

『往宋極重史事。日曆之修，諸司必關白。如詔誥則三省必書，兵機邊務則樞司必報，百官之進退，刑賞之予奪，臺諫之論列，給舍之繳駁，經筵之論答，臣僚之轉對，侍從之直前啟事，中外之囊封匭奏，下至錢穀、甲兵、獄訟、造作，凡有關於政體者，無不隨日以録。猶患其出於吏牘，或有訛失，故歐陽脩奏請宰相監修者，於歲終檢點修撰官日所録事，有失職者罰之。如此，則日曆不至訛失，他時會要之修取於此，實録之修取於此。百年之後紀志列傳取於此。此宋氏之史所以爲精確也。

『元朝則不然，不置日曆，不置起居注，獨中書置時政科，遣一文學掾掌之，以事付史館。及一帝崩，則國史院據所付修實録而已。其於史事，固甚疏略。幸而天曆間虞集仿《六典》法纂《經世大典》，一代典章文物粗備。是以前局之史既有十三朝實録，又有此書可以參稽，而一時纂修諸公，如胡仲申、陶中立、趙伯友、趙子常、徐大年輩，皆有史才史學，廑而成書。至若順帝三十六年之事，既無實録可據，又無參稽之書，惟憑采訪以足成之。竊恐事未必覈也，言未必馴也，首尾未必穿貫也。而向之數公，或受官，或還山，復各散去。乃欲以不材多病如僕者承之於後，僕雖欲仰副執事之望，曷以哉！　謹奉狀左右，乞賜矜察。』

一夔遂不至。未幾，用薦署杭州教授。召修《大明日曆》，書成，將授翰林院官，以足疾辭，賜文綺遣還。

始豐稿卷之一 前稿

徐一夔大章著

雜述

讀韓文公薦士書

史稱韓愈成就後進士，往往知名。今讀其《與陸員外薦士書》，信其能成就後進士也。書所列自侯喜以下四人，則備言其文行；自沈杞以下六人，則或稱其文，或著其行，且曰：『今天下之士不可遽數，但言其最近而切者爾。』以今而觀侯喜諸人，時天下之有道而文者，豈復有賢如愈者哉！

自愈而論，當時之士誠未有當其薦者。雖然，天下之材，大小、長短各從所賦，而未嘗無也。謂天下無材者，是厚誣天下之人也。矧人之材所以爲世用，其不用者不幸也。且天下之事如此其多也，一人能集之乎？不可也。朝廷之位如此其廣也，一人能兼之乎？不可也。不可責於一人，則大者、長者、小者、短者當各適其用，而不可有一之或棄。愈有見乎此，惟恐己之不知、人之不用，國家曠官廢事是懼，是以不敢薄待天下也。當是時，穆宗嘗欲大用愈，而沮於皇甫鎛輩。使愈大用，豈曰論薦云乎哉！此則當時士之不幸也。

嗟乎！今天下之士如侯喜諸人者蓋有之矣，不聞有論薦如愈者，何也？大抵負材名而驟進者，恐其軋己而不欲言；處禄位之崇高者，既不屑與貧賤之士接，又不思求賢爲國之義。夫恐其軋己而不欲言者，量不弘者也；不屑與貧賤之士接與不思求賢爲國之義者，心不忠者也。不弘之罪小，不忠之罪大。不弘不忠，而曰天下未嘗有材焉者，是謂厚誣天下之材之人者也。

嗟乎！今天下之大，豈真無其人哉！吾嘗求之矣。脱有人能識此者，非其才名不足取信於人，則其位在疎遠不信之地，其敢責以愈之爲耶？或曰：『愈之論薦於陸，蓋當時取士之法然爾。今取士之法與唐異，殆不可以此責人也。』不然。吾所論者，君子拔賢爲國不自厚之心，夫豈論其法之異與否哉！苟今之取士與唐無異，有如愈之論薦者乎？吾不敢言也。

嗚呼！安得有如愈者復生于今時，以薦進爲己務，俾向之所謂不弘不忠者有蔽賢之誅之懼，非特士之幸也，亦天下國家之幸也。

讀鄭虔傳

按《鄭虔傳》，鄭相如告虔曰：『天寶十三年，逆臣僭亂，當汙僞官，願守忠節。』相如言時，開元三十年也。及安禄山反，虔果陷賊中。禄山署虔水部郎中，虔念其言，稱疾求攝市令。事平議罪，虔得減死論，貶台州司户。

夫爲臣死忠，理之常也。虔以相如豫告，故不受僞署，不然則受之耶？讖緯之學，聖賢所不道。宋景文撰《唐書》，敘事嚴簡，而汎及符讖雜説，非以爲訓也，以著虔之不知自守爾。覽者無惑焉。

織工對

余僦居錢塘之相安里，有饒於財者，率居工以織。每夜至二鼓，一唱衆和，其聲驩然，蓋織工也。余歎曰：『樂哉！』

旦過其處，見老屋將壓，杼機四五具，南北向列。工十數人，手提足蹴，皆蒼然無神色。進工問之曰：『以余觀若所爲，其勞也亦甚矣，而樂何也？』工對曰：『此在人心。心苟無貪，雖貧，樂也；苟貪，雖日進千金，祇戚戚爾。吾業雖賤，日傭爲錢二百緡，吾衣食于主人，而以日之所入養吾父母妻子。雖食無甘美，而亦不甚飢寒。余自度以爲常，以故無他思。於凡織作，咸極精緻，爲時所尚，故主之聚易以售，而傭之直亦易以入，所圖如此。是以發乎情者，出口而成聲，同然而一音，不自知其爲勞也。頃見有業同吾者，傭於他家，受直略相似。久之，乃曰：「吾藝固過於人，而受直與衆工等，當求倍直者而爲之傭。」已而他家果倍其直傭之。主者閲其織，果異於人。他工見其藝精，亦頗推之。主者退，自喜曰：「得一工勝十工，倍其直，不吝也。」久之，又以：「吾業織且若此，舍此而他業，當亦不在人下。去事大官，善其逢迎之術，竭其奔走之力，貴富可得也。奈之何終爲織家傭？」其後果事大官，廁在衆奴中，服役于車塵馬足者五年，未見其所謂貴富之機也。又如是者五年，一旦以事觸大官，怒斥逐之，不使一再見。又所業已遂遺忘，人亦惡其狂不己分，不肯復傭以織，至凍餓以死。若人也，吾謹用以爲戒。如之何而弗樂？』

余歎曰：『工，知足者也。《老子》曰「知足之足常足」，工之謂也。』因著于篇。工凡十人，與余言者姚姓云。

解

推命解

昔荆國王文公不貴推命，其言曰：『君子脩身俟命，守道順時，貴賤禍福之來有弗能沮，而誕謾虚怪之説是溺。』

余解之曰：『貴賤禍福之來，非人所能爲也，惟聖人能安之，惟賢人能知之。自餘衆人，不借聰於人，無自而知也。聖人不世出，賢人不時出。蠅營狗苟，馳逐於聲利之場，蹈禍機，觸刑辟者，皆是也。苟有人焉，就其年月日時之所值，陳其休咎，使利焉而就，害焉而避，斯人也免戾於斯世，其功不亦博乎？古之史氏列序方技於功臣世家之後而不讓者，蓋有以也。

嘉興有東谷子者，居春波門，用五星家躔度遲留伏逆法，推人生年月日時所值貴賤禍福，毫分縷析，無有不驗。吾慮衆人之昧於所從也，乃爲之解。

瑞芝解

嵊縣之東有鄉曰靈芝。故老相傳，昔嘗有芝生其地，鄉所以名也。比者兵起，邊境驛騷〔一〕。鄉人邢君某，用守禦功得宰其縣。君善於撫綏，三年，邑以治聞，芝復生焉。居人持以獻，枝葉華色，按諸圖諜惟肖。當是時，田夫野老歌頌于野，騷人墨客詠歎于家，達官貴人稱説于朝，莫不以爲瑞云。

余聞神仙家種芝以充食，其品有木芝、石芝、菌芝、肉芝之異。故世或産芝，遂以爲不常有之物，而與嘉禾、芝草〔二〕並列。余竊有疑焉。使是物果爲瑞耶？宜生於熙洽之世。今泰運未復，天地之間沴氣充滿，山川鬼神、草木鳥獸舉失其寧，而芝生其地，何哉！豈其土性所宜耶？抑亂極將治，司造化者發此以爲之兆耶？抑偶然耶？不可得而知也。意者天地之和，惟人所召。姑以往事明之。霸在潁川嘉穀生，堪在漁陽岐麥秀，蓋有之矣。是芝也，其爲縣宰瑞耶？不然，胡於斯時而有斯物也？爰著於篇。

校勘記

〔一〕驛騷，四庫本作『繹騷』。
〔二〕芝草，四庫本作『瑞草』。

説

公葵説

吾友郭君名復，以秉心字行久矣。一日夢神人授以葵，因易其名與字，而總以公葵稱。或以告余，且請余爲之説。

余曰：『名稱於己，字行於人，名以字表，字以名生，本末之謂也。古之人名與字總稱者亦不多見，獨班固書賈誼、董仲舒傳不著其字，後世著作家類稱誼、仲舒，則名與字總稱之一證也。攷之《春秋》則不然。《春秋》之法，貶則書名，褒則書字，宰咺、子突〔二〕之類是也。公羊子曰：「名不如字，非謂其人不如也，蓋謂見名於人則近乎卑，見字於人則近乎尊也。」如君之於臣，父之於子，師之於弟子，名之可也。或學而交同志，或仕而交同列，斥其名不可也。而郭君不以名稱爲嫌，何哉！郭君辱與余交，其立言制行，非余所能及。斯義也必有所屬，尚當從君質之。』

校勘記

〔一〕子突，四庫本作『子罕』。

尚友説

君子爲學求道，其可有自足之心乎？不可也。蓋天下萬事皆有足，惟爲學求道不可以有足，足斯畫矣。

古之人惟其不自足也，是以廣於取友。故近而一鄉之士，遠而一國之士，又遠而天下之士，無不友焉，猶未足也。雖古之人，亦尚友之。嗚呼！學而至於尚友，未易言也。昔者孔子之生後乎周公五百餘歲，志之所形，夢見周公，尚友周公也。孟子之生後乎孔子百有餘歲，志之所至，願學孔子，尚友孔子也。程子之生後乎孔子、孟子又千有餘歲，以不世有之識，得孔子、孟子之奥，使其道益尊以明，尚友孔子、孟子也。泰矣哉尚友之云也！

吾友牛君士良，字其藏修之所曰尚友。或曰：『此聖賢事也。今人生而同世，學而同道，以某問某，猶有不知者，而況立乎千百世之下而取千百世之上之人友之，不已夸乎？』不謂是也。聖人之事，衆人之所爲也。古人遠矣，其詩存，其書存。誦其詩，讀其書，意領神會於千百世之上，古人在是也。孔子也，孟子也，程子也，爲聖爲賢，蓋此道也。以衆人自處而自棄其聖賢之身，衹見其誇也。余識牛君久矣，生長齊魯之邦，而從其先君子宦遊楚越之野，足之所及者廣矣。所謂一鄉之士，一國之士，天下之士，其必得而友之矣，而且以尚友爲事，夫豈汲汲於小成者哉！

牛君間徵余説，余謝之曰：『余於古人未之有知，何足以語於此？』竊有告焉。昔之人有以聖賢自許者矣，□□〔一〕揚雄自以爲孟子，王通自以爲孔子，實則不至，而名加浮焉，後之人終不許也。牛君出獨見於群靡之中，思慮之所形，精誠之所聚，夫豈不及乎此？而余猶以是告者，朋友之道也。他日會精微之至，以不愧於古人，尚教我哉！

校勘記

〔一〕原缺。

子亨字説

亨者，美且達之稱。凡人處困歲時，相見必祝之曰亨。則亨者，人所願欲之辭也，而致亨有道。掾有姜姓者，名貞，字子亨，徵余敷其義。

由名覿字，其知所以致亨者歟？何也？名以生字，由貞而亨，是謂能致者也。且亨義莫備於《易》。稽之於《易》，《易》言亨，必以貞配之。《易》首乾、坤，文王以元亨利貞贊其德。至於他卦，隨事以示義，皆先亨而後貞，則處亨之道也。蓋至於離，其卦辭曰：『離利貞亨。』先貞而後亨，則致亨之道存焉。蓋離爲卦，陰麗於陽，以附麗爲義。其在於人，則在於所附之人。

人之所麗利于貞，貞則亨。

試以子言之。今子方壯，出而試于時，才非不通也，識非不敏也，步趨出入學政之地，其在於知所附乎？誠知所附，習熟見聞，脱去卑近，日趨於光明正大之域，其有弗亨者乎？故自處而貞，則道可行，而亨在是矣。其或阿私苟容以僥富貴利達，而自以爲亨，將以誇於世俗則可，而非君子所謂亨也。

子善致亨，因摭離麗之義告之。

贊

柯氏義事贊 有序

柯遂卿者，吾同郡人也。讀書尚義。當賊起海上時，大府下令有能獲賊者賞。强暴之徒並緣爲奸，民死於誣者不可以一二計。有販夫張某三人者，本柯鄰也，亦爲强暴所誣，幾死。柯詣府辨之甚力，三人得不死。郡之人咸以義稱之，作《柯氏義事贊》。贊曰：

盤盤海郡，爲望于東。家弦户誦，有鄒魯風。有猘不除，遂爲民仇。挾海以賊，肆其虔劉。皇仁不殺，視均赤子。賊弗即攻。日益驕恣。有來大臣，霆震風馳。夫何陳旅，望洋以嬉。于時廷議，討賊孔亟。遂資于民，以塞厥責。懸賞則崇，召奸斯訌。掠及齊民，弊如午蜂。始賊之來，民咸鼠匿。比賊之去，弱肉强食。繄柯卿氏，好義自初。道逢群兇，掠此販夫。其驅如風，其攫如虎。以是販夫，獻于公府。有美柯卿，義形于色。力辨于公，乃人弗賊。是夫之誣，其音嗚嗚。陰雲四塞，白日以晡。是夫之釋，其色揚揚。天青日白，慶雲以翔。靖惟人生，惻隱自躬。胡彼昧者，戕帝之衷。揆厥所由，則有攸致。上急近功，下益近利。是用逐逐，其何能淑。維我柯卿，有愓于獨。柯卿之爲，由衷之著。如救入井，匪曰要譽。凡百官臣，視柯之行。仁民愛物，罔有不寧。嗟惟小子，聞義斯省。誦詩不遺，蕲播于永。

東皋隱者序贊

隱者姓范氏。其先在宋時有爲防禦使，用醫小兒名。隱者去防禦五世，傳其業益精。居旁近人，無貧與富，有小兒疾，輒趨隱者求醫。然其爲醫，務利人，不務利於人，名愈益顯。又性至孝。壬辰之寇鈔掠市井，亟擕其母出没賊中，走匿湖山之叢薄，家貲不顧也。且重然諾。一日，其友有所請託〔一〕，業已諾矣。他友聞之，又以五十金爲奉，奪以利己。不從也，而從前諾。其敦尚孝誼蓋如此。所居錢塘城東，其地平衍，有水木禽魚之樂。暇日賦詩鼓琴，圖寫山川人物，以爲嬉。或勸之仕，輒曰吾不能隨世俯仰，不願仕也，因其稱曰東皋隱者。賈生有云：『古之至人，不在朝廷，必在卜醫之中。』隱者豈其人歟？作《東皋隱者贊》。隱者名某，字思賢。贊曰：

自昔先民，所趨靡同。或隱以爲高，或仕以爲通。惟聖有訓，卓有義方。我觀今之人，仕則以爲容。鼎以拄車，筐以植宫。鼎折斯仆，筐敗斯崩。彼曷揆曷守，上下用以蒙。有美隱君，心夷而氣沖。其行既周，其惠又以充。東皋之陽，有木鬱蔥。或偃而歌，或踞而桐。俛仰宇宙，爵胡我降。葆兹貞白，穆其清風。寔用作詩，以播于邦。

校勘記

〔一〕託，四庫本無。

顧仲英摘阮小像贊

夫人之在盛世，居有圖史之娛，出有裘馬之樂。謂其爲隱也，則未嘗枕流漱石。謂其爲顯也，又未嘗析圭儋爵。是蓋不爲世故之所嬰也確矣。方其調寄於一阮，渺乎若孤鴻之唳層霄，峭乎若寒泉之度絶壑。夫又孰知其幽情遠意之所託？抑欲狀其高簡，其視晉人而無怍者耶？

孟天暐豸冠像贊

大冠既加，華佩斯委。肅若霜嚴，屹若山峙。匪容之盛，乃德之充。相此大祭，敢不恪恭。

孟天暐山居像贊

謂公爲仕，被服則野。謂公爲隱，動容則雅。或舒或卷，心曠神夷，山林之適，廊廟之思。

壽藏圖贊

崑山顧仲英甫，簡曠不羈。年五十，豫營壽藏，並自誌其平生，立之藏旁。遇勝日，率親戚故舊至其處飲酒賦詩爲嬉。非一死生、解外膠者乎？君游他郡，圖壽藏規製，並録誌文以自隨。爲作《壽藏圖贊》。贊曰：

造化之運，以亭以毒。其機不息，往禪來續。衆萬之生，氣母所司。有聚斯散，有成斯虧。孰迷厥中，而求不死。彷徨服食，卒戕而止。不觀薪火，同底於無。曷不自悟，繆悠是圖。有顧英君，其識孔卓。死生一致，克先衆覺。謂來適然，去亦若兹。曷置欣戚，於來去爲。里有綽阜，若龍起伏。曰此我歸，爰協吉卜。神靈攸聚，風氣合完。陽晶發輝，陰縵糾蟠。瑶華翠蕤，駢生左右。文膺繡羽，鳴集先後。君息於斯，白雲爲期。君歌於斯，明月爲知。人爲君危，君則順適。人爲君悲，君則悦懌。攝志養氣，無慮無營。安命處順，時止時行。視後千歲，猶今一日。形銷迹亡，與造化一。凡百世人，既夕謀朝。聞君之風，鄙悋内消。以古視今，如君蓋少。披圖作贊，用著有道。

辭

林先生哀辭

林先生古泉者，同郡黄巖人。其先在宋時登進士第者往往有焉。先生生時，宋已内附。稍長，無所於進，去爲浮圖氏。先生性聰敏，凡六經百氏無不記覽成誦。其爲文詞，下筆輒千百言，如不經思慮得者。自負其才，復歸于儒。客吴楚間，以授徒爲業，不喜表襮。吴楚間新進士初甚易之，及見其講解著述，則又莫不相敬伏。

久之，去游京師。清河元公、蜀郡虞公、豫章揭公先後以文章顯，先生皆與之游。而知先生者，無如揭公。揭公嘗薦于朝，政府無與爲力者，不獲用。今上初，賀丞相當國，搜羅遺逸士，擢先生教授溧陽。

溧陽地肥沃，有魚鼈稻米之饒。其州之人夙知先生，爭遣弟子來學。又京師之達官貴人，過賓是州者多，先生故人亦來問候，羈旅三十餘年。及老始獲一命，稍若自適。居無何，蘄黄寇起，溢出江以南，且被溧上。先生避居墟疃，守臣應敵死，州人迎先生攝州事。有州將子鼓衆從賊，先生聞之，驚曰：『有是哉！彼固世爵者。』親往曉以逆順，州將子不從。卒致賊陷州境，遂害先生。先生垂死罵不絶口，賊磔其屍州南大樹上。已而，南行臺御史出討賊，引兵過見之，始加衣冠而葬於溧上。

錢唐之古塘僧寺有高僧曰本空。師蓋先生初服時友也，且同里。始先生如溧時，嘗舍其處，余嘗謁焉。先生既死，其兄子某自溧走告師所以死狀。師既爲位哭，且語余曰：『盍哀之以辭？』辭曰：

先生孑立兮履操以强，去墨來歸兮于道之宗。鄉邑寥落兮有事遠行，才則超邁兮命實不臧。上林蓊鬱兮群飛〔一〕翱翔，一枝不獲兮日夕徊徨。鐘鼎以泰兮山林以窮，性固有自兮分或有當。末路筮仕兮於此州庠，禄雖粗足兮時復不祥。被賊之訌兮何有天常，以舌爲斧兮思易其狂。彼懵不率兮乃取其戕，天道茫昧兮禍福無方。吁嗟先生兮乃罹此殃，渺彼溧水兮其波洋洋。馳想風烈兮心神飛揚，之死不惑兮我又何傷？

校勘記

〔一〕飛，四庫本作『蜚』。

夢鶴辭

余讀《赤壁賦》，見蘇長公稱鶴化道士事，心甚異之。然以其言寓，不甚泥也。吳人有爲帶下醫者爲余言：『疇昔之夜，夢至無人之境，有羽衣之士〔二〕招余授以藥，且曰：「以是命爾醫。」尋化爲鶴，逍遥而去。』其人自是醫無不效。然如長公所云，蓋有之矣。大抵神仙變幻無迹，非尋常人所得見。抑豈其人爲帶下醫，有陰德及人，有此遇耶？然不可得而知也。爲賦夢鶴之辭。辭曰：

華星兮纚纚，明河兮如帶。月承宇兮嬋娟，風觸帷兮綷縩。魂清兮思遠，候均兮息寡。神天游兮廣莫之野，遇羽人兮御青雲而來下。言不接兮意銷，交不豫兮形忘。曰余司瘖〔二〕於下土兮授余以藥之良，跪敷衽以陳辭兮明授受之大綱。欻裳玄而衣縞兮遥引其修吭，去余不顧兮睆天路以翱翔。豈仙凡之弗殊，抑寤寐之難詳。九霄寥泬兮三山渺茫，往從不及兮空佇立以彷徨。

校勘記

〔一〕羽衣之士，四庫本作『羽衣道士』。

〔二〕瘖，清鈔本作『辰』。

銘

虚白齋銘 并序

學者以《莊子》十餘萬言大抵皆本《老子》，且致嫌於近代蘇長公，以莊子爲助孔子之説，余故惑之未解。一日讀其書至《人間世》，見其縱論存養大要，有虚室生白之喻，大概與吾儒先君子之言合。吾儒先君子之言心也，不有虚靈不昧之説乎？此虚室生白之喻也。試講以所知。心之爲物，官天地，府萬物，其量罔測也。主于吾躬，以應萬變，其神無方。一或蔽焉，天地吾不得而官之矣，萬物吾不得而府之矣。懵懵焉，貿貿焉，見膠於物，行躓於事，惡乎其能神？故人之有心，猶居之有室也。室虚則白生奥内之地，而日月之明不及者，無他蔽故也。虚斯白焉，故知心之體者，觀諸虚室而已矣。知心之神之不昧者，觀室之白而已矣。余然後知蘇公之言不我欺也。廣陵茅先生，有道之士也，請余銘其虚白之齋，故附兹説而爲之銘。銘曰：

至陰肅肅，陽赫赫，氣機來往潛絡繹。生有衆萬紛充斥，惟其精者我則獲。天君威嚴泰宇闢，寥豁晃朗無際極。以一備萬孰叵測，洪纖巨細詳且悉。光輝晝夜著不息，不蔽乃是神明宅。有或弗謹斯間隙，膠膠擾擾形所役。一似太空雲霧隔，不散何由見昭皙。先生被服甫與掖，潔脩自是流輩伯。有嚴齋居坐昕夕，致虚有道乃見白。外至内應靡有忒，翳我之神諒不惑，夙興夜寐尚無斁。

碑

漢三老董公碑有序

予讀太史公書至三老董公説漢之事，作而言曰：三老董公，其秦漢間有道而隱者乎？不然，何其言之符機際會而粹然一出於仁義道德也？公之説漢高祖也，其言曰：『順德者昌，逆德者亡。兵出無名，事故不成。名其爲賊，敵乃可服。』又曰：『仁不以勇，義不以力。』至哉言乎！不意文獻斲喪之後，兵戈搶攘之日，有此人也！蓋方是時，項羽放弑義帝，公以此説高帝討之。時高帝左右稱讀書如酈生不及此，稱文學如叔孫通不及此，稱智術如張良、陳平不及此，而公獨及之。意者公在草野，冥思天下之故，項强而暴，劉弱而仁，莫有急於此者，以故發憤爲高帝陳之不疑也。公之始末，史闕之。即其言，想其人，必秦漢間有道而隱者。惜乎漢用其言而遺其人也，爰敘而銘之。銘曰：

秦政不綱，義旗四舉。紛紛藉藉，孰爲義主？緬彼有道，鴻飛冥冥。不聞其聲，矧見其形。猗嗟董公，時止時作。懷寶在躬，不迷而覺。劉弱項强，公有深憂。討逆致順，公有遠猷。一言之出，萬鈞不拔。仆項興劉，此機之發。維此董公，其執不猗。維兹之言，允也其時。公言既用，公迹愈邈。推公之藴，可興禮樂。漢雖公遺，公言不隳。公言不隳，大道之維。

漢紀信碑 有序

予讀太史公書至紀信以身代死之事，作而言曰：信之忠誠，一至是乎？且信倔起之徒也，當其事漢，項羽圍滎陽，漢危甚，王時欲存，有降而已。降則漢事去，信遂自爲王降羽，王因得脱，羽燒殺信。吾意是時漢事未定，如信者不過苟相依乘，以饕富貴，而忠誠若此，何可得哉！

漢王既定天下，嘗斬丁公以勸忠矣，而於信獨無贈典。及太史公記載，刺客如荆軻、聶政，爲之列傳；説客如蘇秦、張儀，爲之列傳；刑名如韓非、申不害，貨殖如卓王孫、陶朱、猗頓，爲之列傳。至於殺身成仁如紀信者，乃獨不爲之列傳，遂使信之大忠不白於天下後世，而臨危顧身者踵相接也，爰敘而銘之。銘曰：

黄金可銷，白石可磨。將軍之志，之死靡他。一念之精，如霆之發。視刃不銛，視火不烈。滎陽之圍，漢累卵危。委八尺軀，全一帝基。死生之故，夫豈易與？興亡之決，在此一舉。捐軀徇國，有若斯人。緬想光烈，莫之與倫。

齊王蠋碑 有序

予讀太史公書至齊王蠋不屈之事，作而言曰：爲臣死忠，臣人律令也，士不與焉。蠋嘗諫齊王不從，退耕于野，未嘗居齊之位，食齊之禄，則齊之士也。一旦燕人破齊走王，而七十餘城俱下，守城之臣非不多也，不逃即降爾，未聞一人爲齊死者。當是時，湣王已死，蠋猶區區爲齊守晝。燕人使謂蠋曰：『燕人高子之義，將以子爲將，封子萬家。否，且屠邑。』蠋謝曰：『忠臣不事二君，烈女不更二夫。』經其頸於樹枝，自奮絶脰而死。攷其事與伯夷相類。蓋伯夷，孤竹君之子，讓國而逃，非有位者。武王伐紂，天下是之，伯夷非焉。殷既滅矣，而猶恥食周粟，猶蠋志也。伯夷之事幸而見稱於孔子，其道光明。王蠋不幸不逢孔子，太史公僅附於田單傳尾，而稱説者鮮。爰敘而銘之。銘曰：

猗歟先生，國之楨，士之特也。志弗隨以貞，矢金石也。衆反顧以生，行不惑也。執義之兵，返仁宅也。固然獨行，匪矯激也。休有烈聲，軋亂賊也。我揭其英，髮上直也。

記

清隱軒記

清隱軒者，前福建廉訪司僉事章公宴居之所也。公在癸巳歲奉先府君歸葬于洛，以道梗弗進，僑居錢唐之同德里。其居有軒四楹，户牖明豁可愛。軒前方塘，水波渺瀰。塘之左右，蘩篁茂柳相掩映。公居其中，嘗施施而行，漫漫而遊，以節其憂戚之情。

一旦〔一〕，過前貴池縣長〔二〕剌馬丹〔三〕君，見今所揭匾，實紫陽先生朱文公所書。問所從來，則貴池得之倚南海牙君。而倚南海牙〔四〕君爲崇安縣時，得之武夷民家者也。公請以歸，喜曰：『是實稱吾軒，且先正之手澤也。』遂尊而揭之。間語一夔以得匾之由，且曰：『可記以否？』一夔肅瞻已，謹告之曰：『昔在梁時，蕭子雲飛白蕭字以名天下之寺。歲久零落，有買歸以建蕭齋。好事君子雖寺額且以名齋，況先正之手澤所在乎？尊而揭之是也，敢輒爲公記之。』

按文公先生居崇安之五夫里，去武夷不一舍近，暇日與門弟子登山臨水，以暢其性情。淳熙十年，先生謝江東之節，始作室武夷山中。凡亭軒齋閣，莫不完好，而加頓置之。是匾必其一也。相去二百餘年，風雨侵陵，苔蘚剥蝕，曾不朽漫，而其筆精墨妙，猶燁然有光采，若有神物扶持之者。豈先生之精神見於字畫者，尚不泯哉！

嗚呼！先生遠矣。見先生之手書而感慨興起云者，夫亦豈止於字畫之末而已？蓋先生以高明正大之學接緒周程，以趨孔孟之奥。雖其道不盡行于時，我朝許文正公尊信其説而表章之，遂有至元之治，不可誣也。生乎先生之後，思見先生之聲音氣貌，而不可得。得其片言隻字於運去物改之後，有不加之意乎？宜乎公獲兹匾，不啻若兼金拱璧，而不肯輕棄也。

抑聞公在成均時，師事前祭酒太原吕公。而凡先生所説吾道之大，體用之全，本於己而推之人者，固嘗受之心傳口授之時，而驗之立身行道之際矣。今也以憂去官，固將移孝爲忠，以展盡其所學。念慮之所存，精誠之所至，必以先生爲準的矣。此所以出警入省于兹尺咫之版也。詩曰：『高山仰止，景行行止。』公之謂也。如曰居有水木之秀，而徒取清隱之美稱，爲考槃之計，夫豈知公者哉！

是爲記。

校勘記

〔一〕一旦，四庫本作『一日』。

〔二〕縣長，四庫本作『縣伊』。

〔三〕剌馬丹，四庫本作『埒穆爾丹』。

〔四〕倚南海牙，四庫本作『倚埒哈雅』。

孝子記

余嘗寓於秀之白苧里，見里中長者道戚孝子之行，未嘗不咨嗟歎慕，以爲不可及。

初，孝子之母被疾，救之弗效。及革，刲股肉以進。時母已不能啖，不盡一日而死。孝子勺飲不入口者三日，慟哭絶而復甦。踰月將葬，而秀地卑下，掘地尺，泉水浸淫。孝子負土爲墳，至若丘陵然，迄葬其母。既葬，彷徨不忍去。或勸之返，孝子曰：『吾舍吾母，何之？』乃附墓爲菴廬，覆以茨，壁以坏，日伏匿其中望墓，扶服頓踊三月。有白芝五本生廬側。人聚觀之，以爲孝徵。

久之，將像母而事之，告工以狀，工未悉。一日，姥夢工曰：『吾戚母也。汝，吾識之。』翌日，工刻木惟肖。孝子奉以龕帟，飲食必祭，出入必告，有事必禱，一如生時。

吳門之陷，前鋒犯秀境，里中豪右多遁去。孝子瞪目起曰：『吾忍去吾父母墳墓耶？』乃散財集子弟若干人保里中。時他里焚略幾盡，而白苧完好如故。公府將賞之，孝之謝曰：『吾爲墳墓舉爾，賞不願也。』

嗚呼！ 戚孝子之行，非聲音笑貌爲也，由乎天性，發見精切，故能爲人之所不能爲如此。余聞戚氏之先有諱同文者，當五代干戈之際，抗志不仕，善事祖母，號正素先生。至子若孫，以孝友爲家法，致位卿相。南豐曾公稱其行應禮義，世世不絶，爲宋世家。孝子其裔也。戚氏家法不替，故如是耶？

孝子名敬，字秉肅，嘗用部使者薦爲文學掾，歷二十年猶未徙官。人以其孝，不斥其名與字，直曰孝子云。

雙梧堂記

嘉興之祥符寺，在學宫之偏。至正十九年夏，余遊學宫，既聞弦誦之美，間一過寺。時東雲海師方主寺席，而友人四明周致堯亦以文學之職僑東雲所，延坐堂上。窗牖虚敞，几榻整潔。其外碧梧二，離立若拱，交柯接葉，覆蓋堂下地可二畝許，蓊然緑雲也。三人者危坐良久，涼意颯至，清潤襲人，一時神思殆若處乎塵囂之外。有頃，海師指二梧歎曰：『吾儕今日得蒙被其蔭，夫豈偶然？昔在仍改至元之歲，前住山既建兹堂，并植之，垂二十年矣。日者兵燹之烈，比屋皆燬，吾寺巋然獨存，而二梧得無恙。時時思之，必有神物者主焉，不可得而度也。否則，曷有此哉！』致堯因命字堂曰雙梧。師曰：『此吾意所欲也，幸相與成之。』因屬余記。

余惟物之成住壞空，相尋於無盡，蓋各有數存焉。是故以我觀物，物也我得而有之；以物觀物，其成其住，其壞其空，我何所容其私？嗟乎！獨植物哉！天也，地也，人也，凡有形者皆是也。由是高世之士以萬形之轇轕于前，而不可以迹泥也。反而觀之心，心之體湛然無滓也，何物可以累吾虛心之量？廓然無礙也，何物可以累吾大造詣之功？至有非言語意識之所能及，則於物乎何有？今師遊方之外，夫豈留意於物者？抑亦世俗所謂未能忘情者耶？師謝曰：『子誠知我者，請誌之。』

看山樓記

余至海昌，嘗怪其地平衍爽塏，而無大山長林以爲映帶。東行六十里，至于黃灣，而山始出。黃灣地瀕海，外障波濤之激衝而內固聚落之生息者，則皆山也。灣之上，馬氏世居焉。馬氏之子弟有曰絅者，靜重而慎密，方以種學績文爲事。有樓在屋廬之側，題曰看山，而日藏脩其中。

今年，余至其處，延余樓上坐。窗牖四啟，指謂余曰：『岡巒起伏，紆縈妍秀，若翅翼飛舞而西者，此鳳山也。孤嶂特立，隆崇突兀，若屏風横峙於北者，此黃山也。連峰散出，巉巖秀鬱，若芙蓉發豔於青天白日而驁入乎武原之野者，此澉浦諸山也。先生試寓目焉。』

余曰：『佳哉！較其形勝，雖無匡廬、九華、雲門、天台、雁蕩瑰奇靈異之狀，然得此於斥鹵莽蒼之中，譬之適異域者見似人，不亦快乎？雖然，吾有以告子：岡巒之積然，崖壁之屹然，山之質也。四時朝暮，草木榮悴而紋粲然，日星出没而光昱然，雲煙開斂而容盎然，雨暘晦明而氣充然，其所以變化不一者，山之文也。子而安兹樓也，看其積然、屹然者以厚其質，則脩諸己也必至；看其燦然、昱然、盎然、充然者以培其文，則見諸用也必達。子而看山以心不以目，可也。不然，斯玩物耳。昔王徽之在桓沖府，沖問以府事，徽之方拄頰看山，徐對曰：「西山朝來，致有爽氣。」徽之豈欺沖者？要必其中自有所得，而人不及知之耳。徽之事業不多見，而西山之名傳之天下後世，豈徒然哉！子承世業，而父賢而知教，又方年富。時雖多艱，俟河之清未晚也。他日學成出用，里之人過子之樓，指曰此馬氏子讀書之所也，則山亦若增而重矣，顧不美歟？嗟乎！士患無志。爾有志而無成，吾不信也！』

絅字公著，蓋嘗從余游云。

始豐稿卷之二 前稿

徐一夔大章著

記

晏居記

杭郡民廬比轃如櫛，而壽安坊當闤闠四達之衝，又最囂處也。今浙省左右司員外郎張君光弼之居在焉。屋數楹，甚湫且隘，門垣外囂塵闃如也，君甚安之。或曰：『小人射利，惟嬴之爲務，乃不惡囂。員外君日乘高蓋車，從丞相論決政事，降登出入在乎華堂粉署之間。今卜私第，不於爽塏是擇，其故何哉！』君漠然不以爲意，方自署其楹間曰晏居，且謂一夔曰：『傳稱晏子之居近市，雖湫隘囂塵弗易。吾居甚類之，願自附焉。子幸爲我記之。』吾於是知君之所以市居者矣。

夫踐歷華要，宅高曠而處深靚以適其身，故所宜也。然地位峻絶，不與人事接，則耳目不能無蔽，宜君有弗安者焉。是故晏子之居市也，物之貴賤無不察而知之，非徒然也。方齊景公繁於刑，以踊貴屨賤告，而景公省於刑。仁人君子之用心故如是也。今君之居壽安也，大官貴人與凡布衣韋帶之士由兹坊而東西者，必叩門上謁。君則攝衣出迎，引寘上座，與肆議論。下至閭閻之老、工商技藝之流，或有陳説，亦必曲爲之盡。天下之事當無有不悉，施諸有政，將不止於一事之諷而已。

且吾聞之，晏子相齊三君，食不重肉，妾不衣帛，名顯諸侯。數百載之下，太史公聞其風采，猶欲爲之執鞭。其賢不可及已。獨念當是時，公棄其民，而政在陳氏，晏子於區區貴賤之事則務陳之，而於國之大計則有未嘗數數然者。他日乃與鄰國之大夫加竊歎焉，何也？

君剛簡亮達。故左丞楊公提兵鎮江浙時，用材略參謀其軍府事，聲望赫然。既而退處西湖之上，麤衣糲飯，著書賦詩，以自佚其有用之身。較其風裁，不知自視晏子何如也？乃今江浙之地未全歸于版圖，丞相用便宜命表授君爲從事。廓清之略，克復之勳，亦惟一二左右是賴，無或如晏子之舉其細而遺其大可也。

雖然，今之人未嘗不慕古之人也，惟善學者鮮。魯有男子學柳下惠，柳下惠之所可者，魯男子以爲不可。此所以爲善學柳下惠者。若白圭自以爲禹，揚雄自以爲孟子，王通自以爲孔子，君子終不與也。大抵尚友古人，必也權輕重，取舍於心術之微，而後爲至。夫豈曰居室之類而已？以君之高見卓識，顧豈有待於余之言哉！余言之，且以告凡慕古人者。

西溪隱居記

西溪在在嘉禾郡城之西三里。溪流迴合，匯而爲涇，貫而爲港，微波細漪，皆潔妍可愛。初，郡之置以秀水名。志稱秀水在北門外，西溪其支流也。緣溪上下，長坡平陸，漫衍曲折，若龍蛇馳騖，樹木散出，篁竹藂生，隱如深林絶壑。今鮑先生之居在焉。

先生之居逐溪而成，屋數楹在竹樹中，高亢軒豁。有蔬可茹，有桑而蠶，有牲魚酒醴可以供祭祀、賓客。旁無雜鄰，農家漁[二]舍參差相映。大官貴人，老生名彦，非來謁者，跡不相及。白日悠永，沙禽水鳥之泳翔，村歌野唱之響應，輕舟短楫之來往，舉不出於顧盼之外。誠類夫隱者之居焉。

初，先生世居崇德州之北。其門人有爲之卜築者，徙此二十年矣。丙申、丁酉之歲，荒墟下聚未有不被兵燹者，西溪雖近城府，而安全無恙。郡人至，比之武陵桃源。先生安焉，歎而言曰：『以天之福幸存此廬，吾將老於此矣。』因號曰西溪隱居。

或曰：『鮑先生非隱者也。方科舉盛行時，嘗三薦于鄉，蓋有志于世用者。鮑先生非隱者也。』余解之曰：『先生之薦于鄉也，間會輟科而止，一再試于春官，又以額溢而歸。逢時多故，遂澹於進取。雖外省用例屢授文學之職，卒不以一資半級而果於行。今太尉開府吳中，辟爲教授，亦辭不就。謂先生爲隱可也。雖然，今國家輯寧四方，將蒐羅老成之士興治立教，以建不拔之基，吾知不遺先生。謂之不終隱亦可也。唐賀季真雖仕而未嘗忘隱，宋种明逸雖隱而未嘗忘仕，君子不以迹論也。』

既而，余造先生夷猶西溪之滸，遥見髯叟圓冠方屨，曳杖行水竹間，逍遥如世外人，心甚羡之。趨前，乃先生也。揖而問之曰：『先生果於隱耶？』先生啞然笑曰：『我之出處，君所知也。』時溪上秋意蒼然，先生攜余至其家，治酒饌相款洽。既別，屬余記之。余退而列其隱居面勢與其出處之迹，爲《西溪隱居記》。

先生名恂，字仲孚，爲崇德人。於經邃於《易》，所著有《易學舉隅》、《卦爻要義》行於世云。

校勘記

〔一〕漁，丁刻本作『魚』，據四庫本改。

梅花易洞記

山陰胡君龍臣居越王山之下，環其廬植梅數十百株，而日居其間讀《易》，因名其處曰梅花易洞，且曰：『昔五峰胡先生讀《易》巖廬，自號易洞，吾名亦奚不可？』然客來輒不解曰：『甚矣胡子之欺人也！大山長谷穴而爲洞，嵌空峆岈，其上穹然而蓋覆，其旁屹然而壁立，其中廓然而有容，蛇龍居之，虎豹藏焉。此洞也，若五峰先生讀《易》之地似也。今子雖依山爲屋，所謂嵌空嶔岈之狀，無有也。其屋規模不廣，制度不華。覆蓋其上者，獨其枝若屈鐵之交錯，其花若皓雪之燦爛。所謂穹然、屹然、廓然者，亦無有也。非洞而曰洞，甚矣胡子之欺人也！』

余乃爲之解曰：『獨不觀之儒先之圖乎？天地亦一洞也。豈直居室哉！何也？乾南坤北，一上一下，陰陽之宅也。離東坎西，一闔一闢，陰陽之門也。巽承乎乾而位西南，震交乎坤而位東北，陰陽之所以終也。陰陽造化，生生不息，如循環然。昔之至人，心與造化遊，嘗言「弄環餘暇，時往時來」，蓋以天地爲一環矣。夫洞，環類也。環非實環，洞豈實洞哉！是意也，五峰先生知之矣。胡君慕先生者也，豈以弗知而欺人哉！』

余竊聞之，聖人作《易》，本之陰陽，見乎卦辭。學之者，將以見夫用。善觀物者，即微而知著，即小而知大，即近而知遠，自一室而至於天下，自一日至於四時，自一呼一吸而至於十二萬九千六百年，吉凶消長之理，進退存亡之道，莫不悉備。胡君誠有以知之，無自善其身，請以告我。

獨柞軒記

余所僦屋在嘉興春波門外，蔀屋三四楹，不喧不寂，於居窮甚宜。屋東向啟牖，牖外大樹一，挺然當牖中，大五十圍，高四五十尋，稍梢〔一〕擢根，入地不知幾百尺，其材堅實可用，蓋柞屬也。日夕視之，若貞人介士，高冠長劍，端儼自持，而庸夫孺子凜然莫敢犯。時方暑，恒踞坐樹下。陰下覆，清以潤。風行葉間，聲琤然若秋至。私竊自慶有此獲也，署之曰獨柞軒云。

久之，主人翁進曰：『公愛兹樹乎？儂先世手植兹樹，將百年于兹。日者荆楚暴卒螘聚城邑，地無山林，環城六七十里，凡亭榭道路叢薄丘隴之植，不問老弱堅脆，悉罹斤斧〔一〕，水載陸負而來，編而爲栅，構而爲櫓，聯而爲校，揉而爲弧，剡而爲槍，析而爲薪。於是樹之生意盡矣，而吾廬之植獨存。儂不知天故遺此以爲異耶？抑造化之所鍾，固自厚於他植也？』

余歎曰：『凡物之生有幸不幸。大山長谷，生植千萬，沾濡雨露，蒙犯霜雪，其材老且成。時當無事，家給人足，宫室器用，公私畢作。良工師來度材，宜棟梁爲棟梁，宜檣檝爲檣檝，宜琴瑟爲琴瑟，宜俎豆爲俎豆，其幸也。一遇喪亂，暴殄於卒伍之手，爲栅爲櫓，爲校爲弧，爲槍爲薪，特不幸爾。今兹樹也，其壽與否，非吾所能知。夫既不殄於卒伍，苟遇良工師，將舍之耶？抑取之也？余將爲翁爲樹慶矣。且吾聞之，昔者山陰陸公務觀之帥蜀也，於其舍處見大楠四，皆歷歲數百者，公以蜀故僭國也，王氏、孟氏嘗極土木之侈，而四楠者無恙，爲楠記之。至今其文照映家集，言植物者有徵焉。顧此樹者，不兩以相比，不三以相參，而涉歷世變，與彼四楠者無異。吾業觚翰，亦將爲兹樹記。』

翁謝曰：『誠蒙不鄙，儂家樹有遭矣。』乃記諸壁。

校勘記

〔一〕稍稍，四庫本作『梢稍』。

〔二〕斤斧，四庫本作『斧斤』。

如心堂記

檇李唐君善醫，其居在郡城東隅，嘗燬于兵。已而更作之，亢爽可居也。用其兩楹之間爲居藥之室，而名曰如心。既得今左丞鄱陽周公畀之篆額，而未有記。一日，過余請曰：『子幸爲我廣如心之説，揭諸楹間以爲記。』

蓋嘗聞之，如心爲恕，其説具於《禮經》註疏。蓋恕字之文，從如從心，故云然。文公先生用推己之説釋恕字之義，然慮未盡也，故用此説以足之。究其大義，不越乎視人如己而已，無他道也。

今唐君之爲醫，以恕行之，非善用其心者乎？凡人之生，得乎天地者蓋尠如也。然而不知自慎，内劇其心，外伐其形，故夫六淫之寇，夫孰能免？方其被疾也，呻吟痛苦，而望已於人，猶溺而思援，焚而思拯。爲之醫者，五色診病，知人死生，決嫌疑，定可治，其可忽哉！苟有告焉，視人之疾猶己之疾，可也。緩急不加諸心，若越人視秦人之肥瘠，不可也。此醫之所以貴乎恕也。雖然，知此者少也。古今之言醫者，必曰扁鵲、倉公。鵲之治病，聲動諸侯，而秘所傳方，非恕也。倉公不以家爲家，或不爲人治病，病家怨之，非恕也。至若陽慶，倉公師也，以富給故，不爲人治病，亦非恕也。太史公不究其用心之非，乃曰美好不祥之器，器何尤耶？

夫以倉、扁諸人而猶若是，下此吾弗論也。夫能師其術，而不師其心者，抑不謂之賢乎？

唐君敦實周慎，家世爲醫，而外氏又醫出也。以故郡人有疾者必趨其家，曰：『是家世醫也。』是能視人之疾猶己之疾者也。抑亦可以謂之明恕人矣。

嘻！此道也，仲尼之門爲仁之方也。此道明，則天地變化草木蕃；不明，則天地閉，賢人隱。其功大矣。唐君守之之固，積之之厚，施之之博，陰騭交孚，和氣充暢，而其德之及人也遠，然後知名堂之義不誣也。遂爲之記。

西嶺草堂續記

錢塘泯上人，志行絶俗，蚤依雲門法師受度。至正中，雲門來主下天竺之席，上人實侍左右。其所棲息，則西嶺之草堂近焉。

西嶺草堂者，唐元和中杭之高僧道標師所居也。僧史稱師神氣清茂，爲道既高，而詩尤精妙，與吴興皎然、會稽靈徹齊名，時之名人以摩雲霄三語贊之。上人甚慕焉。其言曰：『吾上視師，雖不與同世，而與同鄉里。使師顔面肢體而與吾殊也，我則不敢知。苟顔面肢體不與吾殊，亦奚不可及之有？』則其中之所存蓋可見已。將謀復作草堂，會兵燹日熾，而西嶺之勝汩没於風塵之中。上人曾不少沮，仍擇地郡城之東，構屋四楹，限以周垣，植竹與樹。其前舊有陂池，春夏水長，水氣上行，與竹樹會，清芬可挹。上人閉門危坐，披閲内典，以探教觀之要。

暇則曳袖長吟，顧瞻西山，搜精鍊奇。而西嶺岧嶢，宛在眉睫，因亦署曰西嶺草堂，致其志也。

余曰：古之桑門上首，積行累業，蜚聲一時，垂名後世，僧史所載，蓋亦不鮮。姑以錢唐言之，若聖達觀之神異，辨才淨之辯博，孤山圓之孤峻，咸所宜慕者。而上人顧獨於師是取，蓋必有所以然者。吾嘗思之，學道之士，以今慕古，必取其質之近似者。惟其質之近似，故其慕之也切。慕之也切，精神念慮冥乎默契，則其入道也易。今人生而同世，以某問某，猶有不知者。上人之生，去師五百有餘歲，而獨慕之，非有所似，惡能自信若是？向余謁雲門於天竺，見上人氣貌不凡，心甚敬之。別去日久，其法友與余相見，輒談上人行業精進，而余猶未悉其蘊。間一造焉，草堂甫成，止余就宿，青燈永夜，接膝蒲團之側，神清思遠。窺其風致，隱然有上摩雲霄之意。區區世相，何得而溷之哉！然後知上人不徒慕也。吾經有云：『惟其有之，是以似之。』草堂之作，亦何必規規於西嶺之下哉！會上人謁余請著《西嶺草堂續記》，於是乎書。

桃溪記

自余遭亂，流寓無常處，恒鬱鬱不樂。思得幽夐之地，營半畝之室以寧厥居，環視無有也。客或進曰：『世豈無有哉！顧先生未之即耳。太湖之南二十里許有溪焉，水泉清遠，左盤右紆，勢若篆籀。郡志言越大夫蠡扁舟出五湖，時常過其處。後人思之，搆橋溪上，曰范蠡以誌。溪兩岸宜桃，投核土中，不培而茂，望之蓊然。方春始陽，群葩競發，嫣紅膩白，酣暘[一]

頮雨，蒸爲旦氣，爛若赬霞，居人因字溪曰桃。茅屋三四楹在桃樹中，則吾家也。附屋有田二十畝，勤力耕作，足以具饘粥。聚落相湊，皆務農業，官租有程，每相率先期而輸，不俟徵迫，終歲無胥吏扣門。時雖爭戰，過兵不及，妻子皆不識兵。有自城府來者言兵暴狀，輒相驚訝。其地若此，可以言幽敻矣。顧先生未之即也。』

噫！吾嘗觀陶靖節記桃花源事，疑其地實在世外，非人間有。如客所稱，不出吳江、烏程二邑之交，非桃花源比也，而不知有亂世，亦異矣哉！然後知天壤間未嘗無絶境，第吾駑薄弗獲至爾。客吳姓，姿樸茂，間至城府從士大夫游。以余志幽敻，招余卜築其處。因記之云。

校勘記

〔一〕暘，四庫本作『陽』。

荔軒記

荔軒者，嘉興卓器之甫攄其先大父思鄉之言而作者也。器之甫之先爲閩人，自其曾大父由進士第知平江吳縣。遭值改物，僑居嘉興之甓川。大父用薦起家，積官至黄巖州倅，遂老甓川之上。器之甫謂余曰：『吾先大父之不能還閩也，嘗自歎曰：「吾進不得看長安花，退不得擘家山荔。」戚乎其言之也。吾兒時在旁，恒記之。今至于吾四世矣，曾不能一下閩關，擘所謂家山荔者。引領南望，未嘗不咨嗟太息。攷之《荔譜》，荔於果族，味最美，巴蜀、嶺南、閩中皆有之。其味，閩爲第一，巴蜀次之，嶺南爲下。是荔於果族，非他土得專也。吾謹摭吾先大父之言，表茲不腆之室，以寓吾鄉土之思，可記以否？』

余曰：「善哉！器之甫知所以崇始也。記《禮》者曰：『樂，樂其所自生。』禮不忘其本，甚言君子之不可不崇始也。荔者適口之物，君子豈固此留意哉！誠以懷土常物之大情，有里閭焉，吾不得而息；有墳墓焉，吾不得而展；有族姓焉，吾不得而合。區區之心，彷徨躑躅無以自宜，此所以假土物以自見也。君子於此，蓋有以閔其情矣。雖然，人之生也，在治世或出而仕，在亂世或避而去，固不能必安于一鄉。然而歲改月化，而水木本原之義寖以微泯。設有子孫過故鄉里，視其里閭有若異域，視其墳墓有若荒壠，視其族姓有若路人者，蓋有之矣。器之甫惓惓於所自出之地，不厚矣哉！

余聞内附初，姚先生嗣輝蜀人也，僑居大江之西。先生以蜀多榿木，作南榿堂，示不忘蜀。柳城姚文公嘗爲賦詠，藹然桑梓之意。器之甫之心，其猶姚先生乎？然則君子之去其鄉者，其念慮之所存未嘗不同也。登荔軒者，蓋亦有感於斯矣。因併識之。

知縣諱某，州倅諱某。器之甫名成大，以經術世其家云。

重建王貞婦祠記

浙東道都元帥周侯之守禦嵊縣也，重建王貞婦祠於青楓嶺上。既成，縣學教諭項昱貽書一夔致侯之意請記。

按青楓嶺在縣北二十五里，深鬱峭拔，下臨百丈之澗。至治初元，縣丞徐端鑿石爲屋，以祠貞婦。後五年，僉浙東廉訪司事杜公秉彝行縣，改爲木屋四楹，於石祠南五十步而近。至正十八年，旁郡失守，祠當往來之衝，官兵舍頓，燬焉。及侯被嵊縣之命，過辭行御史中丞月公。公謂侯曰：『縣有王貞婦祠，廢於兵燹，宜更作之。』侯承命惟謹。既至，外嚴斥堠，内務安輯。遂脩舉廢墜，仍搆屋四楹故址上，命士卒致木石，而屬幕僚李某、令史陸某董其事，二十四年四月也。越三月，告成。又招失業之民如干户，居祠左右，以備灑掃。

貞婦者，夫家天台人也。始，國家以一將之師徇地，浙東有千夫長者虜得之。貞婦以計紿，弗即被汙，謀死未獲間。已而師還，從上青楓嶺，顧視嶺下澗澄澈深窈，曰：『可以死矣。』即口占詩，嚙指血寫山石上，而投澗死。其後有司以其事聞，朝廷旌之曰貞婦，而邑人因易嶺名曰清風云。事具故秘書監著作郎李公孝光所爲記及《宋史·列女傳》。

嗚呼！方時承平，貞信之教浹於田里，女服事乎内，男服事乎外。雖有强暴之夫，不敢侵陵貞女〔一〕以冒刑憲，不知貞婦之爲烈也。及乎治極生亂，氓隸佳兵窮兇稔惡，以殺爲嬉，令妻靚女猝就執辱，慈父不能保，哲夫不能庇，銜冤茹毒，没爲異類者，不知其幾，然後知貞婦之爲烈也。

夫秉彝好德，乃人心所固有。吾謂兹祠之成，過其下者，徘徊瞻對，知〔二〕貞婦奮死之烈。

奚獨閭閻〔三〕女婦罹不幸者知所激厲？而凡悍夫勁卒，亦必改心易慮，不致孤人之子、寡人之妻以自快矣。然則侯建是祠於擾〔四〕攘之日，其篤倫理、裨風化之意，夫豈淺哉！

余既嘉侯志，又於貞婦爲里後生，故願爲之記。若夫懿行奇節，則有著作公之文與信史在，兹不復贅〔五〕。侯名某，字某，大名人。是年十月記。

校勘記

〔一〕貞女，四庫本作『正女』。
〔二〕知，四庫本作『想』。
〔三〕閭閻，四庫本作『閨閣』。
〔四〕擾，四庫本作『搶』。
〔五〕贅，四庫本作『著』。

嘉興路新建儒學記

嘉興之學在通越門内二百步而近，肇建於宋紹興中。學迫於廟，規模隘陋，弗稱先時。守臣亦欲斥而大之，而其地南臨廣衢，西北委巷，惟東面寬敞，而多民廬，且鄰於執政婁氏里第。既入國朝，婁氏雖微，而民廬猶輳集。故自宋季以迄于今，莫克改作。

至正二十三年三月，淮南行省郎中陳公來守兹郡。適丁兵燹，而向者民廬輳集之地悉皆爲墟。公與教授孫某相度面勢，慨然以興學爲己任。迺勸民以地售于學，其不願售者則以他學地隨所擇易之。得地以丈計者，南北四十二丈有奇，東西視南北則不及四之一。遂約學計之入，鳩材庀工，先作論堂五間，左右翼以夾室，揭層軒以廣前榮。堂崇三丈六尺，廣三倍於崇，深視廣三之二，焕以丹碧，塗以黝堊，中設講經之座，以重都授。堂舊名正禮，今以明倫易之。次作東西步廊，爲間各十有二，以趨堂廉。步廊之内爲齋廬四，西曰成德，曰養正，東曰致道，曰時敏。齋各爲屋四楹，敞以前軒。次又爲屋九楹，而門術中闢。其外則鑿地爲池，架梁以達兩廡之間。立重門于外，而繚以周垣。兹學至是始克大備。

斯役也，克承公意先事趨辦者，嘉興縣尹石某。而董治其事，規材量費，則學正朱某，府吏陳某、顧某也。公不間風雨，日一至學，凡一木石之惡，一工匠之怠，審視程督，不啻若治家事，故其成不苟不緩。始於是年八月某日，越七月迄工，明年四月二日也。

時一夔僑居嘉興之野，承公致幣俾助教諸生，且屬之記。一夔固辭不獲，乃作而言曰：『學校之設，國家風化之機在焉，非細故也。嘗竊聞之：初，國家起自朔漠，以威武立國，未遑學校之事。中統至元之際，天下大定，許文正公衡用儒術爲輔相。凡其謀謨，皆經國大計。至於學校一事，尤切切言之。其言自國都以及州縣皆設學校，使皇子以至庶人之子皆從事日明君臣父子之道，自灑埽應對，以至治國、平天下。遲以十年，則上知所以御下，下知所以事上，而上下親睦。此誠不可拔之論。然當是時，國學肇建，而州縣尚多苟且。延祐更化，上深厭吏蠹，赫然欲刓去之。顧學校難須成於月日，斷以科目取士。蓋將朝用其人，而夕收其效也。大抵天下之勢，此急則彼緩，矧夫上之人以是求之哉！由是學校之設，始若冠之有旒，履之有絇，姑具人文而已。當國者以提調則付之守令，以勉勵則付之風憲，曰有任之者矣。而受其任者既不皆出於儒術，而錢穀、詞訟又從而奪之，幾何不視爲迂闊之務！月更朔望，相率入謁廟廷，退坐論堂，引師弟子勸取儒先成説，敷陳一過，已則掉臂而去。如是以爲故事，而欲學校有成如文正所云，其可得乎？循習之久，卒至人紀廢壞，寇賊姦宄，以迄于今弗振者，職此由也。

嘉興自唐季以郡置，土田民物不劣他郡，惟學隘陋，有乖具瞻，三百餘年于兹。公之來守，值時艱虞，顧以學校之廢莫甚於今日，思欲振而起之，難以時詘舉羸爲辭〔一〕，遂出獨見，大作兹學。使廟既克全其尊，而學之方位嚴正，規模廓大，締構堅密，又悉冠乎東南之庠序。

嗚呼！此豈徒資觀美也哉！誠以受國家一郡之託，所繫者重，是用崇兹閎耀之居，使凡學者耳目不蔽於凡近，則志氣清明；志氣清明，則念慮之所存，精誠之所至，沈潛乎《詩》《書》六藝之府。須以悠久，造詣精切，踐履篤至，脩於其家而知事親敬長，施於其國而知尊君親上。師師成風，孝弟忠信之道立，狠戾悖逆之習變，而教道成矣。雖然，陸宣公，郡之先哲也，其言曰：『吾上不負天子，下不負所學。』繼自今，嘉興之士寧無不負所學如陸〔二〕宣公者出乎？吾知自公之爲，凡爲郡者來取法矣。不然，此三百餘年隘陋之學也，公胡爲於難爲之時爲之不疑哉！

初，公與其兄今甘肅行省參政俱以科目自奮。參政既以大對魁天下，敭歷省臺，讜言直道，爲時名臣。公亦首薦于鄉，會朝廷輟科，稍起從部使者辟。暨參佐大藩，出其奇謀碩畫，克濟王事。及爲郡，取其尤病民者力言于上罷之。曾未朞月，政用大敷。興學特其一也。學始奠址，工墾土得錢一窖，遂用以相役。人謂兹學之興，蓋不偶然云。

公名宗義，字子方；參政名祖仁，字子山，河南人。

至正二十三年，建寧路儒學教授徐一夔記。

校勘記

〔一〕辭，原空，據四庫本補。

〔二〕陸，四庫本無。

序

自得齋類編序

河南高公德進甫有藏脩之室，曰自得齋。既得宗工鉅儒爲之論著，而先隴白雲山舍亦皆有述。其子巽志慮其久而散軼也，彙而次之，合記、序、銘、贊、誌、狀、詩、詞凡若干首。將鋟諸梓，題曰《自得齋類編》，而請余序。

初，公以清才粹質，積學素行，蒙部使者推擇爲掾，歷中外御史府。行部朔南，進廉能而退貪鄙，赫有聲光。而恒虛心抑志，樂從宗公鉅儒遊，以廣器業。若故虞文靖公集、歐陽文公玄、曹文穆公鑑、余文忠公闕、户部尚書貢公師泰、監察御史程公文、今浙江行省左丞周公伯琦、翰林學士承旨張公翥、危公素、直學士張公以寧，咸親承焉。久而相知之深，是以不靳於論著，非徒作也。竊嘗論之，國家文章之盛，泰定、天曆以來，敷張神藻，潤色鴻業，聳元德於漢唐之上者，三數公而已。今公皆與之遊，可謂極黄河、太華之觀而無憾者矣。矧又得其論著，鏗鍧炳耀，可以侈當今而誇後世哉！

昔唐柳侍御，文學博雅，盡交天下知名士，而柳州先生實其子也。欲著其父之善，取凡尤厚者六十七人，疏其出處，刻石以傳後世，君子韙焉。徐考其實，不過示交遊之廣而已。而彼六十七人者，未嘗有所論著如歐、虞諸君子之於高公也。今論著之廣既足以度越前人，而巽志梓行以貽永久，其意不尤厚乎？雖然，是編之成，一以成公志，一以集宗工鉅儒之善，視世之曲學謏聞，而遽以不腆之言加災于木以衒名者，相去何如也？因不讓而序之。

公名某，由御史掾出官淮南廉訪司照磨，調浙東宣慰司都事。善譔詩，有《紀夢集》十卷。巽志字士敏，華年篤志，以善屬文稱，用薦爲鄮山書院山長云。

送貢友達序

宣城貢君友達以《春秋》試于有司，中在前列。道梗，未即會試春官，用便宜命授平江路儒學正。吾黨之士徵言以華其行。

貢氏自宋叔世以儒立家。友達之從大父文靖公宏才碩學，際熙洽之運，職掌内制，以老成博雅著稱。世父尚書公以高文卓識受知今天子，入備侍從，出領風紀，晚歲被旨開部閩南，勤勞王事以殁，海内伏其聲望。乃父乃兄聯芳襲美，奮自文學，紆青紫、綰組綬者亡慮數十人。近世大江以南，衣冠文物之盛無踰貢氏矣。及兵起，舉族奔浙西。雖在顛沛之地，咸砥節礪行，守其家法不替，大夫士稱焉。

友達粹雅而精敏，有過人之資，貢氏之彦也。弗沮於時，矢以科目進，刻意《春秋》之學，貫綜經傳，敷爲大義，遂爲有司所知。藩府慮其濡滯，乃有學正之命。夫學有教授爲之長，而正居其次牖導輔掖之。方友達聞諸父兄者熟矣，爲之不難也，矧又重以《春秋》之學哉！

夫《春秋》爲書，孔子以治法正亂世，其立言大旨一本乎性命之正。以言其要，則在乎明君臣父子之分，以定民志。夫欲立教於斯世，《春秋》之用莫大焉。

友達本之於家學，擴之以《春秋》之説，輔其長以爲教，學校之政有弗脩者乎？嗟夫！求美玉者，必之崑崙之丘；求良馬者，必之冀北之野；求名人碩士者，必於故家世族之門。而吾黨之望於友達者，蓋不止於此也。他日決策大廷爲名進士，受顯秩，居要位，垂聲邁烈，世濟厥美，斯屬厭焉。友達其勉之哉！

送瓊上人葬親詩序

臨海瓊上人藴中之學佛于浙水西也，其先君子檜屏方先生及其母夫人相繼而殁。值時多艱，未遑奔走以襄事，恒悲不自勝，居不求安，食不求飽，與人言輒涕泣。解之者曰：『吾屬出家，以有旁侍，毋過哀爲也。』上人謝曰：『吾非人子哉！是何言也！』迄兹方成行。

嗟乎！孝弟之道出於天性，夫豈以所趨異途、所學異業而有二哉！而言佛者類曰：『爲佛之徒，務究竟實際，以割慈忍愛爲賢。』雖其至親，有不暇顧。若上人者，又豈得以此議之哉！吾聞佛在世時，慮其母摩耶夫人或墮輪轉，爲説法超度，有孝行，書具在内典。近世明教者懼其義或堙〔一〕，復廣其説，以告凡學佛者。由是言之，佛之道未嘗違孝以爲高，此柳柳州所以有取於元暠〔二〕師也。

上人世儒家，其學佛也，又得名師德爲之依歸，行成業隆，去而遊大方。大方主席爭相延致爲四衆上首。其立身行道有如此者，是能統合儒釋而弗偏。之歸也行矣，營其宅兆，慎脩窆繂，發引之日，顔色之戚，哭泣之哀，動凡弔者。吾鄉多縫掖之老，必曰：『學佛如瓊公，又奚云也？』是上人之行不徒盡道於其親，抑又有弘教之功焉。

慧上人敏機、文上人焕章，其同袍友也，以上人之志有足矜者，相率爲詩贈之，而同郡徐一夔爲之序。

校勘記

〔一〕堙，四庫本作『湮』。

〔二〕元皜，原作『明皓』，據四庫本改。按，柳宗元有《送元皓師序》文。

送錢唐二生游學序

今年正月，華亭錢愷元悌、唐奐有章旅謁余於秀水之東，請曰：『愷二人者，淞邑之小子也，居同里，學同志。聞中吳大藩開館以待賓客，高材碩學之士萃焉。間營紹介以從之游，然而未敢自謂有得。兹見先生，願益一言之教。』余謝之曰：『今之所以謂磊落之士，蓋畢致于中吳矣。子從之游，挹其風裁，聽其論議，觀其猷爲，必有大異於人者，奚取於余之迂疏也哉！』請至于再，不已。乃告之曰：

天下之士不入于道德，則入于權術。蓋道德之説勝，則權術隱；權術之説勝，則道德隱。是故道德勝，則有顔子、閔子之徒離親戚，去墳墓，以事孔子；權術勝，則有蘇秦、張儀之徒離親戚，去墳墓，以事鬼谷子。大抵道德之效遠大而難至，權術之效卑近而易爲。竊觀春秋至于戰國，相去未百年也，而權術之學已軼道德而過之。豈非遠者、大者人所畏難，而卑者、近者人所樂趨〔二〕也哉！　元悌和而通，有章固而警。其必有見於此矣。

《易・大傳》曰：『二人同心，其利斷金。同心之言，其臭如蘭。』士非無志也，恒成於同而沮於異。古之人有同父而異道者矣，有同師而異業者矣，故學惟同志爲難。今子二人學同志矣，志于遠大而不于卑近，余之望也。子尚勉哉！

校勘記

〔一〕趨，四庫本作『趣』。

送周山長考滿序

友人四明周君致堯，精敏過人。少游鄉校，讀書爲辭章有聲。年二十從其外氏游宦齊魯之境，遂北游京師，覽觀天子宫闕之壯、百官之富。居無幾何，會大丞相爲國求福，選天下能書者偏書大藏佛典，而授以文學之職，致堯適在選中。既竣事，出爲其鄉之鄮山書院山長，再調秀之宣公書院。方是時，致堯年纔三十餘。與致堯游者咸曰：『以致堯之材之年，而假兹藝致身，不亦左乎？』余解之曰：『書非末技也，昔人固嘗用以取士矣。以書致身，亦入仕一塗也，奚名爲左？矧國家優崇之選，二科而已，曰舉遺逸也，舉進士也。遺逸不常舉也，進士科三歲一舉，群天下之士而試之，登名于吏部者不過百人而止。取之之目，審之鄉以觀其行也，求之經以觀其學也，博之詞以觀其才也，問之策以觀其政也。揆之於古，占其一者以〔一〕足名世，而今責備於一人。又有異者，如其説者未必得之，而得之者未必如其説也。嗟乎！士必是塗出，其不至於老且死者幾希。故君子之仕也，行其道也。有志於世用，而較輕重於出身之際，不其拘哉！』

初，致堯之爲鄮山也，教育有方，里子弟來學者鱗集。郡侯敬之，與分庭抗〔二〕禮。今其來兹，書院燬已久，未有能復作者。時方多故，致堯以教化之地不可以時詘解，請于郡侯作之，量材庀工，八月而書院成。致堯職文學，其見於施爲已如此，去此而有民社，尚可一二數哉！於其行也，序以贈之。

校勘記

〔一〕以，四庫本作『已』。

〔二〕抗，四庫本作『伉』。

送丘克莊赴會試序

余僑居秀水上，士之避地而至者無不辱與余游，廣陵丘民〔一〕克莊其一也。歲壬寅大比，江浙行省聚屬郡之士而試之。克莊用流寓例，以《詩經》就試江浙，預在選中。克莊年方三十，氣剛而和，識朗而融，志果而不苟，吾黨之卓然者。

初在廣陵，時天下承平，四方無事。廣陵之盛，珠玉錦繡，家充户積。一時貴游子弟鬭雞走狗以事娛樂者，多其南北巷人也。克莊家故饒財，使去而與馳逐，未能或之沮也。顧獨從師友稽經史，以問學爲事，視彼少年之習，漠然不以爲意。及廣陵被兵，扶攜妻子而南。鄉里之雄提兵踵至，據有浙西。一時謀人、策士乘機遇會以取富貴者，又多其東西鄙人也。顧乃入庠序，訓生徒，取所入以給，視彼得志之爲澹然，不以動念。

嗟夫！處富貴之地而不淫其志，當患難之秋而不易所守，則其人之所自樹立者，固有以異於人哉！今夫人挾其所有試于有司，濡墨伸紙，措辭析理，求不戾於程度，衆人所能，克莊亦能之。若夫氣足以自强，識足以自廣，志足以自立，不知衆人視克莊何如也？昔在於唐士之舉於其鄉而貢於朝者，率從所知薦其材行，然後典春官者信而有徵，以故得人爲盛。今法不然也。克莊赴春官，余故私列其人以爲贈言，冀夫典春官者拔一士而表異之爲世礪也。

校勘記

〔一〕民，四庫本作『氏』。

送張叔方序

士貢于鄉，未赴春官而有典校之命，非盛時例也。比由道阻外省，慮其濡滯，用便宜命命之。於是錢唐張誼叔方以至正二十三年鄉貢得爲松江儒學正。

叔方精敏嗜學，故貞居先生之從子，鄱陽徐君成中之高弟也。貞居清才奥學，高蹈物表，號一代玄儒。成中明經礪行，秉志不惑，爲一時名士。二人者較其跡雖有儒墨之分，然若貞居之高風，成中之雅操，要皆不可及。四方之士固有慕與之游而弗獲者矣，而吾叔方一以從子而觀道德於前後，一以高弟而承教誨於左右。諺有之：『繩尺之下無枉木。』叔方得賢父師若此，其所造就固有異於人哉！

今貢于鄉，使上于春官，進而在五十人之列，出而服官政，必表表偉偉，使吾黨欣快，矧教職哉！　雖然，外相固將以是養吾叔方之器業，底於遠且大，毋徒自薄曰：『此冷官也。』庶幾不負外相之意。　叔方勉之。

送勤上人卒業天竺序

自佛法流通中國，時君世主咸知尊尚，概莫盛於元。　然不特奉其像教而已，不遠萬里至于西域，延致佛冑爲帝者師，隱然有與共治之勢。　由是名師鉅德各以智慧奮起，以護其教。　元貞、大德之間有佛海大師者，起于浙河之東，歷主大刹説法，爲人天師表，數膺帝眷，闡揚證悟，克稱上旨，咸謂有隨機助化之力。　則今勤上人之法祖也。

異時我先人以經術教授越中，佛海方謝上天竺之席歸老其得度寺，且選俊秀爲其法胤，間遣三二〔一〕輩來學，今上人在焉。　先人謝之曰：『吾所説性命道德不與而宗合，宜無我師。』佛海使來請曰：『人亦有言：「東海有聖人焉，同此心也，同此理也。　西海有聖人焉，同此心也，同此理也。」先生苟能啟我以東海聖人之道，則西海聖人之道亦不外是。』先人既伏師之高識，尤喜上人之穎異。　一夔侍次，間以語及，今猶記之。

其後上人出游大方，益求西方聖人之道，行修業隆，居第一座，猶曰吾儒師師徐先生云。今年冬，余遇上人吳淞江上，歎曰：『佛乘之替，莫甚於今日。吾佛之道，自利利人。杭之湖山，吾祖過化之地，吾將縛茅其處，草衣木食，取凡内典，究明三觀之旨，使誠有得於聖人之道，亦奚必據猊牀，揮麈拂，然後爲道之行？』余比見爲佛之徒，其視世相而自輟者多矣。今上人不爲世相所沮，而益務精進，其不謂之卓然有見者哉！

余游杭久，中雖留落他郡，私心未嘗不在其山之阿、水之澨。今焉老而無成，亦將謀如上人計。旦夕苟遂，則將與上人結社。上人歸見水光山色，其爲我祝曰：『毋使我社人遲遲其來也。』

校勘記

〔一〕三二，四庫本作『二三』。

始豐稿卷之三前稿

徐一夔大章著

序

序灌園生

錢唐潘時雍讀書賦詩，廉介自將，視當世貴富，雖非不願欲者，使其脂韋取容以僥幸一時，寧貧賤而肆志。郡城之東未傅城二百步而近，有地十餘畝，古井一，宋輦院基也。入於居民久矣，荒棄弗治。暇日過見之，徘徊相度曰：『是豈不足爲吾生乎？』既而購得之，除治一畝爲廬，用其餘地析而爲畦，縱横數十塍，茹菜若干品。天稍不雨，輒置桔槔井上，俯前仰後，聲軋軋如龍鳴，出井水以灌。已則攝弊衣屨，循行畦間，顧見菜色青青若緑云覆地，喜曰：『生意若此，足矣！』掇其脆美爲其父母妻子供具，而斥其餘賣諸市中，日以爲常不輟。

或曰：『錢唐陸海之府，魚鹽蜃蛤之所産，羽革竹箭之所生，象犀珠玉之所聚。街居之民用貧求富，十金爲母，則子百金；百金爲母，則子千金萬金。若此者，家相望也。又其地爲今行省丞相治所。往時承平，丞相守法而已。今天下多故，丞相承制得自爵禄人，卜醫衆技苟有以自見，不必去妻子，違父母，跋涉遠道，輒致位顯要，紆金曳紫，翺翔康莊之衢。中世以降，道德之意泯矣，惟聲與利可以驚動世俗子。年甚富，又居聲利之場，不爲彼以取寵榮，顧乃爲此，何哉！』時雍曰：『嘻！夫尺有所短，寸有所長。彼所能者，我則不能。吾亦豈能枉吾之性，以我所不能爲彼之能？故寧自附於農家者流，使人稱之曰灌園生，灌園生不辭也。』

嗟夫！習俗之移人也久矣。自今以往，錢唐之人不尚貨殖而尚德義，不尚奔競而尚恬退，不自時雍始乎？余故序其出處，以爲趨附聲利者勸焉。

錢南金詩藁序

詩人之言，貴平易而不貴奇怪。横渠先生有言：『三百篇之詩，不過舉目前之事而寓至理於其中。』此最爲善説詩者。

夫詩，情性以本之，問學以充之，才氣以發之，思致以廓之，此之謂詩。不知出此，而務炳烺烺，以驚世駭俗，謂之詩未可也。三百篇，不可尚已。涉漢魏晉宋齊梁陳隋唐宋，以及國朝之盛，作者代有其人，大家鉅集具在也。試取而讀之，雖其材力所就不無等差，觀其緣情指事，寂寥乎短章，舂容乎大篇，有平易而無奇怪，至於雋永其味，則悠永宏闊而反覆無窮。下視近時斥平易爲庸腐，指奇怪爲神俊，號爲一家之體，非神仙鬼魅、金玉錦繡、龍虎鸞鳳、名花官酒、高歌醉舞等語不道者，何如也？

華亭錢君南金，深居不出，呻吟嘯詠，在雲水泬寥之境，不求人知。向見豫章辛好禮有與君唱和什，知君善詩。比會曲江錢思復，論淞上詩人，亦以君爲稱首。二君以詩擅名者，而皆稱君，心甚慕之。今年夏會于蒨溪蘭若，周旋旬日，因舉前所説與之商搉。君以余言爲然，因請序其平生所爲詩。余閲其詩盡卷，清而不枯，華而不豔，整暇而不汎，精切而不刻，屏去奇怪之語，得詩人之意焉。君年向老成，克自充養，珠藏淵媚，當有知者。吾姑著其所以合者弁諸首云。

齊壽堂詩序

番陽周君叔彬之二親同生於至元乙酉，其奉以避亂于浙也，逮今至正丙午皆八十有二，而康寧如一。叔彬喜曰：『此天以福我也。』爰就其親起居飲食之處署曰齊壽，以悦親心。叔彬方以明經起家，其所與游皆能言之士。遇其親始生之日至，奉觴爲壽，仍賦詩以悦之，積而成帙，叔彬屬余序之。

余惟天下之不可必得者，人壽是也。間有得者，亦未必並見于一門。今叔彬之父母同生同壽，又同康寧，是能得人之所不能得者矣。叔彬之喜宜何如也？

嘗試論之，二老人之得壽有二焉。大江之東洪流巨浸，穹林邃壑，環匯障蔽，地脈之聯絡，風氣之藴蓄，深厚雄固，其人多壽。國家混一之初，地大物衆，德洽仁浹，桴鼓不驚，呻吟不作。

閭閻田里之間，熙熙皞皞，生於其時者必壽。自二老人言之，其地則大江之東也，其生之年則國家混一之初也。本以山川之積，而乘國家方亨之運，宜其得壽有異於人者矣。譬之貞松勁柏，其託根也固，其植幹也强，其受雨露也深渥，雖剛風虐雪，不能摧拔之也。今夫人立於輕揚之域，衰微之世，上視二老人，若以朝菌議晦朔，有不指以爲異者哉！

余嘗拜二老人於堂上，見其耳聰目明，神完氣足，談説盛時身所遭逢事，亹亹忘倦。退而歎曰：『民物凋謝，若二老人者，非太平之明徵也歟？觀世道者尚有取於斯也。』若夫諸君子之詩，善頌善禱，不必加評，故特推本二老人得壽之由而爲之序。

題跋

題崔元亨所著亡弟崔永復行實後

余記甲午、乙未歲與博陵崔元初會於西湖之上，元初時爲淮南行省宣使，善辭章，其氣充然，其言粲然，一時俊材罕及也。其後余避亂郇疃，不見元初者八年。意元初躋膴仕矣。一日，在友人几格上覩一巨帙，取而視之，則元初所進《端本堂五箴》槀也。既讀已，歎羡其辭章之益工。復閱至牘尾，有文累數牘，署其目曰《述亡弟崔永復行實》。驚曰：『永復，元初諱也。元初死耶？』攷其始末，則元初死已三年矣。

嗚呼惜哉！其兄元亨痛之切，故著之。元初有才而壽不及，在朋友猶惜之，況其兄耶？或曰：『予之翼者，兩其足。』然才而壽者亦何限？何獨於元初靳之耶？造物冥冥不可得而解，姑誌其末，以紓余悲云。

題永思亭卷後

亂離以來，平昔交游或存或亡，或淪異地，恒欲著《懷友賦》以洩余思，未能也。兹游嘉禾郡齋，達奭[二]氏止善示以《永思亭記》并詩一卷。發而視之，乃同郡朱右伯言、陶凱中立、郭公葵秉心、陳秉彝性初、南陽堵簡無傲、金華王褘子充會于錢唐宗陽宫，時止善請論著其永思之亭，而伯言實爲之記，中立、秉心、性初、無傲、子充暨一夔六人者爲之賦詩。

止善宦遊來歸，亦僑嘉禾近地。用以諗余，余按而數之。無傲已死王事，子充在江東，性初亦去之大江之西，其存其亡未可知也。伯言隱居越上，中立、秉心還鄉郡，而余留浙西，則皆幸而存。思欲復敘前好，邈不可得。乃得見其文辭翰墨於尺楮之中，諷詠摩撫，豈勝故舊之思？然以歲月攷之，距今十有一年耳。豈意國家盈成之業，一旦挈而置之分崩離析之地，向也同志之人彼格此禁，弗克會聚，以輔德業。不知過此以往，其幸存[三]者猶得遂斯願焉否也？因識以俟再觀。

至正二十四年九月某日題。

校勘記

〔一〕達奭，四庫本作『達實』。

〔二〕存，四庫本無。

誄

黄處士誄

至正十二年十月，處士暨陽黄先生諱禮，字子敬，年九十卒。既葬于湖州花城之原，其子溥辱與余游，乃摭其行實而爲之誄。誄曰：

維黄之出，肇于軒轅。其後有國，江漢之濆。至於春秋，助齊有勳。有熊疾之，覆其宗禋。散處朔南，族類實繁。爰至東京，光大而文。憲賢視顔，香孝視騫。瓊位三公，琬悟絶群。亦有允也，罹黨錮冤。其本硌硌，其源渾渾。至宋叔世，有提刑君。有德有烈，皂蓋朱旛。維此提刑，其産則閩。其來于越，則仲子昕。實處士祖，始爲越人。處士之生，端一靖温。詩書爲宅，禮義爲垣。云胡不淑，遭值不辰。宋祚訖籙，海寓揚塵。斂其所有，靡途可遵。欲潔其身，曷養吾親。乃棄觚翰，刀筆是循。處吏之汙，擴儒之仁。以濟時艱，非志所存。雖嗇其施，而裕後昆。是有令子，學富行純。西游吴興，克昌其門。有田有廬，以奉晨昏。處士婆娑，九十其春。德與齒隆，而位弗臻。此天于物，翼足惟均。達人知足，抑又何云。惟古之道，謚實行因。無位有〔一〕號，亦誼之敦。我實小子，不敢瀆陳。累行布辭，告于多聞。嗚呼處士，有永其芬。

校勘記

〔一〕有，四庫本作『無』。

書

通危大參書

一夔無所肖似，蚤嘗從事科舉之學。既而屢試有司不利，度不足以自立，乃復求古人之道於其文辭之間，殆若有所入。比以亂故，寓迹浙水西，屏去舊所習，專取經史傳記與凡諸大家集伏而讀之，含咀其英華，規模其步驟，益若有所得。然亦頗自期許，故雖處亂世，飢寒逼迫，不忍棄此，妄有所圖，苟富貴於一時也。顧以不得取正於宗工是恧。

近識貢尚書，持所爲文質之。尚書見謂有作者風，且期一夔有可以至於遠者，乃稍自信，而獨以未見閣下爲恨。厥今朝廷之上以文章致位通顯，繫天下士子之望者，閣下而已。竊嘗觀於閣下之文，屬辭陳義，深厚爾雅，不豐不約，動中矩度，其言的然而實，其態彧然而光，其味幽然而永。蓋由閣下受業吴文正公，傳授既有端緒，若清河范太史、蜀郡虞内翰，又皆身親炙之，涵揉充暢，本實支茂，其發也足以信于今而傳于後。如閣下者，非一夔之所願受教者乎？

去年會陳編脩，嘗以所爲文五首與之商搉。久之，編脩君謂一夔曰：『吾嘗以子之文致之中書危公矣，公必知子。』一夔因竊自念去閣下四千里，紹介不通，贄幣不脩，俯仰拜揖不至於前，遽然以是區區者取知於左右，不以簡乎？益自悚懼。

今年謁俊禪師於天竺。禪師所嘗過從者，且與閣下有夙昔之好，間語及此，禪師則曰：『危公，盛德人也。位愈高而心愈下，望愈隆而守愈約，取人以言，不以繁文曲禮。子毋讓。』又謂一夔曰：『宜更以所爲文達之，使危公得子之悉。』輒不自揆，乃復寫所爲文十首，而並陳其不敏，介禪師以達焉。

惟昔秦少游之未遇也，曾文昭公在史院，參寥子實薦其文。文昭稱其言辭瓌偉閎麗，言近指遠，至謂如獲明珠大璧。當時少游於文昭紹介，未嘗通贄幣，未嘗脩俯仰拜揖，未嘗至於前也，而相知之深，不啻如父兄之契、姻黨鄉曲之舊，何哉！嗚聲相應，仇偶相從也。然而古人不相見而相知者，蓋有之矣。一夔雖不敢竊比少游，而閣下汲士之量不下文昭公，禪師樂善之意不異參寥子，今者相須之迹若可以自附於此。伏望閣下廣樂育之義，如文昭公答秦少游故事，賜以一言之教，至幸至幸！

一夔今年四十有五，晚節末路得列於作者之後，則區區之志不孤矣。以天之福拜閣下之賜於他日，亦未晚也。惟冀矜察。

謝危大參書

一夔遡往下風之日久矣，顧以時艱道阻，不能北走四千里，遂其願見之私。

去年陳編脩來南，一夔以所爲鄙文五首與之商搉，然不敢率易求知于下執事也。不意陳君以鄙文達之鄭博士，而鄭君竟達于左右。夫以陳君之薦揚，鄭君之貢送，其意則誠美矣。揆之於禮，則非所當然也。

今年三月，訪俊禪師於錢唐，知其與閣下有疇昔之好。間語及此，乃疏其所以簡慢之由，侑以近所爲鄙文十首，介禪師以達。庶幾於禮或一得焉，計猶未達。

俄六月十七日，入閩詔使道出嘉興，召一夔來前，道閣下之意，授以建寧教授勅牒，且謂：『危公得子之文，如獲秘寶。校官之擢，筮仕之階耳，未足以盡子之才也。』一夔驚喜出於望外，始知閣下以向之所致區區者遂加奬録，初不計其識與不識而求之之禮恭與否也。自非閣下盛德宏度同符古人，疇肯若是？

一夔前書妄引曾文昭公待秦少游故事爲比，以今觀之，實類焉。夫以一夔之疏陋，何敢上儗少游？而閣下汲士之量，視文昭公則又過之，何也？文昭公之於少游，第賞其文，而他日校書之命則不盡出於文昭公也。今閣下於一夔，不徒有取於其區區之言，又使蒙一命，有可以至於遠且大，則誠厚矣。荷德何可云喻？未克拜謝，兹值鄭掾便，謹布向往之忱，伏惟照察。

墓誌

顔欽若墓誌銘

天長顔惟中時若既克葬其兄，告於徐一夔曰：『哀哉！吾兄欽若之死也。昔在至正十四年之夏，寇至天長，移家吴門避焉。甫三月，吴門陷，自吴門趨錢唐。甫三月，錢唐又陷。乃絶浙而東，旅于上虞者三年。既又東土弗靖，復折而西，以松江僻在西州一隅，僑于華亭之青龍鎮。又三年，而吾兄以脾胃疾死矣，二十三年正月二日也，得年三十有二。臨終執惟中手訣曰：「吾志未嘗敢後於人，吾弟所知也。而今死於流離之地，豈非命耶？」是可哀已。

『吾宗本兖國公後，靖康之亂，金人蹂中原，稍徙而南，至于淮安之天長家焉。稱千一總轄者，初居天長祖也。自大父至吾父，用資産起家。吾兄少負奇氣，不伍鄉里兒。居當南北要衝，名人魁士往往過賓其地，輒延致于家，資其聞見。而名人魁士見吾兄言辭意氣，亦退謂人曰：「顔欽若，奇士也，不可失之。」平昔自謂功名可立就，嘗用明經試于有司不利，輒曰：「此不足置胸臆間也。」

『比寇至，白于大人，請散財鳩民，以保鄉里，可用以樹勳業。大人止之曰：「財非吾惜也，顧汝諸生，兵事非所素習，恐致不救，不若姑避之耳。」重違父命而止。方謀避兵，而大人遘疾，遂至不起，吾兄哀毁幾喪生。老母在堂，諭之曰：「汝父已死，我不欲生耶？」乃稍自節哀，率惟中經紀葬事，且戒勿以勚勦薄吾親。故自始喪，至於奠窆反虞，無違禮。既襄事，奉母而行。凡便養之物，率令惟中先至而集，而已奉母隨至。以故吾母雖涉險阻，恒若在家然。有一二姻家亦同在行，飲食起居視同一家，前後五六年如一日。

『嗚呼！以吾兄之材與行，詎意遽止於斯耶？先是一年，吾嫂卒。後是二年，吾從子二又相繼卒。是又重可哀也已。道梗未能返葬，邑人前鄞縣丞任某捐地一畝許，在青龍鎮南亭橋之原。遂以卒之年二月十七日，奉吾兄權厝，吾嫂祔焉。惟中重哀先兄既遭亂世，又不永年，而賫志以殁，嘗念乞銘於立言君子，以白其志。苟死者有知，將不悼其不幸於地下，而未有所屬。先生慤而文，幸哀而賜之銘。』

余不識欽若，凡見吾友與欽若游者，言欽若之死，有歎息者、歔欷者、涕泣者，曰：『斯人而止於斯耶？』則其人之賢可知也。今其弟克葬其兄，又乞銘以圖永長存，則其兄之賢又足徵也。余雖不佞，銘其敢辭耶？

欽若諱惟臣。祖諱仁壽，妣殷氏。父諱奇，母殷氏。妻徐氏，卒時年三十。男某，卒時八歲。女某，卒時二歲。銘曰：

生也時不值乎洽熙，死也壽不登於艾耆。何賦材之孔良，而受數之獨奇。玉在璞而毁，木既拱而萎，吁其可悲。

元故敦武校尉益都翼管軍上百户鄒君墓誌銘

君諱世聞，字文達，登州黄縣人。世以武弁起家。高祖斌，元初以從征功，尚書省版授忠勇校尉，管軍千户。後平河南，定禄秩，以所領軍不多數，改授管軍上百户。曾大父寧、大父威、父震，咸世其官。

君軀幹豐碩，鼻隆口方，鬚髯森若，望之儼然。而天性淳篤，與人交有恩意。然頗嫉惡，見爲不善者，雖素與交，必謝絶之不顧。不以兵家子自處，涉獵經史，務通大義，旁至醫藥、書數、音樂亦皆習之。

初，江南平，其父以敦武校尉益都翼管軍上百户，從其帥出鎮宋都。至正初，謝事歸鄉里。君例當世襲，不忍輕去膝下。其父戒之曰：『此世澤也，爾勉之。』乃始告襲階，换進義校尉。六年丙戌，峒寇犯汀漳，從江浙行省左丞忽都不花〔二〕討之，能以一旅之師破其前鋒，進階敦武校尉。

十一年辛卯，海寇起台州，從江浙行省左丞孛羅〔三〕討之。寇恃海，頗易王師。君帥善水者駕舟，身先士卒，迎擊敗之。賊既款附，賞賚銀幣有加。君位雖偏裨，而通敏有才識。凡民訟涉于軍者，有司移軍府共理，軍府每屬君處決，人不以爲冤。杭支郡瀕海，民私鬻鹽，軍府歲遣一百户之[三]兵鎮之，而軍府每遣君行，巡禁有方，民不敢犯。蘄寇犯杭之歲，君適在鎮。有群不逞欲謀響應，君日夜治部伍以讋伏之，無一人敢動者。張氏繼陷姑蘇，浙以西震恐，有官資者多趣附之。君切齒怒駡，自度年且老，力殫援寡，徒死無益，乃屏居峽石之野。峽石，其所嘗鎮處也。

既而以病終，二十六年丙午九月十又四日也。君之生以大德三年己亥七月十又七日，享年六十有八。娶同郡李氏，繼田氏、胡氏。子男五人：長觀，山東義兵千户，後君一年没于王事；次課廬，早亡；次確；次益；次勉，江浙行省宣使。女二人：長適李繼光，次適同知萊州事周仲彬。孫男三人：曰守信，曰瀛，曰浙。孫女一人。曾孫二人。

確有至行，以君没之年八月丙申，卜葬於錢唐縣鳳凰山擔水閧之原。既葬，猶憮然如在疚，持其友周昉所爲狀，再拜請曰：『先人不幸，賫志以殁。不肖孤欲圖其不朽，他不足爲也，惟先生哀而賜之銘爾。』余辭不獲，乃爲序其世次履歷。因歎鄒君以偏裨之將，而行可以範俗，材可以有爲，而今制文武殊科，卒使不獲究其所施，而乾没於亂世。惜哉！銘曰：

懿厥胄胤自郟出，武弁五葉以世襲。材豐行完用則詘，遭時不然氣愈崛，有欲聞之視兹述。

校勘記

〔一〕忽都不花，四庫本作『呼圖克希哈』。
〔二〕孛羅，四庫本作『博羅』。
〔三〕之，四庫本作『提』。

鞠隱先生墓碣

鞠隱先生諱嗣壽，字得仁，姓朱氏，世居台之臨海。十一世祖希述，仕宋爲殿中侍御史。六傳至宣撫司掌機宜文字友直，始遷仙居之東門。又六傳至鄉貢進士懋，先生之曾大父也。大父智，父元豪補武學生。母應氏，繼金氏。先生幼聰悟，讀書數行並下，日記近萬言。爲文辭濡筆伸紙立就，汩汩千數百言，若不煩搆思者。鄉校師奇之。

台自金華王氏得考亭夫子之傳，講道上蔡書院，從者甚衆，而性理之學日盛。先生既長，謂學不出此，雖多無益也，遂研窮濂洛諸書，究極歸趣。後凡爲文辭，其爲説必本之性命之蘊，不爲華言綺語以夸耀世俗。同郡紫巖周先生潤祖，學術爲鄉里推重，少與先生同舍，相見論學，先生高見層出，周先生斂衽歎服。長潭陶君凱，視先生差後出，亦以文學知名四方，每見先生，輒以師禮待之。

先生嘗言：『世俗爲學，不過資講説，助佔畢，求其躬行之實，蓋有媿。』故其事父母，凡力之所可爲者，必盡力爲之。父母歿，哀戚幾毁。治冢壙，必如法，不貽〔一〕後憾。其處兄弟間，克懼夫情誼之或乖也，作順德堂以示意。其弟既分財異居，而家頗落。其歿也，諸從子貧不克葬，出己財葬之，一不以累其子。待宗黨，不以貧富而禮意有厚薄，鄉人稱之。春秋祭祀，必遵先正家禮。時物不具，則不以薦。教子孫，必以讀書爲先務，且戒之曰：『不讀書，非吾子與孫也。』夕則坐堂上，召其子與孫來前，以序立，問其日所事事，申訓之，至二鼓乃退，以爲常。其見諸行事蓋如此。

忠介公泰不花，貫台州，進士及第。及其躋要路，見台之老成前輩，待之如鄉先生，而待先生尤厚，以薦于朝，時先生父已歿。一日聞之，貽書謝曰：『祿以逮親爲榮，親已歿矣，不願仕也。』公亦重違其志而止。晚謝家事，別業於東園，引流種樹以自適。蒔鞠數十本，曰：『鞠有隱操，吾實愛焉。』乃自號曰鞠隱。學者尊之，不斥其姓字，因稱曰鞠隱先生。

以至正十五年乙未十月廿又一日卒，年六十有九。其配呂氏，有賢行，先十二年歿。子男二，長公立，次公成，俱能世其學。公成先四年卒。女一，適同邑楊弘祖。孫男六：曰木，曰松，曰棠，曰棐，曰棣，曰楫〔一〕。孫女一，適同邑呂志尹。曾孫男□人，曾孫女□人，皆尚幼。先生歿十有一年，公立奉柩葬之縣東門外若干里，鄉曰慶雲，山曰石牛，原曰東嶴，且奉其配祔焉，實二十五年乙巳正月二日也。

公立既襄事，謀於其友安陽韓君謂曰：『墓銘未有攸屬。』韓君曰：『銘非徐君不可。』遂來請銘。銘曰：

爲學尚理而不尚多，爲文尚質而不尚葩。道不行于時，而行于家。斂華就實，厥德孔嘉。其歸也全，抑又何嗟。

校勘記

〔一〕貽，四庫本作『遺』。

〔二〕木、松、棠、棐、棣、楫，四庫本俱作『某』。

始豐稿卷之四 後稿上

徐一夔大章著

雜述

正統問

友人周元亮，其先嘗仕宋，相見輒言宋事。間從余涉西湖，上萬松嶺，訪宋氏故都，藉草而坐，因及於正統之説。余曰：『言正統者，以天下爲一，則以正統歸之。眉山蘇氏有云：「正統云者，猶曰有天下云爾。」』元亮曰：『宋之太祖，既受周禪，平江南，平湖南，平嶺南，平荆，平蜀。至於吴越，恐悚待命。所未臣者，獨河東一彈丸地，可以謂之有天下矣。比見四明陳氏著《續通鑑綱目》，其書太祖崩曰宋主趙某殂，至太平興國四年始揭正統歸之。豈非以河東未臣，而以敵國例之歟？』余曰：『非也。太祖之北征也，嘗因河東諜者語劉承鈞曰：「君家與周世讎，宜其不屈。今我與爾無間，何爲重困此一方之民？」承鈞復命曰：「河東土地甲兵，不足以當中國之十一。然承鈞家世非叛者，區區守此，蓋懼漢氏之不血食也。」太祖哀其言，遂不致伐。以此觀之，則河東不足爲正統累也明矣。彼陳氏之書，夫豈至當之論哉！』

又曰：『或曰其説本於朱子。』余曰：『朱子之答陳安卿也，曰：「如以正統，則秦初未可當，必平一六國而後在秦。晉初未可當，必滅吴而後在晉。隋初未可當，必滅陳而後在隋。因言如本朝，亦必并河東而後在本朝。」朱子誠有是説矣。竊嘗觀其答問之意，以謂由唐而下，正統在梁，梁之統在後唐，唐之統在晉，晉之統在漢。周氏篡漢，廢湘陰公贇，其父崇自立於河東，則漢之統猶在河東故也。據朱子之説，而以當時大勢度之，于秦、于晉、于隋是矣，于宋則有可議者。何以言之？六國之衆可以敵秦初之秦，吴、陳帝有江南，可以敵晉初之晉、隋初之隋。區區河東，而欲敵宋初之宋，以一敵九，小大不敵，昭然可見。此必朱子一時答問云然，非其終身不易之定論也。而況太祖之生，符明宗宫中之祝。至其受禪，因陳橋六軍之變天命人心之所屬，實開三百一十六年有道之基，不以正統歸之可乎？陳氏之書，蓋用其大父所取伏羲以來至祥興事，類爲四言，叶以聲韻，名曰《歷代紀統》，與其父泌倣《綱目》例，尊《紀統》爲經，而疏其始末爲傳以行者。如曰本於朱子，則是持其未定之説而以爲是，非忠於朱子者。如出臆見，則未敢以爲至當。』

元亮良以予言爲是，爰著于篇。

歐史十國年譜備證

五季時，十國稱帝改元者七，荆、楚、吴、越常行中國年號。歐陽公《五代史》著《十國世家年譜》，於吴越云：『聞之故老，亦嘗稱帝改元，而求其事迹不可得。獨得其封落星石爲寶石山，制書稱寶正六年辛卯，始信其改元。』歐《史》所據者以此，所以不他見者，疑其年號止行於國中，而不行于外國，後并諱之。

至正中，余避亂海寧州之東，有姓許者嘗闢巨室，得古墓一，内有誌甎，蓋錢氏將許俊墓也。俊年十八從軍，以驍勇有戰功，累官至節度使都押牙兼御史中丞，寶正三年卒葬於此。所載年月甚明，此又錢氏改元之一證也。惜乎歐公未之見爾。

鏐殄巢、殺弘、誅昌，以有兩浙之地，又貢獻中朝不絶，若無稱帝改元事。當唐明宗即位之初，安重誨用事，鏐致書重誨，涉慢，重誨大怒。會使臣烏昭遇、韓玫使鏐還朝，玫誣昭遇稱臣舞蹈，重誨遂奏削鏐王爵，鏐蓋有激而然。鏐卒之歲，實爲明宗改元長興之壬辰，則寶正六年之明年也。重誨被殺當長興二年夏，而元瓘自陳復鏐王爵則在重誨既死之後，故元瓘襲位不復改元，其事可見已。

以余觀之，鏐自梁末帝貞明二年加天下兵馬都元帥，開府置官屬。唐莊宗入洛，以厚獻故，得賜玉册金印，自稱吴越國王，更名所居曰宫殿，官屬皆稱臣，遣使封拜海中諸國君長。至如俊者，以分言之，一陪臣爾，亦授前項職名，儼然行帝者事矣，奚待重誨見絶而然？歐公去五代未遠，故老所云，蓋可信也。當時十國皆非中國有，鏐之稱帝改元與否，亦不足較。第録所見，以備歐《史》之一證云爾。

蘇潁濱論馮道甚恕

馮道更事四姓九君，歐陽公譏其反面事讎，虧大臣節。獨潁濱論其事而悲之。其言曰：『道雖爲相，而權不自己出。當其廢興之際，或在内，或在外，禍亂之作，非其過也。其相明宗，能以恭儉勸之，十年之内，中國稍安。耶律德光滅晉，大肆殺戮。道顧夷狄〔一〕不可曉以莊語，設俳曉之，德光爲罷殺戮。周太祖舉兵覆漢，勢張甚，道待之如平日。太祖意沮，乃陽使道迎湘陰公。道未返，而太祖篡漢。』潁濱且曰：『方之於古，可視管仲、晏子。』又曰：『管仲、召忽同事子糾，桓公殺子糾，召忽死之，管仲不死，又相之。以道比管仲，則功不及耳。崔杼與晏嬰同事莊公，崔杼弑莊公立景公。或謂晏子死，晏子曰：「君爲社稷死，則死之；爲社稷亡，則亡之。若爲己死而爲己亡，非其私暱，誰敢任之？」卒事景公，其後爲齊名卿。若以道比晏子，庶幾無甚愧也。』其説如此，而謂『議者黜之，曾不少恕』，蓋指歐公也。

余初疑之，及讀《詩》及『殷士膚敏，祼將于京』，反覆玩味其辭，見周公之作是詩，蓋甚傷之，而無譏切之意，則知潁濱之論，亦詩人忠厚之遺意，非立異也。

嗚呼！道更四姓九君，論者且猶恕之，至比管仲、晏子。不幸視道，猶有可議，而好爲過情之論者且又甚之，何哉！

校勘記

之悚然以敬也。

〔一〕夷狄，四庫本作『强悍』。

述談

余過吴，見大夫君子談屬邑何氏妻之烈，未嘗不悚然以敬也。

其歲己酉，何以上户充里長役，當集里所出糧萬石有奇以輸官府。國家於糧事設三限，以期民之入。比入末限，而何所集糧虧數甚夥。督糧官懼其累己，械繫何，且日加鞭箠，終不能集。仍追其妻來，以加於何者加之，其妻苶然不能當也。有督糧吏見其姿美麗，且困甚，欲私之，竊致殷勤曰：『糧事在我，即從我，我能逭汝。』其妻面發赤，不答。吏以爲頷己，使監者移置别室，稍縱之。是夕二鼓，往私焉。稍推户入，其妻奮曰：『此必〔一〕吏來。』大呼『有强暴至』，左右鄰佯弗覺。吏强迫之，且駡且撾其面，聲勢俱厲。鄰頗駭，稍稍持燈燭至。至則吏已遁去，手血猶淋漓也。當是時，何氏妻奮柔爲剛，以摧無禮。推其心，雖有刀鋸，不見其利也；雖有鼎鑊，不見其熾也；雖有虎兕，不見其猛也。彼所見者，獨其眇然之軀，金玉不足以喻其貴，冰雪不足以喻其潔也。不其烈哉！

余觀世所稱貞婦以奇節懿行自見者，多在平居無事時。今何氏妻離去閨閫，被縶械，受鞭箠，而必欲集其夫所不能集之事。此其所遭爲何如也？於此而其所守猶確然不拔，吾寧不爲之悚然以敬也哉！

《召南》之詩曰：『厭浥行露，豈不夙夜？ 謂行多露。』序者以謂强暴之男不敢侵陵貞女而作。嗚呼！ 彼督糧吏獨何人也？ 談者請述其事，余固述之，以爲乘約肆淫者戒焉。何本元室右族，其妻某氏出也，蓋有家範云。

校勘記

〔一〕此必，四庫本作『必此』。

解

臘月牡丹解

按牡丹生巴、延以西及褒斜道中，其名僅列於藥品，人不之貴也。唐開元天寶以來，人始知貴之。自宫禁邸第，以及豪家〔一〕巨族，莫不競植，且致名品以相誇。其品有姚黄、魏紫〔二〕之類，凡七十餘。其花有天然富貴姿態，第花品者以王目之，貴可知已。

大凡植物皆乘陽而發，但所乘之氣有豐有嗇，有葩萼差不同耳。他植如桃李諸卉，非乏可觀之色，由其所乘之氣稍嗇，故隨其所賦各獻妍耳。牡丹發當春暮，其時陽和畢達，所乘之氣太豐，故其發也穠芳麗豔，姿態之富貴有非他植所可比並，此其凡也。然未見有固陰沍寒之時，揚芳發豔如春月者也。

贑上吕氏，世以詩書名家。至仲善，有材而文。既被徵，手植白牡丹一株于其園館而行。久之，仲善官太常，坐弗慎犧牲事，謫耕淮水之南。既而有旨，凡官而謫耕者，與之爲期，悉使歸視其家。仲善之歸，則洪武六年冬十月也。仲善既抵家兩閱月，所植白牡丹揚芳吐豔於冰雪中，狀若玉盤盂，照映風日，人皆異之。

九年春，仲善起自謫所，來爲杭郡幕官，間以語余。余謂〔三〕之曰：『夫植物，無知者也。以君家牡丹言之，謂之無知固不可，謂之有知亦不可，何也？使誠以爲有知耶？則是花也，揚芳吐豔於春月，以衒其穠麗，此常理也。乃今於冬月見之，謂之有知不可也。使誠以爲無知耶？則是花也，自君植之，其揚芳吐豔，不避冰雪，而適在君歸之日，若有所待而然。謂之無知，亦不可也。昔唐叔之禾異畝同穎，渾〔四〕司空之木殊本連理，物固有因人而自見者矣。然則君家之牡丹，其亦若是乎？吾嘗以物而徵諸人，凡人處亨豫，則志得而氣滿；處憂患，則志摧而氣沮。夫人而然意者，處亨豫之時，猶春月之牡丹；處憂患之日，能不摧于困而思自强，不病于餒而思自充。則猶冬月之牡丹，不爲冰雪所挫，而以穠豔自衒耳。則是花也，發於冬月，豈偶然哉？是則同穎之禾，仁之孚也；連理之木，德之暢也。冬月之牡丹，處困而亨之徵也，抑又何疑？試以改官之日，推而數之，距牡丹發榮之月，僅二閱歲，其徵不亦昭昭已乎！今而後，吾見君揚鑣郡國之間，鳴玉廟朝之上，光榮烜赫，如牡丹之盛，可計日而待矣。非佞也，庸敢誌之以俟。』

校勘記

〔一〕豪家，四庫本作『豪門』。

〔二〕魏紫，清鈔本作『魏花』。

〔三〕謂，原空，據四庫本補。

〔四〕渾，四庫本無。

説

春江圖説

有爲長生久視之學者，更其字曰春江。其侶有善繪事者，圖春江貽之。余按而觀，江流汪洋浩渶，桃花爛漫，在江之滸，輕波細瀾乍貼乍起，若吐若納。其出無窮，而落英飄墮中流，與波瀾相逐，紅明緑淨，若濯錦然，有以見狀物者得春江之妙。其人請曰：『吾道人也，聊以自見，願子爲之説。』

余觀天地間動者、植者、流者、峙者，莫匪一氣之所爲。而水之爲物，生於天一，成於地六，氣所由始。維此春江，非若夏潦之淫，而其流也暴；非若秋潦之收，而其流也縮，得天地沖和之氣焉。

吾聞神仙者流，務完固神氣，以爲長生久視之本。是以谷海之内，納之而盈，使不至於暴；吐之而虛，使不至於縮。養其沖和之至，故能後天不老，與造物游。此其似乎空同道士嘗言所謂神仙亦氣之聚耳。漢言安期生，唐言鍾離權、呂洞賓，是皆氣之聚者，其説是也。因觀春江而得養生之術，述以畀之。

贊

瑞光井贊 有序

華亭縣治之西三里有寺曰超果，附寺西偏有井。其深若干尺，周六尺有奇。泉紺寒有味，寺之衆仰以食。而邦人之有疾疫者，亦取以甦焉。

洪武初，余游松江，寺主僧常爲余言，井舊有神物潛泳其間，狀若虺，而其色黄，邑人謂之金鰻，號金鰻井。宋太平興國中，有僧慶伊者，得觀音大士像，乃錢武肅王宫中所奉以祈懺者，未有妥靈之地。一夕，大士夢伊曰：『吾與若俱之雲間。』遂奉以來。今寺所奉大士像是也。

初，像未至縣十里而近，光發寶髻上，且引而南。時茲井亦發光，與之貫，若相讶然，故又號瑞光井。吾菩薩大士雖示現無方所，而茲海隅化爲佛地，以饒益諸衆生者，實茲井發祥之力。《松江志》載伊奉像事，而略茲井。數更兵燹，碑刻已燬，獨井欄所刻井名僅存。願有述以示來者。贊曰：

地際南陲，其勢龐洪。孰鑿兹井，風氣攸通。黄祇孔靈，秘奇藴異。如給孤園，待佛而施。巍巍大士，其來自西。具種種相，罔測端倪。視此下土，于以示現。珠鬘繽紛，有光孔炫。是時海俗，讙趨向風。亦有異光，發兹井中。其㬽緜緜，若迓而至。大士戾止，作此佛地。其積也久，其發也時。去垢即淨，道場光輝。衆謂兹井，具足功德。於我衆生，悉蒙饒益。汔更小劫，邑改井存。寔殊勝地，宜永傳聞。爰述世諦，贊其彷彿。有引繘者，作禮罔忽。

雪庭贊

龍華院康上人，慈慎有行業，號雪庭。靈山竺隱師既爲之陳義，復持卷請贊。贊曰：

我觀諸相，靡物弗汙。彼至潔者，其惟雪乎。賈也自天，隨地而積。如以物喻，惟玉其匹。玉猶有瑕，雪則無之。欲加之涅，其何所施。上人佛者，夙修白業。宴坐中庭，有見于雪。惟此雪者，洞澈中襟。見不以目，而見以心。大道之根，本無所染。譬之明鏡，爲物所掩。祛其昏翳，以返靈明。所證非雪，所依非庭。顧我俗士，執文滯相。願示悟門，以破諸妄。

陳節婦敘贊

蜀人王常宗〔一〕隱居東海之濱，以著文爲事。一日，貽書錢唐謂予曰：『所貴於古文者，以能發揮忠臣孝子、義夫節婦之事，暴白於天地之間，使天下後世有所感激而奮起也。鹽邑人陳思恭之妻莊氏，守義能爲衆女婦之所不能爲。吾嘗傳其事，用致于執事者。請試觀之，幸賜之言焉。』余發書閱已，徐取其傳按而讀之，歎曰：『王君固善爲文，向非莊之奇節懿行有以發之，又安能如是之偉哉！』

蓋莊泉南人也，思恭以商至泉南，遂贅焉。踰年而得子，思恭遂去商海上，三年不返。人以思恭爲死矣，鄰媪或諷之嫁。莊曰：『汝以吾夫爲死耶，見之者誰？』峻斥之。又二年，而其夫果生還。居亡幾何，思恭復去商海上。既出海，乃遽溺死。莊乃〔二〕仰天大慟曰：『吾夫卒死於海，吾非精衛，惟有守死〔三〕以報之爾。』既而，有復以言餂之者曰：『今則可以嫁矣。』莊泣語之曰：『吾未亡人耳。婦人之義，一與之齊，終身不改。胡爲而出此言也？』且指其遺孤歎曰：『吾夫雖死，吾夫之所以遺我者固在此也。』遂不復有勸之嫁者。莊寡居時年二十有五，今五十有八矣。教育其孤至於成人。其孤賓生名彦廉字者是也。贊曰：

陳節婦之守義，蓋其初已有確然不可易之見，固不待夫之生與死而後決也。何也？其初不信其夫之死，即其後日不死其夫之心也。詩曰：『我心匪石，不可轉也。我心匪席，不可卷也。』節婦之謂矣。秉彝好德，人莫不有，而灼見者鮮。莊以一婦人能之，嗚呼賢哉！

校勘記

〔一〕王常宗，底本、四庫本並作『王宗常』，非。按，王彝，字常宗，其《王常宗集》《泉州兩義士傳》謂賓生母事別有《陳節婦傳》，所述正與此文相合。

〔二〕乃，四庫本無。

〔三〕守死，四庫本作「死守」。

辭

望雲辭

常君德新醇慤有至行，其家在平陽翼城縣之翦桐里，蓋唐叔所封地也。異時常君嘗仕爲汴省檢校官，有善譽。及歸國朝，調浙上鹺官。而其母夫人留翼城，以道里遼遠，弗克迎養，請于上官歸省。上官以常君職治鹽筴，在出納之司，又難之。常君思其親不置，用狄懷英故事，大書望雲二字于壁，以繫其思。徵言於余，乃爲賦《望雲》之辭以紓其情。辭曰：

睇彼雲兮天一方，我有母兮遠隔太行。吾胡此縻兮弗遑以將，曾不如彼雲兮其飛悠揚。目力苦短兮心緒苦長，安得乘雲兮返吾故鄉，奉吾母兮樂以康。

頌

蓉峰處士宋公哀頌

今上初，天下既定，會材興治，以建丕圖，首起今内翰宋公濂于金華山中。既不得辭，乃戒裝來覲。上置諸帷幄，以備訪問。已而職教東朝，旋載筆後省，日見向用。公之立朝，雄辭鉅筆足以名世，而不自以爲高；博物洽聞足以服衆，而不自以爲足。故自上以及在廷之臣莫不加敬，不欲一日去左右。而公之先府君蓉峰處士，年則八袠矣。自念身備朝著而親年日高，遠違晨昏之奉，人謂斯何？恒不自安，乃力懇于上。上憐之，予告歸養。於是公之去其親于兹三年矣。

既抵家，日奉觴爲壽，父子驩然。居無幾何，處士竟以微疾棄榮養〔一〕，殆若有待者。則公之急於乞養，亦豈偶然哉！是其至誠惻怛之心有以感致如此。不然，使不得奉湯藥於其親垂殁之時，而其終天之憾爲何如也？

一夔未嘗獲拜處士而親炙其德容辭氣，及考潛德之一二，與其所以垂祥而委祉者，輒自誦曰：『金華宋氏與眉山蘇氏相類。蘇氏自贈職方君序以高行弗用於世，至其子秘書洵，遂以文章擅名天下。今處士無愧職方君，以公視秘書，亦莫能或之先後。其有不同者，彼當宋室全盛之時，而此屬更化之初，稍有差耳。嗚呼！處士之死，可謂有不死者矣。』

公哀不自已，既自爲阡表以述先德，復請大夫君子爲文辭以相其哀。辱不鄙余，而亦有請，敢摭其概而爲之頌焉。處士諱文昭，字文霆。蓉峰處士，前集賢院所錫號也。頌曰：

猗嗟處士，葆貞毓醇。氣沖以肅，貌和以仁。孝以事親，誠以接物。暴以義摧，鄰以恩恤。維孝則純，維誠則壹。恩匪勉强，義匪矯激。猗嗟處士，美集于躬。宜耀于時，而嗇其逢。其蓄既厚，其發斯豐。是生令子，蔚爲儒宗。猗嗟處士，人孰不死。相其攸終，與草木比。惟處士之死，令聞不已。令聞不已，惟曰有子。寶婺之墟，有巋蓉峰。仰止令德，與峰俱崇。于惟小子，曷克形容。于以播之，用慰孝衷。

校勘記

〔一〕榮養，原作『榮義』，據文義改。

賢母頌

賢母者，金華葛秉仁之母也。秉仁之母年幾三十而寡，誓全婦道。今老矣，不愧於初誓。秉仁既長大成人，念其母之有賢行，請于大夫君子爲文辭以表之，亦孝事也。爲之頌曰：

靖惟婦德，惟淑與貞。兼斯二者，則有賢名。其賢爲誰，曰有葛母。自讀女箴，動弗敢苟。言歸于葛，婦道以全。夫何芳歲，竟失所天。既失其天，誓靡他適。確然自持，匪席伊石。既有兒女，亦有舅姑。以養則老，以育則孤。其節如荼，乃遂所願。九京可作，不靦于面。中古以還，風教陵夷。柏舟之録，孔子傷之。矧兹涼薄，罕知自守。或視其躬，見金不有。其克守者，嗚呼幾希。爰有葛母，實婦之師。文山之陽，葛母是宅。里人賢之，或過則式。我見其子，益知母賢。是用作頌，以播于篇。

銘

真率齋銘 有序

杭之耆彦有顔其齋居曰真率者，是爲楊懋臣先生。先生爲人平實簡易。杭在東南，異時湖山之美、邑屋之麗、陸海之饒甲于天下。先生方少壯，家饒於財，視酒如漿，視肉如藿，宴游嬉戲，殆無不足於意者。晚乃斂華就實，凡所以處己接人者，略去邊幅，作止語默，一皆出於自然，無纖毫矜持意，有晉人夷曠之風焉。或誚之曰：『斯人也，被服周孔之教，而學爲嵇阮之流。揆之名誼，無乃非所宜乎？』余解之曰：『俗之弊也久矣。僞言僞行，相先爲智，相高爲賢，比比而是。吾方以真而率之爲貴，而子胡謂不然？夫禮，始於飲食。至德之世，上如標枝，其民野鹿，窪樽而抔飲，其禮蓋亦率矣，然而皆本於真也。夫真與僞對，出乎真，則入乎僞。真則率，僞則百計萌生，無所不至矣。是故孔子言禮，其稱曰：「禮，與其奢也，寧儉。」先生以真率自見，古之道也。何足怪乎？』乃爲之銘。銘曰：

君子之履，惟適之安。弊精神於思慮之外，勞筋骨於俯仰之間。此可以媚於世，而非所以安吾天。夫惟大羹不和，大圭不琢。體本自然，反澆爲淳。斯德之全，守之以恬，其永無斁。

碑

黄龍祠碑 有序

黄龍祠在西湖北山之陰。自其趾斗折而上，有巖竇谽谺，不合如礪。水泉紺寒，深不可測，旱不縮而潦不盈，有龍居焉。故老相傳，曩夏雨初霽時，嘗有神物蜿蜒卧于松上，其氣茀茀然而黄，蓋黄龍也，故世號黄龍洞。祠在洞側，以栖龍神。

宋淳祐間，無門開禪師有道行，嘗説法龍興之黄龍山而歸，卓錫兹山之麓，見洞中嘗有〔二〕光怪，禱雨輒應，或謂龍隨師至。時孟少保珙從師咨決心要，遂捐財爲之建寺。而師因請龍神爲之護法，於是始有祠。時天旱，理宗延師入内祈雨，師請退而默禱。未幾，帝遣内侍問之，師對曰：『寂然不動，感而遂通。』已而大雨。自是，無雨輒禱，禱輒應。當是時，嘗封龍爲靈濟侯，錫祠額曰護國龍祠矣。

至正末，兵燹大作，湖上之山俱赭，龍蟄不見，祠因就燬，歲亦多歉。寺之僧有名祖吉者，屏居南山石屋。一日，歸視得度之地盡爲瓦礫，慨然欲振無門之風。乃灑掃林徑，詣洞祝曰：『祖道弗墜也，龍其來歸乎？』遂募緣興造，而皈向者日至，肇作奉佛之堂，餘屋規以次就，而林壑亦勃然有生氣。

洪武七年六月，天久不雨，民皆憂惶。杭衛都指揮使徐公某、浙省參政徐公某、李公某、郡守王公某相率致禱甚虔，與神約不出三日當雨，且曰：『即三日而雨，當新神祠，使享有血食，神無我違。』吉亦用其法，如其祖之默禱，以副其意。如期果雨。時雨猶未足，越三日致禱如初，又得雨。乃命有司具木石，而屬通判王佐董其事。以十有一月甲子，即其故處審擇面勢，作爲祠屋。棟宇翬飛，丹堊炳焕，林壑改色，用以揭虔妥靈。題曰黄龍祠，從世所稱也。

夫神，依人而行者也。是故古之聖王先成民，而後致力於神。今國家深恤民隱，故方面官臣遑遑焉以救菑爲務。匪神之貺，其何以慰安之哉！廟祀以報之禮也。乃作銘曰：

新廟翼翼，在彼山北。伊誰作之，實維方伯。有嘉方伯，所重民命。旱既大甚，下民告病。有嘉方伯，維神是依。刻日請雨，神不我違。靈貺具來，報事敢稽。吹簫擊鼓，北山之下。雖無瓊醴，亦有酒酤。雖無玉饔〔二〕，亦有束脯。靈風颯然，林色爲暝。神之格思，匪物伊誠。自今伊始，報事弗怠。年穀順成，物無疵癘。永衛佛天，廟食世世。

校勘記

〔一〕有，原作『見』，據四庫本改。

〔二〕饔，四庫本作『餐』。

記

舊時月色軒記

天水趙公範清茂嗜學。其先宋室支也，别居鹽邑之東有年矣。頃歲兵燹甫息，作新軒于其故居之左，題曰舊時月色，屢請余記。余謂公範：『吾不靳子記也，獨念月色新舊一也，夫豈以新而加，以舊而損哉！今子言月必曰舊時月色，吾不知所以記。』

公範曰：『此特自吾所見而言月耳，非謂衆人皆我同也，幸勿以衆人之見而狹我。吾嘗徙倚軒楹，梅〔一〕雨初霽，月行太虚中，光彩注射地上，瑩若霽雪，徘徊顧盼，中夜不怡者久之。其故何也？吾家盛時，廩有餘粟，籯有餘帛，夷庭廣厦，涼堂燠館，嚴邃〔二〕靚奥，起居出入，如列仙所居。天下無事，上令下供，有程不徵而集，胥隸跡不及門户。司吾平者雖欲鷹擊毛鷙爲治，了無所施，寧有譴呵之及？吾父兄伯叔雍容閒暇，討論墳典之餘，第謀爲樂。良夜方永，月色在户庭，薄具清宴，醖有内法，肴有珍羞，廬兒按箏，家姬度曲，至夜分不寐。自更多故，一觸心，一舉目，旨非向日，獨見月色宛宛如舊時，誠不能釋然于懷也。先生其謂斯何？幸有以解我。』

余歎曰：『嘻！處憂患者，不忘亨豫之時；在荒閒〔三〕者，恒思宴樂之地。此人情之大較也，獨子也耶！吾試與子論月。夫月由死魄而至於盈，苟弗繼之以虧，則太盈矣。太盈，非天道也。由生魄而至於虧，苟弗繼之以盈，則太虧矣。太虧，非天道也。盈而虧，虧而盈，恒相因於無窮。此月理也，子寧以境而二其觀哉！古之至人一死生，齊得喪，而不物於物者，有見乎此也。雖然，吾非其至者，然亦有所授爾。子不謂然，秋中之夜，子幸開軒待我，我將爲子邀彼明明者酹而問之。」

校勘記

〔一〕梅，四庫本作『海』。

〔二〕巖邃，四庫本作『巉邃』。

〔三〕荒閒，四庫本作『荒闃』。

馮氏義塾記

古之教者，家有塾，黨有庠，遂有序，國有學。蓋嘗攷夫家塾之制，曰家有塾云者，非家置塾也，合二十五家爲閭，閭左右有塾，擇士之仕而休者爲之師，以教其子弟。較其規模，視彼庠序，雖若稍狹，而其教條之施、牖導輔掖之具，蓋亦初不異也。自夫學設于州縣，而二十五家之塾缺而不修。遐墟僻聚非乏俊秀，去遠城邑，莫知所向，徒負願學之志，君子病焉。

海鹽治之東十有八里，地曰沙腰，實斥鹵之處，馮氏世居焉。天曆中，有號梅軒處士者，諱某，字某，病其鄉閭無有講學之地，創爲閭塾，殿堂齋廡略如學校，而以田一百畝入于塾，擇勤敏者掌之，而以其所入延士之有學行者爲塾師，使馮氏與其鄰里之子弟入學于塾，且給午餉，使竟日不替于學。後至元初，知州事趙侯孟貫義之，署爲馮氏義塾。俟有成效，將請於朝如書院，未遑也。

至正初，塾燬于兵。其子諱某者，更作之，而禮殿未備。會官府計田以賦，而塾有田不能獨貸，其長孫椿集其諸弟議曰：『塾之設，吾祖義事也。使以塾田而充賦，則塾無所入，而已成之規隳矣。吾其以家田所入當塾田之所輸，則塾可存。』於是諸弟韙之，而塾有教養如初。椿且將與弟完塾之所未備以畢其祖之志，遂以記請。

余歎曰：嗟乎！古者教人之法蓋甚備矣。夫以二十五家爲塾，則家無不學之人矣。家無不學之人，材惡乎而不成？俗惡乎而不美？矧夫黨庠遂序之教又益詳哉？後世不知本此，其不古若也固宜。詎意今茲乃有倣古學制以淑其人如馮處士者乎？余見多貲之家，不藉以縱其豪猾，則用以莊嚴二氏之室廬，以覬非望之福而已，遑及此哉！若處士者，其亦可以謂之知義者已。處士既創之於前，而其孫又克承之于後，使不至於廢墜。繼自今瀕海之上，俗有慈讓之風，人有士君子之行，有以見義塾之化底於成矣。

赤山隱居記

同邑胡宗衡氏讀書赤山之下，榜其居曰赤山隱居。洪武元年秋，余歸自江表，徵余記之。余嘗觀於吾邑之山，其高且大者，峰連岫接，磅礴宇宙，如重城厚郭，聯絡縣境之外。而其光氣上屬，層青積翠，與霽霄競爽。至於龐洪内蓄，或聚或散，聚者龍驤，散者蛇行，望之膚理皆赤。去縣四五里，孤嶂特峙，狀若版築，梯級千仞，赤埴墳起，所謂龍驤者也。是爲赤城，晉孫興公嘗賦之矣。由赤城西行三十里，乍斷乍續，前岡後阜，蜿蜿蜒蜒，或起或伏，所謂蛇行者也，膚理明潤，巖岫綺錯。是爲赤山，視赤城尤佳絶。宗衡之居在焉。

宗衡之先居此久矣。其尊人叔輝甫，猶以奇概未集，别作穹堂峻宇，以萃其勝。宗衡有志於學，將擇幽雅之地以務進脩，爰潔茲室。每晴霞燦爛，衣被林木，與山爭麗，光彩絢耀，户牖爛如。起居出入，不知視居錦官城何若？茲隱居之所以名也。

或訝之曰：『懷材負德之士有輕當世之志，長往不返，故以隱稱。宗衡之尊人明經制行，蹈君子之軌轍，當方氏即家開府擅爵禄，人屢迫之使仕，而能執志不汙，猶不以隱自處。今其子年方强盛，有志於學，固將爲世用也，奚取茲義也耶？』

余曰：不然。隱有二義，彼長往而不返者，固謂之隱矣，而潛藏以自脩者亦有取焉。何也？媚學之士，血氣方剛，德性未定，不能不奪於聲色貨利，必也耳有所不聞，目有所不見，意慮有所不及，然後氣沖而志壹，以達三才之情，以會萬物之理，以極往古來今之故，德庶乎其崇，業庶乎其廣，《語》不云乎？『隱居以求其志』是也。

宗衡之尊人嘗受《易》於老師宿儒，其自潔於汙世，非固也。蓋嘗推其所學以正一鄉，一鄉之人蒙惠。觀其出處，必有得於《解》之上六『相時而動』之義。宗衡方學以濟厥美，寧不取於此，而彼之慕乎？

余世居山側，與宗衡東西家耳，自高曾時託姻鄰之好。少時尊人刻厲爲學，不以余之黯昧，見輒以學事相勉，麗澤之益多矣。奈何余阨於貧，雖欲如宗衡之隱居，勢不可得，未免持空疏之學出游四方。初謂廣其聞見，可以有成。乃竟迫於糊口，歲事奔走，卒無成效。今也雖亦藉儒之力脱於流離顛沛之地，猶故吾也。歸視兹山，面爲發赤。宗衡志篤而性敏，資實勝余，家有餘貲，不必似余之逐逐於衣食。而況上有賢父以爲模範，其患無成乎？

宋石守道先生，奉符人也，讀書徂徠山中，學成行尊，後爲胄監直講。學者不斥其姓名，以山配稱之，人不敢有所損益。無他，地以人重也。余竊有志，顧歲月已邁，而志氣昏惰，無能爲役。它日兹山光彩焕發，若濡而深，若培而厚，在吾宗衡矣。吾將觀其成焉。

風樹亭記

檇李潘德全氏，天性純篤。往余嘗見之宣城貢尚書座上，時德全之先君子甫歿，羸形垢服，泣面請銘。尚書曰：『孝人也。』余謹識之。今年秋，余見之澉上，其貌與氣視舊加充，語及乞銘時事，輒悲不自勝，曰：『銘嘗刻諸先墓矣。顧不肖孤之不能終養也，每聞風樹而悲之，因作小亭風樹之間，庶幾孝思之所存云。』觀其言甚戚，若欲得余之記者。余揆德全乞銘時以至于今，蓋十閱寒暑矣，而猶若初喪然。噫！甚矣其戚也！蓋德全之先君子有才行，嘗有志於用世，而僅僅爲郡縣學校官，又不得上壽以殁。兹德全風樹之感所以不釋于懷也歟？

嗚呼！昔者仲由氏蓋嘗負米以養矣，其後南游于楚，從車百乘，累茵而坐，列鼎而食，而親不在，是以歎曰：『子欲養而親不逮，樹欲静而風不停。』凡爲人子而不克終養者，誦而悲之，不獨德全也。

余聞德全逮養時，其親位雖不高，方食代耕之禄，可以自贍，不資負米以給朝夕也。及親既没，家居授徒，取所入以自給。雖三方割據，足跡又未嘗出境，以干時取寵而有從車之盛、累茵列鼎之富以自奉也，而猶若此。使有是奉，吾知其食將不下咽，脅將不至席矣。若德全者，誠罕見哉！

吾家既貧，而吾親恩逾于義，每自處以薄，不使有負米之勞。及壯而游四方，固不敢求所謂從車之盛、累茵列鼎之富以侈吾親，計不過謀斗升〔二〕之禄以易菽水而已。而命與時違，親壽已高，逐禄不及，竟負終天之憾。當風鳴樹動之時，追不欲以生爲。乃今見德全名亭之故，寧不重爲之感乎？

善乎揚子雲之言曰：『不可得而久者，事親之謂也，孝子愛日。』味斯言也，與其養而有待，不若隨地而致其力。幸而富貴，可以盡其心。不幸而終身貧賤，亦可以釋憾。此區區之心，亦凡人子所當知也。因作〔二〕潘氏亭記，而并發之。

校勘記

〔一〕斗升，四庫本作『升斗』。

〔二〕作，四庫本作『著』。

蜀山草堂記

太湖之陰，川迴而野迥，有清曠之適，是曰陽羨。異時東坡先生始領第，錫宴瓊林，與蔣魏公接席，魏公極言其地之勝，先生遂有買田築室之意。崇寧初，先生歸自海南，因告老于朝，而居陽羨，酬前志也。

去陽羨而近，有山隆然拔地而起，盤亘數百畝，旁無聯附，號曰獨山。先生愛之，嘗築書堂其坳，且曰：『吾本蜀人，而茲山不宜姓獨，宜去犬留蜀，更姓山曰蜀云。』陵遷谷變，其址入於金陵保寧之官寺久矣，遂爲寺之别墅。今敏機師以純行粹學來主保寧之席。間至茲山，紺壤疏潤，碧泉流動，上緣丹崖，白雲勃勃，起自履下，望見太湖，黏天無壁，而銅官諸山聯翩而來，如列大屏，以障巨浸，蓋亦奇矣。師因歎曰：『先生之所以盤桓於此而不忍去者，以此也夫。』

仍作草堂其處。而師亦以先本蜀人，自宋季之亂往家吳興，每有所自出之想，故亦姓山曰蜀，而不復其舊云。

嗟乎！師之心即先生之心也。人亦有言，適異域者見似人而喜，以其類也。蜀在數千里外，茲山雖小，苟其心有所屬，安知其不若岷峨、太白之高大哉！是宜師與先生同有此心也。

或曰：『先生家本蜀也，自葬其父文安府君後，出立朝，以至崎嶇嶺海而歸，未始一日還蜀。夫寧不有鄉土之思？師之先雖亦蜀人，生長東南之日久，且桑門是託，殆將盡空色相。今而惓惓於所自出之地，夫亦有所執著也耶！』余謂不然。凡出家者，以求道也。而身也者，道之所寄也。安有求道而不念其身之所自出哉！君子謂師爲知本矣。如曰師雅嗜吟，茲堂也瀟灑夐塵，可縱吟事，夫豈知師者哉！

是爲記。

管氏祠堂記

古者諸侯有國，大夫有家，皆得立廟，而祔祧之制具，故能展其尊祖敬宗之誠，而無違德。降及後世，將相大臣得立家廟，而因陋就簡之日久，類多得爲而不爲。至於士庶人之賤勢有不得爲者，則又弗暇議也。先正文公先生有惕於此，創爲祠堂之制，使上下貴賤一皆行之而無礙，其意嘉矣。今其書雖存，而知遵其制者亦鮮。

淞上管氏新作祠堂，奉其祖禰神主。至於祭器之屬，亦莫不備。歲時率子婦而下盥薦，亦既成禮矣，復來請曰：『走也邑東之鄙人也。先世家吴興，四世祖實以業商至兹邑，傳至於我五世矣。不幸少孤，刻苦自樹立，經紀衣食，上以事大母與母，下以字弱妻與子。其於追崇本始之事未之能行，恒自歎曰：「人本乎祖，於此而不用其情，其得爲人乎？」乃稍本據《家禮》作兹不腆之室，以爲祠堂。而吾祖之行與諱與其生卒月日，亦以少孤而失諗之先生長者，累年而後得，始如法作主，用妥于厥位。此區區之心也。而猶懼夫後之人弗克我承，願假寵于執事者，畀之以文，勒置祠堂之壁，詔我後之人。』

嗟乎！君子開業承世，而欲傳序之遠、延祚之緜，亦惟迪之以禮而已。祠堂之設，使後人知水木之有本原，禮之大端也。異時淞上豪家巨室林立，爭築穹堂麗館以誇奇角勝，曾未有及此者！今管氏既有以迪之於前，而其二子，長者方以勤謹持門户，次者且將以文學起家，則管氏之澤亦未艾也夫，焉有弗克承者哉！而猶惓惓假余言以詔之者，蓋憂之深，思之遠，不敢以皆賢必後之人也。雖然，彼爲穹堂麗館以誇奇角勝者且有能言之士爲之張之，則余之記亦何嫌哉！

始豐稿卷之五 後稿上

徐一夔大章著

記

柟軒記

柟軒者，國子生葉藖本蕃取其上世石林先生手植之樹而名也。先生世居吳門，政和中始卜葬其先府君于吳興之弁山。其地據風氣之會，奇石如林，有瑰奇絶特之狀，因號石林，且營別業其處。顧視前坡後崦，尚乏嘉樹，乃植桃、梅、李果暨凡松、桂、杉、檜、柟、櫧之屬。其後樹日以長，鬱然穹林茂壑矣。先生不此忘〔一〕也，宦轍稍息，則來處焉。其子與孫承世澤之懿，封植惟謹，樹固無恙。及乎運去物改，詩書之脈不絶如綫。百餘年間，向之長且茂者，今或萎且仆矣，山空水冷，爲之後者過故丘壟，不能不愴然以思。

國朝更化，取材於學校，於是藖自諸生入預胄子之列。既而有旨，凡國子生高等者，養其德器，至于老且成，他日朝廷有大論建、大製作，則以畀焉，慮至遠也。而藖首以高等選充。每試藝上前，輒在前列，親蒙奬諭，且錫予有加。因自念：『幸遭聖明，吾宗已墜之緒或能振而起之，其在斯乎？』因取其先世所植樹名軒以志。

余竊聞之，宋運之中微也，石林先生以高明正大之學立朝，其直言讜論，可以格君心、匡國勢，故雖權姦當國，亦未始不改顔待之。宋轍既南，時論倚以爲重。出而建閫，入而執政，其豐功盛烈足以衛安社稷，撫綏生民。至於發揮性命道德之藴以鼓吹群經者，又足以承往聖、惠來學。先生之在當世，可謂大儒名臣也已。

昔者騶孟氏之論世，大約以君子之澤止於五世。説者以謂其人君子也，易世而非君子也者，猶可以五世，使世世而君子也，雖百世可也。大抵天之所以厚君子也類如此。葉氏之澤至蕡僅十世，又幸而值方興之運，受上寵遇。至和薰蒸，弁山之木行且枿矣，加封植焉，自拱把以至百圍，可計日而待。傳曰：『公侯之子孫必復其始。』兹樹其徵也。

余職教杭學，蕡爲諸生，其尊人仲芳甫隱居教授，又辱與余游，因爲著軒記以俟。

校勘記

〔一〕此忘，四庫本作『忘此』。

追遠亭記

蕭山湯彝既葬其先巡檢府君於海山之原，仍作亭墓旁，爲祭享之所。徵余記之。

海山在縣北三十五里而近，深鬱秀拔，北臨湘湖，天光雲影，滉漾几席。其上望見海門波濤洶湧，雲霧勃鬱，風帆浪舶出没於杳渺之中。而湯氏之居距山不一舍遠，府君嘗登焉，曰：『樂哉斯丘！』顧語其子曰：『吾生則游於斯，没必託體魄於斯。爾其識之。』後府君没，彝遂奉以葬，而以其母祔。且以歲時掃墓，子姓咸在，不可無萃誠之地以格祖考，乃作兹亭。

余嘗攷之，墓祭之禮，先王非以爲非禮而禁之也。蓋自天子、諸侯以及大夫士，莫不有廟。有廟必有宔，故既葬也，則作宔，而奉宔以歸于廟，歲時祀之。惟庶人無廟，則祭父於寢。蓋宔也者，神明之所依，祭必以廟焉者，求諸陽之義也。然攷之立宔之制，則惟天子、諸侯有宔，而大夫士以下皆無宔，當其祭也，惟設席以依神而已。近世大儒議禮，始定大夫士宔。蓋本之天子、諸侯之制斟酌爲之，以補禮之所未備。如大夫士無宔，祭則設席依神，則祭于墓亦可也。蓋墓也者，先人體魄之所藏也。山川迴合，風氣完固，松柏陰鬱，魂氣必來依焉。人有言：『過丘壟，則哀心生。』霜露之感，莫此爲切。肅然僾然之意，豈不有見於此乎？從漢以降，中原大夫士之家莫不以清明上墓爲重，曾不以禮無明文而廢之者，此也。然而墓祭之設亦何不可之有？

因彝之請，而本諸制禮之意爲之説如此，使凡孝子慈孫作墓亭以申追遠之情者有取焉。若曰：『華其構，敞其户牖，以資登高望遠之樂。』吾則不敢知也。

府君諱某，元季嘗爲鄞之文亭巡檢。子四，長彝，次某，次某，次某。

中和室記

錢唐潘氏，其先由汴徙杭，自其大父、父皆以醫行。潘氏既世其業，人有疾者咸赴潘氏請療，遂以醫官名家。嘗取中和二字名其藥室，與之游者管某、柴某爲之請記。

予以中和二字見於孔氏遺書者，其義甚博，未遑執筆。已而，二人請甚力。予乃以前所云者詰之，二人者曰：『非也。天地之氣中和而已。中和非二物也，惟中故和，其蓄也中，其達也和。人受是氣以生，一或偏滯舛戾，失其中和矣。失其中和，則病生矣。醫也者，所以反其中和而合於天地之自然也。潘氏之所以自見者如此。』

予曰：如子所云，則醫和之告晉侯者是已。醫和之言曰：『天有六氣。六氣者，陰、陽、風、雨、晦、明也。陰淫寒疾，陽淫熱疾，風淫末疾，雨淫腹疾，晦淫惑疾，明淫心疾。』夫淫者，中和之反也。故嘗觀於黄帝與岐伯、鬼臾區之論難，反覆推明五運六氣之秘，以立補瀉之法，無非反其中和以合於天地之自然者而已。岐黄既遠，本諸五運六氣，以察陰陽升降之候而定臟腑虚實之所因，以合經絡之所屬而起死回生者，鮮矣。求之近世，則劉守真、張子和、張潔古、李明之其人乎？是數君子者，相時運之盛衰，因民氣之羸耗而爲之醫。方金源氏之盛，國富兵强，其人勁悍，故劉氏、張氏之治法多宣。及其衰也，干戈相仍，饑饉荐至，其人疲憊，故張氏、李氏之治法多補。數君子之術可謂能反其中和而合於天地之自然者矣。言醫而不出乎此，是養病也。潘氏以此自見，其所得必異於人矣。

吾非知醫者，姑以所聞者諗之。若夫聖孫之稱中和，其功至於天地位、萬物育，則請更僕而畢其説。

雲林小隱記

錢唐崔氏世居闤闠中，閭閻比轅，人馬雜沓，聲囂若雷，氣滃如霧。崔彦暉氏有敻塵之思焉，謀去此而他，未遑也。彦暉之外家，蓋吴興趙氏，嘗往來霅上，見霅上諸山干青雲而耀白日，恒欲深隱其間，而未得其勝。一日，步自弁山之麓，夷猶澗谷之間，五六里許，前見大壑，杉、櫧、松、桂，大木森立，枝柯相樛。時宿雨初霽，雲氣上行木杪，壑爲晝陰。彦暉躊躇不去，歎曰：『此不足以居我耶？』遂締構室廬，治凡麻絲、粱稻、牲魚之屬，以供衣食、祭祀、賓客。暇則取古人書閲三數行，又或取斯冰篆法作蝌匾書，已復山巾野服逍遥乎穹林之下，仰觀乎雲，來也無心，去也無迹，悠然若與爲忘形交者，遂自號曰雲林小隱。其意以謂大隱在市朝，吾以非才，姑處其小者耳。其地去錢唐僅踰三舍，彦暉回視，不啻蓬萊之隔弱水，曾不暫往。

一日，其友思之，欲與相見，貽書招之，不答也。其友曰：『崔君誠長往耶？』復爲辭招之。其辭曰：『雲林鬱蕭森，有虎晝啀人，君不來兮勞我心。』彦暉亦不往也。其友或誚之。余解之曰：『古之人論隱，其品有三。上焉者，負濟世之具，自視甚高，而與世枘鑿，寧辭名位而不屑就。次焉者，質弱氣沖，内審其材不足爲世用，寧甘心林壑，使人常高其風。至於漁名獵譽以徼利禄，如漢世所謂處士純盜虚聲，唐人所謂終南捷徑、少室高價者，斯又下矣。吾知彦暉氏，彼上焉者固其所讓，而下焉者亦其所斥。其所以自處，其殆吾所謂次焉者耳。招之不來，毋怪也。』於是誚者意解。

後余過其處，因爲著《雲林小隱記》。彦暉之上世多隱德，而趙文敏公則其外曾大父云。

生意堂記

余性頗嗜適，每天地閉肅，隩居之日久，恒憒憒不樂。及春始和，則去之通衢廣陌，翱翔以嬉。見夫山川之間，八風不姦，淑氣發舒，野姿妍媚，悴者以滋，軋者以茁，瘖者以鳴，輒心融意暢，躍躍以喜。私竊自謂造化者，其禪續息復之機，吾雖莫能測其藴。自其著者而觀之，庸非所謂生意者乎？昔人有謂：『衆人熙熙，如登春臺。』蓋若是也。

其後西游檇李，入城門而東，見有居藥之室，翼然以敞，臨于中逵。仰而視之，兩楹之間顔曰生意。余歎曰：『嘻！世固有欲與造化爭功者乎？』居藥主人肅余坐，而言曰：『子毋〔一〕異也。造化之功則誠大矣，夫孰得而擬之？其功或有不逮，輔相之職獨不在於人乎？是以古之聖人懼人之有夭札也，故制爲醫藥之具。苟有人焉能廣其術而用之，可使生意流動，充滿於天地之間，斯豈非造化之一助歟？』而余未之信也。

時天新霽，道多行人，抱病請診者赴門如織。居藥主人且問且切，隨其證而授之劑，曰：『爾服是，當愈。』『爾服是，當愈。』而其人始來也，其氣奄奄；其去也，其氣舒舒。始來也，其色幽幽；其去也，其色愉愉。於是和氣交暢而生意藹然。而後知其命名之不誣。余曰：『以子之術推之致理，可乎？』居藥主人曰：『吾知醫而已，致理非所知也。』余曰：『嘻！以子之術施之致理，天下之顛連無告者皆得其生，無歎息愁恨之聲矣。』

居藥主人姓嚴，名某，字某。

校勘記

〔一〕毋：四庫本作『無』。

德慶府端溪縣新建廟學記

皇朝既一四海，乃洪武二年冬制詔州縣興學，且監前代虛文之弊，嚴立教條，限以歲月，務底成效。於是天下風動，凡有民社之責者莫不知興學，而人亦莫不知務學矣。

德慶之端溪縣附府爲治，其地在廣東上游。先是，縣無學，爲縣者玩歲愒日，莫謁不講，弦誦不聞，士率家自爲學。廣東既歸職方氏，始來爲縣者以爲缺典，乃即城隍廟基構屋三〔二〕楹，略具廟學之體。

六年夏，知縣事秦誠至，顧瞻歎曰：『此何足以奉明詔？亟宜更作。』時縣丞江某、主簿章先某議以克合，乃白於郡守趙公鼎，蹕之。乃斥基趾，審面勢，鳩工庀材，屬教諭王某董其役。其後乃作論經之堂、肄業之舍以及井竈湢溷，周垣則植松柏以蔭之。作大成殿，翼以兩廡，衛以戟門。直門作池，形如半璧，架石爲梁，以達靈星門。

既成，俯仰四顧，錦江流其前，香山倚其後，蒼梧、九疑諸峰亦在眉睫之外。規制精壯，氣象宏闊，昔無今有，莫不歎羨以爲昉見廟學之制。是役也，學有舊佃若干户，訪得之，蠲其餘徭，俾之運輸畚築，故其事易集而民不勞。肇工於六年秋八月某日，而以明年春正月某日迄工。邑人李公質，今爲浙江行省參知政事，以其邑建學始末授余請記。

余既序其事，且告之曰：『人莫切於務學，而有民社者亦莫先於興學。古之人在畎畝則學於畎畝，在山林則學於山林，在漁鹽、版築則學於漁鹽、版築，固不皆待於上之人也。然而天之生人不能家稷契而人游夏，爲之上者必立學校以教之。故自三代而降，未有舍學校而爲治者，此也。夫學校興，則民不惑於他道，詩書禮樂之教可講而明，道德性命之藴可求而知，而人皆可至於成德達材之地，而後政可成也。皇上龍興，慨然欲以儒術爲治，重念儒效不振，干戈甫戢，亟下興學之詔，其慮深且遠矣。廣雖夐在嶺海之表，唐宋以來，若張文獻公九齡、余襄[二]公靖實其生地，聲名文物遂與中國等。聖明之見，視四海猶一家，爲守令者何可以遐陬裔壤而鄙之哉！此端溪之學所以焕然一新於今日也。且異時端溪之士非有振起之者，而養材積學以待用於明時，如今李公者且不乏人。矧今縣大夫奉宣德意而爲此振起人心之具，則夫人材之盛，豈不十倍前日哉！　筆以俟之，識余言之不佞也』。

校勘記

〔一〕三，四庫本作『二』。

〔二〕忠襄，四庫本作『文襄』。

臨安縣新建廟學記

臨安縣新作廟學成，學之耆彦陳某、鄭某相與謀曰：『廟學之成，經時五年，前後令佐用心亦勤矣，不可無述以示久遠。』時孔氏之後有寓茲邑者曰希智，以其與余善也，介之請記。

縣舊有學，在縣之南，肇建於宋咸平初。寶祐中，知縣王肅嘗改作之，締構堅緻，其後時加修葺而已。至正末，燬於兵燹。杭屬縣既歸職方氏，臨安所治地在溪山之間，内附初來爲縣者雖加意廟學，而徵輸事殷，未遑并力而就。其作禮殿，作兩廡，作齋廬居師弟子，以創廟學之規者，知縣事袁君思謙也。其作禮門，作靈星門，作成化堂附于齋廬以備師弟子會講之所，而具廟學之體者，則知縣事賈君鵬程也。至於户牖棖臬之未具，棟宇髹彤之未飾，階陛瓴甓之未施，徑術之未闢，庖湢之未頓，則皆縣丞聶君原爲之，而廟學以成。於是茲邑之廟學遂爲九邑之最矣。章縫之老有扶策至門而歎曰：『吾少之時，嘗藏於斯，修於斯矣。一旦鞠爲榛莽之墟，間一過之，愀然不樂者竟日。今也美輪美奂，誠不自意其如此。吾邑之令佐加惠吾人也，不其厚歟？』時教諭高德暘適至，遂來趣文登石。

余嘗攷之，州縣有學爲師弟子講肄之地，而又有廟以祀先聖先師，此禮以義起者也。蓋古者士初入學與學官四時之祭，必釋菜釋奠以爲禮，而其事不可瀆也，故有學又有廟。唐以降，或有廟無學。非無學也，喪亂之後，裔遠之域未遑立學以廣教事，故姑葺廟以存祀典爾。近世以來，遐州僻縣則未有有廟而無學者，而廟學之制備矣。

今天子更化，制詔州縣置弟子員，設分科之條，立成效之限，以成就人材。而以州縣春秋釋奠爲近於瀆罷之，有合於昔人學校之議。若夫釋菜之禮，弟子以事其師者，自當修也。歐陽子曰：『釋奠有樂無尸，禮之略者也。釋菜則并樂去之，又其略者也。夫造其庭，讀其書，誦其詩，不思其所自而修敬焉，禮無是也，而況禮之至略者乎？』學校之設蓋以此也。臨安令佐前規後隨，於廟與學兼致其力，有加弗替，其知此者矣。且吾聞之，爲民父母而不以聖賢之道教其民，是棄其民者也。今其令佐作廟以存祀典，作學以廣教事，其納民於道也至矣。爲之民者，率其子弟鼓篋而來，仰焉而瞻，俯焉而思，而不知所以自奮，是棄其身者也。

臨安溪山明秀，風氣淳固。其人素知詩書，修禮讓，固不待於余言。余也職在都授之地，有相規之義焉。兹適記其成績，故不得不申告之也。邑之俊秀尚念之哉！

序

聞人氏家譜序

德清聞人氏家譜一卷，孝孫貞之所記録也。

按譜：聞人之有姓，自魯之馬正始。漢元成間，有名通漢者，與大小戴講禮曲臺。靈帝時，有名襲者，拜太尉，用菑異免，劉寵代之。漢末之亂，徙居吳中。至晉武帝時，有爲博平令者名奭，以上疏切諫有聲。隋末，徙錢唐。至吳越王時，有爲新定從事者名珪，累階銀青光禄大夫。此其尤顯顯者。周顯德中，又徙嘉興。而嘉興之族，在宋時類由科目起家，號爲特盛，而貞之族，則嘉興支也。自訓武府君居武康之巽渚，傳五世，徙德清之溪上。今貞實爲德清聞人氏云。

貞之來建業也，其父慮其游宦日久，授以兹譜，且告之曰：『兵革甫定，而兹譜幸存，爾慎承之。』貞承命唯謹，重加彙次，謁余請序。

嗚呼！人本乎祖。祖也者，氣之所從始也。故記禮者曰：『禮不忘其所出，返始之道也。』先王盛時，宗廟有制，昭穆有序，冠昏喪祭有禮。近而合也，有敦睦之情；遠而睽也，無乖離之患。其防範斯世之意至矣。去古既遠，宗廟之制廢，昭穆之序紊，冠昏喪祭之禮不講。夫能使世之人知其身之所自出，而不墮於蚩蚩之類者，亦以家有譜而已。而家譜之設，未必人人然也。何也？昧者不知所以修，明者知所以修之而不能保其不失。

近世清河元文敏公，以雄文重望伏一世，至欲執筆敘其傳次以推世德之源，泝而上之，僅四世而止。自四世以上，莫能詳也，有遺憾焉。是故譜牒不修，雖有孝子慈孫欲以展追崇之敬，有不可得，豈不可歎也哉！今觀貞之譜，其遠者勿論，自訓武而下，以至于貞，凡八世矣。嗣是而書，雖百世不泯可也。居今之世，有能自全其軀者足矣，遑及其身之所自出哉！此聞人氏之父子所以爲可敬也。乃爲之序。

貞字廷幹，慎敏而有學，故知所重如此云。

送篤禡〔一〕平章還燕序

上之平浙西也，元室大官貴人之縻於張氏者相率旅見于廷。上既優待，授館與粲，其至如歸矣。且以其世元臣也，秩高而年邁，使佚老于此，終非其意之所安，迺悉遣還鄉國。於是，前江浙行省平章篤禡公實預在行。六月之吉，連檣接柁，出秦淮而北。父老百姓莫不瞻望咨嗟，而頌聖德之含弘光大，度越前古，甚盛舉也。

初，張氏之有浙西，其於元室陽順而陰悖，用其正朔以飾文移，而凡廢置、予奪、生殺、爵禄，悉自己出。懼其情實之露也，於元官尤慎防焉。凡授官于其境者，則扼使弗上，或調官他境，而道過其地者，則留而弗遣。或有阿順取容而得收用之者，則必易其官而官之，務抑遏其志，如逼殺南臺大夫而强公攝行臺事之類是已。

公起世胄，歷華要，夙著能聲。其自閩而至浙，皆授藩屏之寄。蓋光顯矣，而固抑遏之。夫其抑遏之情積以十年之久，及歸國朝，一旦蒙恩得返鄉國，去壹鬱而就欣快，情之所輸，殆不啻若川之決防而注于壑，顧不幸歟？行矣！歷覽河山，周游邑里，其亦追念德意，詠歌舞蹈以自慶也。

夫諸公之行，上命儒臣製序以送之。時一夔亦以羈旅之士預在裸將之後，朝廷不棄，差撰制誥文字。兹又辱近臣薦，俾爲序送公。受命恐惶，不敢以疎賤固讓，謹爲之序。

校勘記

〔一〕篤禡，四庫本作『都勒斡』。

送貝公遠序

吾友貝公遠，敦敏人也。自在其〔一〕鄉里時，以種學績文，有聲儒苑。及志四方，不遠千里來至京國，遂被知遇，俾職清閟之府以司典籍。

公遠官僅八品，入則從宰相百官序立殿廷下，與聞經國之論。其出也，則與博士先生稽經攷史，討論性命道德之懿、古今治亂之原。而其學以〔二〕進，其識益弘以遠矣。使其施於有政，固若易易然也。

元年冬十有一月，山東郡縣始歸職方氏，上命廷臣亟選守令以補其處，公遠以選同知沂州。大夫君子以公遠起文史，有民社之寄，咸爲之榮，而一夔有爲公遠言者。

當更化之初，善爲政者，能本其土俗，相其時勢之宜，而作新之，其效立見。且吾聞之，沂在魯之南，風氣完厚，人性淳固，而其地密邇孔子之里，禮義之教在人心者未泯，非若遠〔三〕陬僻壤，悍徒黠黨負其頑嚚之氣，狃於偷詭，而自冒刑憲者也，故其人素稱易治。及天下有故，乃有據其地以事捍禦者，務殫括財粟以供費用。有司征斂弗逮，乃十家而九牧之，則並緣爲奸。沂在宇下，始有不寧厥居者矣，而其人渴治之心亦未有甚於今日者也。夫以易治之民而懷渴治之心，苟有賢州司字之，其民之生息，必若萬物之被時雨，勃然起矣。傳曰：『雖有智慧，不如乘勢。』此之謂也。

嗟乎！儒者之效不白於天下久矣。今以公遠撫兹新附之地，上之人其欲坐收儒效也歟！公遠勉焉可也。

校勘記

〔一〕在其，四庫本作『其在』。

〔二〕以，四庫本作『彌』。

〔三〕遠，四庫本作『遐』。

送劉崇明還江西展墓序

上平兩浙之歲，余亦以遺至京師，居無何，忝蒙差撰制誥。時江西之士以文學知名當世而仕於朝者，若熊君伯穎、劉君宗弼、朱君仲雅三[一]數人者，皆不以余爲不敏，而辱與余游，獨劉君伯序出倅徐州而未識也。而君且以能詩名動諸公間，益願見而不可得。會朝廷方修大禮，廷臣有以君薦者，起自外官，入預攷訂之列。既職事相聯，又舍館密邇，因得以遂其納交之私焉。書既進，擢君知州崇明，而余亦以外艱歸鄉里，相望始日以遠。

今年，余以史事被徵，道過浙西，以病不果行。有過余逆旅者，言君在崇明，一以公明爲治，斬焉太阿出匣，光彩焕發，不頓芒刃。一時談州縣之政者，必曰崇明。君既自信不疑，而同僚不與之協，豪猾之徒尤不便其政，遂相與搆陷之，竟坐謫籍。余爲之歎惋不止。自君被誣，稱其冤者，其民不獨崇明之民，鄰壤之民皆然；其士不獨崇明之士，鄰壤之士皆然。矧如余之嘗締交者哉！時蓋未悉君誣之已白也。

余病稍瘳，訪君謫居之地，始知君之子靜，年十三，當皇上遣使巡問四方時，匍匐走六百里，以被誣狀訴於馬前，使者憐而躂之，以聞于上。上曰：『此誣也。』敕臺臣申勘其事，具得其情。於是坐誣者罪，其入重典者如干人，入輕典者如干人。天開日明，風動雷奮，向之稱冤者咸共稱快，以爲皇上聰明冠倫，不使一士銜冤於聖明之朝。如此，則又不獨余之私快而已。

君事既白，廷議將改授以他官，君力請于朝，暫還江西展其先墓，得如所請。兹將取道西上，因徵言以行，且曰：『向也恒懼無辭以告吾祖禰，幸賴聖天子以有今日，可以告吾祖禰矣。吾其行旃。』余曰：『劉君，今人爲官，惟視權之所能，勢之所及，志得意滿而止，遑念無忝於其先。今君必曰可以告祖禰，吾知君之所存者矣。如君之爲，其自外至者已不足較，矧能取知於上而自白乎？行矣！翦其草萊，省其鄰里，敬恭展道。其亟還朝，揚芳聲，樹偉績，以答主知，而祖而禰且有光榮矣。』

校勘記

〔一〕三，四庫本作『兹』。

韋齋藁序

淵白上人以清才粹質爲方外彦，而雅嗜爲詩。其詩字鍛句鍊，務去陳言，而潔新是尚。其言曰：『吾徒託跡空宗，與青山白雲爲友，顧所踐之地幸在塵外，或緣情指事見於語言，猶不免汩於俚下，則亦何取其爲語言也哉！』故其爲詩，一字一句，務道衆人之所不道，一洗世俗之習，讀之而意也消。

夫語言，精者爲文。詩之於文，又其精者也。故爲文必去陳言，於詩尤所當務。使陳言誠去，則氣自清，韻自遠。夫孰不爲詩？而出此者鮮。昔東坡先生守杭時，過一僧舍，見短句壁上，愛其瀟灑出塵，雋永之久，仍援筆和之。尋自以爲不及，詠歎而止。夫先生以天縱之才，顧豈弗彼之及？譬之豪徒傑侶張酒高會，羞有八珍，列有九鼎，醉醲飽鮮，不勝厭飫，忽蔗漿茗汁來至于前，一啜之適，不啻若玄霜絳[一]雪之漱滌腸胃，能不爲之欣快？故世有軼倫之才，然至於詩，或不免於貌凡而韻俗，而知自厭。今上人克自濯磨，蘄出世俗之表，良可尚已。

余過秀水，出其所謂《韋齋藁》者請評。蓋上人於古人詩獨嗜韋蘇州，常字其吟室曰韋齋，而並題其所爲詩曰《韋齋藁》。余不善評也，觀其名藁，可以識其趣云。

校勘記

〔一〕絳，四庫本作『絳』。

陶尚書文集序

國家之興，必有魁人碩士乘維新之運，以雄辭鉅筆出而敷張神藻，潤飾洪業，鏗乎有聲，炳乎有光，聳世德於漢唐之上，使郡國聞之，知朝廷之大；四夷聞之，知中國之尊；後世聞之，知今日之盛。然後見文章之用爲非末技也。嗚呼！有志於此者，疲神於六籍之間，焦思於佔畢之下，其勞蓋亦甚矣。夫其所以爲此者，抑豈徒爲華哉！亦將效用於國家，不使淪於虛器而已，而得此者少也。若今禮部尚書陶公凱者，其得此者歟？

公姿性過人，其才甚高，其學甚博，其識見甚卓且遠。故其爲文，多或千言，少或百字，下筆汩汩，不見有艱難意。嘗游吴楚會，時方擯棄南士，懷寶弗售，其爲文多激慨。中更亂離，自度無所於用，去居深山之中，授經以養其親，而其爲文多隱約。

今天子削平海内，思變馬上之習，遣使四出，聘起巖穴之士。使至台州得公，公不敢固讓，出應國家之需。時上方命儒臣纂脩《元史》，上知其老於文學，俾預纂修之列。書成，職教大本堂，旋擢應奉翰林文字，未幾超遷今官。凡稽古禮文之事，公多論定。會翰林虚座，朝廷用之惟恐不盡其才，遂命兼領其院事。

方是時，天下大定，朝廷務導宣恩意，稱揚功德，推序勳閥，以昭明文物，凡詔令、封册、誥頌、碑碣等製多出公手。公自念文章之用蓋在此耳，措辭陳義，各當其體。於是公之文沛然爲一代之用矣。故余以謂文章之工否存乎人，而文章之用則係乎所遭也。

余也蚤嘗有志兹事，向以與公有鄉里之好，數嘗從於論著之末。詎意未老先衰，學日益落，氣日益耗，遂莫能有所成就，亦安敢自謂顯諸用也？兹見公京師，盡出其所爲文見示，且徵言以弁其端，余遂爲之論次。後之觀斯文者，尚知余言之不詭也。

鄉試程文序

皇上既平海内，有詔以科目取士。尋以大比之期爲稍稽滯，而天下有遺材之歎，復命歲一舉行，甚盛典也。浙省歲貢四十人。洪武五年八月，省臣合屬郡之士二百餘人，命老於文學之士如格試之，而差次其高下。有司遵故事，凡職掌之方、選擇之法，防閑惟謹。既撤棘，得士如額。以貢初科目之行，上意欲去浮華之習以收實效，是以廷議稍變前代之制，以趨於古。是故義必以經，論必以禮樂，策必以時務。

夫義必以經，則其言必務奥雅，以達性命道德之原；論必以禮樂，則其言必務精覈，以明文物度數之懿；策必以時務，則其言必務切實，酌古今，明事變，以適時之宜。不然，玉卮無當，亦奚益於用哉！此國家之良法美意，而凡爲士子者之所當知也。

既竣事，有司以其程文鋟版，以貽四方。蓋將以上昭國家興文之盛，而下以勵來者有所矜式云爾。

送趙鄉貢序

洪武五年秋八月，浙省鄉貢既撤棘，一牓爛然懸于省門之上，觀者榮之。杭之士預貢者五人，其第三人則趙惟一執中也。

初，執中受經於郡助教何彥恭甫，而何彥恭甫則授經於前鄉貢進士徐中先生授受有源委，故其試于有司也，卒以《易》冠同經云。

執中將上春官，予告之曰：『科目之設，在隋唐者，吾弗暇遠引。宋以方州貢士，謂之鄉貢。元暨國朝以行省貢士，亦通謂之鄉貢。杭爲方州，時貢士之額，自淳熙至景定增至二十二人。元置行省于浙，領郡三十二，杭隸焉，貢士之額僅二十八人。是時，杭之士不加少也，三年或不能貢一人。今領郡九，杭亦隸焉，其額增至四十人矣，杭之士不加多也。三年一貢，有至六七人者矣，猶慮未足以盡其材也，復比年一貢焉。執中蓋比年所貢士也。自今言之，元有科目，名存而實不副，如以二十八人之額而欲收三十二郡之士，幾何其不遺也？方今天子更化，鑒觀前代之失，獨出睿算，以爲宜近法宋，首建科目以廣取士之塗。詔書既下，家有弦誦之聲，人有青雲之志，如杭之士預貢者無虛歲，寧復有皓首窮經之歎者哉！

『杭爲東南都會，人物最盛，隋唐以來，大率以科目得之，而惟宋爲最。吾試枚數宋以進士起家，有譽於天下後世者，爲子陳之：政事則有若唐肅、朗簡、盛度，詞章則有若錢易、錢藻、楊蟠，文學則有若沈括、沈晦、洪咨夔，論建則有若趙汝談、汝讜、李宗勉。是數人者，或揚聲郡國，或致身館殿，或執政廟堂，功名事業播之鄉評，傳之國史，昭昭在人耳目。今子幸生斯世，乂爲此邦之士，去而拜官于朝，固將如昔人所云「上不負天子，下不負所學」，以揚芳邁烈，媲美於前人矣。豈徒要取名爵以爲鄉榮而已哉？是邦人材之盛，軼元而追宋，於子之行卜之矣。』

送王生序

今年二月，東州弟子員以陞太學而道過浙上者亡慮百數十人，然皆謁余授經之堂。予觀其性行與其文辭、經藝，皆卓然可稱道。有王某者，栝郡諸生也。其性淳，其行敕，其文辭、經藝可稱道。因自訟曰：『吾以膚陋職教事，恒懼訓迪無效。今見有如生者，兹[一]益媿爾。』

會生徵言以行，因告之曰：『古先哲王之欲造就人材也，未始不資於學校。是故家有塾，黨有庠，術有序，國有學，自天子、諸侯之子與國之俊選皆入學焉。其學也，自成童至於始仕，講明乎仁義之説，服習乎禮樂之容，敦行乎孝友之行，始于其躬，及于其家，達之鄰里鄉黨，名譽既著，然後論而薦之。其始也，謂之秀士。爲秀士矣，其後又拔其秀之尤者爲選士，爲選士矣，其後又拔其選之最者爲俊士。爲俊士矣，其後又拔其俊之特者爲進士，而後官之。夫積學累行也如此之勤且久，而其量材授任也又如此其審而有漸，則夫儌倖以干禄者安所容哉！此古者學校育材之良法美意，而其政不修也久矣。皇上定鼎江左，首建國學。暨南北混一，又詔立郡縣學，加意儒事。蓋至今[二]而作成之效已見。聖慮宏遠，以謂庠序之教雖至，苟不老其材識，恐不適用，又命簡[三]其年之長與其材行之優者登於太學。此實論秀於鄉，而後陞爲秀士、俊士、選士、進士，而後授之以官之意，可謂盛矣。生之舉於其鄉而來也，等而上之，隨所擇而得，有不待卜而知。若夫都高位，食厚禄，爲國宣力，以揚芳邁烈，吾雖老，尚及見焉。』

校勘記

〔一〕兹，四庫本作『滋』。

〔二〕至今，四庫本作『至于今』。

〔三〕簡，四庫本作『簡於』字。

倡酬禪偈序

偈者，詩之類也。佛説諸經，必有重偈以申其義。觀於吾書，春秋列國大夫交聘中國，既修詞令以達事情，末復舉詩明之，蓋亦此類。偈或五言七言，惟便於讀誦，而不叶以音韻。詩多四言，而以音韻叶之，蓋被之弦歌故也。詩自漢爲五言，唐變爲七言，頗嚴聲律。爲釋氏者，出言成偈，大略亦近於詩。

吾鄉佐上人，字東州，處靈隱禪窟。還台省親，有密心嚴師者，爲偈一首以贈其行。其言七言，其句八句，詩之類也。依韻而繼作者又二十四人，則近代詩人次韻之法也。上人姿敏慧，參扣直指。其同袍之友慮其愛親之心不勝求道之志，更相提擊，蘄振祖道，而非世俗嘲風詠月之具，故不曰詩，而曰偈。上人徵余題辭，因筆于首簡。

送塤上人歸四明序

豫章復上人唱道靈隱山中，合儒釋以爲教，從之者甚衆。有塤上人者，氣沖而守恬，且有志於道，事禪師有年，將歸四明，造門言别，且請贈。會予亦以被徵赴京師，未暇執筆，又介其師之友𧄍禪師以爲言。

余謝之曰：『吾與上人所趨異塗，所習異業。今兹之别，余方違親戚，去妻子，以奔走於車塵馬足之間，而上人之高蹤峻跡如孤雲野鶴，以翱翔於太虚之表，其情又不同也。其何以爲上人言哉！然余聞之，古先哲人有深於佛者謂佛之道與《易》、《論語》合，其言非欺我也。上人之師既合儒釋以爲教，是宜不以我爲異。而有所請也，豈余知有未深，乃反以爲異耶？上人行矣！四明雪竇，層峰疊壁，嶄絶空青，傳聞異時多古佛化現。上人歸卧雲壑，益弘其道，所造當益深。余老且病，得請遂〔一〕歸，即將絶濤江而東，過上人之廬，而叩其所以同者。』

校勘記

〔一〕遂，四庫本作『而』。

送林鳴善還台州序

吾郡林先生鳴善，隱居臨海之墟，縛茅爲廬，藝麻與稻以供衣食，暇則稽經閲史，以求性命道德之原、治亂興亡之迹，且曰：『吾老矣，以是終吾身。』

今天子更化，壹是以儒術爲治，有旨盡徵天下士，布列庶位。有司奉行惟謹，廣蒐博訪，罔有或遺。於是，先生以老辭不獲，乃起就道，西過錢唐，上謁方面重臣以行。方面重臣顧見先生鬚鬢皤然，曰：『老矣，宜勿遣。』

嗟乎！男子四十始仕，五十命爲大夫，服官政，七十致仕，此常典也。夫身以任道，故以孔子之聖，志氣雖與人殊，而血氣之禀則亦不能獨異。方其少時，夢寐欲行周公之道。及其歷聘諸國不遇而歸，而其言曰：『甚矣吾衰也！久矣吾不復夢見周公。』此可想而見也。

先生方盛强時，學足以有守，材足以有爲。而勝國之制，取人不以閥閱，則以刀筆積勞。彼以儒術進者，猶冠之有緌，履之有絇，不可缺耳。遂使先生之材之學浮沈閭里，與編民伍，不蒙一命以老。雖然，此必有任其咎者，吾固不必論。乃今遭值立賢無方之日，而其既衰者，不可使之復盛以爲國宣力，乃竟斂其有用之具以去，亦可惜哉！雖然，君子之所貴，固自有大於此者。先生歸矣！年日益高，學日益邃，德日益茂，如異時徐中行先生以八行著稱吾里，顧不偉歟？其重其輕，蓋必有見於此矣，余也何足以知之？

錢唐大夫士多羡其歸，相率爲詩以送，而余以同郡爲之序。

陶陽圖譜序

陶陽在台之黄巖，陶氏世居焉。始，陶氏自閩之長溪徙東甌，又徙台之黄巖。至今吏部員外郎漢生氏之十一世祖諱某者，當宋皇祐間仕爲都巡檢，實遷陶陽，故漢生爲陶陽陶氏。漢生之言曰：『宗法不立，則族聚相視有若路人。吾甚傷之。』遂列圖于前，繫譜于後，以明世次，名曰《陶陽圖譜》。

夫陶自受姓以來，蔓延天下，世非一世也，族非一族也。今將圖譜以昭先德，迪後胤，援遠以明近，舉疏以見親可也。不援遠以明近，不舉疏以見親，而曰《陶陽圖譜》者，詳其所自出也。

詳其所自出，則宜本之長溪。遺長溪而本陶陽者，崇始遷也。此《圖譜》親親之意也。

予嘗攷陶氏世德之懿，而想巡檢府君當宋之全盛，鳴玉廟朝，分符郡國，非乏可爲之時，顧乃位不滿其德。中更十世，俊彦蓋有之矣，然皆以儒自守，未見有名上三銓、秩登百石者。乃今漢生氏以清材粹學，遭值聖明之朝，踐歷華要。譬之騏驥馳騁康莊之衢，未見其止也。嘗觀其遠祖靖節先生所爲命子詩，歷敘虞賓以來，至周司徒，以及於愍侯舍、丞相青、長沙公侃勳德之盛，而卒乃自歎瞻望弗及。則靖節之所遭，蓋有異於漢生者矣。然則陶氏世德有豐有嗇，又繫乎時之汙隆。陶氏子孫循末求本，尚有考於斯哉！

送清源師還天界寺序

清源師，泉南之秀也，慕浮屠，入金華山中〔一〕，學道於傅大士行化之地，嘗出世矣。京師之天界寺，爲方今第一禪林，僧伽攸聚，據猊牀、揮麈拂者稱人天師，自非豐才碩德爲上所知者不以授。今年春，全室禪師泐公以高僧召見，遂有是命。清源師聞而往焉，全室嘉之，延居第二座。夏五月，余至京師謁全室方丈，始識清源。間窺法會之盛，見其持百丈規約束大衆，肅然其容，秩然其儀，如執法廟廷，人莫敢犯。及其退也，間一過之，則煮茗賦詩、歌吟笑呼以爲樂。是時，全室之客，老宿如朽室梗、圓徹如、性原明、沖默如、敏機慧，皆辱與余游。而清源師以方盛之年、清曠不羈之氣處乎其間，亦一奇也。

昔宋在汴時，相國寺實爲法窟，而其傑然者則有秘演、惟儼。歐陽公於秘演則稱其豪曠，於惟儼則稱其介特，且喜其皆有文辭。二人者，其所造佛理雖不可得而知，然亦一時方外之高士。今之天界，昔之相國也，有如清源師者，吾亦謂有演儼之風。

余既南還，心頗念之。未幾，復相見錢塘，握手傾寫頗洽。居無幾何，又踵門請曰：『吾將還矣。』白雲在空，去來無迹，固如是耶？歸造全室，爲我謝曰：『塵世之人追想禪悦，則未始一日忘也。』

校勘記

〔一〕中，四庫本無。

詹氏世譜序

今翰林學士承旨兼吏部尚書詹公出其世譜一通示一夔，曰：『吾家世譜蓋嘗燬于兵矣，兹復手疏吾宗傳序之次，以示吾子與孫。子與我執筆序之。』余見其所疏幹支疏暢，綱網聯絡，秩然有條而不紊，作而言曰：『此誠大夫君子反本崇始之具也。』一夔嘗讀《周官書》，見有小史之職奠世系，辨昭穆，以定邦國之志，曰：『此世譜之所由起也。』蓋世之有氏爲族者，非有譜以識其所從出與其所由分，世日以遠，族日以繁，必至不相維繫，而昭穆之辨淆矣。此世譜之所以不可不作也。

按譜：公之受姓實始於楚之詹尹，其後子孫遂以官爲氏。涉漢歷唐，代有聞人。中更變故，莫能考。至宋，有諱範與適者，從蘇文忠公游，其名具在家集。適傳二世，生武德大夫、殿前統制諱青，始以武弁起家，扈從高宗都杭。是爲公之高祖武德府君。再傳而生武翼郎、馬步總轄諱某，以驍勇爲都統夏貴麾下將，從鎮鄂州。會元兵南下，移守陽羅堡，病作歸家第。俄而宋亡，宋將校多持告身换新命以仕，武翼府君獨歎曰：『吾雖偏裨，欲爲國効死而不克遂。今運去物改，尚藉是爲哉！』遂脱尺籍，與編氓伍，教子讀書，曰：『安知吾子孫不有以文學興者？』是爲公之曾大父。武翼府君生聲甫先生諱鎧，聲甫先生生古賓先生諱鼎新。江南平，向之籍武階以進者，率以新附待之，遷徙挫抑，不遑寧處，而武翼府君之子與孫獨爲元之幸民，峨冠博帶，徜徉士林之中，可謂遺之以安者矣，而皆未有顯于時者。

公爲古賓先生胤子，年十二三從鄉先生學，有俊聲。時虞文靖公之仲弟槃爲蒼梧尹，見而奇之，妻之以子。授《易》於梅坡甘先生楚材，學《春秋》於我山劉先生彭壽。二先生皆當世老儒，以經術名世，而公天資俊爽，見趣卓絶，能盡造其閫奥，涵揉濬發。爲文操筆立就，水湧山立，可喜可愕。然在勝國懷寶莫售，僅爲州助教。遭值更化，遂以豐材碩學受知皇上，日躋華要，由中書博士六轉而爲吏部尚書。國家用之惟恐不盡其材，遂復有兼官之命。十年之内，非以藻鑑而甄别人倫，則以文章而鋪張神藻，曾不混以他職，可謂榮且顯矣。而武翼府君之所以望其後人者，亦至是而驗矣。

一夔伏覩公之世譜，見詹氏至公而大，執譜歎曰：『公之先世所以貽謀者茍失其道，能至是乎？』及從公史館，預於纂修之末，見公日被顧問，知公陰進嘉言以福天下，則公之子孫益大於後者又可知矣。他日光昭家乘，爲南楚世家，豈不自公始乎？乃不讓而序之。

送朱質夫知寧遠縣序

海之南環島之州四，黎人居之。黎之種二，依憑深山，不供貢賦者，謂之生黎；耕牧省地，知供貢賦者，謂之熟黎。今州縣所治者，則熟黎之外地也。竊聞其俗，其可以州縣治者已數百年于此，夷習猶未變，而其知供貢賦者，稍咈其意，亦易以生變，矧素不知供貢賦者乎？嘗試思之，其人視中國言語雖不通，衣服雖不同，而其肢體顔面則固不異於人也，彼其天性豈獨與人殊哉！夷考其故，良由異時朝廷視爲險遠，不暇擇賢守令。賢者既以險遠爲解，而不憚險遠者又多挾私之人。至以軍使兼[二]之，又漫不以承流宣化爲事。爲之師帥如此，幾何而不爲暴[三]也？尚望其能化哉！

天兵南下，其地悉歸版圖。皇上鑒觀前政之失，一視同仁，謂其地雖在要荒之外，不可以不治；治之不以他道，必以儒術。於是銓曹欽承上意，不暇計道里之遠近險易，授官如内地。六七年來，冠章甫被縫掖者殆徧其州縣，而報政于朝者亦謂黎人之向化不獨熟黎，而所謂生黎者亦皆願爲省地之氓矣。此豈不足以見儒效之白乎？

海昌朱質夫氏，與余游有年矣，端慎而有守。其先君子之欲其以明經起家也，作經訓堂以勵之。質夫克遵先志，刻意向學。故秘書卿貢公泰甫以文學政事知名當世，質夫實師事之。學日益以高，識日益以廣，聲藉藉矣。會有詔興學，杭守辟起助教錢塘諸生。未幾，監察御史採訪至浙，以質夫材堪守令，不宜在散地，遂薦于朝，而有寧遠之命。

夫寧遠，崖之屬邑。崖視瓊管三州，昔人有再涉鯨波之語，往者尤難之。質夫既拜命，作而言曰：『幼而學之，壯而行之，吾嘗誦矣。吾學不如古人，吾志亦豈不如今人？吾今幸有可行之地，尚安敢計夫道里之遠近險易以格吾君之德意哉！』朱衣象笏，道過錢唐，不見有難色。詩曰：『藹藹王多吉士，惟君子使。』此王遵過九折坂，所以願爲忠臣也歟？

質夫行矣！吾知海南氣習之變自我朝始，而四州之邑聲明文物之盛自寧遠始矣。若夫變夷爲夏，其設施次第必有其道。質夫政成而還，吾請問其目焉。

校勘記

〔一〕兼，四庫本作『治』。

〔二〕暴，四庫本作『異』。

哀頌序

嗚呼！哀頌之作，其始於秦人所賦《黄鳥》者乎？魏晉而降，《七哀》、《八哀》之賦蓋皆權輿於此。然不徒作也，必其人節誼之高、文學之懿、政治之美有足以起人思慕之心而後作也。余觀仁和之士頌其縣令於既歿之後，非所謂起人思慕之心而後作者乎？

令吳姓，平易近民，以洪武五年冬來爲仁和，今年冬十月以疾卒于官。仁和劇縣，自辰抵酉，公務蝟如。吳令闢決趨辦，上不曠官，下不疾民。至於學校之務世所謂不急者，尤數數然加之意。故其歿也，人皆思慕之，而哀頌之所由以作歟？

嗚呼！世道不古，都高位、食厚〔一〕禄者皆足以致人之譽。自予所見，多在於居官之日，而不在於罷官之後。於此尤足以信吳令之政之善也。傳曰：『詩可以興。』觀是什者，其亦有〔二〕感發也夫！

校勘記

〔一〕厚，四庫本作『重』。

〔二〕有，四庫本作『有以』。

送王孟起還栝蒼序

古者文武並用，後世或釐而二之。是以深衣之制可以爲文，可以爲武，蓋可見也。漢時，期門、羽林皆知讀書，而博物洽聞之家亦有投筆而起，立功萬里之外，取封侯者，曷嘗有二乎哉！

今都指揮徐公鎮浙之五年，令行禁止，境内寧謐，人吏洽和。乃日召武弁子弟之當世襲者，教之騎射擊刺。又慮群子弟志剛而氣鋭也，不開之以仁義忠信之説，示之以古今成敗得失之故，則他日當大任，必將昧於所施，宜有碩儒以爲之師。公雅善金華徐先生，遂延致之。先生問學該洽，且善牖導，一時鼓篋而來者殆將百人。而公又以文武之事可以並用，而不可以並習，乃中分其日之晷而從事焉。教道之行，聞者莫不興起。

時王升孟起之尊人以千夫之衆分鎮栝蒼，孟起其胤子也，不遠數百里聞風而來。孟起軀幹頎碩，人初見之，以爲彼將家子，騎馬試劍其長也，操觚弄翰必弗暇及，或頗泛視之。及與之交，其容粹然，其氣温然，而見於歌詩，又清婉有體裁，則又皆曰：『此非韋布士也耶？』以此知天之生才，不可以一道取也。於是自公而下，至於其師，咸〔一〕嘉奬之。

中夏之吉，將還省其親，别余請贈。余告之曰：『言乎禄秩，則子所承者不薄。言乎才質，則子之所賦者不凡。至於材與藝，則子之所見者亦異於人。然則子之所藉者亦以厚矣，何能爲子言哉！竊獨聞之，皇上勵精圖治，以致太平之具，在於時之俊彦，遂大興學校以振起之。伏見詔條所及，每不以文武殊科，其意深矣。今都使公之篤於奬勵，蓋以皇上之心爲心矣。如孟起者，其亦心都使公之心乎？立身揚名，孝之大者。徒奉甘旨，特其小者耳。歸哉！歸哉！毋遲遲其來也。』

校勘記

〔一〕咸，四庫本作『或』，誤。

送錢主簿序

上既削平海内，壹是用儒爲治。乃洪武三年冬，詔以科目取士，如前代之制。又以取士有定額，試于春官，而或下第，非其才之不逮，是額溢〔二〕也，官之如得第，且又驗其身言，有入優等出身，至或在正奏名上，甚盛典也。於是越士錢尚絅允裳氏以會試下第，得調杭之新城簿。

允裳裔出武穆王鏐，今國子先生子予甫之冢嗣也。姿敦茂克，廉慎自持，而其文辭、經藝又精敏過人。其來新城縣，當杭睦之交，頃歲戰爭，爲咽喉地，民之存者無幾。允裳與其縣之長披草萊，翦荆棘，以立治所，招其遺民而撫字之。雖徵輸有嚴，曾不示苛以摇其生，民皆德之。間趨事會府，峨冠束帶立於太守之庭，氣容恂恂，若不能言，或頗以尋常儒生易之。及其承約束而退，量事之輕重緩急，如期而集，則又莫不交口稱譽。斯亦難矣。

自允裳而觀，使例以下第之士棄之，顧不遺才也耶？余嘗怪異時三歲大比，所在有司合千數百人試於其鄉，百一爲收而貢之春官，其額不過三百人。又取其一而遺其二，而後進之天子，謂之廷試。其得賜官而去者，僅百人而止。以四海之廣而取士止於百人，士焉由進？竊慮當時有才之士如吾允裳者，固亦不乏。欲承一命之寵，稍試以自見，譬猶仰而望天，何階可升？徒守遺經，至于皓首而已。以此而論，士之生世未嘗不可用也，惟患時不偶爾。然則允裳其遇時者歟？雖然，《大雅》之詩曰：『芃芃棫樸，薪之槱之。』序者以爲能官人也。夫棫樸非巨材也，棄之奚損於治？而大雅之君子不遺之者，誠以天下之材，鉅細長短，各〔二〕適其用，而治道由兹而成也。如允裳者，其得遇於斯世，抑不謂之至幸也哉！

會允裳以滿，將改調其邑之文學掾，請余言以贈其行。余疏陋無以爲贈也，謹告之曰：『投檄選部，退拜而翁于辟雍之館，晨昏有暇，考論道德之懿、經制之術，增益其〔三〕所未至，再命于朝，揚芳邁烈，當不止於佐縣時。是吾黨之望也，其勉之哉！』

校勘記

〔一〕溢，四庫本作『隘』。

〔二〕『各』上四庫本有『當』字。

〔三〕其，四庫本作『有』。

送趙貴伯歸省序

同郡趙貴伯，直諒人也。自其先以貴胤别居於台，遺澤之所濡，代以簪纓顯。貴伯承世德之懿，肆志於學，所致力者非獨辭翰而已，至於他藝有切於士夫〔一〕之用者，亦習而精之。嘗以材辟掌吏牘于天官之府，實司四方文學之選。

洪武五年夏，予以貢詣曹，始與貴伯相識。貴伯篤鄉黨之好，每詣曹謁見，情誼翕翕熱也。暨予捧檄而還，貴伯笑謂予曰：『吾幸已及考，不久請問歸省，取道錢塘，必與子握手西湖之上。』如期候之，不至。明年秋八月，予以史事被召，至則首問貴伯，已調官蜀南去矣。然後知貴伯之不果於請者，迫於之官故也。今年春正月，予方危坐冷署，有客踵門，大帽長裾，癯然其形，蒼然其色，疾呼而進。亟起而迓之，則貴伯也。拜揖問安否已，始悉貴伯以蜀省之命奉表入賀正旦，大禮慶成，得請而來也。於是而貴伯省親之志遂矣。

予聞之，士之事親，立身揚名爲上，飲食衣服之奉次之。古之人有子在親側，雖無離憂，其志不樂者；子在京師，雖有離憂，其志樂者。是故孝子貴乎養志。使貴伯向也得請未釋褐也，吾慮不足以悦而親。今爲日雖久，已幸一命于朝，束帶執簡，趨蹌後先，顧不足悦而親乎？然則貴伯之請非有待也，蓋若有待焉爾。國家方以孝理天下，故不以貴伯在官爲難而如其請，是不欲以公義廢私恩也。貴伯歸拜而親，其尚勿以區區飲食衣服之奉爲孝，亟治裝西上，鞠躬盡瘁，揚芳邁偉，奏最于朝，調官便近。母夫人尚康健，板輿迎養，以樂其志，刻日可待。萬里之行，不足惜也。

校勘記

〔一〕士夫：四庫本作『士大夫』。

送朱彦昭北游序

栝蒼朱彦昭警敏有奇氣，斂藏書册，順浙河而下，訪予吳山之陽，揖而言曰：『昭，東鄙之人也，蚤有志四方。今者買舟北郭之外，將過吳門，渡大江，泝淮泗而上，抵于大梁之墟。然後折旋而東，至於鄒魯而後歸。古之人有遠役者，必請贈。先生寧無一言半辭爲我贈乎？』

予語彦昭：『曩者天下用兵，疆埸彼此，跬步阻絶，有志之士顧瞻四方，蹙蹙靡所騁。今天下一國，四海一家，願游之士苟持尺寸之繻，雖北之燕，南適越，誰復何問？子當英妙之年，值太平之日，其游也，維其時矣！雖然，竊有告焉。

『子出吳門，登姑蘇之臺而眺全吳，泰伯之遺風泯矣。若闔閭之伯業，不足弔也。渡大江而觀波濤之洶湧，中原既清，祖豫州擊楫之志亦何足壯？抵大梁，入自東門，問魏公子、侯生執御之事，而想其下士之意，真足以得人死力。自今觀之，蓋戰國相傾之習，君子亦奚取焉？若夫鄒魯，蓋聖人之邦也。入其境，見泰山之高，曰：「吾聖人蓋嘗登焉。」見泗水之流，曰：「吾聖人蓋嘗濟焉。」入其里，見林木之茂、廟貌之尊，曰：「吾聖人之神明蓋於此乎出入焉。」請于祠官，攝衣而進，拜于履前，仰瞻德容之盛，吾知子之心，若憤而起，若悱而發矣。凡人在遐陬僻壤，誦其詩，讀其書，且猶想象而興起，而况於親造其地而揖其風聲氣澤也耶？今子之游，必至於鄒魯而返，蓋必有見於此矣。予安用瀆告爲哉！

『因念少嘗北游，及還，取道魯橋而南，瞻望聖人之居，不遠二百里，以有内艱不果往。然猶自慰後至未晚也，未幾而兵事作矣。今雖可游，而年已衰邁，不能以筋力[一]爲禮。而子請贈以行，吾寧不爲之悵惋？他日子歸，過錢唐，凡涉歷之次第，見聞之始末，試爲我陳之。』

校勘記

〔一〕筋力，四庫本作『筋骨』。

陳氏世譜序

按：陳本嬀姓，有國在太皡之墟，宛丘之側。其地近楚，遂爲楚所并。其國降[一]滅，子孫因以國氏。至漢，有爲太丘長者，以有德聞，其子元方、季方有難兄難弟之目。故凡氏陳者，多祖太丘。五代之際，有諱環者，自婺之東陽徙台之松里，是爲松里陳氏。而松里陳氏以詩書起家，其登淳祐丁未進士第者諱元龍，由鄱陽尉仕至撫州簽判，其登咸淳乙丑進士第者諱蒙，由寧國推官擢爲國子録。至元、大德間，又有以雄才碩學受知世祖者諱孚，由國史院編脩超授禮部郎中，奉使安南有功，出佐列郡，入直翰林，則尤陳氏之傑然者。其他領鄉書，升舍選第，奉常補文學掌故者，亦累累有焉，而松里之陳氏蔚爲台之望族矣。

陳氏之良有名昺字永年者，嘗用儒飾吏，爲州縣六曹長，鄉稱老成。洪武初元，其子礜仕浙，遂來就養。會有詔定户版，因占籍錢唐。永年慮傳序寖遠，而後之人或不知其所自出也，乃本其傳序之次，用世經人緯之例，著爲家譜，以遺後之人。以一夔有里閈之好，請題辭譜端。

嗚呼！古無譜牒，而嚴大宗小宗之法。自宗法不修而尚門地，於是而譜牒之學興。蓋譜牒之設，以待夫爲之後者。曰是爲本之所自出，吾則思所以崇本反始，以存尊尊之誼。曰是爲支之所由分，吾則思所以別生分類，以立親親之道。於是而先王敘倫理、篤恩義之意，勿論親疎遠近，昭然可見，惡有視同姓若路人者哉！永年亟著茲譜，可謂知務者矣。傳曰：『智者無不知也，當務之爲急。』永年有焉。

校勘記

〔一〕降，四庫本作『既』。

送廖思誠知安肅縣序

自夫學校之興，郡縣弟子員所在林立。其間超等之材固亦甚多，然求其樸且愿者，則亦鮮見也。余職教杭郡，會弟子員缺，取之有司，得今知安肅縣廖生思誠。生以弟子禮來見，其質温，其言確，其升降進退不躁率。既就學，習爲辭章經藝，亦循序而進，不務躐等以取近效。蓋所謂樸且愿者也。

九年冬，貢于太學，爲博士弟子。居無何，有旨命集事四方，如古行人之職。或謂思誠非敏於事者，是行也恐非所堪。生聞之曰：『盡吾力之所能爲而爲之而已，亦安敢不敏？』故每承命以出，輒劬躬瘁力，營畫趨辦，無纖毫詭遇意以求速成，而其所集事無弗集者。既而，稱思誠者藉藉。此足以明樸且愿者之有爲也。

余久不見生。今年秋九月，坐論堂上，生冠帶濟濟，趨前再拜謝曰：『某嘗受教，今蒙恩宰保定之安肅矣。茲將上官，願先生更益一言之教以往。』

余謂生服勤王事者有年，未嘗有缺失，可謂難能矣，然不過行人之職。今也拔自布衣，授以七品之秩，付以百里之地，緋衣象簡，臨乎吏民之上，爲一邑長，若可以誇於人。然猶不自足，而請教焉。此其志殆非安於小成者也。且吾聞之，治民之道無他，在乎因其俗而導之爾。安肅在易水上，其地風氣剛勁，其人質樸而勤事。質樸則易教，勤事則易使。以不自足之心而長易教易使之民，安肅之政其有不成者乎？

昔者孔子之門有子張焉，其人務外。至其問政，孔子告之曰：『居之無倦，行之以忠。』説者曰：『無倦則始終如一，以忠則表裏如一。』生非學子張者，吾觀其平日所爲，已若能用力於所謂忠者矣。今爲安肅，無他言也，惟益慎如集事時而已。他日報政，必以最聞。屬生請教，謹以是爲規。

始豐稿卷之六 後稿上

徐一夔大章著

題跋

題宋賢墨蹟

右宋人墨蹟一卷，栝蒼吴宗愈之所藏也。按而視之，名相如虞雍公、張魏公、周益公，道學如陸子壽，文藝如薛道祖、張温夫具在。道祖、温夫以善書名世，其波磔之工，固不待論。雍公、魏公、益公負經濟之術，子壽兄弟窮性命之原，其於字畫未必屑屑求工者。今觀所書皆端穩深潤有法度，臨學之士或有所未及。乃知有德有言者，於區區字畫亦不苟若是。兵革之後，舊物不多見。宗愈以古人墨蹟而知寶藏之，可尚也哉！

題王伯昌頒赦崇明詩後

山東王君伯昌，蚤以學行著稱。及歸今朝，擢爲考功郎。嘗被旨宣赦崇明，賦近體一首，屬和者自州尹劉君伯序而下凡若干人。古者大夫交政諸侯，有宴饗之設，賓主獻酬，則舉詩以明志，故必習詩者乃堪使職。君爲朝臣，頒恩下土，乃自爲詩以宣皇風，暢德意，新民之視聽，職也。而其守臣暨凡庶士又聯音繼響以答其意，顧不美歟？今君爲邑海鹽，出以見示，余善其得使職也，識于左方。

跋臨海張氏家譜

臨海張景素，華年有才學。值大朝蒐羅材俊，雖寸長弗棄，景素遂以選爲引進使。暇日持其從祖父子通先生所著家譜一通示余，且請論著。

夫家譜之設，以明世次也。昔之爲譜者，有用漢年表法者，有用禮大宗小宗法者。雖其爲例不同，而同於明世次也。余觀張氏始宋迄元，余既得以考其先德之懿，復執譜歎曰：『張氏在宋，如諱亢者，以鄜延鈐轄從范文正公收麟府之績；如諱亶者，以龍圖學士從文潞公預耆英之會；又若諱埏者，當靖康之亂，從參政謝克家與金人戰江上，以死節聞；其他用進士起家，紆青曳紫者，亦累累而有，可謂盛矣。暨至於元，求其能自見者，殊寥寥。然抑豈張氏豐於前而嗇於後耶？徐而思之，宋之盛，非儒不用，而元自混一之後，當國之臣陰廢南産之士，雖有美材，然皆老於山林之下，莫能以自達，以故然爾。

故譜之設以明世次也，而善修者存其人始終顯晦之迹，而時政之得失亦因以見焉。古人有言：『公侯之子孫，必復其始。』此其時矣。景素尚勉之哉！毋俾前人專美宋世。

跋廬陵段母墓誌銘後

廬陵段鼎翁，篤厚人也，取道錢唐而還，謁余學館，出學士宋公所著其母夫人墓銘見示，且曰：『向在京師，蒙公銘吾母，且語鼎曰：「子過錢唐，有徐大章者，吾友也，可與言文事，其以吾所著銘示之。」吾用爲先容以求見。』

余受而誦之至再，以謂凡銘以發潛德，欲其傳也。學士之文在穹壤間，其必傳也無疑，亦夫人之行有以起之也。何也？學士之言曰：『夫人有二子，長己出，次他出，夫人撫育如一體。人見二子綵衣雙舞夫人之側，不知其爲異母子。』嗚呼！可謂善述人之行者矣。大凡女婦類多鍾愛己子，於他母所出，或奴視之。史册所載如晉王休徵母者，固亦多矣。段母獨能均愛，爲衆女婦之所不能爲，詎非懿行也哉！此學士所以特筆書之以勸天下之爲人母者也。

吾聞父母歿而不求名人銘，是謂不孝。鼎翁其可免矣。若以余爲可言文事而使之言，則恐失之。

題趙文敏公所書龍門三自省偈

隋僧智永字畫精妙，嘗寫《真草千文》八百本散於江東諸寺，其意蓋爲學書者設耳。近世吴興趙公亦以字畫名世，其寫《龍門三自省偈》，自謂無慮數十百本，且曰：『願一切見聞，悉皆成佛。』此豈專爲學書者設耶？二公一儒一墨，所見不同如此，必有能辨之者。

跋危内翰所撰炬法師塔銘後

寶石山蓀師以臨川危公所撰《炬法師塔銘》裝潢成卷，持以示余曰：『此危公垂歿之筆也。』其文總若干字，而點竄又計若干字。字大如蠅頭，兼用行草。其孤觓識其後曰：『此文洪武五年正月十日先君子所作，是月廿又五日以疾終。今以此文寄其徒秋巖昆仲，用見先君子之意。』觓今爲安慶府教授，秋巖則蓀師字也。

予以此本乃公未脱稿之文，行草兼用，且加點竄，讀者難認取。今天界寺住持泐公所爲行狀，正其差訛，命諸生方質録于稿本之後，以便讀者。且屬蓀師請善書者登其文于石，而以稿本留于山中，使後人見公當垂歿之際，其文與字畫不苟如此。公以文章翰墨名世，著作既高，而楷、行、草三體並臻于妙。凡世臣大家、釋老寺觀穹碑短碣，多出公手。至于遐方裔壤，得其片言隻字，莫不寶以爲玩。當時號稱辭翰兩絶。

公凡爲文，既脱稿，類皆楷書登石。此文如其孤所誌，去捐館之日十又五日爾。蓋以病僅克屬稿，不及别書也。因識於卷末以歸蓀師，八年十月。

跋進馬圖

右〔一〕《進馬圖》。一人戴皮冠，冠上懸赤丸一，大如菽，冠簷則緣文貝爲飾。穿窄袖袍，袍用文綺爲之，縷金緣襴。著烏皮靴，靴樣尖而直，製若一字。北向拱手立，容甚恭肅，蓋主進馬者。一人拱手立于其後，容亦恭肅，袍、靴同，而冠不懸丸，不緣貝，必其從者也。一人童顱辮髮而不加冠，牽一馬而前。其馬毛色皆黑，自頸至膊墨瀋深潤，如玄雲蒸雨，獨鼻梁隆起而白，狀若玉隴，蓋白鼻騧也。一人亦不冠，童顱椎結，而鼻加高，牽一馬隨之。其馬昂首長鳴，欲追前馬。馬滿身皆旋紋，如用緪繯錢勻敷，可以枚數而貫，蓋連錢驄也。一人大略如前，牽一馬出于其後。馬耳若批竹，尾若擁篲，兩蹄拏空而出，欲追前馬。牽者死輓之而力不能制，面有努力容。而馬之背則微赤，自腹以下皆淺白色，蓋赭白馬也。相馬法曰：『彤白雜毛曰駁。』即赭白也。此三馬者神駿之氣，有一空凡馬之意。余締玩久之，目眩神悸，如見所謂天廄真龍者。

杭人有沈積中氏家藏此圖，暇日持以示余，其籤題曰《進馬圖》。余聞古之賢君，有獻千里馬者卻之。不知此圖模何代所進馬，意其流傳人間，亦不過好大喜功之具。獨羨畫師運思之精，寫人物如生，亦一奇也。爲誌于左方。

校勘記

〔一〕右，原作『有』，據四庫本改。

書

與王待制書

前年冬，執事自漳州被召纂修《元史》。去年二月，道過錢唐時，僕亦自天台襄事而還，天遂良覯，解后於候潮門憧憧往來之地。握手道間闊外，執事以使者催促之亟，僕亦不得從容聽教，不勝怏怏。分手之後，僕以連歲奔播之餘，生事寥落，且有寒濕腳疾之苦，遠適海隅，覓一館穀之地，聊用養痾。旋聞文佩至京，擢居次對之職，與金華宋公同領總裁之命。歆豔！歆豔！今上甫革元命，即取十四帝一百六十三年之事修成一代不刊之書。所謂『國可滅，史不可滅』者，於今見之，甚盛典也。而執事拔自常調，用稱其材，然亦不可不謂之千載一遇。

去冬，有人來自京師〔二〕，云置局以來，未滿一歲，自元太祖至寧宗一十三朝一百二十七年〔三〕之事悉已本據實録修成，上進局中，秉筆之士或已授官，或已還山去矣。獨順帝一朝三十六年之事，以無實録可據，分遣使者搜訪故都圖籍、列郡文移有關於三十六年之政體者，俱收並録，以備採擇，足成一代之書。邇者縣吏踵門傳致浙省官僚之命，云朝廷以史事見徵，蓋以此也。且云執事以僕爲善敘事，薦之當路。夫爲總裁，薦人以預纂修，此固其職。向者道語之時，執事不以僕爲不材，已欲引而置之纂修之列，僕固嘗敷露情實以辭之矣。今執事又何爲而有意於區區不材且病之人也？

竊嘗思之，近世之論史者以謂莫切於日曆。日曆者，史之根柢也。自唐長壽中史官姚璹奏請撰時政記，元和中韋執誼又奏史官撰日曆。日曆之設，雖曰權倖用事，姑以是爲創藁之具，其法以事繫日，以日繫月，以月繫時，以時繫年，猶有《春秋》之遺法。而起居注之設亦專以甲子起例，蓋記事之法無踰此也。往宋極重史事，日曆之修，必諸司關白。如詔誥政令，則三省必録；如兵機邊事，樞庭必報；百官之拜罷，刑賞之與奪，臺諫之論列，給舍之繳駁，經筵之論答，臣僚之轉對，侍從之直前故事，中外之囊封匭奏，下至錢穀、甲兵、獄訟、造作，凡有關於政體者，必隨日以録，此日曆之所以不可忽也。然又慮其出於吏牘，不免〔三〕訛繆，或一日之差，則後難攷定；一事之失，則後難增補。此歐陽公所以猶慮日曆或至遺失，奏請歲終監修宰相點檢修撰官日所録事，有隳官失職者罰之。其於日曆慎重如此。日曆不至遺失，則後日會要之修取於此，他年實録之修取於此，百年之後紀志列傳取於此，此宋氏之史所以爲精確也。

僕之所陳，固執事之所熟知，有不待於贅説者。而僕自有知，頗識元朝制度文爲務從簡便，且聞史事尤甚疎略，不置日曆，不置起居注，獨中書置時政科，以一文學掾掌之，以事付史館。及一帝崩，則國史院據所付修實録而已。尚幸天曆間詔修《經世大典》，虞公集依六典爲之，一代之典章文物稍備。其書止於天曆，而其事則可備十三朝之未備。前局之史既有十三朝實録可據，又有《經世大典》可以參稽。一時預於纂修之士凡若干人，餘人雖不盡識，如胡仲申、陶中立、趙伯友、趙子常、徐大年輩，又皆有史學，成〔四〕此十三朝之史不難矣。

今夫順帝一朝三十六年之事，既無實録可據，又無參稽之書，惟憑採訪以足成之，竊恐其事未必覈也，其言未必馴也，其首尾未必貫串也。雖執事高材卓識，提綱挈領，有條而不紊。有如向之諸公或受官，或還山，既各散去，而欲不材且病如僕者承乏於後，誠恐不能化臭腐爲神奇，以副執事之意。有司不容見辭，逼上道，舟至嘉興驛，賤疾大作，行步不前。謹令侍生奉狀上達左右，乞賜矜察，言之當路，别求有史材者成此盛典。不備。

校勘記

〔一〕京師，四庫本『京』。

〔二〕一百二十七年：原作『一百三十七年』，四庫本作『一百三十年』。案：上云十四帝總一百六十三年，除去順帝一朝三十六年，則十三朝爲一百二十七年，又起宋寧宗開禧二年（一二〇六）元太祖建大蒙古國，迄元寧宗至順三年（一三三二），正亦一百二十七年，故據文義徑改。

〔三〕不免，四庫本作『未免』。

〔四〕『成』上四庫本有『其』字。

表

代杭州衛徐都指揮使謝賜公田米表

臣某欽奉八月二十二日聖旨，增賜臣公田米若干石，臣某謹奉表稱謝者。臣伏以恩數稠疊，寵命焜煌。揆分則滿盈，顧己則跼蹐。臣某誠惶誠懼，頓首稽首。臣念自童年遭逢聖主，遂荷撫育至於成人，忝備使令，列于侍衛。驟膺方面之寄，未有毫髮之功。厚之以常禄之頒，益之以公田之賜。既榮且富，雖喜實驚。心每悚於素餐，恩復出於異數。縱竭駑力，難報主知。兹蓋伏遇陛下，量包八紘，如天地之蓋載；澤及萬物，如雨露之生成。有若單微，亦勞眷注。臣惟當愈加恪慎，勉務公勤，庶殫螻蟻之忱，少効涓埃之補。無任感恩戀闕之至，謹奉表稱謝以聞。

代兩浙李運使謝恩表

臣某欽奉聖旨，除臣兩浙轉運鹽使司使，臣某謹奉表稱謝者。臣伏以聖恩下被，寵耀有加，拜命若驚，臨職愈懼。臣某誠惶誠恐，稽首頓首。臣自揆踈賤，幸遭聖明，嘗忝備於使令，遂蒙任以轉運。自淮遷浙，已經五載之餘；由初及今，未有一絲之補。常懷兢惕，每賜優容。

詎意垂老之年，超授三品之秩。寵之已至，分則實踰。茲蓋伏遇陛下，量包八紘，若海涵而春育；澤及萬物，如天施而地生。均囿大造之中，獨荷曲成之賜。臣惟當堅持晚節，恪謹官箴，式殫方寸之忱，少効涓塵之報。無任感恩戀闕之至，謹奉表稱謝以聞。

祝文

初至杭學謁先聖祝文

維洪武五年歲次壬子九月乙亥[一]朔，越二十八日壬寅[二]，試職杭州府學教授徐一夔，敢告于大成至聖文宣王。一夔年逾五十，於道未聞。更化云初，聿興學校。叨典教事，爲國育材。牖導之方，未獲其要。尚資神化，相于有成。

校勘記

〔一〕乙亥，四庫本無。
〔二〕壬寅，四庫本無。

再至杭學謁先聖祝文

維洪武七年歲次甲寅正月丁卯[一]朔，越二十有一日丁亥[二]，實授杭州府學教授徐一夔，敢昭告于大成至聖文宣王。一夔忝領兹學，月僅及朞。召命有臨，俾預史事。違遠聖範，有惕于衷。竣事而還，是用盥薦。神其陰騭，底于有終。

校勘記

〔一〕丁卯，四庫本無。

〔二〕丁亥，四庫本無。

祭文

祭馬生公著文

維洪武二年歲次己酉三月某朔，又某日，老友徐一夔謹以清酌之奠祭于公著茂才之靈曰：惟子蚤歲，質茂氣昌。而父詔子，延我錢唐。闢館處我，三閲秋霜。時方多難，兵動宇疆。幸安于隅，式遂向方。子之自勵，如淬而剛。其精于業，日就月將。克副父志，允惟其良。後余别去，游秀之庠。子有家釁，荐至披猖。念子于學，若畬就荒。間一相過，視我篇章。詞旨粲然，有加于常。知子之志，不懈益强。假以歲月，其進曷量。大兵之歲，我欲子旁。庶幾相依，以免厥殃。道既阻矣，遂觖所望。竟蒙網羅，迫起倉皇。我來别子，子居甫康。欲解我憂，酌以酒漿。言餞于滸，于是參商。我至于京，給事文坊。傳言海隅，有肆于狂。意子之家，避必以航。是年之冬，東人來王。有自越者，及子甚詳。云子客死，虞江之陽。其時聞之，驚我中腸。出哭長干，有悲未嘗。去年之春，我罹父喪。愬愬上請，許還奉襄。去也匍匐，返也劻勷。薄言往奠，蹉跎未遑。友教之誼，豈其或忘。茲聞即幽，始來執觴。嘻孰不死，子獨可傷。妻子在室，父母在堂。向也聚哭，今也異方。豈時適然，抑數之當。矢辭及此，重爲涕滂。

祭伍子胥文 代浙省官作

惟神昔在于吳，以忠而隕。廟食茲山，用昭素憤。神氣不磨，護潮出没。白馬素車，尚見彷彿。惟皇御宇，有嘉其忠。申敕守吏，歲祀是崇。潔茲牲醪，薦于神所。庶其來歆，永奠江滸。

傳

洛下遺民傳

余游虎林，蓋嘗登於伍大夫之山而望焉，見夫山川迴合，城郭宏固，邑屋鱗次，歎曰：『由宋涉元，休養生息，其盛極矣！自罹兵燹于茲二紀，其殷庶之積視他郡縣猶盛。夫豈無瓌偉不群之士雜處里閭而不自衒者？安得見之以寫我憂？』

下至山址，見有一士，長七尺餘，戴古冠巾，穿白練袍，色如雪，束黄絲組，齊曳地，目瞳子炯然，風約疎髯，洒洒可數，行通衢中，高視闊步，世俗莫能溷。余甚異之，而未敢即也，從其所之。前遇高丘，輒躡屨而上，仰而若吁，俯而若思，歌曰：『陟彼高丘兮，面彼圻矣。維谷則崇兮，陵則夷矣。代有禪續兮，罔測其微矣。彼淪以胥兮，而我則遺矣。西山之人兮，吾將從之歸矣。』莫測其所以。余揖而問之曰：『先生爲誰？』瞪目熟視余久之，徐曰：『我洛下遺民也，安用問我爲？』余不敢詰，謹識之。

他日，見汝南生以問焉。生曰：『此吾故人程彦澤君也。君蓋河南先生純公之後。其大父嘗爲言官，至元、大德之間以直道著。君少有氣節，高自稱許，欲樹立奇勳名，恒自誦曰：「夫人具性命道德之藴，通天地萬物之情，達禮樂刑政之用。充而大之，使民與物不失其所，是乃天職。不然，是自棄爾。夫欲有爲，要必爲天子輔相乃可，此外不足盡力。」復自歎曰：「嘻！有命焉。自古有志之士，其不能致者蓋亦多矣。縱能致之，不如伊尹之於湯，傅説之於高宗，諸葛孔明之於蜀先主，亦具臣爾。然又自度上不繫於天，下不繫於人，而能有功德及人，獨惟醫爾。然我亦不喜爲世俗醫僥倖射利，必爲神醫。」其立志如此。其後游於五湖，有葛先生者以醫鳴，其術甚神。先生已人疾死可立起，五湖間人稱爲神醫。君聞而喜曰：「是真吾師也。」乃營紹介爲先容，先生不許，曰：「吾術不以與庸夫。」君弗爲沮。一日，躬執贄幣詣先生門下求見，以刺通。先生素傲睨，不即出見。稍攬衣起，從户隙窺君，見君神采燁然，曰：「非庸夫也，是能昌吾道者。」遂出見，盡以其術授君。故君爲醫，大類葛先生。會天下大亂，君擇地避，曰虎林地大人衆，易以浮没，故來居焉。方是時，專制方面者多自官人，有薦君者，輒避去，曰：「我何可汙！我何可汙！」未幾，今天子革元，命向之有官者，不問仕輟悉就遣，而君夷然如常時，方自詫曰：「吾故民也。吾故民也。」因本其所自出，稱洛下遺民云。』汝南生，陳君翰也。

嗚呼！世有斯人哉！吾恒記幼時讀詩，見詩人敘述武王克商時事，其稱有曰：『殷士膚敏，裸將于京。』第曰：『帝王革命，大率然爾。』不知其爲悲也。及夫運去物改，親見其事，始三復而悲之，曰：『嗟乎！士固有如此者。』今程彦澤氏，當亂世在衆人中，而不同於衆人，卒能自全其道，哆然以遺民稱，若欲自附於古之賢人者，不其偉歟？孔子曰：『斯民也，三代之所以直道而行也，誰毁誰譽？』今去孔子雖遠，若遺民者，亦其人也。吾何言哉！吾何言哉！

無辨野人小傳

野人計姓，子常字，系出越大夫然。然仕越稱材大夫，嘗登封禹山，籌其國事，至今人號其山計籌。越既滅，子孫散處浙河東西。故今浙河東西凡計姓者，皆其後也。

野人姿樸茂，稍涉獵傳記。嘗從州祭酒司俎豆事，又從州大夫治簿書事，頗見謂材敏。遭時多故，去居御兒溪之陽。不巾不襪，作野人狀，與農夫田父雜處。居久之，農夫田父見其無他技能聲勢，私竊議之曰：『彼夫也儒生耶？其言不文，文法吏耶？其行不刻，農夫田父耶？其生産作業又不我若，果何人斯？』自是甚易之，語言稍忤，至或唾之詈之，野人皆直受之不報。有與野人厚者反不能平，謂野人曰：『若瘖耶？胡不與辨？』野人曰：『吾固欲逃名而未能者也，何辨之有？』其不與物競類如此。人皆稱之曰無辨野人，遂用以自號云。

贊曰：昔者文中子教授河汾之間，弟子有問止謗者，文中子曰：『無辨。』蓋辨之文，『言』在兩『辛』之間，兩罪相訟也。故辨則謗增，不辨則謗息，止沸以水之法爾。斯人也，溷迹田里，自同於野人，是不欲以皎皎之名聞於人者，顧肯效市井之人較是非黑白於口舌之末以爲能哉！吾以其人得處屯之道，著之于篇。

周處士小傳

處士諱德驥，字仲良，姓周氏。其先汴人，四世祖詢從高宗南渡，僑居杭之新城。其後遂占籍焉。處士性〔一〕至孝。其父蚤世，事母備至，起居飲食，惟母意是適，無纖毫忤。依戀其母側〔二〕，若嬰兒然。候母所常止處，輒取書從旁讀。少出而返，母或不在常所，則額爲之蹙，必見乃喜。家貧，試吏他郡，資其禄以養母。俄病，不樂在他郡。時方尚吏，公府掌文牘者權侔上官，非有勢力援引不可致。處士無所顧惜，輒謝去，奉其母還鄉里。母病稍劇，彷徨營救弗效，夜輒向天而禱，願減己壽以益母壽。一夕，見有神人手執蓮花，告之曰：『不必爾也。爾誦

《法華經》六十部，則爾母差矣。』《法華經》，佛書也，處士躍然以喜曰：『吾母生矣。』用神言持誦惟謹。

至正之季，張氏據姑蘇，擅爵禄之柄，能富貴人。或勸之仕，處士斥之曰：『子不知我耶？吾豈〔三〕受僞署者？』乃去隱桐廬山谷中，卒至不汙。其歿也，大夫君子或誄之曰：『孝以事親，廉以律己。哀哉若人，爲世之軌。』處士有子昉，亦以行誼稱云〔四〕。

贊曰：仲尼之門言孝，莫如閔損氏及季氏，使之仕，則謝絶，其使至，欲去之汶上。詎非孝者百行之祖，不肯爲非義事以累之歟？處士能孝，而又不仕于張氏。叔季之世有若而人，可尚也哉！可尚也哉！

校勘記

〔一〕性，四庫本作『姓』，誤。

〔二〕側，四庫本作『則』。

〔三〕吾豈，四庫本作『我非』。

〔四〕云，四庫本無。

墓誌

王自牧墓誌銘

錢唐有卓行之士曰王君自牧，以洪武八年十有二月甲午卒于家，年五十有七。君凡三娶，皆無子，養他姓子爲子，年甫八歲。家既素貧，其卒也，弱妻稚子茫然無所措。其友相與鳩財治其喪事，將以是月某日奉其柩葬于錢唐縣南山石屋塢先塋之次。既又相與謀曰：『王君文學行誼不媿古人，盍圖其所以不朽者？』乃使其弟子金冕具狀，攜其孤曰順孫者，拜而請銘。順孫即所後八歲兒也。予不得辭，則敘而銘之。

君諱謙，自牧其字也，世爲錢唐人。祖諱某，父諱某，皆潛德弗耀。君氣夷貌莊，方齠齔，若老成人。長從鄉先生學，先生見其沈潛，甚異之，曰：『此子他日必有過人者。』父母没，服喪以禮，歲時思慕，哭必盡哀。有女兄以篤疾弗嫁，自初至終奉之如母，無厭倦。居必擇交，客有弗當其意者來謁，相對移時不接一語，客亦自引去，曰：『吾不可以溷先生長者。』其居在闤闠中，左右皆華榱麗宇，若聯貝錦，而君環堵蕭然，圖史外，衿佩三數人執經授讀而已，意泊如也。

其爲文務自己出，雖一言一字，不肯作世俗語。用意精切，如飲酒之必去糟而取醨，食肉之必去皮而取膂，蓋勤且勞矣。人或議其戾契，君曰：『文以古爲名，法當然爾。』素恬淡不樂榮進。今天子更化，詔求前代遺逸布列庶位。有司首以君薦，至則授中書刑部主事。尋有旨在廷儒臣有不堪事者，聽免去。君顧所居官曰：『此豈吾所堪耶？』即日上章引退。既免歸鄉里，愈益不妄交人。雖其鄉校章甫縫掖之所聚，亦不屑一過，他可知已。惟日務記覽以資著述，曰：『吾不以此顯於今，必以此裕於後。』其自信類如此。

平生所爲文并詩，既自類爲家集，然亦好道家長生久視之説，又自號曰壺父，著《壺父書》一卷。其説幽深玄遠，人莫能曉也。

君風裁孤峻，立志不同於俗，可謂卓行之士也已，是宜爲銘。銘曰：

凡世論士，好同棄異。士誠有見，寧爲衆棄。斂華就實，古人是企。匪曰自異，乃見之至。苟乎於人，孰不我媚。豈必有子，乃克襄事。猗嗟若人，歿也罔媿。

元故處士應君墓誌銘

處士諱□，字君玉，姓應氏。其先本周封國，武之穆有邘、晉、應、韓是也，後世子孫遂以國爲氏。漢魏之間，汝南有司隸校尉奉、泰山太守劭、五官中郎將、文學掾瑒父子相繼而顯。處士系出汝南。唐末有爲處州刺史諱世基者，遭五季之亂，留家弗還。後徙越之諸暨，卜居其邑槩浦之三山，因占籍焉。

宋咸平中有爲工部侍郎者諱奎，則處士之十世祖也。奎生鎬，又爲兵部尚書。父子二人相繼仕于朝，又且有德于其鄉，鄉之人至今祠之。此則始遷諸暨而顯者。曾大父某，大父成之，皆隱德弗耀。父桂，習武舉，未釋褐。德祐之世，從都巡檢使張鎮起兵勤王。運去物改，無仕進意，徙居南安里，事生產作業。曾祖妣某氏，祖妣某氏，妣某氏。

處士性至孝，武舉君殁，事其母備至，先意承顏，惟恐不得其懽心。宗族鄉黨稱之。平居面貌嚴峭，及應事接物，則煦然春温。人有不善，必揄揚善者以媿之。里有忿爭，不得處士一言以爲平，則不肯息。

初，處士之大父既没，家頗落。武舉君以力勤起之，至處士益以裕。大德丁未之歲，浙東大祲，鄉里饑民稍聚爲盜，則與其兄謀曰：『歲事如此，吾何可獨飽？』乃出粟賑之，使還爲民。其不從者，則捕送于官。以是人皆稱爲應長者。

家多藏書，然亦靡弗記覽。嘗曰：『人當知本。絺辭繪句，無益也。』獨取神農氏以來種藝之説，輯而爲書，名曰《農圃須知》。其言曰：『衣食足，而後知禮義。此足以詒吾子孫。』故其平日緣情指事，發爲詩歌甚多，皆不存藁。

晚尤嗜静。顧舊所居近囂，旁近有地曰馮塢，石屏、龍窩諸峰環拱左右，林壑尤美，乃别加卜築，以家事付其子，而日從賓友山冠野服徜徉其間以爲樂。金華黄文獻公仕中朝日，還往必過其家，嘗從容語處士曰：『吾觀子材識兼茂，胡爲而不仕？』笑指諸峰謝曰：『走山野人也，且此諸峰白雲不吾相棄，何以仕爲？』更自號曰雲林居士。後公謝事而歸，得端本堂所書務本二大字，適處士所築堂成，探囊授之，曰：『以名君堂爲宜，且用以廣敬。』處士再拜受而揭之，曰：『是足以明吾志。』

年八十二而卒。其生之年則前至元甲申之正月四日，而卒之歲則至正乙巳之九月十有七日也。其配同里孟氏，有婦德，先處士四年卒。初，處士之上世並葬三山，至武舉君始葬馮塢。處士臨終語其子曰：『其以我與爾母之體魄祔葬馮塢先塋之次。』其孤遵治命，以處士歿之年十二月二十有二日奉處士與其配之柩合葬焉。子男二：長曰某，先處士□年〔一〕卒；次曰誠。女一，適孟某。孫男四。曾孫男十。

於是，處士没十有五年矣，其孤誠踏門持其里人前隰州知州吴從周所爲狀，泣而請銘曰：『惟是先人之材之行所以弗昭于今，弗耀于後者，不肖孤之罪也。惟先生哀而賜之銘。』余既本其狀敘其世系、行實，系之以銘。銘曰：

行修于其家，誼敷于其鄉，而謀足以詒其孫子。田廬以逍遥，雲山以徜徉，又何必慕乎禄仕。馮塢之原，佳城奠只。既固且利，以永厥世。

校勘記

〔一〕□年，四庫本無。

耕樂處士墓誌銘

耕樂處士以洪武十年正月二十二日卒，其孫公振卜以其年十有二月十六日葬于其鄉荀山之原，而持里人趙拙生所爲行狀謁余請誌其墓，且曰：『公振不幸。先人之棄公振也，公振纔三歲，賴大父教育，以克成人，罔極之恩，蔑知攸報。今也大父以高壽終，深懼不能奉大事。重惟先大父之潛德素行所以積于躬而孚於人者，具見于狀。惟先生畀之銘，使吾大父雖没猶存，則先生之賜也。苟如所請，則不肖孤所以奉大事者庶幾一得，而亦可以慰吾先人於地下焉。』予以其言之足矜也，乃按狀而爲之序。序曰：

處士姓許氏，諱文泰，字泰之，世居錢塘之靈芝鄉。處士本唐忠臣睢陽刺史遠之裔，譜牒散軼，莫能考其傳序。曾祖諱閶。祖諱大有。考諱永茂，母全氏。幼精敏不類鄉里兒，其母賢而知教，曰：『此兒佳，然不可不令讀書。讀書則知古今，識道理，可以守身持家。』乃遣入城府從明師學。久之，頗通經書大義。

一日，告其母曰：『古人朝出耕，夜歸讀古人書。吾固農家者流，久親方册而不事畎畝，恐隳家業。』其母從之，乃歸治農事。雖霑手塗足，不自厭苦。稍暇，讀書益力。其母喜曰：『兒必昌吾家第。吾居隘，且土田薄，不足以發。近旁宦塘、褚壩之間稍饒沃，當徙居之。』既徙，處士愈益治農，暇且讀書如初。居數歲，家日以裕。俄喪亂作，寇盗日肆焚掠，處士挈家避去。又連喪其丈夫子，顛沛流離，惟務教育其孫。其孫即公振也。

王師既平浙，歸理舊田廬。向之華堂邃宇，腴區奥壤，莽然皆蒿萊瓦礫。日夜墾闢締構，蕲以復其初。會朝廷有令，俾編户民糧多者督糧少者入官，號曰糧長。時處士有目眚，迺以屬之公振，旦暮告戒公振曰：『國家以糧事屬之，吾民責匪輕也。惟公勤乃克有濟，否則不免譴呵。』言甚懇切，公振承命惟謹。其治糧事細，民德之，上官稱焉，皆處士之訓也。

屬歲大祲，歎曰：『吾鄉細民素無蓄積，吾力又不足以振之，勢必至於流亡。流亡則土地荒蕪，後此糧將安出？』遂以積憂成疾而歿。於是，處士年八十有四矣。上溯其生之歲月，則元至元三十一年甲午十二月十日也。娶丁氏，繼金氏、鄭氏，皆先處士卒。子男三人：長曰昂，嘗學明經，舉進士；次曰昇；曰暉。昂娶郎氏，昇娶鄔氏，暉未娶，皆先處士卒。女三人，長適郎駟，次適聞思忠，次適馬銘。孫男一人，公振也。曾孫男一人，曾孫女二人，皆幼。

處士與人言，未嘗陽諾而陰違。見人之急，推財救之無吝色。親戚鄰里或以非義致爭，奮然以義折之，無不服者。人固曰：『彼讀書，其言當然。』雅好交結湖海名勝，前進士如會稽楊維禎廉夫、吳興宇文公諒子貞、柳洲陸景隆德暘，玄儒如張貞居、杜丹丘，名僧如俊用章、渭清遠，皆與之交。苟一臨之，款洽連日夜，劇談賦詩以爲樂。其爲學不止於儒，凡道書、釋典、醫方、星術，以至虞初、稗官之説，莫不記覽，且[一]究極其底蘊，博聞之家或自以爲不能過。其學一見于詩，其詩亡慮數百首，辭高而趣遠，多名勝倡和之什，號《耕樂軒藁》。翰苑名流爲之論著甚備。

初，處士盛壯時，當路有知之者，力挽之仕，謝曰：『家本農也，且生長田里，以耕爲樂，無他慕也。』因自號曰耕樂處士，人亦以是稱之云。嗟乎！井田之制行，天下無二民也，士農一爾。彼大司徒以鄉三物爲教，而賓興之者即此民也，非出於井民之外也。自夫秦廢其制，而天下之民乃始有二，農以力田爲裕生之本，而或誚士；士以讀書爲佐治之具，而或鄙農。於是先王化民成俗之意不可得而復見矣。今處士生於千數百載之下，若欲合所謂士農而一之者，斯不亦可尚也哉！迺爲之銘。銘曰：

繇周以降，士農異軌。詎意叔世，有處士氏。曰耕與學，並事厥事。即野就史，君子之跂。苟山之陽，其原若砥。雖曰無子，有孫克嗣。卜藏於斯，既固且利。一鄉之表，衆人是視。

校勘記

〔一〕且，四庫本作『具』。

崔母趙夫人墓誌銘

錢唐崔晟之母曰趙夫人諱淑端，是爲宋宗室秀安僖王之胤，元累贈集賢大學士、榮禄大夫、柱國、魏國公諱與峕之曾孫女，翰林學士承旨、贈榮禄大夫、江浙行省平章政事、魏國公諱孟頫謚文敏公之孫女，奉議大夫、同知湖州路總管府事諱雍之女，而處士諱復之妻，諱謙遠之冢婦，諱晉之孫婦也。

崔氏世有雅德。文敏公與處士之大父敦世契之好，每自吳興里第抵錢唐，必舍崔氏。當夫人與處士在妊時，公與處士之大父約曰：『使崔氏而女，趙氏而男也，以婦吾家；趙氏而女，崔氏而男也，以婦崔氏，庶吾二姓之好有永弗替。』已而，夫人生，實延祐五年戊午十月乙卯也。

後二十四日爲十有一月丁丑，而處士生。文敏公薨，夫人稍長，崔氏以成言來請婚。奉議公遵遺命，遂以夫人歸焉。夫人既歸崔氏，事舅姑無違禮，處妯娌間未嘗有忤色，御僮婢有恩意，宗族以爲賢。

寇自姑蘇陷錢唐之歲，處士遇害，夫人褫去簪珥鮮麗之飾，撫其遺孤，慟曰：『不此御矣。』未幾，寇兵又至，比鄰皆挈家貲以避，夫人獨奉其舅姑與夫之神主遺像以出，家貲不暇顧也。

夫人性貞慧，在父母家，女紅之暇，喜觀書史，遇有涉於女事者，輒記注以自箴，故其爲婦爲母克盡其道。洪武六年癸丑十月十又四日，以疾卒于正寢，享年五十有六。距處士死之歲，則十又八年矣，孀居如一日。子男二：長真孫，早亡；次即晟也，娶龔氏。女三，永貞適劉□[一]泳，永靜適陸文慶，永寧適沈琭。

處士之死也，晟尚幼，夫人葬之錢唐縣履泰鄉積慶山先塋之次。夫人之歿也，晟以歿之月乙未奉柩祔焉。晟襄事之五年，狀夫人之世系、性行，泣而請銘。處士有學行，善繪事。晟亦清慎，工篆隸，稱其家兒也。銘曰：

蘭之生于深谷也，色澤而氣芬。玉之韞于深匵也，理密而質温。懿哉夫人，出於華胄，歸于德門。婦職既修，母道彌敦。從夫之兆，以利後昆。

校勘記

〔一〕□，四庫本無。

始豐稿卷之七 後稿中

徐一夔大章著

雜述

辨錢唐鐵箭

按舊《臨安志》，郡人相傳吴越王鏐用彊弩射潮，箭所止處，立鐵幢識之。又云錢氏子孫言築塘時，高下置鐵幢三以爲水則。在今利津橋北者其一也，舊名其地爲鐵幢浦。幢制，首圓如杵，徑七八寸許，出土約三尺餘，其趾入土不知幾許。故老又云初置幢時，塘猶未成，慮潮盪幢，用鐵輪護幢趾，而以鐵絙貫幢幹，且引絙維于塘上下之石楗，然後實土築塘，故幢首出土云。此説是也。宋淳祐間趙安撫與簒買民地作亭覆幢，今亭夷爲民居，獨存窪池，而鐵幢之首嶄然出窪池可驗。幢本有三，故老云一在舊便門街東南小巷，今其巷尚名曰鐵箭；一在舊薦橋門外，亦堙没〔一〕于民居。僅存其在利津橋者，又爲民居所蔽，若不表識，久亦湮塞〔二〕。此實幢也，近世有賦鐵箭者遂指此幢爲箭，認幢首爲鏃首，不思方射潮時箭已逐潮去矣，箭惡能存？且鏐雖英雄，其所發箭亦不過致一時之精誠，未必異于常箭。不考而妄作如此，可笑。又謂其首出土面，可撼而不可拔，以爲神異，此尤不察其下有關鍵故也。至惑于《夷堅志》之説，謂此矢拔則軀目紅，其言尤謬。今恐以訛傳訛，故力辨之。

校勘記

〔一〕堙没，四庫本作『堙塞』。

〔二〕湮塞，四庫本作『堙塞』。

述德

夫所謂世其家者，非特爵禄之謂也，蓋亦論其德焉。錢唐郡城之東有世爲小兒醫者曰范氏，自其先防禦使從高宗南渡，用是濟人。其後傳其業者勿〔一〕替，至今思明而益昌。然求其故，要皆以仁厚存心、信誼接物，故能永其世。

今年春，吾黨有岳東伯者，其子患瘡疹頗危。吾往問之，岳君作而言曰：『微思明，吾兒勿瘳矣。方兒被患，天且淫雨，致思明療之，輒苦雨。思明不以雨辭，至則衣冠〔二〕沾濕，無難色，兒賴其醫而愈。微思明，吾兒弗瘳矣。』余聞而歎曰：『嘻！子之德于思明，猶吾之德其先伯子思賢氏也。前二十年時，余有子方晬，俄有病勿能乳哺。吾家去思賢十里許，晨起走告之，思賢氏曰：「子第先往，日加午刻，吾來視之。」既返，大雨如注。將午，平地流潦盈尺。吾已必其不來。既而，思賢戴雨笠，被毳褐，跨款段馬，踵門索兒視。余抱兒前，視之曰：「無傷也。」

授以七劑曰：「服是當愈。」吾兒今已長大，而思賢墓有宿草，恒念之不置。如子所云，何其季之似其兄也？世德之傳，厥有自哉！』

大凡父母愛子之心無所不至，而況于有疾。方其憂時，享之以膏粱勿爲美也，被之以文繡勿爲華也，處之以華宫麗室勿爲安也。誠得良醫一來視之，其喜蓋愈于享膏粱、被文繡而處華宫麗室也。醫者而能心人父母之心，使之易憂爲喜，猶孺子入井而往救之也。彼陽慶者以富給故不爲人醫，亦獨何哉！此余論范氏之世，所以謂其以仁厚存心、信誼接物也。會岳君徵言以報，故爲述其世德之懿以授之。

校勘記

〔一〕勿，四庫本作『弗』。下仿此，不復贅列。

〔二〕衣冠，四庫本作『衣帽』。

弼　刑

杭人有徐其姓而號靜隱處士者，素以瘍醫爲業，且善療笞杖傷。有被笞杖傷者，輒趨處士請療，療輒愈。其術用藥爲劑〔一〕，揉爲膏，以傅于其傷。被傷者云：『藥力所及，快若神仙家所謂玄霜紺雪者。』

或曰：『人而受笞杖傷，蓋得罪于王法者也。使含苦茹毒，呻吟日夜，可也。今而療之，易呻吟爲悦豫，法斯蠹矣。其術雖奇，王法不與也。』余解之曰：『罪有重輕。笞杖之設，蓋以待夫過誤者也。法家欲使過誤者立于無過之地，是以有笞杖之刑以恥辱之，使之[二]自創艾，非棄之也。漢室腐刑且下蠶室，懼風厲殺人，矧過誤乎？然則處士之術有弼刑之功矣，奚不與也？』

吾既解，或人且嘉處士得擇術之道，筆其説授之。

校勘記

〔一〕劑，四庫本作『齊』。

〔二〕之，四庫本作『知』。

贊

朱娥祠贊有序

上虞有二孝女，其一爲曹娥，其一爲朱娥，而皆有祠。曹祠在虞江之濱，朱祠距縣若干步。朱娥者，朱回女也。幼鞠于祖母。鄰有朱顔者，欲害其祖母。娥方十歲，號呼奮前抵顔，且手縋其所執刃，祖母卒賴以脱。顔恚甚，剸娥十數，遂斷其吭以死。時宋治平三年三月也。事聞，賜其家粟帛。鄉人祠之。政和中，縣令席彦稷新其祠，新定江公亮爲之記。元季兵燹，曹祠幸存，朱祠竟燬。邑人請于縣，仍作之以敦孝道，且謂余曰：『曹娥事具《漢書》，且其祠所樹碑，所謂〔一〕絶妙好辭者是也，故其事顯。朱娥雖見《宋史》，然閲史者知之，餘人或未能盡知也。願有述以告於人人。』余乃贊之以辭。辭曰：

孌彼孝娥，其氏爲朱。雖女其躬，而志則夫。爰有讎家，害其大母。娥方十齡，奮力捍禦。讎縮其刃，母賴不亡〔二〕。移刃加之，則以身當。娥也匪夫，又稚且弱。天性萌生，不少顧卻。彼有見難，避而去之。視娥之爲，則何人斯。虞姚之墟，俗稱淳美。前有曹盱，有女孔似。曹祠翼翼，在江之濆。獨娥之祠，燬而勿存。忠臣孝子，事干人紀。凡百官臣，請加之意。

校勘記

〔一〕所謂，四庫本作『所稱』。

〔二〕母賴不亡，四庫本作『母賴以亡』，亡，逃也，亦通。

譚氏家乘贊

長沙譚濟翁譜其先世傳序之次，並録其功行之列於史傳、見于銘誌序跋者，萃而爲書，題曰《譚氏家乘》。濟翁徵余言，余嘉其得崇本之義，乃爲之贊。贊曰：

維譚之始，分地於周。秉璧以朝，後于公侯。松柏之下，其草不植。地偪於齊，卒併其國。其後子孫，散處四方。至漢有閎，尹于大邦。自尹以降，勿〔一〕顯伊晦。中間作者，不泯如帶。

迨宋中葉，始有聞人。是爲世績，官至端明。端明剛正，一時罕及。讜言直氣，秋霜烈日。名昭信史，至今有光。垂休委祉，八世其昌。有孫曰濟，起自行伍。遂戴武弁，爲軍鎮撫。維此鎮撫，既武且文。聿念世德，家乘攸敦。昭穆之懿，功行之實。悉載此書，罔有遺軼。尊尊親親，人之大倫。一或違之，乃獸乃禽。有美鎮撫，知所當務。著爲此書，永錫胤祚。

校勘記

〔一〕勿，四庫本作『弗』。

潘驛丞小像贊

儀觀魁偉，語言條達。翱翔賓客之館，從容紹介之列。始而見之，謂是九卿之亞。徐而問之，乃在百寮之末。夫其辭尊而居卑，斂華而就實，抑豈不謂之俊哲也耶。

記

白沙親舍圖記

清江張易貞，由郡諸生高等貢于太學，尋從事樞省，傳命四方，如古所謂行人之職。其來浙也，以《白沙親舍之圖》請記。易貞指謂余曰：『白沙在清江之封內。其地重岡疊嶂，深鬱而秀拔者，白沙之山也。清溪曲澗繚繞數十里，波文粼粼，石齒磊磊者，白沙之溪也。水竹幽茂，麻麥蓊鬱，室屋參差，煙火相望者，吾親之所居也。吾誠不敏，忝以諸生備國家使令之役。二親年登期頤，幸皆康健。謀欲謁告，奉卮酒爲壽，莫之能遂。白沙之舍恒往來于懷，爰圖其彷彿而時觀之，庶幾如親造焉。區區之心，以爲非有文辭以發之，亦不足以慰。是願假寵于執事者。』

吾嘗讀魏國風，而知易貞之心矣。魏人之詩曰：『陟彼岵兮，瞻望父兮。』又曰：『陟彼屺兮，瞻望母兮。』蓋孝子行役，不忘其親，往往陟岵陟屺，以望其父母之所在，類如此，不獨易貞也。蓋孝子之心，人皆有之，古今罔間也，賢否勿〔一〕殊也。一出言而不敢忘父母，一舉足而不敢忘父母，非勉强也，良心之發自不能不然爾。是宜易貞諦玩此圖而不忍舍也。

雖然，吾有一得，請爲易貞言之。孝子之職，莫大乎養志。古之人有子在京師，其志樂者；子在親側，其志不樂者。苟徒以晨昏之問、飲食衣服之奉爲孝，而立身揚名之事闕焉，亦恐非父母之心也。易貞以爲何如？漢王尊過九折坂，叱御而前無難色，曰：『吾爲忠臣，爲人子者其可不知出此哉！』易貞作圖之意，其視王尊之過坂，情之輕重緩急何如也？吾聞易貞方具慶，今天子向用儒術，尤注意于群彦，歷試而後用。易貞以鼎盛之年，益務鞠躬盡瘁以答上意。華資峻級，實自兹始。它日養以五鼎，顧不美歟？語有之：『國爾忘家。』此之謂也。易貞其勉焉。

校勘記

〔一〕勿，四庫本作『弗』。

貞母阡記

貞母阡者，昂上人之母禹氏所葬處也。阡在崇德縣之石門鎮。初，江浙丞相檄苗獠攻姑蘇，時禹氏從其夫吳避地于石門。苗獠前隊至，禹氏急〔一〕登舟出避。苗獠望見禹氏有姿色，策馬叱使勿避，禹氏遂躍入水死。其夫倉卒葬之鎮側，攜其孤去適越。其孤即上人也。未幾，其夫亦歿于越之兵間。時上人年纔十三四，含哀茹苦〔二〕，藁葬其父于客土。無所依歸，走金華山中爲浮屠氏。兵事方殷，恒虞石門之墓或毀。天兵既平浙西，遂渡浙省焉。至石門，行泣訪墓所在。四顧草莽，莫知葬處。有語之者曰：『得非物色吳節婦所葬處耶？』曰：『此是，此是。』

上人將治墓，會國家已取元，且詔儒臣纂修《元史》，上人曰：『治墓且可緩，不宜使吾母懿節乾没。』遂走京師，以其母死事告于太史氏。史氏曰：『此正史家所當書者。』其母死事遂得列傳。一時秉史筆者多其父友，咸爲文辭送之，大率皆美上人爲浮屠而不失儒者之行也。乃還石門治墓，翦荆棘，培土壤，樹松柏，以固兆域。既竣事，將去墓而還事其浮屠師，乃具湯茗以召里之長者，且告之曰：『吾母不幸而死于此，又託魄於此。經涉喪亂，而墓幸無恙，里長者之賜也。今粗修治，而不肖孤託跡沙門，力不能遷葬墳〔三〕，又將去此，願長者終惠之。』長者曰：『昂師，孝浮屠也。吾黨宜謀所以護之，使不知者不至踐且伐也。』乃本其母之行表之，曰貞母阡云。

嗚呼！人之心至不易感也，惟以孝弟之事告人，則雖悍夫勁卒，未有不動者。此無他，孝弟之心，人皆有之，故易以感之爾。上人以護墓之事請於其里之長者，其里之長者相與謀所以護之，而嶄然石表立于荒丘埜水之濱，斯誠義舉矣。

嗚呼！里名勝母，曾子回車，而母奮死之烈，有如皦日。過兹阡者，固將悚然而敬。寧有踐且伐者？使有踐且伐者，是無人心者也！嗚呼！世寧有無人心者哉？或曰：『爲上人計，返其初服不去先墓，乃爲合道。』雖然曰親曰師，均有恩義在焉。上人必有以處之矣。余特矜上人之志，且嘉彼人崇孝之有其道。

乃爲之記。

校勘記

〔一〕急，四庫本作『亟』。

〔二〕苦，四庫本作『毒』。

〔三〕『墳』，四庫本無。

聽鶴軒記

越城之陰有山曰小蓬萊，仙人道士之所棲息，而多畜鶴。郡有老儒曰王好問先生，其居在山之南僅二百步許〔一〕。先生恒夜坐，鶴數群自小蓬萊山上飛鳴而過，傾耳聽之，移刻若甚戀嫪焉者。問自署其所坐軒曰聽鶴。先生方以《詩經》授後進，從之者甚衆。弟子顧其所自署，相與言曰：『吾師殆厭溷濁，而欲憑虚御風逍遥游也耶？不然，何屬意乎神仙之騏驥也？』先生聞之，笑而不答。

一日〔二〕，雨新霽，天宇無纖雲，色玄以黝，孤月行太虚中，如一丸璧。露瀼瀼下，氣寒欲霜。向之飛且鳴者成群而出，齊引圓吭，流音高亮，上徹霄漢。時弟子之從先生者咸侍坐，至夜分不寐。先生曰：『嘻！子來前。天地之間流動充滿，誠而已矣。彼其流音高亮、上徹霄漢者，非誠之不可掩如是耶？《鶴鳴》之詩曰：「鶴鳴于九皋，聲聞于天。」此之謂也爾。其省之！』弟子相顧自訟曰：『吾儕小人〔三〕，惡知先生？』

其弟子以告余，余曰：『嗟乎！先生之所見，固有異于人哉！雖然，詩又有之：「鳶飛戾天，魚躍于淵。」此《大雅》詩人以興文王作人之事，其意不過以鳶之飛、魚之躍起興耳。至子思子引以明君子之道，則其飛其躍，有至理存焉，不徒以物視也。先生有得于《鶴鳴》之詩，蓋亦此類。是故道在天地間，無物不有，顧所見何如耳？惟夫究觀道妙、遊心萬物之表者，然後知之。先生耳屬于鶴，而悟夫實理之流動充滿于天地之間者如此。其見趣超卓，豈衆人所能窺哉！』會其弟子亦數請爲先生著記，因推本其聽鶴之意而爲之言。他日過越而一息于其軒，望小蓬萊而歌鳴皋之曲，請以〔四〕彼飛且鳴者從先生諗焉。

校勘記

〔一〕二百步許，四庫本作『二百許步』。
〔二〕一日，四庫本作『一夕』。
〔三〕小人，四庫本作『小子』。
〔四〕請以，四庫本作『試招』。

靜學齋記

羅生存敬從吾受學，降登揖拜于授經之堂者六年，意態閒暇，不見其〔一〕疾言遽色。與同門處，方衆說譊譊，生對卷緩視微誦，若無聞者。及叩其疑，應答皆有條理。攷其所業，遺辭析理亦粲然可觀。余頗愛之，曰：『生，靜者也，其學必底于成。』既而，生亦自喜曰：『先生知我。』遂名其誦習之齋〔二〕曰靜學。嘗請余爲之記〔三〕，余固未暇。久之，請益固。乃告之曰：

古之人無地而不學，而靜之功爲大，靜則係乎心。是故迹交乎輿馬之區，吾不以是而忘學；身膏乎寶貨之窟，吾不以是而忘學；目眩乎五色，耳聵乎五音之場，吾亦不以是而忘學。

善學者，不以境易其心。以境易其心者，不足與言學。

世固有人厭處喧競，去之深山窮谷，仰視雲嵐，俯聆風籟，諷詠六藝，蒐獵百氏。蓋自以爲得其地矣，而不知心之爲物至難縶也。或馳于外，如大軍之遊騎，遠去而不知返。故雖口誦其辭，而心不知其義，胡能有成哉！

聖人之學，心學也。其形于言者，有性命道德之藴焉，有禮樂刑政之具焉，有修身齊家治國平天下之用焉。其言奥衍宏深，莫非聖人心術之微之所寓也。今之學者欲以心求心，非静無以爲用力之地。蓋心存則静，不存則躁，静則城府猶山林也，不静則山林亦城府矣，不可不知也。昔之言静者，以陶元亮與諸葛孔明並稱。或者疑之曰：『淵明爲百里宰，且不屑棄去，固静者也。諸葛武侯身都將相，内撫百姓，外治軍旅，日不暇給，夫豈静者哉！』不然。綸巾羽扇，折衝樽俎之間，與採菊籬下、悠然見山者同一趣向，未始不静也。故其教子之言曰：『學須静也，非静無以成學。』以此言之，孔明之學蓋成於静也。

以余而觀於生之爲學，若能静矣，去此而升於胄監。胄監，衿珮之所會也。又進而升於朝廷。朝廷，冠蓋之所集也。生趨蹌其間，揖其光華之盛，使吾之靈且明者常若鑑之無垢，然後可以謂之無地而不學，孔明是也。雖然，静之義所該者廣，吾與生論學，姑就生所居之地論之，非其至者。若夫太極動而生陽，静而生陰，一動一静，互爲其根，爲萬物〔四〕之根柢，則静也者，太極之體也。人生而静，天之性也，感於物而動，性之欲也，人道之所存，一動一静，相爲體用，則靜也者，無欲之天也。學而至於無欲，聖人之能事，學問之極功也。

嗚呼！靜之一言，聖人之意蓋欲學者即人道以求天道，其旨微矣！生之學不已而至於成，尚當與論其至者。

校勘記

〔一〕『其』下四庫本有『有』字。

〔二〕齋，四庫本作『室』。

〔三〕記，四庫本作『説』。

〔四〕萬物，四庫本作『萬化』。

夕佳樓記

夕佳樓在杭之南山演福教寺。寺有明靜塔院，蓋佛海大師之徒窆其師爪髮之所。院有東西二樓，夕佳蓋西樓也。其地右瞰澄湖，左挹高峰，二麥嶺在其前。每日輪西下，餘光返照，徘徊於林岫之間，煙霏霞氣，乍濃乍澹，五色相鮮，雖精繪事者不能貌。是所謂夕佳者也。

昔在至正中，佛海之大弟子海慧法師繼公，以碩德重望唱道大方而歸，遂居兹樓。與黄文獻公溍、張外史雨爲方外友。二老即至，海慧輒相攜登樓，覽觀景物，鬻茶賦詩，久之而去。其後歐陽文公玄持節過杭，亦造兹樓訪海慧，見景物如前所云，爲書夕佳二字，而夕佳之名始著。

洪武初元，今具庵法師玘公來主演福。時寺已燬，惟夕佳獨存。其徒請曰：『吾師爲佛海之孫、海慧之嗣，寓席兹樓以淑吾徒爲宜。』法師從其請。方袍之士來傳天台之學者踵至。余嘗過之，法師肅余至樓上，見山中景物固不殊昔，而摩撫前人之遺墨，而想其風流來往之迹不可復得。蓋嘗爲之賦之，而感慨係之矣。

居無幾何，今天子大建法會于蔣山，召起江南高僧説法示衆。法師被召，敷揚教典三晝夜。竣事而還，仍寓夕佳。十年冬，上以天下之爲浮屠者多昧佛理，將注釋《心經》、《金剛般若》、《楞伽》三經，使習之。時季潭泐公主天界之席，以法師薦，遣使即夕佳起法師赴闕。上問三經大意，奏對稱旨，詔與泐公共領注釋之事。閲七月書成，進經御覽，奬諭諄至，遂命刊行。上初留法師咨問法要，既又不欲違其山林之志，召至便殿賜饌，有旨命還山。尋敕有司給舟，且出内庫鈔十五貫爲道里費，送至山中。一時林岫改觀，山童谷叟莫不指爲寵光所及。其徒以法師光膺帝眷，恢弘佛祖之道，召命薦至，皆起自夕佳，斯亦兹樓之有遇也，不可無述以俟〔一〕將來。有如上人者謁余具道所以，請著樓記。

余也汩没世俗，莫知所以記。間者入山，嘗從法師問佛法大意，法師以謂吾宗大旨在〔二〕于去昏即明，去散即静。故修證之法，指日爲觀，送想于落日之表，所以臻實際也。吾嘗念法師之所以語我者，則所謂夕佳之旨，其在兹乎？以此觀之，法師殆將盡空世相，不有其有。若夫兹樓之遇與否，夫豈其志之所存？而吾世締文字亦何足以溷之也？雖然，上人之意不可以虚辱也。乃爲之記。

校勘記

〔一〕俟，四庫本作『示』。

〔二〕在，四庫本作『期』。

永思齋記

襄陵靳君孟文之免于先集賢府君之喪也，調浙江布政司經歷。既，上官用永思二字顔其宴居之室。或者疑之，君曰：『吾不忘吾親也。』請余記之。

余惟孝子跬步而不敢忘孝，故子之于親，苟違去左右，無地而不思，矧已没乎？古者親之終也，既葬而爲室，使魂有所依，猶懼〔二〕其散也，祭而虞之者三，而後妥之于廟于寢，所以存其思也。後世略于廟寢之禮，而或致崇于遺魄所藏之地，作爲墓廬以備時饗。雖曰禮無墓祭，然即遺魄所藏之地以存其思，亦未爲不合于禮。若夫齋居之設，所以凝神而定志之所也，學有未至，政有未達，于是乎思之，乃若萃其哀誠于此，無乃非其地乎？而靳君之言曰：『凡人得禄，以逮親爲榮。禄不逮親，徒藉仕宦之力肥甘吾口，輕暖吾體，吾能安乎？仲由氏之所以起風樹之悲者，蓋如此。故吾退自公，處兹不腆之室，幽迥寥闃，精神之所乎，念慮之所及，而凡吾親平日居處飲食，笑語嗜樂，一動一静，一語一默，恍然如在吾目。方是時，吾方寸間如火然而煙鬱，何暇擇地哉！』

抑余聞之，記禮者云：『齋之日，思其居處，思其笑語，思其所嗜，思其所樂。』蓋於祭之日而致其思也。而靳君之致其思，不獨于祭之日，而尤篤于平居無事之時，靳君非純孝人哉！雖然，忠孝無二道。古云：『求忠臣必于孝子之門〔二〕。』謂能移孝爲忠也。靳君宦轍伊始，揚芳邁偉，鳴玉廟朝，揚鑣郡國，其進未易量也。移孝爲忠，顧不于兹見之乎？請以是爲永思齋記。

校勘記

〔一〕懼，四庫本作『恐』。

〔二〕門，四庫本作『家』。

養素堂記

奉化江君濬遠卜居鄞東門月湖之上，而顔其楹間曰養素，請予記之曰：『吾姑以見吾出處焉爾。始吾少時，有志四方，去之通都大邑，翱翔公卿大夫之間，明目張膽，開口言事，是非黑白，了無忌諱，務當成敗得失而後已。此一時也，人不以我爲狂，反以我爲是。年近强仕，朝廷授之以官，從方岳大臣上下其議論以究事功。吾以天下無不可爲之事，鞠躬盡瘁。凡可以尊主而庇民者，苟知之，無不爲；苟爲之，無不果。此一時也，然亦頗自期許，而人之不我鄙者亦從而期許之。今老矣，遭值運去物改，國家方粹材興治，惟少年之爲用，而吾聰明日耗，强健日衰，非復曩時人矣，何敢以區區違世之心[一]與英俊爭雄長？此一時也，故寧偃息于山林之下，優[二]游于江海之間，悠悠然與造物者游，順其所至而止爾。』

嗟乎！君子之出處，非索隱行怪之爲賢也，惟不愆于素之爲賢。而不愆于素，大要在乎充養有道。充養不以其道，勢必思出其位，斯愆于素矣。江君自幼至壯，自壯至老，或出或處，皆立于無愆之地，非善充養者歟？是故少也非肆氣足以自奮，故不餒；壯也非矜材足以有爲，故不惑；老也非怯智足以自全，故不吝。最[三]論江君出處之略，其猶木歟？夫木，春敷其榮，夏茂其蔭，而秋落其實也，江君似之。《易》之《履》曰：『素履，往無咎。』君子之履，而以其素往，斯無咎矣。江君其知《易》者歟？

於是江君斂袵謝曰：『子將進我于道，非所敢及也。請筆以爲記。』

校勘記

〔一〕心，四庫本作『見』。

〔二〕優，四庫本作『浮』。

〔三〕最，四庫本作『嘗』。

鄉賢祠記

學校之祠先賢，猶古者有道有德之士，生而教焉，殁則祭于瞽宗之遺意。古之學者必有師，故士初入學，必釋菜于先師。自唐開元中，以孔子爲先聖，顔子爲先師，通祀天下，固無得間。如從祀孔子，弟子親聞孔子之道，其得列于從祀固宜。彼漢魏諸儒，其學未純乎孔子之道者，自當祠之于其鄉，爲其鄉之先師以準古者釋奠必有合之意。然則學校之祠先賢，禮之所不容廢者也。

杭學舊有祠，在孔子廟西偏，鄉之先賢得祠者，自漢嚴先生而下凡十有六人。一夔來領教事，月旦望從訓導、諸生詣殿廷行釋菜禮，降詣祠伏謁。退而考之前志，詢之耆舊，得宜祠而勿[一]祠者六人，當祠而未祠者九人，通三十一有人，準式爲宔。本其時世之先後，列其姓字[二]爵號，合而祠之，以補學校之未備。

嗟乎！聰明拔類之才，世固不乏也。習熟見聞，不有前修往哲爲之表率，卒亦墮于没没無聞而止。若夫鄉之先賢，有以德行稱者，有以風節聞者，有以文學著者，有以事功顯者，然皆我之師也。古人論友，必曰『尚友古之人』，此之謂也。夫所謂古之人者，雖皆聖賢之徒，然或生于中國，或生于東夷，或生于西夷，漠然隔宇宙而不相及。詎若一鄉之賢，里閈相接，封畛相連，而其人之德行、風節、文學、事功，遺風餘烈洽于所見、所聞、所傳聞者，至親且切，有不待旁求遠訪而後知也？鄉之俊彦歲時登降[三]，出入于諸賢之庭，仰瞻列宔，曰：『有德行者爲某，有風節者爲某，有文學者爲某，有事功者爲某。』自[四]吾生而與諸賢之居不相邇也，則亦委諸無聞而止。今幸而密邇諸賢之居，而不諸賢是慕，顧乃委其有爲之身與草木同腐，獨勿[五]愧哉！今而後人才輩出，接武先賢，良由兹祠風厲〔六〕之也。《詩》曰：『高山仰止，景行行止。』祠之設有焉。

祠舊無記，訓導何敬、徐孝思、高讓僉謂宜有記。余既著建祠之意，而郡人李思中請刻之石，並〔七〕疏諸賢名字、邑里于下方，俾併刻之，庶來者有所考云。

校勘記

〔一〕勿，四庫本作『弗』。
〔二〕字，四庫本作『氏』。
〔三〕登降，四庫本作『降登』。
〔四〕自，四庫本作『使』。
〔五〕勿，四庫本作『弗』。
〔六〕厲，四庫本作『勵』。
〔七〕並，四庫本作『因並』。

雲門山房記

雲門山房者，曹君伯起本其故鄉之山以名其僑居之書室也。山在青州南門外，與牛山相望。牛山者，昔齊景公之所嘗登以起無窮之悲者也。雲門深鬱峭拔，緜亘百數十里。崇丘邃谷，可樵可藝。居人多曹姓，相傳以爲齊相國參入相，別子留齊，遂家焉。

伯起之先世居青州之南門，自其大父當元至元中以材武從宦大江之西，至伯起三世矣。今上御極〔一〕，天下大定，詔郡縣定版籍。伯起占籍南昌，間獨自念：『家本齊也，而今籍楚。太公之封于齊也，五世猶反葬于周，不忘本也。今不有以自見，而直自同于楚産，夫豈人之心哉？』乃以雲門山名其書室，示不忘也。

嗚呼！天之生材，所以爲世用也。誠爲世用，宦轍所至，東西南北不一其處，是固然也。奈何中世以降，士大夫以官爲家，加之代有襌續，即土爲著。于是故鄉日益以遠，仁人孝子能〔二〕弗惕然於中乎？夫所謂故鄉云者，祖宗墳墓之所在，而吾身之所自出之地也。水之流也，源斯達焉；木之茂也，本斯發焉。人而忘其所自出之地，是猶言水木而不知有本原也。今伯起取其故鄉之山以名其書室，其知本者哉！伯起而克存此心，雖在南昌，凡所見嶄然而高、鬱然而秀者，無非雲門也。昔周元公，道州人也，其地有溪曰濂。後倅南康，卜築匡廬之下，有溪流清澈紺寒，與鄉里之溪類，亦以濂名之，而人不以爲非。然則伯起之所以自見，其亦有合于大賢君子之意已乎？

伯起多學而有文，其調官于浙也，請余記〔三〕其所以自見之意。嗚呼！觀其所以自見，可以知其爲人矣。

校勘記

〔一〕御極，四庫本作『初』。

〔二〕能，四庫本作『寧』。
〔三〕記，四庫本作『述』。

月軒記

月軒者，永平張君仲華見月而思親之軒也。軒無常所，蓋張君游宦四方，未遑襄事，苟見月，輒悵然以思，於凡寓館月所臨處，即用以名之云。張君之爲縣于杭之海寧也，過余道其所以，而請余記。

夫惟月者，衆陰之宗，清質皓彩，洞徹上下，冰〔一〕瀓而雪瑩。凡人食君之禄，守一官，效一職，而爲國宣力，辰而出，酉而歸，神昏而氣憊，仰見明月在太虚中，此身灑然，不啻如游廣寒之府，斯誠一快，安〔二〕能勿〔三〕具一觴以〔四〕共此明月，追一餉之歡乎？然而人事不齊，有如張君之所寓〔五〕，則又有舉觴而不能飲者已。

張君世居永平。少之時，嘗入成均從縉紳先生游，爲辭章經藝有聲。時王公貴人有出鎮遼海者，辟掌符節于其府。以年勞受一命之秩，出佐方州。及歸國朝，又以材選得大官大邑，有民人社稷之寄。

張君方嚮用于時，而其先府君之喪越在淺土，未遑反葬，是以日夜疚心。此見月所以不爲歡而爲戚，故雖舉觴，誠有不能飲，反有如狄懷英之見雲者焉。昔者狄公之調并州法曹也，母留河陽，過上太行，反顧見白雲孤飛，顧謂左右曰：『吾親舍其下，雲移乃能去。』其親雖有存殁之殊，而其觸物而思則同也。雖然，雲也者，易散之物也，彼其思也，有時而已。惟月自生魄以至死魄，未始不見也。一歲之内，無不見之月，則一月之内，皆思親之時。然則張君其純孝已乎？

海寧爲縣，于今爲劇。而張君之爲〔六〕也，日無留事。至于教化之地，如孔子廟學之類，尤不敢以爲緩，而數數然加之意。世言『孝於親者必忠於國』，其信矣。夫他日張君所就，不愧前人。吾知言親者不獨指望雲爲故事，有指見月者矣。勉哉張君！古今人豈果不相及哉！

校勘記

〔一〕冰，四庫本作『水』。

〔二〕安，四庫本作『寧』。

〔三〕勿，四庫本作『弗』。

〔四〕以，四庫本無。

〔五〕寓，四庫本作『遇』。

〔六〕之爲，四庫本作『之爲之』。

重建實石山崇壽院記

杭之西湖，其上有山自天竺支分而來，傍湖行四五里許，至於東北隅而止。而其氣勢磅礡，縮而不去，則拔地而上，若驤龍引首，以拏青雲。其巔又有浮石，大徑數百圍，號落星石。吳越錢氏有國時，封山爲寶石山。歐陽公著《吳越世家》，謂錢氏亦嘗號年，見於封落星石制書者，此也。

錢氏之臣有吳延爽者，視偉兹山，遂往東陽請善導和尚舍利建浮屠九級，附以僧坊，略具塔寺之體，人稱爲寶塔院。宋開寶初，始賜額曰崇壽。咸平中，僧永保有目眚，誓修寶塔以還光明。化緣城府，十閱寒暑，市人咸以師叔稱之。塔院既完，人因呼爲寶叔塔。大抵兹山以塔益勝，故皆稱塔而不稱寺。

紹興末，塔復就摧，有洪濟師重修完之。延祐中，鬱攸爲菑，塔寺併燬。時方全盛，人皆樂于施予，院僧法周、可復大加興修。相輪嶄絶，上摩霄漢，星鐙露鐸，輝聯響接，飛樓湧殿，架巖溢壑，氣色青紅，佛菩薩天人之像設，珠纓寶鬘，前後布濩異香淨供，晝夜然列，儼如天宮。俯視下界，湖光一碧，朱簾畫舫，簫[一]鼓往來。其外民廬櫛比，紅樓翠閣參差掩映，畢獻于眉睫之下，至者忘返。

至正末，兵燹大作，塔與寺又燬。有大善知識者曰慧炬師，顧瞻咨嗟，歎曰：『吾何可以墜吾祖師之勝果也？』乃發宏願，廣募檀那，圖復舊觀。而兵事方殷，人不自給，或者難之，師曰：『吾佛以善緣化人，顧豈以時沮也？』不懈益堅。而師夙修苦行，人咸信向，以財施者不募而集。于是其同袍似蓀、慧滿相與經畫，文昶、可祥、可達、善聞[二]、廣能、崇正等則協力以濟，乃裒所施具凡木石磚瓦涂塈之屬，先建寶塔殺二級爲七，其址加廣，次作佛殿，作東西廊，作上下山門以及西方三聖殿。尊事之像，嚴奉之具，甫見如式，而師化去。至于尊祖有室，飯僧有堂，憩客有寮，以及經鐘之樓，庖湢之舍，則其同袍成之。異時南北兩山名藍巨刹金碧相映，號稱佛國，今皆化爲劫灰。兹山雖占奇麗，較其規模，固不能與彼埒也。一旦覩兹殊勝如舊，顧不偉歟？慧滿以師之願力不可湮[三]也，具始末請記。

然余聞之，佛既滅，度凡求佛者，類以莊嚴爲佛事，然不能無成壞。成即[四]爲住，壞則爲空。夫謂成爲住，謂壞爲空，此世間相也。然[五]其相無常，既成而壞，既壞而成，如寶石山之塔寺，蓋亦存乎其人。吾聞炬師在世，行乎于人，識與不識咸以菩薩稱之。故内翰黄文獻公溍嘗讚歎曰：『彼何修何證而得此於人？』則其成此也弗難矣。雖然，此固有爲法也，而無成無壞，必有所謂無爲者在。吾登寶石而欲解其所以然，蓋有不可以思議得者。姑敘其概，使刻諸石。

炬師，字照庵，錢唐人。

校勘記

〔一〕簫，四庫本作『歌』。

〔二〕聞，四庫本作『開』。

〔三〕湮，四庫本作『堙』。

〔四〕成即，四庫作『而成則』。

〔五〕然，四庫本作『而』。

千佛山廣嚴寺記

千佛山在吾天台西五十里，層巒疊嶂，深鬱秀拔，與赤城、玉霄、華頂諸峰角勝。世言天台多靈僧，古佛示現兹山，殆一徵也。山之巔舊有寺，曰長隴。唐光啟中，吾遠祖有諱凌者，念僧徒艱于陟降，施石塚嶴地遷之。至宋，始錫今額。其後有僧行紳者，又以面勢勿〔一〕稱，仍改作之。碑刻墜軼，莫能考其歲月。

至正初，棟宇日就摧圮，寺衆金溪、清傑、翁俊、實堂因相視歎曰：『勢將壓矣。時方多故，兹土又素瘠，無大檀那，其何以興作？且吾法，一切有爲皆出願力，吾徒安可坐視其廢？惟節縮日用，須久而後濟爾。』時有得度兹寺而以碩〔二〕德重望住持上天竺寺者，爲慧日法師。寺衆以興作告之，法師曰：『吾志也。』具草疏獎勸。于是衆皆勠力，先作大殿，繼作山〔三〕門。度不能併力而成，越三年始作法堂，又四年作庫堂，又一年作鐘樓，又三年作兩廡，又五年作西方殿以及庖湢等室。而佛菩薩天人之像設未加妝飾者，殿堂、門廡、棟梁、節棁之樸素未加繪畫者，法師復自杭命工，不遠五百里至于山中，裝飾繪畫如法。於是道場莊嚴，具大〔四〕方之體。然最其工，則始于六年乙酉，至十有九年己亥，凡涉十五寒暑而後訖工，不其艱哉！

吾家距寺僅六七里。寺舊有異僧，號榮羅漢，有神通動人，遺像尚在。又有古鐘一，相傳初鼓鑄〔五〕時，鑄輒不就，有邨嫗至，投一錢冶中，鑄輒成。鐘比脱，冶錢文宛見於鐘脣，狀若嵌置，號貧婆鐘。余〔六〕兒時嘗侍先人游焉，今猶記其彷佛。

法師既謝主席，退老白雲之塢，念其得度寺建立之難，謂不可無述以示久遠，授予始末以記。

余異時行四方，過通都大邑，見凡禪黌教苑，頗訝其穹檐奥宇，丹楹刻桷，務極閎麗。爲其徒者以爲尊崇像教，法當爾也。然意其用費之嬴，必有致貨之術，以能有是。徐而詢之，良由海内殷富，家給人足，王公貴人、巨翁長者以財爲施，是以化城樓閣成于俄頃，不見其難。

今夫廣嚴之興作，正四〔七〕方用兵之時，而諸上首區策畫事〔八〕，節縮旬積月累，以有此建立，斯誠難矣。或者以爲丹青土木之事，不過天人〔九〕小果，有漏之因。予則以謂爲佛之教，欲一切衆生悉願皈依，必也覩相而起信，則丹青土木之事亦不可少也。況廣嚴之衆殫心竭力，建立之不易乎！因不讓而爲之記。

校勘記

〔一〕勿，四庫本作『弗』。

〔二〕碩，四庫本作『宿』。

〔三〕山，四庫本作『三』。

〔四〕具大，原作『日□』，據四庫本改。
〔五〕鼓鑄，四庫本作『鑄鐘』。
〔六〕余，四庫本作『予』。
〔七〕正四方，四庫本作『當三方』。
〔八〕區策畫事，四庫本作『區區事』。
〔九〕天人，四庫本作『人天』。

重建智果院記

智果院在西湖〔一〕之北，葛嶺之上。後唐開運元年，吳越錢氏所建也。宋元祐中，蘇文忠公守杭。初，公在黃州時，夢中口占有『石泉槐火一時新』之句。及游智果，境與夢符，甚戀嫪焉。公與參寥子有道契，遂延住兹院。參寥子者，吳僧道潛號也，有戒行，而以詩名。尸席之日，集者自公而下凡十有六人，分韻賦詩，號稱一時盛事。今其詩存于家集者，尚可想見其流風遺韻。泉塘〔二〕素多巨刹，智果實蕞爾。寺而名聞四方者，地以人勝也。

至正初，余〔三〕過葛嶺，嘗游焉。遵陂陀〔四〕而上，竹樹茂密，晴霏撲體。抵于寺門，振衣南眺，澄湖一碧，朱簾畫舫，歌鼓相應。頃之，循左廊而上，殆半側，出十許步，有泉在石罅，其色紺寒，則公夢中詩所道者。其上有祠，公與參寥子之肖像在焉。返自泉所，道左廊欲盡，由磴道陟至于法堂。有木板厚不盈寸，廣四倍之，長可三十尺，横置几上，其膚署曰元祐五年，歲在庚午二月辛卯朔二十五日乙卯上梁。蓋初作堂時上梁，公爲誌其歲月貼置棟脊，此其手墨也。堂已改作，後人以公遺墨故庋置之。

葛嶺去城伊邇。王師略浙之歲，城守者慮諸刹或奪于敵，則爲棲兵之地，悉焚之，智果併燬。洪武初元，余〔五〕至其處，則向之所經盡爲瓦礫，山昏林翳，塵埃眯目，昔人之風致不可見矣。因竊歎曰：『今天下大定，名區勝壤，安〔六〕能無好事者復其舊觀？』時院僧已散去，其鄰刹之上首相與言曰：『吾徒以佛之力幸復故棲，何忍智果獨廢？崇壽有可祥師者，從炬菩薩募銅鑄西方三聖象。崇壽〔七〕既燬，又從炬菩薩諸善知識募財造塔建寺。其人足任起發，盍函香往請之？』祥聞之，亦欣然爲起，首捐衣鉢爲之倡，而募好施者助其不足。中作寶殿，塑觀音大士像，珠纓寶鬘，莊嚴端好。翼以兩廊，繪七難二求三十二應于壁，極幻化之態。前爲三門，而執金剛神列于兩傍。石泉之上，仍爲祠堂，以奉公與參寥子。至於庖湢等室，亦無不具。不三四〔八〕年，予再過之，變瓦礫之區爲金碧之宇，舊觀儼然而在。孰謂起廢之不在人乎？

世嘗言：『佛之徒能以其師福田利益之説動人，人皆崇附之，故其建立，視至難如至易，至鉅如至細。』殊不知爲佛之徒，耐辛苦，甘淡泊，有所獲不以厚諸己，而其願力堅忍，又不以外侮而沮，故能有所建立。昔揚州浮屠慧禮能以行潔材敏，創建十方講院，爲荆國王文公所稱。嗟乎！方外之士如欲有所建立，苟非行潔而材敏，其能有成乎？此吾于祥師所以深有羡也。祥字雲屋，自幼出家于崇壽院，嘗從松壑壽上人學天台教觀。及太璞玘公住南山演福，延居第一座。炬菩薩者，人本其行稱之，即黄文獻公溍所謂何修何證而得此者，蓋其法友也。

校勘記

〔一〕西湖，四庫本作『錢塘西湖』。
〔二〕泉塘，四庫本作『錢塘』。
〔三〕余，四庫本作『予』。
〔四〕陂陀，四庫本作『坡陀』。
〔五〕余，四庫本作『予』。
〔六〕安，四庫本作『那』。
〔七〕壽，四庫本作『鑄』。
〔八〕三四，四庫本作『四三』。

龍山天龍寺記

余聞佛在舍衛國説法度衆，一時弟子受持其説者亡慮千數百人。凡其宫室之奉，飲食〔一〕器物之需，其費蓋亦夥矣，然皆出於檀那之施予，及凡比丘衆乞取以給。夫所謂比丘云者，猶中國之言乞士也。其法以乞有二：善其德，足以贍衆，一也；其心降伏，無驕矜之氣，可以向道，二也。自凡情言之，乞取于人，則不免有恥辱之心，而佛方賴以濟其大事，因緣其意，不亦深且遠哉！觀今佛氏闡化之鄉[二]，若杭之天龍寺，其祖師之建置，殆有合于佛之本意。

寺在慈雲嶺之陽，後據龍山，前挹浙江，幽夐蕭灑[三]。唐真覺禪師卓錫于此，始建道場。碑刻墜軼，莫從考其歲月。錢武肅王時欲廣禪舍，乃新兹寺，以居鏡清禪師。其後明真、機清、惠秀皆以名德相繼，僧史書之。

宋大中祥符三年，改寺額爲感業，以甲乙傳次。建炎三年，燬于兵，惟木觀音像在。紹興十三年，建圜壇，以淨明寺爲齋宫。寺鄰淨明，歲時侍從齋宿，僧徒匆[四]便，多散處它處，寺亦日入於廢。

元延祐間，有大道平師，族出漁浦，嘗往天目山謁幻住禪師[五]，咨叩心要。禪師見其有道氣，謂曰：『天龍古刹，爾往興之，以振祖道。』師遂抵兹寺，禮慶庵吉爲師，精修苦行，夜禪晝誦。已，則誅鋤草茅，畚除瓦礫，圖復舊觀。久之，緇白向風而至。時千巖長公居龍華寺，嘉師之爲，命其徒守貴來協贊。乃裒衆施，以泰定三年遷寺于舊基之東若干步，即宋郊祀時侍從齋宿地也，高爽夷曠，得江山之勝。乃首作大殿，次作佛閣，次作僧堂，翼以兩廡，蔽以三門，以及庫湢圊庖與凡法所宜有者莫不備具，而貴協贊之力居多，迄工于至正三年之冬。

兹寺久廢，一旦棟宇嶙峋，金碧煥爛，四方衲子涉浙而西東者踵至，至則如歸，莫不頌師重興之功行。師乃揭誓楹間曰：『贍衆之計，遵如來遺教，惟持鉢化緣以充，不置[六]恒産。至于住持必選宗門上首，徒衆必納諸方學者。有違此盟，佛天是鑒。』著爲成規。師既化去，嗣主寺事者守其成規弗替，法社之盛如初，故吾以謂有合于佛之本意者以此。今住山行滿既加塗墍藻繢，寺視舊益新，乃集其衆議〔七〕曰：『前人之建置蓋不易矣，不有登載，何以攷見始末？』遂來請記。

嗟乎！異時南北兩山，禪黌教苑相望，重樓傑閣，穹檐奥宇，侵雲蔽日，珠纓寶鬘，名香〔八〕異花，飄風歕霧，長夏永日，撞鐘擊鼓，袍履雲會，莊嚴富貴，號稱化城。夫何八千〔九〕界内，不免三菑之厄，欻焉爲墟，過者爲之慨歎。

天龍僻在一隅，當兩山盛時，取名位者，階級所不齒，務游覽者，心跡所不到。較其勢，固不能與之埒也。今也乃能涉劫以長存，其故何哉！亦惟師之宏願有以維持之，至于永久爾。如佛所説，以世間相爲非常住，必盡空諸有，至于無而後已。則夫莊嚴富貴爲空花，爲幻泡，固不必妄加計較，而世俗之見，喜成而悲壞，有如天龍之殊勝，夫寧不爲之生歡喜而加讚歎哉！故吾亦樂爲述寺所由始，並著師之功行，以副滿之請，且使來者有所考見云。

校勘記

〔一〕飲食，四庫本作『食飲』。

〔二〕鄉，四庫本作『地』。

〔三〕蕭灑，四庫本作『瀟灑』。

〔四〕勿，四庫本作『弗』。

〔五〕幻住禪師，原作『幼住禪師』，非，據四庫本改。按：幻住禪師即中峰明本禪師。

〔六〕置，原作『匱』，據四庫本改。
〔七〕議，四庫本作『謀』。
〔八〕名香，四庫本作『名薌』。
〔九〕八千，四庫本作『大千』。

洞霄宫新規記

洞霄宫新定歸一之規既成，住山郎某貽書武林城中，請一夔記之。其言曰：『某方外之畸人也，以衰邁之年而值艱難之日，其得棲息于煙霞之窟而無他虞者，群法友〔一〕起廢之力也。初，吾宫建于漢元封間，號稱洞天福地。宋初，始錫額、賜田。及宋徙都于杭，而吾宫地望之隆勢侔玉清、醴泉、昭應諸宫觀矣。涉元六十餘年，玄風之盛猶昨日也。夫何至正之季，兵起三方，宫之所入亦厚輸于官。未幾，兵燹及宫，他屋宇盡爲一炬，獨昊天殿與庫庾僅存。當是時，吾黨猶守故棲，而琅璈之音未息。洪武初元，有司驗田以賦，吾宫賦役日繁，吾黨始匆〔二〕遑寧處，竄匿他方者有之，浮沈里俗者有之，其趨辦于官者則械繫走墟里。

『先是，吾宫之衆析爲十有八齋，異居異食，而各以所入自爲豐約。一日，副宫賈君嗣玄慨然與監宫章君某、監齋吴君某謀所以起廢之策，以謂爲今之計，其亟合十有八齋之衆使歸于一，合其所入以爲豐約，庶幾可以濟用，而宫門有復興之漸，不然終廢爾。言甚懇切，章君、吴君僉曰：「是也。」遂以其策白于真人孟公某、計公某，而都監顧某、上座曹某、監齋龔某，尤力贊之。乃製爲疏，且大署曰：「利無私蓄，用悉公支。有材力者，治生應役；志沖淡者，修真演教。有渝此盟，明神監之。」自真人而下，悉皆注名〔三〕疏尾，而總題曰《洞霄宫新定歸一之規》。規既定，吾黨之士持守惟謹。治生應役者，勇于自奮，不以爲勞；修真演教者，恬于自守，不以爲逸。

『今十年于兹，雖琳宫璇宇未復舊規〔四〕，而公私之用粗給，守而弗替，宫門復興之漸可致。雖然，難于持久者人之心也，然安能保其不變于後？故願刻之石，以垂〔五〕久遠。』

嗟乎！時異勢〔六〕殊，事固有宜于昔而不宜于今者，有志之士必有變通之術以適其宜。夫洞霄以二千餘年之香火，一旦委地，而賈君能出獨見，而與諸上士協謀，以十有八齋之衆歸之于一，而公私足用，非善于變通者歟？著爲定規以示久遠，誠起廢之良圖也。其或他有紛更以便己私，寧不有媿於前之人哉！

或曰：『道家以無爲爲宗。苟涉于有爲，則非道矣。』余曰：『非也。老子不云乎：「道常無爲，而無不爲？」道固無不爲，但無爲之之意耳。今賈君與諸上士因夫事勢之來而爲是變通之術，夫豈有意而爲之者哉！』

初，賈君既合十有八齋之衆爲一，著而爲規，欲揭二字以名其規，而未有當意者。因讀許真君邁傳，邁在梁乾化間封歸一真君，賈君曰：『此實真君飛昇之地，且歸一二字與今日事情符合，用以名規爲宜。』

嗟乎！真君道成于此，亦得于一。一也者，不二不雜之謂也。道至於一，斯無爲矣。洞霄之衆守其成規，因末以探本，因粗以造精，則道在是矣。夫豈徒曰斯名之稱情也哉！因并書爲之記。

校勘記

〔一〕群法友，四庫本作『郡法友』。
〔二〕勿，四庫本作『弗』。
〔三〕注名，四庫本作『署名』。
〔四〕規，四庫本作『觀』。
〔五〕垂，四庫本作『示』。
〔六〕勢，四庫本作『世』。

立雪齋記

士之卓然有見而不安于凡近者，且[一]以盡友一世之士爲不足，而必尚友古之人。矧吾身之所自出有大賢君子爲之先，而勿[二]之慕者乎？夫所謂古之人者，固皆聖人之徒也，然而精爽不相接也，氣澤不相通也，不過誦其詩，讀其書而已。若夫身之所自出有大賢君子爲之先焉，苟知慕之，精神氣澤有相感通之理，其感發而興起也詎不易然乎？

延平楊伯鎮氏，龜山先生文靖公之九世孫也，名其讀書之齋曰立雪，其志蓋可見矣。初，先生資稟甚高。熙寧九年，中進士第，調汀州司户參軍，不赴。聞河南二程夫子唱明[三]道學，往從之游，十年不調官，後起知餘杭縣。其在程門，推廣師説，窮探力討，務極歸趣。同門學者甚衆，先生涵蓄深廣，號稱高足[四]。一日，與游察院酢侍立，至夜分不退。比出户限，雪深尺餘矣。其篤志求道蓋如此。當是時也，先生沈浸理窟，心融意會。雖啖之以芻豢，不知其爲美也；被之以狐貉，不知其爲温也，尚何問雪之深與否哉！先生遠矣，其見於《三經義辨》、《四書集註》者昭然具在，願學之士家傳而人誦，猶庶幾乎先生焉。夫爲先生之子孫，精爽固相合也，氣澤固相通也，使學先生常如先生立雪之時，亦何不可企及之有？先民有言：『顔何人哉！學之則是。』而況以子孫而上視祖與父乎？然則伯鎮之所以自見者，信乎不安于凡近者已。

嘗試論之，先生以正大高明之學上承濂洛，其道足以尊主而庇民。方盛壯時，顧乃沈于下僚，僅足以善百里之地。及其老也，朝廷以正人起之，將倚以爲重，而國事已去，第惟論建以排邪説、正人心、匡國勢而已，終不能大有所爲，撥亂世反之正，學者至今惜之。

伯鎮年方盛强，生值維新之運，國家立賢無方，一材一藝，靡不登用。而伯鎮以先生之學爲學，而勰勰然想其立雪之意而潛心焉，過人遠矣。它日所就，小之而爲天下國家用，大之而用天下國家也必矣，尚奚云哉！吾謹爲之記以俟。

校勘記

〔一〕且，原作『豈』，據四庫本改。

〔二〕勿，四庫本作『弗』。

〔三〕明，四庫本作『鳴』。

〔四〕高足，四庫本作『高第』。

暘谷軒記

劉君道明之居在青州壽光之野，蓋古斟灌氏之遺墟也。其地東近大海，每日出暘谷時，他土猶在昧昧之中，而壽光之野已晃朗矣。道明嘗闢一室以觀出日。其室東向啟户牖，候日將出，輒起櫛盥，肅冠帶，遥瞻暘谷。但見波濤上雲霞玄黝，日輪次第從中湧出，天海爲赭。顧視其室，則亦瞭然向曙矣。君因自省曰：『吾軒雖小，可以俯溟渤，納光景〔一〕，雖謂之暘谷可也。』乃名之曰暘谷云。君仕杭，語余〔二〕以名軒之概請記。

予〔三〕雖未嘗一造其處，據《書》所稱暘谷，則羲仲所居，官次在今東表之地，非日所出處也。而《淮南子》云『日出于暘谷，浴于咸池，拂於扶桑，爲晨明之時』，其處當在大海之東。蓋《書》言羲仲測驗之地，而《淮南子》則舉其大勢而論也。且夫日出暘谷，其輝光所被，縱先于壽光之野，意者非一家一人所得而獨有也。而君有之而不讓，何哉！蓋嘗觀君之出處而知之。

君方妙年，以遠大自許，讀書爲學，以探奥旨，決疑去壅，而條理昭晰，此一時也如太陽升而群氛解。及遇維新之朝，以功業自效，爲國宣力，以躋膴仕，揚芳邁偉，而聲光煊赫，此一時也如太陽升而萬象現。此皆有得于暘谷出日之象。大抵君子取象于物，蓋將用以廣其器識。夫豈徒爲美觀哉！

吾聞近世有居九江之陽者，愛廬山之勝，以名其室。或語之曰：『廬山，大物也，非若堂所能容。』其人曰：『吾取其靜重不遷耳，不知其大也。』君子以爲知言，其劉君之謂矣。因筆以爲記。君材識精敏，蓋嘗宰嘉興、江山二縣，爲刑部主事，有能聲云。

校勘記

〔一〕光景，四庫本作『曦景』。
〔二〕余，四庫本作『予』。
〔三〕予，四庫本作『余』。

礪齋記

檇李戚君秉肅，少有氣節，不伍鄉里兒。其伯氏宦游浙水東，君實侍以往，學于程敬叔先生，得其爲學程法，學日益進。久之，給事鄉校，遂爲縣文學。比調錢唐，未滿之三月，會外兵至，攻錢唐城，三面甚急。城中人藉草以食，析屋以爨。君幾不能自存，得請于守者，循海而歸。歸未至中道，又直强獷，盡棄其行囊，徒跣走沙潭八十里以脱。既幸抵家，形容憔悴，顔色枯槁，而其氣屹然不少沮也。

其家在白紵溪之上，僻遠城市，水木幽茂，有畸人静士之意，君甚樂之。日攝敝衣冠，灌蔬于畦，罾魚于淵，而戒其妻妾炊脱粟、芼藜藿以爲供具。親戚故舊有不堪其所爲者勸之曰：『方面以修攘爲事，以子之才效策畫于其間，富貴可立致也。子不爲所可爲，乃自苦若此？』君謝曰：『爾姑去，非知我者。』方取古人書究其成敗得失，有得于中，輒高歌朗詠以爲適，無纖毫戚戚意。嘗自誦曰：『士寧以通塞而二其志哉！』他日署其齋居曰礪，而徵言于余。

余識君久，比以亂故僑居里中，悉君事母至孝，嘗爲述其孝事。今其遭患而歸復，相值于溪上，歎曰：『嗟乎信哉！君之善自礪也。』乃爲之言曰：『松柏，巨材也，在山林之中，風雨震之，霜雪摧焉，而匠石是取。騏驥，逸足也，垂首噴沫〔一〕于鹽車之下，而駕鑾輅者不棄焉。嗚呼！物不受挫，則材不成，況于人乎？匹夫細人不如意，輒詘其所守以徇于人，卒至于僨而後已。無他，不知自礪故也。聞君之風，可以少振矣。自余而觀〔一〕，君之自礪者至矣，余尚復奚言？荀卿子曰：「鈍金必待礪而後利。」然則礪也者，磨鈍之具也，自强者有取焉。余方取以礪己，且與君志合，故終言之。』

校勘記

〔一〕觀，四庫本作『見』。

始豐稿卷之八 後稿中

徐一夔大章著

序

崇德趙氏世譜序

崇德趙氏，蓋宋太宗之系，自金紫光禄大夫諱善某生朝散大夫知臨安府汝能，以贅居崇德，因占籍焉。朝散府君之十世孫珪作爲世譜，而謂之崇德趙氏世譜者，非舉其本源也，蓋本其枝派占籍之地而識之也。禮有大宗小宗以明本支，趙氏之係，浚儀其本原也，是之謂大宗；枝派散處，如在崇德者，特小宗耳。此崇德趙氏世譜之所以作也。

按譜：朝散府君生承事郎、昌化縣丞崇宋，承事府君生通直郎、僉臨安府判必表，通直府君生朝奉郎、廣東經略司主管機宜文字良珂，朝奉府君值宋亡元初，軍前承制，遥授同知州事。傳序至珪，凡十有一世云。宋氏之制，設玉牒之官，以序同姓。其爲書，既第五服之戚疏爲屬籍，又疏其官爵、功過、生死及男若女爲類譜，又推其所自至於子孫而列其名位者爲宗藩慶系録，又考定世次、分枝别派而歸於本統者爲仙源積慶圖，其法可謂備矣。夫自經略府君而上，其世次名位當在玉牒。宋社既屋，圖籍皆遷而北，子孫不可得而見。珪懼其久而失實也，自其己推而上之，至於金紫府君而止，定爲崇德趙氏世譜。

嗚呼！玉牒亡而世譜作，固其宜也。如譜所序，按而考之，經涉三代，五世在宋，六世在元，其在於今則珪之世也。在宋者，伯叔子姪〔一〕佐縣典郡，比肩接踵，蓋光顯矣。其在於〔二〕元，未見有名上三銓，秩登百石。此足以驗運去物改，雖宗室之系，不過爲庶，亦足悲也。

今天子奄有四海，立經陳紀，以貽萬世。獻言者以爲國家宜取法宋，一切用儒。上頗遵用其言，首崇學校，以爲儲材之地。而珪之伯仲方以俊秀選爲諸生，有禄食。傳曰：『公侯之子孫必復其始。』其在茲乎？珪持譜請序，余〔三〕既本其家乘之懿列於首簡，併以予所望者俟之。

校勘記

〔一〕子姪，四庫本作『子姓』。

〔二〕其在於，四庫本闕。

〔三〕余，四庫本作『予』。

送郭孝廉還廬陵序

廬陵郭珵，孝廉人也。其父號學顔先生，負奇氣，頗精地理學，好游覽名山川。至正中，委其家事，逾淮入浙，縱觀五湖之勝，至於吴興而止。會天下亂，欲歸不能，僑居其郡之漣水上。

漣上之人慕與之游，爭館之。久之，死於客，同郡羅孔碩、李訥葬之道場山之阿，而潯陽〔一〕張羽爲撰其行實揭諸墓。珵固勿〔二〕知也。

初，學顔先生去其家時，珵年方七歲。其後年日益以長，念其父遠去，鄉里既莫省所向，且存歿不可知，又亂未息，瞻顧四方，惟日夜號泣〔三〕。

王師既平浙，有至自淮陰者，得其父客死吳興之概以告珵。珵泣曰：『是矣。吾父死矣。』即日匍匐東下，然未悉也，蘄遇浙人悉之。至曲阿之逆旅，客有操浙音者，銜哀問之，則漣上所嘗館穀其父之家之子姓也。具告其父存没斂殯顛末，并以所向之道告之曰：『爾第往，張羽先生、李訥先生固在也，往主之，無勿得者。』

珵既至，見張羽、李訥，領至道場山，指隆然起宿草中如所謂馬鬛封者，謂珵曰：『此爾父體魄所藏也。』珵慟哭，哀動路人。既拜奠已，將啟窆發柩以行。顧單身隻力，且資用乏絶，未克即舉，告於墓曰：『兒不孝，歸措資用，率兄琮刻以百日返葬。兒罪大孽〔四〕重，弗敢逭也。』遂還。

其還也，取道錢塘，予見之，珵以情事白，其形羸然有可憐之色。余解之曰：『子勿悲也。子患不見爾父體魄之所在，誠得見爾父體魄之所在〔五〕，資用不足慮也。獨不聞范丞相、蘇長公之爲義乎？石曼卿三喪勿〔六〕舉，范丞相以麥五百斛與之，無吝色。李方叔四喪勿〔七〕舉，蘇長公以故人所贈絹十匹、絲百兩與之，又以其薄，且爲告之同志助之。二人者卒克襄事。秉懿好德，人皆有之。今子〔八〕溯浙湍，過彭蠡，至於大江之西，經涉二千餘里，所見之人，計不一二而足，夫豈無范蘇其人乎？吾固謂資用不足慮也，惟率爾兄如期襄事，斯無憾矣。子尚勉之。』

珵字伯珵，年三十六，志行有足稱云。

校勘記

〔一〕潯陽，四庫本作『尋陽』。

〔二〕勿，四庫本作『弗』。

〔三〕泣，四庫本作『慕』。

〔四〕孽，四庫本作『逆』。

〔五〕爾父體魄之所在，誠得見爾父體魄之所在：四庫本作『爾父體魄之所在，誠得見爾父之體魄所在』。

〔六〕同校二。

〔七〕同校二。

〔八〕今子，四庫本無。

送鄧尊師代祀三陵還朝序

國家治定功成，制禮作樂，遂咸秩無文。今年夏六月丙寅，皇帝御奉天殿分遣公侯大臣代祀嶽瀆海鎮。又以前代帝王〔一〕有功德在天下後世者，禮宜不絕其祀，乃即其陵寢所在，如嶽瀆海鎮儀以類祀焉，而將事之使，詔以玄門有道之士充焉。

浙水東有帝大禹、宋孝宗、理宗之陵，蓋所謂有功有德者，乃以屬之上清鄧尊師仲修甫。尊師欽承明詔，即日戒行。七月癸未，抵浙水東。擇日齋戒，恭出祝册，告於有司曰：『册有皇帝名，乃上所自署，事至重也。凡室之爲明宮齋庖者，器之爲俎豆鉶罍者，物之爲牲牷醴齊脯醢者，其加精潔豐美如式。八月庚戌有事於禹陵，丙辰有事於孝宗、理宗二陵。』將事之夕，雲收雨斂，薦祼有容，降登有數，執事有恪，誠意孚暢，神靈昭格。山谷遺民以爲近世所無之曠典，相與星棲露宿，旁觀盛禮，莫不舉手稱頌聖天子之仁德美意，而嘉使者之善於將事也。厥既竣事，將復命於朝，徵余序之。

余惟國家葳祀而及於前代帝王之無祀者，甚盛典也！漢唐及宋固有建廟修陵，示褒崇者矣。然或歲一享焉，三歲一享焉，而猶弗徧。而近世之有天下者以相勝爲賢，一值運去物改，雖有令主功德被於當時，垂於後世，然亦同爲若敖[二]之鬼。今也聖明之見度越前代，施德於九京之下，溥遍無遺，載諸祀典，歲以爲常。猗歟盛哉！然將事之使，不以屬之在朝之臣，而以屬之方外之士，抑又何也？蓋鄧尊師學道於龍虎山中，有真純之行。先是，以高士被召，在京師講《道德經》於上前，敷揚玄義稱旨。又歲無雪，奉旨祈雪有應，光承褒贊。夫既有以上結主知，兹所以有[三]奉祠之選也歟？或曰：『禮莫大乎[四]祀。古之知禮者，莫過於老子氏，孔子蓋嘗問焉。意者聖天子以老氏之徒爲深於禮，斯遣之也。不然，蓋鄧尊師之將事又何其中於禮也如是夫！』乃敘爲鄧尊師代祀還朝序。

校勘記

〔一〕王，四庫本作『皇』。
〔二〕若敖，四庫本作『若敖氏』
〔三〕有，原闕，據四庫本補。
〔四〕大乎，四庫本作『大於』。

送朱仲誼就養序

吾友朱仲誼，曠達人也。自其少時學明經，舉進士，嘗有志於世用矣。然僅小試，出坐學官末座。而天下有事紛爭，一時未遇之士，悉變其所學，不鬻孫吳之書，則掉儀秦之舌，以干時取寵。仲誼薄此不爲也，獨務博覽强記以涵蓄其胸中。

及天下已定，國家大收材畯而用之。而仲誼年日以老，自度無以盡其力，乃以嘗所涵蓄者發爲歌詩，緣情指事，引物連類，多或千言，少或百字，雲行水流，金鳴石彙，有風人之體裁。當其秉筆運思，牢籠萬彙，摩蕩九霄，傲睨乎宇宙之內，千駟萬鍾不知其爲富也，崇資厚級不知其爲貴也，然亦坐是蹈近世所謂詩窮者。人見其酷嗜吟事，或勸之曰：『此致窮具也，何自苦如此？』則應之曰：『吾道然也，毋預公事。』

歲行在午之正月，忽告其嘗所往來者曰：『吾將別子而去。吾上世家吳陵，吾嘗渡江訪故鄉里，族人昆弟故有在者，見吾至，甚喜，咸爲我治田疇，辟居室，請吾歸耕。吾游浙久，今老矣，計亦歸耕爲上。』未數日，又謂其嘗所往來者曰：『吾未暇耕也，吾兒以選得備任使，幸有禄食。昨日之夕，有文書至，迎吾就養，吾亦安〔一〕之。勉徇吾兒之志，而後歸耕亦未晚也。』

余曰：『是也。以子之才而居田野，偃息不過茅屋樹林之下，往來不過農夫田父之客。至於呻吟佔畢，亦不過閭閻之態、畎畝之事。今而就養，享有旨甘，好天佳日，葛巾竹杖，從二三老友翱翔乎康莊之衢，仰而觀乎天子宫闕之壯、宗廟之尊、百官有司之富，龍文虎氣，五彩騰上，結爲卿雲，心開目朗，永言之發，皆足以鳴太平之盛，顧不偉歟？而況棄晨昏之奉而退處於荒閒寂寞之濱，亦非人之情也。雖然，國家功成治定，制禮作樂，一剗近代苟且之習，今十有餘年矣。比聞微更前制，合祭天地，以新一代之典。竊意登歌之章，亦必新之。有薦仲誼於上而任之以製作者，則勿以老爲辭。』

校勘記

〔一〕安，四庫本作『惟』。

送潘僉憲致仕還鄉序

太原潘公奉先甫之僉按察司事于浙也，六年于兹矣。一旦以年滿七十，上謝事之請。公在異時，以文學牖導藩王，轉丞相掾，遂列朝行，敭歷華要，中拜二千石，出典東郡，恩威並用，吏民畏愛之。會元籙告訖，大臣柄兵，在外率用便宜行事，輒自官人，一時奔競之徒如蟻附羶。公不屑也，乃自引去，退處荒閒寂寞之表，若將以老者。

今上既一海内，盡收膚敏而用之。有以公名薦於上者，召至京師，遂有僉司之命。公既至浙，會國家更化，設官分職，方務循名責實，以圖治效。而六廉之地，尤上所注意以糾百司者。時長貳缺員，公日夜惕厲，以中正凝志，以精明建事，權衡物宜，布昭公道，黼黻治體，不矯激以爲高，不玩愒以爲達，政無不舉，事無不集，得風紀之體焉。

浙蓋東南都會，與公並治者，爲方伯，爲連帥，見公持法平允，有所論斷，則咨以爲是焉；爲公所按者，爲郡縣，爲群有司，見公持法明恕，有所建白，則倚以爲平焉。及朝廷既允其請，則皆有不懌之色。

一夔忝以教職，每月旦望肅公於授經之堂前，導諸生拱受約束，有以得公之爲人，則解之曰：『公以凝重之姿，宏遠之量，博之以詩書六藝之學，以廣其識，以輔其材，是宜聲實並茂於維新之朝。獨不觀之天之道乎？四時迭運，功成者退。故曰：『老者不以筋力爲禮。』三代之制，四十始仕，七十而致其事，禮也。歷代遵之，國家著爲功令〔一〕，有以哉！今公去歸其鄉，沐浴聖澤，涵濡神化，日與親戚故舊從容里閭之間，山林之下，以昭國家養老之誼，顧不美歟？然亦何可以私情而妨公義也？』乃率吾黨作爲詩歌〔二〕，送之北門之外，而一夔爲之序。

校勘記

〔一〕著爲功令，四庫本作『定爲著令』。

〔二〕詩歌，四庫本作『歌詩』。

名人尺牘題辭

尺牘之設，古者以通音問之具。其制：用板〔一〕三尺，鬃其膚，而書之以代紙。後世以紙易牘，而猶云尺牘者，仍舊也。

山陰韓致用甫，宋治平丞相魏國韓公琦之十世孫也，雅善結交當世名人。至正間，士以文章事業顯者，致用悉從之游。人見致用有文獻之懿、問學之富、辭章之美，亦待之如骨肉。不見久之，輒枉尺牘問侯。積而久之〔二〕，至百數十帖。其子師可慮其久而散軼，請鋟版以備家乘。既彙梓〔三〕成編，題曰《名人尺牘》。以余亦其父執也，請題辭焉。謹告之曰：

朋友之道，無他貴乎？敦情誼而已。而情誼攸敦，則在於通音問。是故古之君子與賢者别去，懼其或我棄也，則囑之曰：『毋金玉爾音而有遐心。』夫以區區之音問，至比之金玉，其貴重可知已。兹編之存，一時名人與吾致用交者，情誼藹然具在。爲之子者，而可以廢楮視哉！苟以廢楮視之，則交游之道泯矣。大凡子之事父，固當無所不用其情，況於父執之翰墨有高山仰止之意存乎其間者哉！若師可者，可謂知所重矣。歸拜而父，爲我謝曰：『幸哉！有子如此，可謂孝也已。』

校勘記

〔一〕板，四庫本作『版』。

〔二〕積而久之，四庫本作『積之之久』。

〔三〕彙梓，四庫本作『彙萃』。

送章琛序

余被檄編纂郡志，以志雖一郡之書，其事類頗繁，言於上官，得職訓導於屬縣之士以助，昌化章琛景文其一也。琛性敏給，凡編纂有當鈔録者、當檢考者、當訪問者，吾謹以意授之。琛鈔録不倦，檢考不舛，訪問不遺，以裨余之不逮，吾甚愛之。書成，上送於官，復貺余長詩一首以别。其詩引物連類，幾三百言，屬對精切，格調森整，而其緦緦然願學之意溢於詞氣之表，若欲推余爲之師者。自方今儕輩觀之，以寡聞謏見自足者比比皆是〔一〕，惡有如〔二〕琛者哉！

吾嘗論學，以謂〔三〕凡天下之事皆有足，惟學也不可以有足。何也？富人之所欲，廩有餘粟，篋有餘帛，斯足矣；貴人之所欲，爵及五等，禄及萬鍾，斯足矣。惟夫性命道德之藴，禮樂刑政之用，古今治亂成敗得失之迹，載於經論，著於百氏，記録於群史者，其廣若天，其浩若海。夫欲博極其旨，涯涘曷在也？何可有自足之心乎？是故學恒病于自足，惟其自足，是以不足。

今吾子蒙縣文學推擇，助教其邑人子弟，有師職矣。而知己之不足、人之有餘，其進詎易量哉！惜乎！吾不足以發之也。比修郡志，知昌化章氏實宋慶曆丞相郇公之裔。舊志南渡以後進士年表，章氏〔四〕科不乏人，典郡宰邑，珪組相映，有累官至華文閣待制者，皆琛之曾高也。古人云：『公侯之子孫必復其始。』此其時矣，子其〔五〕勉之。

校勘記

〔一〕比比皆是，四庫本作『比比而是』。
〔二〕如，四庫本無。
〔三〕以謂，四庫本作『以爲』。
〔四〕章氏，四庫本作『昌化章氏』。
〔五〕其，四庫本作『尚』。

序　醫

杭人有錢實翁者，其孫名鈞，年十五六，郡以俊秀選爲諸生，翁甚憐之〔一〕。今年夏六月暑盛，鈞偶失飲食節，中滿作寒熱，日就殆。翁歎曰：『吾覬此兒之有成也。方長而嬰兹疾，奈何？同郡有楊德中者，吾世契也，號稱名醫，且其人有雅德。愈吾兒非楊氏不能爲，吾盡力亟致德中來。』德中切脈已，曰：『是醫法所謂傷寒似瘧者。公幸毋慮，吾謹當如法療之。』療之浹旬而愈。

嗟乎！凡人之愛其子，猶種樹者之愛樹也。醫者之能祛疾，猶愛樹者之去蠹也。愛子者疾之勿祛，雖有粱肉之奉，不能爲其味也。愛樹者蠹之勿祛[二]，雖有雨露之濡，不能爲其華也。錢翁之所以有德於楊氏之愈其孫之疾也，如是歟？雖然，愛子以覬其成人也，愛樹以覬其成材也。覬其成人者，不徒恃粱肉以廢藥石；覬其成材者，不徒恃[三]雨露以廢鋤剔。今使錢氏兒日長且成，如樹之劍拔而上，至於十尋百尋，他日爲棟爲梁，以充國家之用，則楊氏之施德不既厚乎？

錢實翁走告余曰：『走之德於楊氏也，蓋嘗奉金爲壽矣，三進而三卻之。吾心終不能已，願得先生之文張之。』余戲之曰：『然則文固重於金乎？』翁曰：『不然。古人謂贈人以金，不若贈人以言。夫報之以金者，金銷則德亦泯；酬[四]之以言者，言傳則德恒存。此其所以不同也，願勿讓。』乃序而畀之。

校勘記

〔二〕勿祛，四庫本作『弗去』。

〔三〕恃，四庫本無。

〔四〕酬，四庫本作『讎』。

〔一〕憐之，四庫本作『愛之』。

送沈新民還太學序

國子生[一]沈新民以服闋還太學，謁余請贈。余辭以積病，神思荒落，不能以有言。而新民請之固，乃告之曰：

士之生世，夫欲以有用之身不與草木同腐，惟以其學見諸事功與夫文辭之間而已。國家混一之初，四方俊彦登於太學。蓋嘗簡其材器，略其年勞，待之以不次之位，以觀其設施，亦既著有聲光矣。邇者又患士或狃於事功，而論撰之地將有匱材之歎，申命國子師取其問學已優、拔擢未及者，設專師以教之，且久其歲月，俟其涵蓄充溢。他日有大論譔，則以畀焉。慮至遠也。昔人有謂朝廷百官皆可雜以他材，至於館閣之任，非文章不可，蓋亦如此。

新民敦慎而有志。自其入太學，克勤勵自將，視一時並進之人躋華躐要，漠然不以爲意。及丁外艱而歸，祭葬外，不廢學事。家積書成肆，日坐肆中，務記覽以資下筆。緣事命意，吐千數百言，浩乎沛然，無窘束態。觀其意不汲汲於事功，殆將以文章爲職業者，此其志蓋已有合於今日作新之意。雖然，文章非末技也。敘述功德，鏤之金石，垂之簡册，立乎百世之下，聳世德於百世之上，揄揚諷詠，參之詩書而無愧，斯之謂文章，其用大矣，而言事功者或少焉。而吾以謂唐之韓愈、宋之歐陽脩，其文章盛矣。後世著作之家，雖有高世之才，邁往之識，猶至圓不能違規，至方不能違矩。及考其立朝行事、直言讜議、嘉謀偉略，赫然在人耳目，何嘗後于事功？此又志於文章者之所當知也。

余也才既不足以建立於世，至于觚翰之事，固已分之所當務，亦嘗苦心勞思，蘄追作者之後。奈之何昏昧黮淺，終亦莫能有所成就。今老矣，又加之病，胡能爲役哉！見如新民者，誠有靦焉。於其行，故以區區之見塞其請。

校勘記

〔一〕國子生，四庫本作『國子先生』。

葛孝子詩序

清苑葛仲謙先生，事母至孝。元末之亂，兵蹂燕趙，而先生之母已歿，先生攜家居明府山中。一日，出山取供具，忽暴風當道起，奮怒簸擊，行者飄去。先生曰：『不祥，必暴兵至。神告我也。』亟還徙其家，匿他處。已而，暴兵突至，自風所發處。他不避者，悉被劫戮，而先生家無恙。翌日，有憑于山媪者，呼先生來前，告之曰：『昨日驅風以報汝者，我也。以汝至孝，故陰祐之爾。』于是燕趙之人咸謂先生之行通於神明，而稱道先生者喧傳於道路。部使者廉得其實，將上於朝，如令旌表。先生聞之，曰：『孝實子職，非分外事，何敢貪天之寵？』走謝不敢當。部使者嘉其自抑，則又爲本其孝事著爲傳，一時大夫、君子且相率爲詩歌以美之。其家嗣今監察御史師曾既裒詩成什，授余〔二〕序之。

嗟乎！孝弟之道通於神明也如是哉！蓋先生之孝，非世俗之所爲[三]孝。傳稱先生之母素患痿痺，手足莫能自遂，凡起居食息之節，先生躬左右之，日以爲常不衰。母或有愠色，先生輒不自安，依依然迎母意所向，務愉悦之乃已。母性嚴。一日，先生自外歸，有酣色。母稍戒之，惶恐謝過，遂絶酒不飲。嘗奉母之官，便身之物，莫不畢給，如在家庭。然或出遇果蓏異味，母未食，必奉以遺母，然後敢食。後母以壽終，慟哭，絶而復蘇，勺飲不入口者三日。葬之日，哀動路人。至禫，亦不御酒肉。凡若此類，夫豈世俗之所爲[四]孝？是宜神明有以陰騭之也。

《白華》之詩雖亡其辭，序者以爲美孝子而作。諸公發德之什，大篇短章，金鳴石應，其美孝子也盛矣。播之四方，匪徒曰詠歌之而已，可以移風俗，美教化。詩曰：『孝子不匱，永錫爾類。』此之謂也。序而傳之，不亦宜乎？

先生名守德，仲謙字也，世爲清苑縣人。有文學，用薦爲其縣之教諭，後調中山、保定兩郡教授云。

校勘記

〔一〕余，四庫本作『予』。

〔二〕爲，四庫本作『謂』。

〔三〕同校二。

國朝著令州縣廩食生肄業三年之上者，貢於太學，薦加教養，老其材而用之，甚盛典也。雖然，人材之弗成，以有如前之所云累之也。苟無如前所云，雖在遐陬僻壤，猶將有成，況鼓篋於天子之學、育材之海乎？他日立朝敷張鴻〔七〕藻，潤飾丕基〔八〕，揚聲光於當世，在生輩矣。吾雖老，尚及見之。

生行有日，其同學友孫生善請曰：『甫之行，願有贈。』乃本其所以自勵者而爲之序。

校勘記

〔一〕由此，四庫本作『此由』。
〔二〕白能奮勵，四庫本作『是能自勵』。
〔三〕詞，四庫本作『辭』。
〔四〕觀，四庫本作『視』。
〔五〕穹林，四庫本作『窮林』。
〔六〕廊廟，四庫本作『廟廊』。
〔七〕鴻，四庫本作『神』。
〔八〕丕基，四庫本作『鴻業』。

時雨詩序

洪武十年夏六月，浙河西東自庚戌至于乙亥凡廿六日不雨〔一〕，田疇俱璺，苗有悴色，民方何哉！蓋材成於學，學不至則材不成。以余觀之，學之至與否固存乎人，而其爲學之病大略有三焉：其一曰習俗奢靡而蕩心生，有蕩心者不足以言學；其二曰志氣剛戾而狹心生，有狹心者不足以言學；其三曰謏聞鮮見，充然自以爲有餘，此之謂矜心，有矜心者不足以言學。三者而有一焉，皆足以累學，况兼有之乎？人材之難成，職由此〔一〕也。

余職教杭郡，擇子弟之俊秀者補爲諸生，得王甫孟端焉。生從余授業者七年，自能奮勵〔二〕而成其材者也。生治經藝詞〔三〕章，日有程法。其居當闤闠之衝，聲音采色之靡曼華麗者觸耳目而是。他稱良弟子者，猶不免隨群而出，逐隊而趨，以事佚游，而生固未嘗一日離庠序而爲此蕩心習也。爲人姿篤厚，處師友間，情誼懇款。余嘗病勢危甚，生日來問候，視余差則喜，不差則頻蹙不自安。推此而往，則生之待它朋友可知已。視彼之悻悻然若有所挾者，何可同日語？生之治經也，有疑必問之，審而止；其讀史也，有窒必辨之，暢而止。至其作爲文字也，既成，濡筆請改竄。余觀〔四〕之，其構思也遠，其遣辭也達，其布置也有序，不至苟足篇段而止。同學之友皆推之。余亦謂生有作者風，蓋穎出者，數奬進之。而生曾無矜色，方焰然自以爲不足，夫豈好誕者哉！

嗟乎！木之生於穹林〔五〕也，絜之百圍而不足於廊廟〔六〕之具者，瘿累之也！玉之生於深山也，孚尹旁達而不足於宗廟之器者，璺累之也。生爲學而能屏去爲學之病，而材不底於成者，吾未之信也。

嘗試論之，醫猶將也。醫而辨脈而知人之虚實，猶將之待敵而知敵之堅瑕也。知人之虚實而必以良劑祛病，猶將知敵之堅瑕而以精卒破敵也。是故爲醫而不知人之虚實，不善於醫者也；爲將而不知敵之堅瑕，不善於將者也。知人之虚實而劑不以良，猶〔三〕知敵之堅瑕而卒不以精，猶操割而器不利也。孔子所慎，惟戰與疾，厥有旨哉！雖然，因脈而知疾〔四〕，因病而用藥，其説具於黄帝、岐伯之書與夫張長沙、劉河間、張易水、李東垣之論著備矣。大要辨脈、用藥二端而已，而不知辨脈、用藥爲不易也。吾以瀕危之病，賴正齋甫療之，浹旬〔五〕而愈，非其所察者精，所用者良，其能致然乎？

吾具述之，匪徒曰報德而已，且以使凡慎疾者當知擇醫之有素云。

校勘記

〔一〕浹旬，四庫本作『旬浹』。
〔二〕域，四庫本作『壤』。
〔三〕猶，四庫本作『與』。
〔四〕疾，四庫本作『病』。
〔五〕同校一。

送王生甫序

天之生材，其聰明出於衆人之表者，世固不乏也。及觀其成，或至泯滅無聞而止，此其故

贈蔣正齋序

人有言：『居必擇醫。』誠至言也。吾素病疝，至杭無幾何時，問醫於所常往來者，咸曰：『老於醫者，莫若蔣正齋甫。』已而疝作，召正齋甫療之而愈。其後又作，又召療之，又愈。吾恃其人，而疝不能爲吾患。

去年秋九月，坐論堂上，風雨竟日，文籍在前，注視見意趣，然不虞沴氣之我襲也。翌日，肩背拘攣，大作疾痛，勢若鐵壁，堅不可撼，呻吟叫號，旁人爲吾股栗，移時乃稍自遂，如是者連晝夜不止。間召他醫視之，曰：『是爲風淫，宜服涼劑。』比服涼劑，疾痛愈益加，乃召正齋甫。正齋甫至，切吾脈曰：『吾切子脈有素，今證得於飲食失時，勞勣逾度，榮衛不足所致。宜服温劑，子知之乎？榮衛不足，則受病也深。受病也深，則疾痛也暴。劑苟非良，亦不足以祛之。』正齋甫爲人至誠懇惻，視人之疾，猶己之疾。日來視吾病，劑或非良，輒走市肆，不惜重價購之，蘄以愈吾疾。療之浹旬〔一〕，而疾痛不作。

今人爲醫，即病家召，戒童御負囊箱以出。既造病家，驟引病者手左右按之，曰：『某經受病，宜某劑。某經受病，宜某劑。』以余觀之，是直以意度之而已，非真知其所以然而補瀉之也。至於藥品，則又有難言者。蓋藥品或出自殊方異域〔二〕，遠不易致，間有致者，銖兩值百金。僥倖奏功，即以近似者代之，欲求十全之效，其可得乎？

以爲憂。翌日丙子日加酉，少女微風，群鳥翔鳴，或以爲雨證。已而玄雲四布，雷電交加，大雨如澍。夜至二鼓少止，及四鼓又雨，盡一日乃止。于是膠者以疏，壘者以吻，悴者以榮。惟時稚秋，涼野空迥，澄霄朗徹，物意舒暢，百官有司、庶民父老交相爲賀，以爲有年。時監察御史王君行部至浙，睹兹大沛，顧謂章逢之士曰：『此時雨也。盍有以歌詠之？』

一夔聞之，有道之世，五日一風，十日一雨，年穀順成，物無疵癘，民不夭札，而太平之象見焉。乃者浙下大水，民以阻飢告上，貽九重之憂，至形清問。聖人之德與天地通，感召之機在乎轉移之頃。是以今年六月雨不違時，而有有年之望也。語有之：『不先不後之謂時。』使是雨也先時而至，苗其秀乎？後時而至，其能實乎？勿〔二〕秀焉實？此六月雨所以見書于《春秋》也。耳目之司以觀風爲職。斯民也遭逢上瑞，歡忻悦懌，而不知誰之爲之者。此良御史所以屬吾黨之上歌詠之，庶幾乎康衢擊壤之謡也。

嗟乎！涵泳神化，沐浴膏澤，顧惟鯫生，何足以形容之？雖然，不敢辭也，乃書爲《時雨詩》序。

校勘記

〔一〕不雨，四庫本無。

〔二〕勿，四庫本作『弗』。

徐恭字序

徐生恭，自成童時入學校爲諸生，今年秋當貢於胄監，請曰：『古者冠而字，恭雖未能據禮以冠，而年則及矣。今去此而處於衿佩之林，辱與恭友者，必不肯以名呼。恭事先生於兹有年矣，願字之，俾得便於稱謂，且因以自勖。』

余告之曰：『恭主容，敬存乎内，恭見於外，字生曰士容爲宜。夫人學修於己，行乎於人，衣冠文物在士君子之列，固非山氓野豎、塗商市賈之並也，動作容貌，人皆於我乎視瞻。是以揖讓登降、獻酬俯仰，莫不有容，故君子慎容焉。

『記禮者曰：「足容重，手容恭，目容端，口容止，聲容静，頭容直，氣容肅，立容德，色容莊。」以謂見於揖讓登降、獻酬俯仰者如此爲容，而不悖乎禮。行之于家，則父子親，兄弟睦；行之于鄉，則長幼順，朋友洽；行之于朝廷，則君臣正，上下和。甚矣士之容不可不慎也。其人仁也，其容寬裕而温厚；其人義也，其容嚴毅而方正；其人孝也，其容慈愼而惻怛。君子於容而觀德焉。春秋之時，成子受脤不敬，楚令尹無威儀，然不免君子之譏，無德故也。

『生因字〔二〕思義，其務知所愼乎？吾見生氣和色莊，無浮躁習，而有老成之風。自其來學，習經藝辭章，不務躐等，而務實詣，行文析理皆不苟。月旦暮朔望會講，與凡賓友之至，俾生相禮，周旋中矩度，吾甚愛之。今也登於胄監，養成德器，他日纓弁執玉，接武夔龍之後，使人望而敬之，顧不偉歟？如生者出，可以羽儀於天朝矣。尚勉之哉！』

校勘記

〔一〕字，四庫本作『事』。

送張員外還永嘉序

君子之出處，安乎天而已。天者，理勢之自然也。以人事驗之，如寒至而裘，暑至而葛，飢渴至而食飲是也。其或未至而迎之，已至而遏之，是皆不能安乎天者也。

永嘉張君時彦，篤厚人也，嘗以明經教其邑之子弟。去年秋，詔求博學之士，郡大夫以張君薦，趣裝上京師。與天下之以博學貢者旅見於天子之廷，親承顧問者數四，擢都官員外郎。朝廷用之惟恐〔二〕不盡其材，曾僅三月，改司門。未幾，又改司封。光彩焕發，蔪焉太阿之出匣，聞者愕之，謂爲奇遇。

今年夏五月，上念群臣勤勞王事，將思所以休息之，俾各自陳其志。張君謹上奏曰：『臣無他故，顧獨有老母，年八十有三，無他子侍養。烏鳥私情，誠有不能自已者，敢昧死以聞。』上若曰：『惡有使人母老而不得養者乎？』其即歸養。翌日，具冠裳詣闕叩首謝，遂買舟東下。

方張君教其邑子弟時，泊然自守，曷嘗有希慕寵榮之心？一旦起自布衣，遂蒙不次之擢，日見嚮用，半歲三遷，無非青雲之境，固將鞠躬盡瘁，爲國宣力，以樹勳名，何敢有退息〔三〕之念？乃今以親老得賜告而歸。如張君者，其進其退，何嘗容心于其間哉！亦安乎天而已。夫天固未易知也，所可得而知者，盈虚消長之相乘，不期然而然，蓋亦若是。

余也涉歷患難之日久，當夫事機之來，冥然不可臆料，徐而驗之，然皆不能違乎天。天之于人，何嘗數數然加之意？而人之所值自不能違之耳。

張君道過錢塘，爲余陳其所遇，且請贈甚懇。余雖數奇，不能如張君之際會，觀其出處，是殆所謂安乎天者。因并以余之素所信者告之。

校勘記

〔一〕惟恐，四庫本作『如恐』。

〔二〕息，四庫本作『休』。

送周照磨改調序

南昌周君叔勉之爲浙江布政司照磨也，僅四閲月，廷議以諸司庶府員多者省之，而叔勉所居官在省員之列，當改授於朝。僚友曲江唐君某、廬陵蕭君某惜其去，咸爲歌詩，以抒其欲留不可之情，而屬一夔以序。

初，叔勉隱居南昌郡城之東。其地清曠，西山秀色可攬，而有何湖數百頃，水波演漾，川〔一〕霏晝騰，白雨坌集。叔勉世居其上，藝有園田，居有室廬，凡給公上、奉祭祀、待賓客之需舉無不足。族聚亦甚盛，歲時宴饗，長幼畢集，親睦之情藹如。叔勉早失所怙，大父實教育之。築堂以奉甘旨，曰親親堂。陰有竹數百个，掩映雲日。雨至時，其聲琤琤然，若鳴竽瑟。作亭竹間，以挹其趣，曰雨竹。方是時，叔勉悠然自得，殆若無志於當世者。

今年春二月，上遣使者奉勑符四出，設科目以求天下未用之士布列中外，用圖維新之治，有司以叔勉聰明正直應詔。既見上，尋受〔二〕前官。叔勉器識開朗。其居官也，悉心贊畫，以承方面重臣宣布之意，事無不舉。譬之明珠深藏，匆〔三〕耀之日久，一旦出淵，其光有煒。以故上官甚禮之，而其僚友所以惜其去之深也。雖然，惜其去者私情也。《詩》不云乎：『藹藹王多吉士，惟君子使。』曷嘗局於一職，久於一方哉！

叔勉行矣，穹資峻級，可立而至〔四〕，無俟著龜。而區區之見，則欲叔勉施之他官者，視今茲施之贊畫者益加之意，無適而非青雲之地矣。走雖耄，猶幸見之。

校勘記

〔一〕川，四庫本作『煙』。
〔二〕受，四庫本作『授』。
〔三〕匆，四庫本作『弗』。
〔四〕至，四庫本作『致』。

題跋

題傅大士三教像

錢唐性天義師慈慧有戒行，能以聲音爲法事，雅好收佛祖像。一日，持一軸示余〔一〕請題。其像圓冠方履，而被袈裟，曰：『此傅大士像也。』

按：大士諱翕，字玄風，義烏人。少業漁，有妻子。嘗遇梵僧，以宿緣曉之，竟與其妻子去之雙檮樹間，修苦行，明佛理。其後業成，去謁梁武帝，能以神通動之，遂延大士講經秘殿，甚見尊禮。至陳大建初，化去。此其始末也。

今所畫像，具世俗所謂三教衣冠者，有合三爲一之義〔二〕，竊謂大士生齊梁間，其時佛法方盛，勿論老氏，雖吾孔子之道，亦未有以勝之。大士固不必預慮他氏見詆，而示人以同也。而畫者爲是，何哉！蓋佛之説有謂未來世，當有具如是衣冠而示人以同者，故畫者逆而爲之，以阻〔三〕世之詆異端者。此其或然歟？非予之所敢知也。因師之請疏其略而歸之。

校勘記

〔一〕余，四庫本作『予』。

〔二〕義，四庫本作『意』。

〔三〕阻，四庫本作『沮』。

跋虞文靖公張外史墨蹟

右虞文靖公禪偈四首，句曲外史張公近體一首，今靈隱澥禪師之所藏也。虞公字畫，雖以目眚，故〔一〕行勢欹傾，而其姿態温潤，自足以見其館閣氣象。外史故不以字名，而其筆意清圓，隱然有山林風格。

初，禪師往謁虞公於臨川山中，以四偈投贈，而公答之如前。歸而訪外史于錢唐南山，并以所得四偈見。時外史方賦詩送危檢討，遂附此詩於虞公卷〔二〕尾以歸禪師。

虞公晚年雅嗜禪理，其言語意趣〔三〕超入無塵，有非凡近所能窺測，於答禪師四偈可見。外史素尚玄學，其與禪理若非所知，故其疏于所附詩後，自謂吾不解作禪語。抑豈佛老異趣耶？不然何以有是語也？覽者當自得之。

校勘記

〔一〕故，四庫本作『固』。

〔二〕卷，四庫本作『紙』。

〔三〕趣，四庫本作『識』。

跋趙鄧虞黄帖後

右趙文敏公借佛書小帖一，虞文靖公與方外交帖二，黄文獻公與同年友帖一，其用硬黄紙臨逸少八日帖，則鄧文肅公之筆，紙尾疏云：『此余十八年前所臨。』後有莊節韓先生跋語。四公文章名位前後相望，莊節之潛德亦何可及？而其翰墨，此卷具有之。一夔晚出，乃得悉睹，豈不快哉！

題雪庵臨蘭亭帖

雪庵昔在至元、大德間，以楷書大字名世，所書碑板〔一〕至徑尋尺，今猶有存者，而未嘗見其小字。錢唐錫上人示余以所臨禊帖，其後有宋牟大理巘、元趙承旨孟頫跋語。雪庵自疏云：『予書此帖時年七十有二，頗自詫其無〔二〕嫵媚氣。』大理公有文學重望，承旨公與雪庵同朝，書法妙絶，名不在雪庵下，咸相推重。予不解書，竊謂雪庵字畫，譬如相馬，不當貴肉而賤〔三〕骨也。知書者以爲何如？

校勘記

〔一〕板，四庫本作『版』。

〔二〕無，四庫本無。

〔三〕賤，四庫本作『貴』。

跋虞訢張三公墨蹟

此卷詩凡九首，蓋越僧天然上座之法屬古鏡上人之所藏也。初，上座游江西，謁故内翰虞公於臨川山中，得絶句三首。其第三首，則并柬前龍翔住持訢公上座持見請和，又得三首。及過錢塘，以見句曲外史張公，復請和焉，又得三首。故總九首云。

天曆、至順間，虞公以文章擅名天下。當是時，釋有訢公，老有張公，亦各以文章鳴，若將以競爽焉者。虞公雅相推重，與結方外之好，篇章往來無虚月。三公既相繼化去，片言隻字之存於今者，得而觀之，猶足以見其風流文雅，矧兹一紙而三公之辭翰〔一〕具存乎！運去物改，山川寥闃，人物渺然，把玩之餘，不能不爲之興慨〔二〕。

校勘記

〔一〕辭翰，四庫本作『筆墨』。

〔二〕慨，四庫本無。

書宋學士所書陳思禮孝事後〔一〕

予讀學士宋公所書陳思禮孝事，未嘗不歎思禮至行，人所不能及者。陳氏，四明儒家。思禮甫七歲，其父不幸早世，母夫人石氏誓不他適，以鞠育之。夫人又以思禮陳氏獨子，教之甚嚴。思禮亦克承母志，力學惟謹。既弱冠，石夫人與之議婚。已而夫人歿，思禮創鉅痛深，奮欲隨母死，賴親戚朋友力慰解之乃止。年二十四，親戚朋友勸之娶，思禮掩耳不答。衆迫之，曰：『娶妻以爲養也。吾親既歿，何以娶爲？』親戚朋友據義責之，不得已從之。及期合巹，危坐誦《蓼莪》之篇，凡七晝夜不輟，哀動人人。

嗚呼！遠則易忘，人之常情也。思禮不忘其親如是，可謂至矣。人有恒言：『孝衰于妻子。』以思禮觀之，豈其然哉！思禮又嘗作堂爲時饗之所，顏曰如在。及以貢至京師，入太學，爲上舍生，宋公及御史中丞劉公、鄂省參政陶公，凡朝之大夫士咸愛重之，爲歌詠論著甚悉。予因摭學士所書孝事有合於近古，所謂卓行君子所爲者，表而出之。

校勘記

〔一〕此首四庫本無。

始豐稿卷之九後稿中

徐一夔大章著

題跋

跋葛洪[一]移家圖

右《葛洪移家圖》。按：洪蚤以儒學知名，且好神仙導養之術。其從祖玄在吴時學道得仙，號葛仙公，以丹術授弟子鄭隱，洪就隱學，遂盡得其法。晉咸和初，爲諮議參軍。干寶薦其才堪國史，洪辭不就。聞交趾出丹砂，求爲句漏令，遂將子姪俱行。故人鄧岳爲廣州刺史，止之，後竟去羅浮山煉丹。久之，死於其處，年八十一。死時顔色如生，舉尸甚輕，人以爲尸解云。此《移家圖》，蓋畫者貌其入廣時行李也。

初，洪以世儒知學周公、孔子之道而不知有神仙之説，乃著書言黄白之事，示人以長生不死之訣，有内外篇，號《抱朴子》，藏之名山，以待識者。

余竊以謂洪以儒學知名，蓋嘗學乎周公、孔子之道矣。周公、孔子之道皆常道耳，不爲怪也。至於死生之道，猶晝夜然，無長生不死理也。設使果有長生不死之説，則周公、孔子爲之矣。周公、孔子不爲，而洪乃謂世儒知學周公、孔子之道而不知有神仙之説，何其謬哉！且洪死時年八十有一，此固世壽之常，無足怪者，史家傅會以爲尸解。夫人之所以樂生而惡死者，無他，以有父子之親也，夫婦之好也，朋友之交也。養吾生而飲食也，衣服也，宫室也，吾得而裕焉。見諸事而仕宦也，婚姻也，祭祀也，吾得而達焉。今曰尸解，既已委其形於槁壤矣，而曰吾之氣與天地而長存，無是理也。人之有生，形與氣之會耳，未有形亡而氣獨存者也。借曰有之，必不能如吾之所云。不能如吾之所云，亦何爲哉！其後如唐之李遜、歸登、孟簡、盧坦、李道古、李虚中之徒，皆惑於其説，以服食爲事，卒被其害，至死不悟，可歎也哉！

同郡胡尚德甫得此圖，藏之甚秘。亡友朱長史右效《考工記》，爲敘述所畫人物，纖悉備具。而洪之溺於丹術，且貽患後世，則未有破其謬者。尚德嘗爲道家者流，若鬭洪之爲而不能得其訣者。吾因本洪事闢之，以歸胡云。

校勘記

〔一〕葛洪，四庫本作『葛翁』。

跋釋交書後

亡友朱長史嘗德其友周宗性爲經紀其母葬事，著《釋交書》一通以貽之。其書歷數心交、市交、勢交之等，而謂凡交之道以禮與情而已。吾謂非特禮與情也，有義存焉。蓋禮言文，情言好，義言實也。如柳子厚以柳易播，非激於義，安肯毅然不顧利害而爲衆人之所不爲哉！故曰有義存焉。吾嘗追想其事，輒加感泣，而願爲之執鞭。今宗性之用心，上視柳州之事差若易爲。然自今觀之，蓋亦絶無而僅有。此釋交之書所由以作也。嗚呼！讀其書者，視朋友死喪而不知相恤，其亦有愧也夫！

跋虞道園論存省書後

道園先生嘗爲其門人趙氏論説存養省察之要，爲書一通。其遺墨留落故都，今漕使安豐吕公時爲北平僉憲得之，曰：『先生不獨爲趙氏説也。學者苟會于心，皆當有益。』乃命楷書者録爲副本以自省，而以真蹟入於北平憲司。嗟乎！漕使真善學者哉！昔者程伯子之教學者曰：『學者於聖門弟子問處，便作今日己問；於聖人答處，便作今日耳聞，乃爲有益。』漕使於先生之告趙氏如告己然，真善學者哉！漕使名本，字繼道，安豐人。

跋吕氏孝感詩卷

右孝感詩總若干首，大夫、君子爲故安豐處士信翁吕先生作也。初，先生以不逮事其親，哀慕不已。於其親嘗所寓處，日設飲食供具，事之如生。一日，晨起汲井泉滌凡所設祭器，方懸綆下汲器，有黄色魚作隊入汲器中，亟掣以上，乃金魚三尾。先生異之，用別缶盛之，置于几筵之上。於是，親戚鄰里聚觀之，皆曰：『天且冰，鱗介潛伏，胡有此耶？必呂氏至孝所感。』先生曰：『某何修而敢當此靈貺？』乃復納之井中。

余謂魚雖微物，然亦有知。如晉王祥母當冬月思食生魚，祥卧冰求魚，忽雙鯉爲祥躍出之類[一]是已。以此論之，足以明其有知。先生因汲得魚，實以事死如生故也，其爲至孝所感也，奚惑？不然，《易》何以曰『信及豚魚』？然以祥事考之，祥以至行，身至三公。先生不食其德，垂休委祉於其冢嗣，遭遇聖明，敭歷顯要，爲時名卿。嗚呼！天之陰騭孝子之後也固如是夫。

校勘記

〔一〕類，四庫本無。

跋南海行卷後

松江錢公瑄氏以洪武初元舉族謫瓊管間，歲請於有司北還松江省墓。此卷蓋中朝大夫士後先被謫在瓊管者送公瑄省墓之文與詩也。文二首，其一前浙省理問孫君孟賓所作。詩若干首，其一前浙憲僉事潘公奉先所作。孫君與潘公同仕浙。孫君先謫瓊管，及潘公被謫，挈行至嶺外，道遇公瑄。知孫君無恙，公瑄請贈，喜而爲賦也。公瑄還至錢塘，知二人者皆辱與余交，故持此卷見示。余讀之盡卷，歎曰：

瓊管在炎天瘴海萬里外，風氣粗厲。至漢始開其域，由唐迄宋因爲放逐之所。近世以來，雖稍被聲教，而黎人習俗未盡變也。今國家視遠猶近，既選有學之士以治其人，而大夫士之落南者又接踵而至，聲明文物漸同中國。觀於此卷，可見已。

語有之：『逃空谷者，聞足音，跫然而喜。』公瑄雖不幸在謫籍，然與諸公不約而集，顧得相與於觚翰之間。至其睽違也，契合之情，屬望之意，見於言辭者聯篇而累牘。雖中國人文之盛，亦不過是。不其幸歟？

公瑄世儒家，盛年有才學。孫君簪纓之彦，潘公文獻之老，餘人固未嘗一見，然觀其製作，皆特達之士。朝廷方急於取才，顧豈以一失而棄諸公於萬里外哉！他日起自謫籍，同升於朝，公瑄出此爲券，將必相視一笑，而歎離合之不偶然也。

書深溪王氏家則後

浦陽深溪之上有尚義之家，姓王氏，同居者五世，合食至二千指。王氏之長有名子覺，字復之者，著爲《家則》一卷，以示後胤，使世守之。其友劉君養浩既爲之序矣，劉君復貽書錢塘俾余書其卷末。

余閱之盡卷，歎曰：『復之甫所以遺其後胤者，何其至也！大抵人情至難制也，雖父子兄弟，不能必其無異見。是故勃谿誶語之習，不獨秦人爲然。欲整齊之，如天子之命吏，約之以法，亦奚不可？而君子之見，則以此可施之齊民，而父之詔子，兄之教弟，則非所宜然也。蓋父子兄弟恩義繫焉，太嚴則傷恩，恩虧則義弛。善爲防範者，因其彝性之懿而牖導之，達諸事爲，大之爲經，小之爲紀，井然有條，秩然有序。如王氏之《家則》，立爲一家之政，長幼卑尊，耳有常聞，目有常見，動作食息，從容乎矩矱之内，悖戾之氣消，雍睦之風行，而恩義立矣。如是而同居，雖百世未艾也，豈直五世而已哉！

《記》曰：『禮者，因人之情而爲之節文，以爲民坊者也。』《家則》之設，其王氏齊家之坊也歟？余觀聚族而居至於累世者，若昔之九江陳氏、臨川陸氏與今之浦江鄭氏，皆有家法著而爲書，而鄭氏之《家規》則加詳焉。王氏趾[一]美鄭氏者也。其書爲類凡若干，爲目凡若干，大略皆本之鄭氏云。

校勘記

〔一〕趾，四庫本作『踵』。

書浹江樂君墓銘後

右浹江樂君墓銘一通，金華黄文獻公所撰也，後有臨川危内翰跋語。蓋樂君之孫良請銘于公時未知其先世所歷官簿，值方氏築城，發其阿育王山下先墓，獲所埋壙志，始知其先世嘗仕吴越錢氏，累官至銀青光禄、檢校御史大夫，故請危公補書，以足前銘之未備。蓋孝子慈孫昭先德，垂後胤，義當如此。

余先世亦仕吳越，譜諜所載有累官至檢校尚書贈司空者。每疑錢氏據有兩浙時，然皆臣事中國，其官屬例出表授，固唐臣也。如吾先世所得官封，已非唐舊，莫可得而曉。欲求《吳越備史》考之，世亦無有。獨《五代史・吳越世家》言其自唐莊宗賜玉册之後，其官屬皆稱臣，則其官制不承唐舊可知已。今又見欒氏之上世所得官封如此。以此觀之，錢氏之臣皆不秉命於唐，無可疑者矣。

良字仲本，博學有文章，爲時所推重。今被徵入朝，以兹卷請識。余既得博所未見以祛平昔之疑，因併著之。

跋海寧楊氏族譜序後

右《海寧楊氏族譜序》一通，前進士滎君子仁爲其從游生琦著也。滎君敘述有法，大意以姓氏之學不講，則譜諜不明，而世次紊。琦知出此，是能崇本者，故滎君爲之敘述以奬進之。余聞宋南渡後，刑部侍郎楊由義實居海寧，有文學氣節，嘗使金，抗議不屈。文公先生稱其忠義大節，夷夏稱歎。其子九鼎帥蜀，亦死金人之難。吾意琦爲刑部之後。今考其所自出，乃出北漢將楊無敵號令公者，非刑部後也。海寧楊氏如令公之後乃有如琦者請於名人敘述[二]以發其先德，而刑部之後乃泯焉無聞，何也？忠義之家必有守其宗緒而弗墜者，尚當訪之。

校勘記

〔一〕述，四庫本作『入』。

周府君墓銘補遺

新城周昉既得宋内翰銘其先府君節孝先生之墓，又謂一夔曰：『昔汴人從宋南遷時，其居杭者殆不一姓。獨昉之上世卜居新城，仕雖不甚顯，而以禮儀爲家法。高祖府君嘗曰：「人道莫大於崇本。歲時祭祀，人或略之，非崇本之道也。」别置祭田二十畝以遺子孫，儲其所入，以備時享。中更多故，田入於他姓。我先人既理家政，歎曰：「他業或可廢也，至於祭田斷不可廢。廢之，非獨遺先志，虧人道也。」乃備己帑復其田。於是吾族時享之盛如初，而銘偶略之。』

嗚呼！古者士大夫之家必有圭田以供祭祀。士無田，則不祭。非不祭也，士位卑，授田有弗逮，不能備物以獻耳。後世有能出私田爲祭祀之資，蓋亦禮由〔一〕義起之意。周氏之上世既克行之，而節孝府君又復之於既失之餘，使時享之禮不墜，厚之道也。府君以至孝稱，元季之亂，不屑苟禄以汙其身，行應私謚。至於復祭田之事，尤足爲薄俗勸。昉端慤有至行，惴惴焉惟恐没其父之善。銘既不及，故敢不讓而爲補書之。

校勘記

〔一〕由，四庫本作『以』。

文

勸農文 歲戊午代杭州府官作

古者長民之職，凡以農事而已。其故何也？蓋國以民爲本，民以食爲天，非他事比也，故天子有親耕之典。而近代守令至以農事繫銜我國家之興，尤重玆事。自京師以達於郡縣，申嚴祀事，曰社稷，曰山川，曰風云雷雨，有祈焉，有報焉。所以致如斯其誠者，無非爲農事爾。

杭領縣九，提封千數百里，地勢所及，東南控引江海，西北接連山谷。民生其間，雨暘稍愆，輒以旱澇來告。蓋嘗登進父老於庭，而問其所以。地〔一〕近江海，則其勢平下，憂恒在澇；地入山谷，則其勢高亢，憂恒在旱。此其大較也。夫旱澇者，天時也，而所以備旱澇者，人事也。人事之不盡而委之於天，未見其可也。方春東作始興，爲爾農者耕墾之有日程，播種之有時候，爾農必爲之力而慮之審矣，而所以爲旱澇計者，吾則爲爾言之。地而平下也，則宜高其圩岸以防澇；高亢也，則宜廣其陂池以防旱。是故言水利者在於謹蓄泄，其法如是而已。爲農而能用力於此，將見歲入且倍，雖有旱澇，可無乏食之患矣。

吾忝佐郡，值太守去官，恒慮催科頻繁而撫綏不至，賴方面重臣爲之綱維，一二僚友爲之匡贊，庶幾振其不逮。歲二月之吉，勉循故常，躬秉耒耜，以率爾農。爾尚告其鄰里鄉黨，聖天子在上，和氣致祥，必有豐年。而有備無患，乃先哲之明戒。矧爾農乎？爾其勉之。其或不順于父，不敬于兄，不睦于姻黨，以賭博爲賢，以爭鬬爲强，以訟訐爲能，而不務農事，律有常條。

校勘記

〔一〕地，四庫本無此字。

祝文

昌文侯祝文

惟神以武略爲宋岳武穆王飛前驅，著有功績，附見《宋史·岳飛傳》中。及王不幸被誣，神用不顯。其後王誣既雪，神蒙錫謚牒，令廟食京學，以相文化。祠〔一〕中舊有故牒，近以典守者不謹失去，而肖像猶存。一夔至學之初，諮詢故實，敬賴〔二〕神庥，式陳明薦，敢告。

校勘記

〔一〕祠，四庫本作『寺』。

〔二〕賴，四庫本作『仰』。

祭文

祭朱長史文

維洪武九年歲次丙辰夏四月甲申朔，越十有三日丙申，友生杭州府學教授徐一夔謹以清酌時羞之奠，致祭于亡友晉相府長史朱君之靈曰：

惟君之材，疏通俊邁。可備顧問，可裨經濟。惟君之學，該洽辨〔一〕博。上探洙泗，下溯濂洛。惟君之文，精確深淳。遠窺姚姒，近追漢秦。修辭求道，我蚤有志。倀倀靡適，誰其我甚。我求友四方，君不我棄。以學則講，必析其微。以文則評，必抉其疵。以志則礪，必崇其卑。我則不逮，君實振之。君有史才，克兼三長。有事編摩，非君孰當。六年之秋，詔修國史。起君于家，俾預斯事。取道而西，過我論堂。死生契闊，話言不忘。余雖不才，尋亦被詔。君前我後，相顧一笑。沈沈華館，在殿之西。執筆相從，揚搉事辭。朝言譆譆，夕言詒詒。偕入而出，涉歷三時。自我索居，垂二十載。于兹合并，豈不慰意。我還職教，君登詞林。中外相望，實獲我心。今年正月，有書見貽。云入晉邸，爲王之毗。寵榮有加，聲聞日至。顧余濩落，莫之敢企。胡爲一疾，遽至不支。始吾有聞，既驚且疑。終吾有〔二〕聞，涕泗交頤。江湖寥落，故舊無幾。嗚呼吾友，又至於此。含哀莫宣，聊以辭矢〔三〕。嗚呼哀哉！尚享。

校勘記

〔一〕辨，四庫本作『辯』。

〔二〕有，四庫本作『不』。

〔三〕矢，四庫本作『矣』。

祭陳參政文 代安布政使作

洪武十年歲次丁巳十有二月乙巳朔，越十有四日〔一〕戊午，浙江等處承宣布政使安某謹以牲醴庶羞之奠，致祭于故河南行省參知政事陳公之靈曰：

邇者朝廷，選外執政。公受上知，往領汴省。我則無能，詔與公並。公負其材，自持甚力。有不公如，不〔二〕假以色。不鄙謂我，見謂亮直。有論有建，公倡于前。我贊我襄，用底罔愆。經時五載，曾無間言。譬之作樂，金石相宣。苟或湛滯，則音不完。公性介潔，物莫能累。每退自公，寂無媵侍。維我與公，弗間此彼。公心弗懌，酒杯相慰。公體弗寧，食衣是視。職則同列，義則同氣。興念疇昔，我心實悲。滄江歲晏，有來靈輀。情兮繾綣，矢之以辭。有肉在俎，有酒在卮。冥靈如在，庶其鑒之。嗚呼哀哉！尚饗。

校勘記

〔一〕十有四日，四庫本作『十有三日』，誤。

〔二〕不，四庫本作『弗』。

祭陳參政文

洪武十年歲次丁巳十有二月乙巳朔，越十有三日丁巳，杭州府學教授徐一夔、訓導常貞、王裕謹以清酌果脯之奠，致祭于故河南行省參知政事元禮先生陳公之靈曰：

惟公問學辨〔一〕博，器局超邁。自視甚高，不混當世。其視義也，若泰山之重；其視財也，若一羽之輕。故公之居官也，冰蘗之操，可以礪貪鄙；其交友也，金石之誼，可以託死生。嗚呼！材非不高也，時非不遇也，位非不顯也，而奈何乎天者之難憑。滄江歲晏〔二〕，凍雲含雪。靈輀在兹，曷勝嗚咽。追想交游，一奠爲訣。嗚呼哀哉！尚享。

校勘記

〔一〕辨，四庫本作『辯』。

〔二〕晏，四庫本作『暮』。

祭常山長文

維洪武十二年歲次己未〔一〕閏五月丙申朔，越二十有九日甲寅，杭州府學教授徐一夔、訓導何敬、高讓謹〔二〕以清酌時羞之奠，致祭于故宣公書院山長先生常君之靈曰：

惟君賦性介特，履行淳固。蚤歲南游，明經是務。《春秋》大旨，筆削所存。熟精胡氏，弗愧專門。吳山之陰，以學以敎。惟利與鈍，恬然罔較。中遇漕試，獲展所長。聿振教鐸，宣公之鄉。俄值更化，奔播以旅。言返舊游，莫或寧處。有詔興學，辟士於庠。僉謂經術，非君孰當。童冠侁侁，眷言受教。經時八年，克著成效。蒼顔白髮，居然老成。出入學校，後輩典刑。偶值數奇，遽嬰時沴。六月徂暑，奄然而逝。嗚呼常君，模範是資。豈謂一疾，遂至于斯。名止一薦，年止七帙。室家遲暮，箕裘零落。嗟我與君，相識廿年。乃于兹學，復相周旋。一日不見，竟成永訣。追念疇昔，中心如怛。爰率諸生，治穴與棺。既曰無歸，在義則然。北山之麓，其原深厚。庶幾魂魄，永安於久。嗚呼哀哉！尚享。

校勘記

〔一〕己未，四庫本作『乙未』，誤。

〔二〕謹，四庫本無。

書

答宋内翰書〔一〕

近樓主簿至，伏承手帖，從審履候康裕，兼獲快睹吕公孝感詩序，不勝忻慰。所付詩序，尋偕樓簿送與吕公去迄，未遑奉報。十五日，王丈至，又承畀以高文一通。肅讀三過，喜幸喜幸！區區不腆之言，何足以文自命？初意不過欲得閣下一二百字，冠諸雜稿之端，以假重爾。詎意過蒙不鄙，貺以春容大篇，極論文與道所繫之重，且備斥世俗之文之畔於道者爲非，如以一夔爲知言而與之言者。至謂孟氏之後世不復有文，夫豈閣下爲是過高之論哉！蓋謂孟氏之後文之純乎道者寡爾，必如所舉宋之春陵、河南、横渠、考亭之著述，斯無間然矣乎？開闔反覆，沛然盡其所欲言。讀之心開目朗，使人曉然知文爲載道之器，而凡不合於道者皆不足以爲文。信若以不才爲知言而爲之盡者，爲貺之厚，非所敢當也。

一夔才質陋劣，自度不足以與於此。然自向學，頗知文以爾雅爲貴。故凡綴緝，稍成篇段，力加隱括，以求不戾於道，以謂求而不至，猶愈於不知求者也。向在史局，承裁畫於下執事，間嘗質以鄙見，閣下不以爲謬，且見謂爲是，心常服之。兹承見教，其敢以奬借爲足？政當竭其年力，益勵不懈，以求其至爾。

雖然，閣下此文，匡世之文也，特因不才而發之耳。此文之行，天下學者殆將靡然一趨於正，不至蹈前弊而自畔於道矣。惟昔文章之弊，必有豪傑之士乘維新之運振而起之。厥今振而起之者，非閣下其誰？尚奚慮不知者以過高見尤而自遜也？人回，謹布向往之私，不備。

校勘記

〔一〕此首四庫本無。

傳

鄒母傳

凡女婦修其職者非難，惟動必以禮之爲難。禮，婦人無外事，送迎不出門，見兄弟不逾閾。春秋之季，公甫文伯之母，季康子之從祖母也。康子見之，闔門而與之言。仲尼聞之，以爲別於男女之禮。是時，孔子在魯，而獨有取於公甫文伯之母，則魯人之不能守此禮者亦已多矣。不意百世之下，乃有如鄒確之母者焉。

確之母李氏，登州黄縣人，性貞慧而知禮。自其在父母家，以至于嫁，凡所謂女婦之職，如治女紅，主饋食，與事其舅姑與夫，勤儉恭順，悉可爲姊妹妯娌矜式。且動必以禮，足迹未嘗出户限。一日，夫族有合兩姓之好爲酒食以召姻黨者，姻黨見鄒母，咸愕眙相視，莫識爲某氏。及就序，乃始知之。其後其夫用門功得六品武官，南戍錢唐，有湖山之勝。方春時，邦人士女競事游衍以爲樂。確與其兄弟謀曰：『盍亦奉吾母爲樂乎？』乃治游具，請於母曰：『湖山甚佳，幸大人及時一游。』其母曰：『爾爲我子，乃獨不能以禮事我？吾聞婦人晝不游庭，而可遠適湖山，事逸樂耶？』確等慚懼而退。以此言之，鄒母可謂以禮自守者矣。使生孔子之時，其不與公甫文伯之母並稱哉！

鄒母又有女嫁爲同邑周仲賓妻，後仲賓調贛之瑞金簿，以非辜就逮，仰天歎曰：『吾夫死必矣，吾出門安適？』遂投舍後池水死。談者咸謂得之母訓云。因併著之。

墓誌銘

平陽王公墓誌銘

平陽王公以洪武九年九月二十七日歿於里第，其孤鐸時爲浙江布政使司左參政。又十有五日，參政方坐布政司莅事，忽訃至，驚慟欲仆地，即還寓館，設位奠哭如禮，且走文書告于朝。明日，匍匐往弔。參政在苫次，輟哀謂一夔曰：『走不幸罹此大故，誠蒙予告，獲申情事。惟是先人之行實所以揭之墓以示久遠者，惟子是託。』予固辭不獲，乃敘而銘之。

公諱思義，字恭讓，世居平陽府洪洞縣之郭上里。曾祖某，祖某，皆潛德弗耀。父叔謙，以長子允恭貴贈某大夫、某騎尉、澤州知州。母范氏，繼劉氏，贈某縣君。公天資樸茂，不喜表襮。性極孝友，事澤州府君，以至行聞。伯兄允恭、仲兄思忠皆有材行，公事之尤謹，平居未嘗有違言忤色。平陽，陶唐氏所都也，其俗素尚勤儉，而公勤儉有加。資用日益以饒，以世俗分財異，居爲恥，誓弗分異，以爲家法。仲兄有子曰誠，於參政爲兄。公嘗語之曰：『爾年稍長，其經紀吾家，俾鐸力學。』且曰：『吾平生未嘗爲不善事以累子孫，吾子孫〔二〕必有光大吾門者。

吾聞積善之家，必有餘慶。』作餘慶堂以自見。誠亦克承公志，凡涉經紀之事，一不以委其弟，而參政得專意於學。會國家誕興文治，參政遂以《春秋》貢于其鄉。既至，養材胄監。尋以選侍讀王宮。未幾，攝監察御史。敭歷有聲，超授前職，階中奉大夫。公之餘慶於此而驗。公生於大德己酉六月二十四日，享年六十有八。配劉氏。子男一，鐸也。以某年某月某日葬于其里東岡之原。

公之行實難一二舉，而予之生也，與公相去遠，未嘗承顔接辭，不得詳也，參政授余以其大者如此。嗟乎！爲善而有餘慶，可以審其德矣。雖然，爲之也冥冥，報之也昭昭。其德不亦可述已乎！銘曰：

冀州之墟，古帝所都。遺風攸存，俗樸以勤。爰有吉士〔二〕，惟善是履。垂休委祉，以有令子。際遇盛時，爰躋膴仕。謂非爲善，而至於此。是猶弗種，而穫是俟。洞嶺之陽，有隆其岡。爰卜新阡，以固其藏。有或弗似，視此刻章。

校勘記

〔一〕吾子孫，四庫本無。

〔二〕吉士，四庫本作『善士』。

元故保沖大夫江浙等處官醫提舉倪公墓誌銘

故保沖大夫江浙等處官醫提舉倪公既殁之九年，其孤伯温持其姻友前鄉貢進士卜埜所狀世系行實，拜而請銘曰：『先人有潛德，而未有爲不朽之託者，不肖孤實疚心焉。惟先生哀而賜之銘。』余辭不獲，乃序而銘之：

公諱居敬，字行簡，世爲杭州人。其先嘗以醫仕宋，而未甚顯。父諱厚，號信庵，爲醫始著。信庵府君嘗遇異人授以秘方，其法揉劑爲膏，用以愈瘍，瘍者受其劑即愈。杭地大物衆，有瘍者輒趨倪氏。一時言瘍，醫者莫不曰信庵信庵云。

公之生也，承家傳之秘。府君既殁，事其母徐夫人至孝。夫人嘗戒之曰：『爾幸承世業，惟能益廣其道，斯不忝于前人。』公承命惟謹，遂兼精岐黄之書，以及諸家方論。察脈辨證，究極内外之所因，以探表本，以驗虚實，而知疾病之候。故其爲醫，或遇奇證，輒取神效。於是倪氏之醫擅名大方矣。

至正中，用薦補杭州路醫學正，尋爲醫學教授，善以其術淑人。三皇廟壞，則捐己資新之。陞江浙官醫副提舉，階成全郎。會外兵攻城，附城居民奔竄入避，多依釋老宇下，草栖露宿，上漏下濕，以故時疫大作。行省丞相達識帖睦兒〔一〕捐金市藥，命公收視之。公以爲己任，人爲〔二〕切脈授藥，無倦色，賴以全活者亡算。改官醫提舉，階保沖大夫。時行省丞相得承制行事。丞相〔三〕雅敬公，以公活人功多，不宜久處散地，遂由官醫提舉特轉五品流官同知江浙財賦府事，换奉訓大夫，以寵褒之。公曰：『醫，吾職也。』固辭不受，而行官醫提舉事如初。

杭既内附，方屏迹家居。天兵下吴門，士卒有犯霜露而違節宣者。時開平忠武王總兵，問醫於左右，有以公薦者，即遣使具舟迎公至軍前療之，無弗愈者。其辭還也，贈白米二十石，錢幣有加。公涉歷日久，方將優遊湖山，以佚其老。俄得微疾而逝〔四〕，洪武四年十一月三日也，享年六十有二。其生之歲，則元大德己酉之四月十又一日。伯温以是月十又一日奉柩葬于錢塘縣栖霞嶺掃帚塢之原。公配宋氏，諱德原，婦德、母道皆備。後四年卒，奉以祔焉。子男二，長伯温也，娶龔氏；次叔正，娶沈氏。叔正後公六年卒，亦祔墓次。女二，長適同郡李思齊，次適沈禮。孫男三人，長某，次某。女一，尚幼。

公天性醇篤，恂恂然有古君子風。官自醫學正三轉而至提舉，階自成全郎一轉而進保沖大夫，人皆榮之，而公處之泊如也。當顯融時，勢得致公醫者，非王公大人，則高門巨族，而閭閻單人窶士，雖有病劇甚，莫或易致之，而不知公一以濟人利物爲心。彼單人窶士一走告之，汲汲焉屏去騶從，以袖裹藥，折入委巷，徑造病家恐後。病家見公至，惶恐謝曰：『不意長者乃肯辱臨吾門。』公曰：『非也。吾道然爾。』公嘗築堂，署曰尊德。南行臺御史大夫慶童〔五〕聞之，曰：『倪公殆無媿於此者。』爲書三大字畀之。故公之殁也，街童巷叟亦痛惜之。嗚呼！倪公之於醫如此，而太史公稱倉公之師以富給故，不爲人醫，獨何心哉！伯温姿粹雅，有學有守，能世其醫，今選爲杭州惠民藥局提領。銘曰：

九流之塗，各適其正。惟醫之設，切於民命。六氣之淫，疇克免之。彼以富給，而靳於醫。如見入井，而不引手。相其所存，嗚呼曷有。恂恂倪公，爲德自衷。視人之疾，如疚在躬。凡是百病家，有召即赴。不以顯榮〔六〕，而棄單窶。惻隱之發，如火始然。曷肯計較，以虧其全。是有令子，温其如玉。爰食其施，以似以續。北山之原，有封若堂。既固且安，子孫其永昌。

校勘記

〔一〕達識帖睦兒，四庫本作『達實特穆爾』。
〔二〕人爲，四庫本作『爲人』。
〔三〕丞相，四庫本無。
〔四〕逝，四庫本作『卒』。
〔五〕慶童，四庫本作『强童』。
〔六〕顯融，四庫本作『顯榮』。

元故將仕郎建寧路録事兼防禦事韓君墓誌銘

歲行在未之十月，友人韓君致用有失聲之疾。既而稍差，告於始豐徐一夔曰：『吾近者音吐不揚，此一經受病也，吾殆不久於世。子素知我，能及我未死時爲我著埋銘，亦足慰也。』余謝之曰：『禮無是也。吾誠後死，銘君未晚，何用太早計耶？』後一年，爲洪武十三年十月甲子，而君果卒，年五十有九。其孤師可以明年某月某日奉柩葬于會稽縣上管鄉昌源先塋之次，衰絰踵門請銘曰：『先人臨終時囑師可曰：「徐君嘗諾我以銘矣。必得徐君銘，乃有以慰我於地下。」先生其勿辭。』嗚呼！詎意吾果銘君於一年之後哉！江湖寥落，失此良友，尚忍不銘之哉！乃序而銘之。

君諱諤，姓韓氏，致用字也。其先相之安陽人，宋司徒兼侍中尚書令、魏國忠獻王琦，其十世祖也。靖康之亂，忠獻之曾孫、朝請大夫、尚書左司員外郎、直秘閣、知饒州、累贈金紫光禄大夫應冑始定居于越，則君之七世祖也。曾大父將仕郎桂甫，大父義行先生亢，宋亡始不有禄仕，博極群書，研精性理之學，與其從弟莊節先生性自相師友，先後師表當世。父耘之，亦以文學書翰知名。母魏氏。

君之生也，有文獻之懿，耳濡目染，無非詩書禮樂之訓。經史百氏，博覽强記。爲文老蒼，不作嫵媚語。然亦好古法書、名畫、彝器之屬，以資博雅。與人交，情誼周至。或行檢有不謹者，輒謝絶之。且急於義，見人窮約，若自己致，必盡力振之。嘗過嘉興，有故人子貧不能葬其親，君惻然傾己橐葬之。身飢寒，不恤也。力學制行，聲譽日起。

時天下承平，大夫士之過越者，必慕與之交。名公巨人如歐陽文公、黄文獻公，見其文行器識，亦數爲延譽。而張内翰翥、危内翰素待之尤厚，有請，必爲論著弗靳。或久不相見，輒枉書問候。浙東部使者嘗薦補太平路儒學正，不就。後王御史餘慶、余御史觀薦之于朝，擢温州路儒學教授，乃稍起就職。東嘉學者聞君至，爭自鼓舞，曰：『是爲義行先生之孫、莊節先生之從孫，必能以經術淑我。』君既至，首延明經士，分經以教，而己坐講堂上辨析經史疑義，以牖導之。三年，皆有成。及考，乃欲引去，學者爭共挽留之。又居二年，朝廷乃調建寧路録事兼防禦事，階將仕郎，遂移病不赴。

俄值更化，搜羅舊所用士而用之。君曰：『吾非膚敏也，亦從吾志爾。』初，忠獻當唱第時，太史奏日下五色雲見，後金紫卜宅，乃在越之五雲門。君因自號五雲生。其卜築鑒湖上，亦名曰五雲書屋。君之歸自永嘉也，書屋無恙。因閉門卻掃，不接人事，日以著述爲職業，曰：『書屋固不負吾也。』晚無他好，獨好文事〔二〕，手鈔奇文成帙，時出而誦之。或他適，必訪學古之家，與之極論，論不合，輒卷而去。

錢塘其舊游也，素稱文物都會，亦時過浙河訪之。運去物改，徘徊四顧，度無合者，則折而過余，曰：『斯文在子。吾觀子文理粹矣，而氣加充，必傳後行遠。吾死，必以銘累子。』故君之嬰疾也，即欲以銘事屬我。今死矣，苟弗有請，吾猶當銘之，矧其孤請之固哉！君平生所著述有《五雲書屋稿》六卷、《重定先世祭式》一卷、《彙粹魏國家集》十二卷、《類編名人詩文》八卷、《名人尺牘》一卷。君嘗一娶，有奇疾，不乳而歿，遂不再娶。以從兄謂之子爲後，即師可也。師可亦嗜學，克世其家云。銘曰：

魏國世澤有長源，其流愈遠愈弗堙。録事承之播清芬，毅然直往志不群。擯卻群飛肆孤騫，曰吾不敢媿吾門。好古學慕揚子雲，獨行與元德秀倫。誰云今人非古人，同流合汙世泯棼。斯人云亡孰可親，有悲弗紓述兹文。

校勘記

〔一〕事，四庫本作『字』。

元故將仕郎金玉府軍器提舉司同提舉夏君墓誌銘

錢唐夏君以洪武七年甲寅六月十又二日卒，其年八月丙申葬於錢唐縣龍井義安鄉積慶山之原。明年乙卯四月十又七日，其配錢氏亦卒，其年五月庚申朔合葬焉。君殁八年，其孤仁壽以未能昭揚先德，日夜疚心，於是以郡人周昉之狀拜而請銘。

按狀：君諱應祥，字□□，姓夏氏，世爲錢唐人。曾大父莊，妣張氏。大父億，妣吴氏。父良，妣曹氏。君之上世俱隱德弗耀。元置行諸路金玉總管府於杭，治百工之事，其官屬頗盛。君始用薦爲其府雜造局大使，改金玉局大使，稍陞軍器局提舉司同提舉，階將仕郎，尋移疾去。

君爲人端重而詳慎，處鄉黨，一以謙抑自持。平居無疾言遽色，或倉卒臨事，亦由由然自如，不少變其常度。性不嗜烹宰，家故饒財，未嘗以口腹之欲傷物命。一禽魚之微，亦不出獨意烹之。或會親友，珍羞異饌一取具於市。庖人至，不煩操刀。見人飢寒，尤矜恤之。所督隸局，工類多單人細户，或内府需器用急，工集局晝夜併作，面〔二〕有寒餓色，輒戒童僕爲飲食餉之不吝。君平生切於濟人利物。方其仕金玉府時，以日月積勞得八品官，循資而上，紆金曳紫不難至，而勝國之制，士以雜流進者，終不畀以民社。君自度不足以達，故寧棄去。恒自誦曰：

『匹夫而欲濟人利物，無他術也，惟醫藥可爾。』

君素習岐黄氏書，諳和劑法。乃聚藥材，按古方書製爲丸散，大開藥室於郡城之壽安坊，以待凡病家之需。視貧不能自存者，則施予之。君又以藥材多出殊方異壤，其不易致者，一藥或價直百金，世醫往往以近似者代之，坐是多弗效者，君恒以爲病。故君居藥，不計價直，備陸海之所産，惟所用之。至於本藥性之温涼以定君臣佐使之宜，必躬爲斟酌等分而成劑。其言曰：『此人命所繫，不可忽也。』故其藥劑號稱精絶，服者輒效。錢塘地大物衆，凡需藥劑者，悉趨夏氏之門矣。

初，君置藥室，以所居坊名其堂。其意以謂吾以醫藥濟人，人必壽且安也。已而如其言，稱説其德者盈耳。君竊自喜曰：『吾志遂矣。』乃屬其家事于其子，時時杖履逍遥山水間以爲適，如是者數年而殁。其殁也，猶戒其子勿輕藥事。

君生於大德六年壬寅〔三〕十二月十又五日，殁之歲蓋七十有三云。其配少君一歲，淑慎有婦德，善事舅姑，處妯娌間有禮意，族黨稱之，且克以儉素相其夫起家。自其夫之殁，以哀成疾，逾年亦卒。子男一，即仁壽也。女二，長適徐錫，次在室。孫男二，長曰時，次曰禮。

嗚呼！有濟人利物之心，而位不稱其施，卒賴醫藥〔三〕以施，其不謂之仁人君子也哉！仁壽有學有守，克繼父志者也。銘曰：

恂恂夏君篤仁慈，蘄以蕙澤濟癃疲。位不滿德嗇其施，六氣之淫有癘疵。按證授藥以療之，俾壽且安各熙熙。豈必有位乃可爲，施德不食報不遲。積慶之原土廣夷，儲祥委祉後應宜，有欲念之視刻辭。

校勘記

〔一〕面，四庫本作『而』。

〔二〕大德六年壬寅。原作『大德四年壬寅』，誤。按：壬寅爲大德六年（一三〇二），去洪武七年（一三七四），正七十三年。

〔三〕藥，四庫本作『術』。

朱處士墓誌銘

古者士修於躬，誠推其道，詎止於家而已？而崇教範俗之具實有在焉。成周以德行教民，而賓興之。漢舉孝弟，舉孝廉，詔無虚歲。宋取士必以科目，又詔舉八行。士生其時，亦可以行其道矣。而勝國之制，取士必以門地，雜流次之，科目又次之，不幸楚産之士又遭陰廢。故夫里閭之間，雖有夷齊之廉、曾閔之孝，亦僅克施爲一家之政，終不使之有位以行其道，而士亦以是不能有譽於天下後世，不亦可悲也夫！余觀海寧賈〔一〕彦仁所狀朱處士之行，誠有如余之所悲者焉。

處士性介特，髫齡時已卓然有識見。年十六，丁外艱。服闋，又丁内艱。年方弱冠，連遭家難，克自感厲。故其治喪，不徒致哀而止，葬祭必以禮，曰：『吾不能盡於大事，吾弗子矣。』

有異母兄二，事之甚恭順，曰：『母異而氣同也。』同居同爨，未嘗有違言。宗族頗盛，屬有親疏，居有遠近，待之煦然有恩意。其待外姻亦然。至於交友，尤敦相恤之義。元季之亂，四方衣冠之士多避地其里中，貧不能存者有之，喪不能舉者有之。處士頗饒於財，語其子曰：『世事如此，吾何可獨厚而不周之乎？』於是貧不能存者振之，喪不能舉者葬之。人至稱爲長者。處士之行如此，使當是時選舉之制如周、如漢、如宋，若處士者，其所見詎止如是而已？然處士亦頗尚隱操，以自潔爲賢。嘗讀《易》至履之九二曰：『幽人貞吉。』處士曰：『貞不混俗，故吉。』因自號曰貞白道人。其後專制方面之人收攬材俊，以自雄長，屢徵不就。卒以貞白終身，得年五十有二，至正廿一年某月某日也。其歿也，前進士嚴君瑄哭之以詩，大抵皆悲其懷德弗售而又不得上壽以歿。已而寓公游士哀挽相繼，亡慮百數十首，足以見其爲人矣。

處士諱景仁。族出徽國文正公，五世祖始遷鹽官，即今之海寧。其詳具見所著世譜，故秘書卿宣城貢公實序之。大父某，父某，世有隱德。母李氏，繼陳氏。其配賈氏，恭儉慈順，爲婦有婦道，爲母有母德，後十二年卒，得年六十有五。子男四，長寅，次濟，次浩，次源。女二，長適賈某，次適張某。孫男二，曰某，曰某。孫女八。曾孫男二。曾孫女二。其孤以没[三]之年某月某日葬於其鄉湖塘村先塋之次，其配祔焉。

嗚呼！士固不自衒也。夫使爲善者不得其職，而名之不副，世必有任其咎者焉。銘曰：

粵惟先民，所尚以德。其積在躬，而施于國。其施伊何，穆其休風。薰蒸融液，化偷爲忠。

後世賤德，以爵爲貴。或豐于積，而嗇于施。道德之意，泯然于斯。匪屯其躬，式屯于時。有嘉處士，徽國之出。少失怙恃，爲善孔力。行則多有，一命弗如。厚積弗施，君子之嗟。有墳隆然，湖塘之側。吉人斯藏，過者其式。

校勘記

〔一〕賈，四庫本作『曹』。

〔三〕没，四庫本作『歿』。

始豐稿卷之十 後稿

徐一夔大章著

雜述

歐陽公書王彦章事

古人爲文，非徒然也，蓋必有爲而作。宋至慶曆，蓋已四十年不用兵矣。一旦趙元昊叛兵聚西陲，歷四五年，而攻守之計不決。歐陽公獨持用奇取勝之議，朝廷不以爲然，而邊將多失機會。公以梁將王彦章之善於用奇也，故於其事獨惓惓焉。

彦章姓王氏，鄆州壽張人，號王鐵槍，事梁至宣義軍節度使。梁晉交爭，河上之戰凡數百合，彦章戰輒勝，至於德勝之戰尤奇。末帝時，小人段凝用事，忌彦章功名，唐兵攻兖州，故與羸卒，遂至於敗，見執於唐，死之。

歐陽公著《五代史》，既列彦章於《死節傳》，而加感憤歎息。其後在河北又得其家傳并畫像，以家傳補舊史之略。以畫像損壞，重加補緝，且爲著《畫像記》。至於德勝之戰，傳既書之，《畫像記》復申言之，不厭於複。其所以然，蓋致其希慕不可及之意，而警發當時用兵者之不尚奇也。議者以謂古之良將多矣，歐陽公何獨惓惓於彦章？其意蓋不足於公也。夫公不舉古之良將，而獨舉彦章，非謂古之良將不善用奇也，蓋舉近則人易知，所謂『殷鑒不遠，在夏后之世』是也。

若謂彦章事梁爲亂賊之黨，而以其死爲徒知食焉不避其難之爲義，則尤大非。且自古亂賊，莫甚於漢之莽、操。梁雖倔起，乘唐衰而取之，視莽、操尤當末減。且揚雄嘗事莽矣，荀彧嘗事操矣。彦章起自卒伍，素不知書，尚得而咎之哉！彦章之事梁，政如舅以嬖妾爲妻，爲之婦者，何敢不以爲姑乎？苟其説行，非特不知歐陽公之意有在，且不知五季之世死節之臣爲不多見，使彦章之忠義不白於天下後世，無以爲人臣勸。因著於篇。

宋行宫考

宋行宫在杭州鳳凰山下，即唐以來州治也。

按《咸淳臨安志》，建炎三年二月，高宗詔以杭州爲行宫。時執政奏屋宇隘陋，高宗以百官六軍未得其所，不御正寢。紹興元年十一月，詔守臣徐康國措置，且命不得華飾。二年，南門成，名曰行宫之門。三年，以百官遇雨，泥行非便，詔梁汝嘉創廊廡於南門之内。十八年，名南門曰麗正，北曰和寧，東苑門曰東華。

二十八年，始增築禁城。而其宫殿之制，六參官起居與百官聽宣布，則曰文德殿，謂之正衙。其四參官起居，則曰垂拱殿，謂之常朝。曰紫宸殿，則上壽御焉。曰大慶殿，則朝賀御焉。曰明堂殿，則宗祀御焉。曰集英殿，則策士御焉。此四殿者，皆即文德殿隨事而揭名，未暇專建也。後殿有四，曰崇政，一名祥曦，曰福寧，曰復古，曰延和。福寧則寢息之所，復古則燕閒之所，而延和在垂拱之後，遇聖節、冬至、正旦、寒食齋戒，或避正殿，則御焉。曰選德殿，則孝宗建以爲射殿。曰緝熙殿，則理宗辟以爲講殿。曰熙明殿，則度宗改東宮之益堂爲之，置經籍其中以肄習焉。而講筵延閣，則在禁中。高宗之將倦勤也，即秦檜舊第更築新居，其内禪也則退居之，名曰德壽。孝宗之内禪也，改名曰重華而居焉，不更作也。

至於東宮，初無定制。蓋宋諸帝多由外邸入繼正統，不遑築宮。如孝宗之資善堂、度宗之益堂，皆在宮中，遂以爲就學之地。至於臣僚之署，獨學士院在和寧門内，蓋仿[一]唐北門之制也。郊社圜丘，則在嘉會門外龍華寺西。太社、太稷，則在觀橋東北，其地北有靈池。九宮貴神壇，則在東青門外一里。籍田、先農、高禖等壇，皆在嘉會門外南四里。理宗以南渡後依海建都，宜以海神爲大祀，又立海神壇於東青門外太平橋之東。宗廟、太廟，則在瑞石山之左。即鳳凰山左翅也。景靈宮，則在新莊橋之西。蓋太廟乃宗祀之常，而景靈宮則漢原廟之制也。又有欽先孝思殿，以奉神御，則仍東都之舊置在内中。閣則自真宗御龍圖閣，召近臣觀太宗御書及古今名畫，其名昉見。仁宗召輔臣於天章閣朝拜太祖、太宗御容，則不獨藏書畫也。南渡後遂令修内司復建諸閣，太宗閣曰龍圖，真宗閣曰天章，仁宗閣曰寶文，神宗閣曰顯謨，哲宗閣曰徽猷，徽宗閣曰敷文，不忘先也。而高宗閣則曰焕章，孝宗閣則曰華文，光宗閣則曰寶謨，寧宗閣則曰寶章。諸閣皆在禁中，閣置學士直閣。苑囿凡五處，曰聚景園，曰玉津園，曰富景園，曰翠芳園，曰玉壺園。聚景在清波門外，玉津在嘉會門外，富景在崇新門外，翠芳在錢湖門外，玉壺在錢塘門外。集芳在葛嶺，其後理宗以賜其相賈似道爲第宅云。南渡後宫室不過如此。若夫苑囿之設，亦不過奉其親宴游，非荒嬉也。

德祐二年，宋亡，元有司封鐍，以幼主北行。明年爲至元十四年，民間失火，飛熖及其宫室，焚燬殆盡。後十年，西僧楊連真伽〔二〕言於朝，即其基造佛寺五，曰興元，曰報國，曰白塔，曰般若，曰小仙林。塔一，曰尊勝。而壇廟亦皆夷爲民居僧舍。元末之亂，張氏毁塔造城，五寺亦就廢。今姑識之。

校勘記

〔一〕仿，四庫本作『放』。

〔二〕楊連真伽，四庫本作『嘉木揚喇勒智』。

吴越國考

吴越國在杭州鳳凰山下，其子城南曰通越門，北曰雙門。錢氏納士後，二門猶存，《臨安志》載吴越錢氏造，而不言在鳳凰山下。

宋政和二年，孫沔守杭，蔡襄爲沔撰《雙門記》，内云：『吴越王依山阜以爲治，而雙門置木石，錮金鐵，用爲敵備。沔以爲非禮制，改作之。』則錢氏宫室在鳳凰山下無疑。高宗南渡，駐蹕杭州，徙州治於清波門内，今州治是也。但宋南渡即其地爲行都，故後人但知有宋故都，而不知有錢氏耳。

初，錢氏以强弩射潮，築堤捍國，而以鐵幢識其射處。以今驗之，去鳳凰山僅二百許步，此足爲證。錢氏當五季據有兩浙八十餘年，亦頗有功德於民。詢之故老，已不知其建國之處，弔古者無從質焉。吴越舊有《備史》，今亦不存。因修新志，補其闕略云爾。

贊

崆峒外史畫像贊

維吾〔一〕溥氏，千人之特。道全顯晦，學兼儒墨。慕古人之行，以礪其操；服今人之服，以溷其迹。淺而言之，排人之難，不以爲功；拯人之危，不以爲德。學士大夫稱爲畏友，公侯貴人待以揖客。若論其至，物我兩忘，以蘧廬等天地；真幻一視，以浮漚爲今昔。蓋廓乎不知其所容，而邈乎不知其所極也。此其爲人，又安用問其所居之有東西南北，指崆峒於無何有之鄉，稱外史爲員外置之職也耶？

校勘記

〔一〕吾，四庫本無。

耿參議小像贊字申叔

軀〔一〕幹秀挺，心氣和平。起居語默，不肆不矜。蚤探經術，得〔二〕義理之奥；晚佐方岳，擅政事之名。雪鬢霜髭，志操彌礪；金章紫綬，品帙方陞。威儀聳乎朝著，聞望孚於鄉評。是〔三〕爲南陽之人物，抑將追蹤於洛社之耆英者乎？

校勘記

〔一〕軀，原作『驅』，據四庫本改。

〔二〕得，原作『是』，據四庫本改。

〔三〕是，原作『得』，據四庫本改。

徐良夫小像贊

心閒意暇，神完氣清。撓之不混，挹之不盈。閉户著書，求四子傳授之緒；出門嘯傲，得五湖煙月之情。知之者以爲曲全其道，而不知者以爲欲〔一〕遁其名。斯人也，抑將斂其華、就其實而爲治世之遺氓者乎？

校勘記

〔一〕『欲』以下至《槃枅哀辭》『且使者趨行甚急乃』，四庫本闕，而與『以葬枅事』錯簡銜接。

周子治小像贊

士林之彦，宦門之良。其外若柔，其中則剛。味可以致乎芻豢之美，分則甘乎藜藿之常。處煩劇而學問益力，涉患難而志氣彌强。此其人之所守，苟非有見乎道，安得不隨俗而低昂。吾嘉其人，庸揭其芳。

周草庭小像贊

氣剛而仁，性介而通。其事親也，以竭力爲孝；其處友也，以相規爲忠。非聖之書不讀，其爲學也正；名世之文乃好，其知言也公。斯人也，觀其志之所向，夫豈流俗之所可同者乎？

李克成小像贊

其貌若腴，其氣則清。混其迹於市廛，而不必乎山林之邃；老其身於韋布，而不慕乎軒冕之榮。惟嘲風詠月以寄其平生，而曰吾外氏詩派是承。斯人也，行不絶俗而學不務名者乎？

蔡翁小像贊

氣和而充，識周而通。雖栖息在市廛之内，而動静有山林之風。故其養高之術，有類韓伯休；而致赢之策，不慕陶朱公。乃獨教其子，以經訓菑畬爲功。此其人也，抑非處其己以約而遺其後以豐者乎？

黄主簿朝冠像贊

鼓篋璧雍，發軔花縣。神采煒然，充也時彦。玄冠在首，華佩在躬。天闕伊邇，敢不恪恭。

辭

樂枅哀辭

樂枅，字承之，定海縣人也。枅故儒家，而占籍清泉場亭户。他場有以鹽事致訟，遂起詔獄事，連清泉。枅嘗爲其場亭户首領，當就逮置對，遂自引伏法。吏傳致，坐枅胥靡。枅有才學，且仁孝。自傷墮在謫籍，私自計曰：『吾庸日遠度，罄家資，不足以給。誠罄家資給我，而使吾父母凍餓，吾亦焉用生爲？設吾死，雖傷父母心，使吾父母生而有養，是吾不死也，且幸有稚弟在，可以服勤。吾計決矣。』遂自具爲書，屬其家童與其父訣，而自經於逆旅以死。

枅既死，其父方以博學被召，行至吴門，遇其家童，始得枅遺骸并所爲永訣書，含哀茹毒，躑躅不能前。且使者趣行甚急，乃以葬枅事屬其家童而去。其父年已老，自傷其子死不以命，容顔日益〔一〕憔悴。比入見，上顧其老，不使任事，賜還鄉里。

其還也，語余以枅死狀，悲不自勝。余亦爲之唏嘘於邑。且求余誄之，余固未暇。其明年春，自定海貽書於余曰：『吾兒已葬，而吾舐犢之情不能自已。既爲著其生死歲月納諸壙，子忍不畀之言乎？』因繫之以辭，以紓其哀。其父名良，字仲本。辭曰：

嗚呼！人之生世，有萬不齊。不賢者或有不虞之譽，而賢者乃有無妄之菑。如樂氏子者，可謂賢矣，至於如此而死，哀哉！雖然，知子莫如父，爲之父者既有以慰之九京之下，則夫枅之不幸亦又何哀？

校勘記

〔一〕日益，四庫本無。

記

餘杭縣重建廟學記

杭之餘杭縣肇置於秦，至宋景德中始有廟學，規模卑隘。紹興中以法喜院改作之，面勢稍宏敞。時宋行都在杭，廟祀絃誦爲畿邑之望，涉元弗替如初，其後毁於兵。

會聖朝更化，首詔州縣興學，知縣梁初至，始作講誦之舍，以居師弟子員。至於廟宇，以迄〔一〕兩廡，皆未遑也。而初以代去，教諭王奎、訓導朱義、鄒濟相與言曰：『學必有廟，此獨未備，奈何？』未幾，知縣王原良繼至，奎等首以爲言，皆曰：『是禮殿，何可後？』逾年，政敷民和，乃鳩材庀工，作禮殿六楹，崇若干尺，廣視崇加若干尺，深視廣減若干尺有奇，宏深靚奥，以妥先師之神，四配十哲，以次就列，而廟貌一新矣。

既而縣令丞又以秩滿去，至於明倫之堂、習射之圃、治膳之廚、儲粟之庾，以及祭祀之庖庫，作而未完，奎等方以爲憂。主簿楊銘德後至，奎等又以爲言，曰：『是吾責也，豈可使前緒弗就？』於是未完者悉完之。肇工於洪武十六年正月某日，至四月某日而後迄工。而凡學所宜有者，無一不具。至是，教諭、訓導相與謀曰：『吾邑廟學，自入國朝，經時十年，始克大備，厥惟艱哉！不可無述，以示久遠。』乃使邑之〔二〕士韓守中來請文以記。余乃爲之言曰：

古者論十於學，士初入學，則釋菜于先師，無廟也。漢或有學無廟，唐或有廟無學，而其論士，亦皆不盡出於學。而近世之制，有學必有廟，於是乎論士焉。且學之設，所以聚人材而教育之，固若無資於廟。然世必致隆於廟者，蓋吾夫子上傳堯、舜、禹、湯、文、武、周公之道，而集厥大成。顔子、曾子、子思、孟子以及群弟子，則皆傳其道者也。今焉衿佩濟濟，朝斯夕斯，誦其書而求其道，非不欲聞一而知十也。然而道德之光輝不可得而親見矣，必有神棲聖止之地以萃其景慕之心，斯足以爲成德達財之助成。周論士於學，而士初入學，必釋菜于先師，意蓋如此。

初，國家之興學也，既因郡縣之版籍而定師弟子員額，設爲教條，限以歲月，責以成效，亦既升舍選登，仕籍彬彬然矣。尋又申嚴貢舉之法。至於春秋釋奠，肇隆於太學、闕里，未偏于天下。乃者又敕郡縣通祀，犧牲制幣，以次俱升。儀文之盛，視昔有加焉。

嗚呼！國家推大其制於學與廟，其造就人材之意，蓋無所不至矣。若夫爲之師以教，爲之弟子〔三〕以學，其有不惕然於斯者乎？餘杭山水之邑，其民亦多秀而知學。昔者龜山楊先生以程門高弟唱鳴其學於東南，而我紫陽朱文公實承道統之傳，則先生啟之也。先生蓋嘗邑〔四〕於斯，其流風善政猶有存者。夫以秀而知學之民而生長於先生過化之地，又幸而遭值國家崇儒重道之日，所謂千載一時也，士寧有不自激勵而奮起者乎？自今而後，吾知餘杭之俊秀出爲時用，必也暴白儒效，以副聖天子一新學校之良法美意矣。謹爲之記以俟。

校勘記

〔一〕以迄，四庫本無。

〔二〕之，四庫本無。

〔三〕弟子，四庫本作『子弟』。

〔四〕邑，四庫本作『宰邑』。

思政堂記

姑孰阮竹友先生剛介有守，隱居南陵之野，績學累行，不求聞於人。鄉評所及，稱其賢者如出一口。

洪武十五年春，天子發幣聘起天下賢士講求治道。時應詔者肩摩踵接，先生亦預焉，旅見於天子之廷。既而遣還，以待後命。今年夏六月，敕旨及門，先生即日戒道入覲如初。獲自布衣，超拜四品，官知杭州府。先生既拜命，不俟騶從，以一童自隨，擇日上官視事。既逾月，自念一介之微而受國家一郡之託，其何以報？郡有公廨一區，在府治之後，深奥靚密，郡守退食之所也。先生善楷書，乃大書思政堂三字，揭於兩楹之間。其意以政有所未逮，則於此而致思也。且屬余記之。余告之曰：

思之於人，大矣。天下之事，未有不思而得者。以周公之聖，一有不得於心，猶且仰而思之，夜以繼日，況衆人乎？杭爲郡，領縣九，地大物衆，古昔稱爲都會。雖錢穀之入於大農者差劣於他郡，而五方之民所聚、貨物之所出、工巧之所萃、徵輸之所入，實他郡所不及。而其治密邇使者府，凡朝廷有所須，文書下使者府差次頒之，杭承約束，又在他郡先。故爲郡於杭州尤難。一或不得其平，並緣爲姦者衆，是以訟獄〔一〕繁興，弊如蠭午，有不可勝言者。夫欲平其政，如之何而弗思？此政之所以貴乎思也。而思也者，是非得失之所由決也。夫心之官則思，思則知慧生，而是非得失判然於胸中。大抵人之知慧，多汩於耳目紛擾之時，而得於神氣清明之後。鄭有大夫謀於國則否，謀於野則獲者，此也。非其知慧有豐嗇，地有靜躁耳。先生致思於退食之地，厥有旨哉！

然嘗觀昔之爲郡於杭者，莅官之暇，輒多作堂以寄其高曠之情，若唐白太傅之虚白、宋梅龍圖之有美、蔡端明之清暑是也。今先生莅官之〔二〕初，不假締構，乃獨以思政名堂，推其志之所在，視白太傅之虚白、梅龍圖之有美、蔡端明之清暑，孰勞而孰逸哉！雖然，時有古今，事有簡劇，故治有勞逸，其勢然也。今天子方加惠斯民，他日先生報政於朝，書最上考，蒙增秩賜金之寵，光被兹堂，不其偉哉！則彼虚白、有美、清暑之適，又何足羨哉！

校勘記

〔一〕訟獄，四庫本作『獄訟』。

〔二〕之，四庫本作『云』。

樂清軒記

君子未始無所樂也，而衆人之所樂者，君子有弗與焉。是故羊豕以爲羞，粉黛以爲飾，絲竹以爲歡，此衆人之所樂也。而君子則曰：『吾羹藜飯稻，不必羊豕之美也；縞衣綦巾，不必粉黛之靡也；誦詩讀書，聲若金石，不必絲竹之嘲轟也。』是則衆人之所樂，君子蓋有弗樂者焉。若夫君子之樂在此而不在彼，則其爲樂不既清矣乎？

鄭君桂芳學廣而行高，隱居姑孰之野，安意肆志乎恬淡寂寞之鄉，而於世俗紛華之事漠然不相入，若將以老其身焉者。鄉大夫數慰〔一〕薦之，卒辭不就。會聖天子大召天下遺逸士，制書有曰：『共論治道，以安生民。』於是鄉大夫以君薦。既詣闕，親蒙清問，奏對稱上意。擢知杭之錢塘縣，爲民選也。既視事，治其公署之東偏爲退食之所，而顔之曰樂清，徵余記之。余告之曰：

清者，濁之對也，人之情不入於清，則入於濁，甚可畏也。今君奉天子命爲一邑長，臨乎吏民之上，禄足以自豐，權足以自用，而其所治又在東南華麗之地，湖山之秀，人物之繁，陸海之儲蓄，何求而不得？使資以自奉，亦未爲過。而能泊然自守如處士時，甚至不以爲戚而反以爲樂，其趨向與人殊哉！君又雅善草書，喜賦詩。莅事之暇，燕坐此室，草具飲食。已輒令家童治筆硯，作草書數行，賦五七言三四首。遇得意處，輒置筆，躍然以喜，而所以助其清者又如此。

嗚呼！五色令人目盲，五音令人耳聵，馳騁田獵令人心發狂，此善戒也。世俗之人往往溺而不止，如蟻附羶，何哉！雖然，吾亦清者也。朝齏暮鹽，風梧雨竹，天機忽動，時作伊吾聲，斯亦清矣。顧吾處之有素，初不以爲樂也。聞君樂清，始若有慊焉者。自余而觀，是謂安於固然而不自知者也。如君者，非余之所慕羨者乎？庸不辭而爲之記。

校勘記

〔一〕慰，四庫本作『熨』。

悠然亭記

悠然亭者，三衢□□〔一〕舒氏之園亭也。一日，舒君訪余於吳山之陽，道向慕外，頗言園亭之勝，欲得余記之。余謝之曰：『吾未嘗造君之亭，不知所以記。』舒君徐爲余言：『昔者歐陽公未嘗至杭，其著《有美堂記》，模寫江山景物，雖數造者不能言也，又何靳焉？雖然，姑言之。其亭縱廣各三丈許，户牖軒敞，几榻整潔，左右布席，容客可十數輩。未至亭，甃小徑百步許，兩邊種柳，夏之日可借其陰。既至，當亭前種古檜，綰結其枝爲屏，狀如屈鐵，冬之日可攬其翠。其外鑿大池，養魚千數百尾。雨霽時，魚大小喁噞水上。又其外稻田連畦接畛，苗盛時，濃緑□□〔二〕際天，皆可觀也。引領南望，又有好山如蒼玉案横置於前。陶淵明《飲酒》詩云：

子肯爲我記之，則吾亭滋不凡矣。』余諾其請，因爲之言曰：『採菊東籬下，悠然見南山。』似與吾意合，因取悠然二字名吾亭。

凡人跂行喙息於天地之間，内之而營衣食以仰事俯育，外之而治賦税以給公上，雞鳴而起，日入而息，弊精神於旦暮，苟遇佳山水，孰不欲上登崇高，下臨清泠，浣滌其胸次，以取一餉之快哉！舒氏爲三衢巨姓，所以爲家爲官者，其事猬如，及閒而息，釋倥傯而就閒曠，據榻而坐，玩花竹之幽茂，觀禽鳥之上下，野意横集，塵坌頓消。方是時，雖不見南山，其興亦已悠然，況又有南山佳色發其興哉！此吾爲〔三〕舒氏園亭之所以〔四〕作也。世常言：『古今人不相及。』以地位言之，誠有不相及者。若夫心與境會，其興悠然而生，則淵明之興一悠然，而舒君之興亦一悠然也，初何古人今人之間？

舒君姿爽朗，器宇恢廓，好與賢士大夫游，宜其所得夐出於尋常之表。吾他日倘至三衢而登於其亭，苟吾之興亦一悠然，則當爲君泚筆賦之。

校勘記

〔一〕□□，四庫本無。

〔二〕□□，四庫本無。

〔三〕爲，原作『□』，據四庫本改。

〔四〕之所以，原作『之以』，據四庫本改。

菽水軒記

越人李養能甫居姚虞之間，事親至孝，恒愧不能備甘旨，以菽水二字顔其晨昏之室。其意以謂吾欲爲孝，僅能爲菽水之養爾，非敢以爲孝也，且徵余記之。余曰：

昔者仲由氏之貧不能養也，孔子嘗告之曰：『啜菽飲水，得父母之歡心，是亦爲孝。』以此言之，孝殆不止於飲食。古之人蓋有以三鼎爲養者矣，牛羊豕具焉，君子不以爲足。亦有以五鼎爲養者矣，牛羊豕之外，又加魚麋焉，可謂備物矣，而君子亦不以爲足。此有以見養不止於飲食，而在於得其歡心。夫能使父母列鼎而食，而使父母之心不怡，則不若啜菽飲水而得其歡心之爲愈也。《易》曰：『東鄰殺牛，不如西鄰之禴祭實受其福。』此之謂歟？

夫菽者，豆之總稱，貧者煮以爲粥，飢而啜菽，渴而飲水，養之至薄者也。吾意養能甫家雖不甚羸，其養未必止於菽水。其云然者，蓋示其不自足之心耳。揚子雲曰：『事父母自知不足者，其舜乎？』養能甫之心不自足於飲食之奉，則其餘皆不自以爲足，從可知已。姚虞之間，舜支子之所封也，有舜遺風焉。若養能甫之爲養，其殆庶幾乎？

宋紹興執政李莊簡公光，養能甫之七世祖也，力沮和議，爲秦檜所斥，謫居嶺海十有餘年而歿，南渡忠臣以公爲稱首。嗚呼！忠孝無二道，莊簡公身居朝廷，故效忠於國；養能甫於今爲庶，故孝行於家。世有先後，而忠孝出於李氏一門，亦可羡哉！是爲記。

春暉堂記

同郡馬仁安甫初主郿縣主簿，又主臨邛縣簿。七八年之間，較其宦轍所至，自今天子之都，渡大江，北涉汴洛，入潼關，仰觀太華之勝，徘徊乎秦漢故都，西過漢中，扳緣棧道而上劍閣，覽觀全蜀，而後出夔門，徑瞿塘、灧澦之險，蓋萬有餘里而還，可謂遠游也已。而其人氣岸奇偉，談説身所歷處，使人聽之，雖不出門户，如親履其地而睹山川之形勢，衰憊之氣頓起。視其行橐，則甚蕭然，獨見其有手軸一包，裹如秘寶。發而視之，題其眉曰春暉。余詰之，言：『在鄉里時，二親相繼而歿，吾思吾親不置，作堂曰春暉，以見不忘。及既出而仕，去吾堂日遠，故以兹卷自隨，求四方能言君子敷吾區區之意，時取而誦之，庶幾如登吾堂而見吾親也。』餘告之曰：

仁安甫之所以自見者，其本於孟郊氏之詩乎？夫親之德大矣。舉天下之物皆不足以形容之，而惟春暉爲近古之善於方人者。嘗以日爲喻，其稱曰趙衰，冬日之日也；趙盾，夏日之日也。蓋夏日之日有可畏之象，冬日之日有可愛之意。此以喻一人之性情，則或似之；而以喻人父母之德，則未當也。夫暉，日之光也。春日之暉燠煦萬物，萬物以之而長養。故言父母鞠育之恩、顧復之意，惟春暉可以擬之。此孟郊氏謂人子之心如寸草然，不能報也。然則孟郊氏可謂善言父母之德者矣。

以余而觀天下之事，未始有不可足者，如飲食、衣服、宮室，事之至切於已者也。是故羹藜飯糗不足於食，易之以膏粱則足矣；緼袍布褐不足於衣，易之以狐貉則足矣；蓽門圭竇、繩樞甕牖不足於居室，易之以華堂麗宇則足矣。至於親也，存能奉之以滫瀡，歿能厚之以棺椁，遠能薦之以時物，可以謂之孝矣，而皆不可以爲足也。苟有是〔一〕心，則非孝矣。《蓼莪》之詩人曰：『欲報之德，昊天罔極。』良以父母之德無涯，不易報故也。然則孟郊氏春暉之喻，其亦《蓼莪》詩人之意也歟？

嗚呼！詩可以興。此有以知吾仁安甫春暉之念，不惟家居之日有見乎其位，聞乎其容聲，而後不敢忘。故雖蹕跋萬里，王事倥傯，旅懷淒惡，亦不敢暫忘也。若仁安甫者，可以謂之孝人也哉！於是筆以爲《春暉堂記》。

校勘記

〔一〕是，四庫本作『足』。

風木軒記

風木軒者，錢唐褚偵本中思其親而作也。本中性至孝。稍長，喪其母。既壯，又喪其父。其喪母也，哀痛愁苦，幾不能生。喪父亦如之。母没〔一〕之歲，有嘉木二茁於所居之牆上，枝葉類椅桐。本中以母歿而嘉木生，亦異徵也，爰改植於所居之旁。十閱寒暑，二木劍拔而上，而其父又殁。

後數年，本中過謂余曰：『始，僨不幸喪母，會有木生之異，改而植之。以謂既不見母，或遠而忘此木，所以識也。當是之時，吾先人見而憐之。時僨以先人方强健，必享百齡之壽，以庇覆我諸孤，如二木之日就長茂，而息其陰也。詎意二木方長茂，而我先人竟棄我諸孤而去，悲不自勝。嘗與二弟徘徊樹下，有風颯然起於木末，俄而怒號，樹爲披靡，有欲仆之狀，移刻不止。僨顧二弟言曰：「古之人有欲養而親不逮者，蓋嘗以風木爲喻，今我與爾所見是也。」因相向而泣，遂名所植二木處曰風木之軒。值四十二代天師以朝覲過錢塘，僨修謁焉，以情事上白，天師矜之，爲篆三大字揭諸軒中，而未有爲不肖孤記者。故敢以請。』

嗟乎！孝子之所見與衆人不同。天下之物衆，人見之以爲悦，孝子或以爲悲。此不得養其母者，見蓼蓼之莪，或以爲蒿，或以爲蔚也。今夫褚氏之牆，嘉木茁焉，改而植之，長茂立見。此蓋和氣薰蒸之所致，使他人處此，必指爲家慶，詠歌舞蹈，稱揚之不暇。而本中息於兹樹，值天風撼之，乃獨起無涯之悲。何其所見與人殊哉！記《禮》者曰：『春，雨露既濡，君子履之，必有怵惕之心，如將見之。』夫雨露之被萬物，華澤鮮好。穹壤之間，有知覺運動者，莫不情歡意懌，而孝子獨加怵惕。此本中所以見風木而興悲也。

雖然，仲由氏之所感，蓋少以貧賤，故躬負米以養。其後南游於楚，累茵而坐，列鼎而食，連軫結駟而游，而親不在此，所以有不足之感。今褚氏家故餘饒，本中親在堂時，甘旨足以備養，非有仲由氏之不足，而其區區之心乃猶若此。嗟乎！若本中者，可以謂之純孝人矣。乃不讓而爲之記。

校勘記

〔一〕没，四庫本作『殁』。

幻泊軒記

太湖之上有真慶禪寺，是爲韞中琇師之居。寺之北有别業，花竹泉石頗瀟灑。師朝夕燕修於是，揭名曰幻泊，以表所見之出於寰區。有原師無極者，其法侣也，亦嘗辱與余俱。一日，偕來謁余吴山之下。原師曰：『彼之幻泊，意欲得子記之，何如？』余辭之曰：

吾所學不與而道合。吾所知者，目擊道存，不馳騖於窅冥昏默。浮屠氏之説博大玄遠，上極無際，不可以思議具述。遠而山河大地，近而食飲宫室，又近而四肢百骸，耳目鼻口，一動一静，一呼一吸，以至盡未來際，一皆視爲虚幻，而不以爲真實。而吾之所見不然，非山河大地，不足爲吾身之所依；非食衣宫室，不足爲吾身之所資；非四肢百骸，耳目鼻口，一動一静，一呼一吸，不能使吾人倫日用所欲適宜。故吾所見，惟真之爲務，而不知他有所爲。此無它，第吾所學異業，故不能不歧而二之。

雖然，此身泊於此室，政如一葉之舟泊乎滄江之上、溟海之涯。師能以泊爲幻，其視世相，不啻電之易滅，露之易晞。吾見向之浮屠人，衣不以麻，而以狐貉；食不以蔬，而以膏酪；覆不以茆茨，而華其堂，傑其閣。使若人也克知以泊爲幻，必不以此爲樂。琇也積其功行如此，其必爲菩薩大士之徒。吾愛其人，而未暇與論其所以殊，亦將往造其室，觀其幻花幻竹、幻泉幻石，使百累悉至於無。姑爲記其幻泊，而使書之壁膚。

蘭菊草堂記

錢唐徐子貞甫廉介有雅操，築草堂於城東隅，不蒔他物，獨蒔蘭與菊，而日循行其間。客或過見之，曰：『子愛此耶？』子貞曰：『吾愛其與吾性合爾。』既而大書蘭菊草堂四字，而請余記。

蓋蘭之爲物，生於澗谷深絶之地，人雖不採，而清芬細馥，灑灑然於風露之下，有不求媚於人之意焉；菊之爲物，發於卉木雕落之後，時雖揫斂，而幽姿雅豔，采采然在風露之表，有不爭妍於時之意焉。之二物者，有道之士所不棄也。方子貞隱處時，人見其戀嫪此二物不置，固曰其性然爾，而不知見於用者何如也。

及遭維新之朝，盡起天下之遺逸而用之。子貞起自草堂，得以才行選爲親王官屬，趨蹌王廷，一以直道自持，如蘭之不求媚於人、菊之不爭妍於時，爲王所禮貌。所謂國有道不變塞焉者，蓋如此。詩曰：『惟其有之，是以似之。』豈不信然？子貞之所守，可謂不蘭菊愧矣。因筆之爲記。

安序堂記

安序堂者，今四十三代天師無爲子之所作也。天師既膺符籙之命，爰即府第之西大作重屋，丹楹畫棟，穹檐邃宇，干青云而麗白日，望之如在天上。其東則象山龐然，其西則仙巖巋然，又其北則高風亭跂然翼然，而塵湖、琵琶、云林三十六峰則羅列相向。川光嶽色，畢赴於眉睫之下。天師既即其上庋凡先世琴劍圖籍，與夫道藏所儲仙經真誥、三洞瓊綱，以及近世儒先道德性命之書，靡不備具。琅函縹帙，差次鱗比。化日悠永，端居清閟，以博其趣，不知身在大道之世。天師以謂：『此第吾所以〔二〕自適者然耳，而吾所以存諸躬與爲吾後胤法者，當必有防範之具。』乃即其下兩楹之間顔曰安序，且徵余著堂記。

《大傳》曰：『君子所居而安，《易》之序也。』得其序，則安矣。聖人作《易》卦，自奇耦而成八，變而至於六十四爻；分陰陽而成六，變而爲三百八十四卦爻。所著性命之理、幽明之故、事物之情，莫不各有次第，是之謂序。序之云者，如乾之象爲龍，有潛、有見、有躍、有飛、有亢是也。《易》有聖人之道四，曰象，曰辭，曰變，曰占。君子於《易》而得其序，亦惟象、辭、變、占之間究心焉耳。大凡卦爻，有象而後有辭，辭所以著象，故玩辭而觀象；有變而後有占，占所以決變，故觀變而玩占。君子居而學《易》，既觀象矣，又玩辭焉，以觀其所處之當否。動而用

《易》，既觀變矣，又考占焉，以觀其所值之吉凶，驗之於事，反之於身，有居安之實，斯不違乎《易》之序矣。既安其序，其於吉凶消長之理、進退存亡之道，將無所求而不得。大而君臣父子，小而事物細微，亦無所處而不當。故得其序則安，不得其序而能安者未之有也。

天師以神仙之胄、超邁之姿，作止語默，與道委蛇，視人間世窮通、得喪、毁譽、榮辱，曾不足以累其靈臺。顧猶慮其積諸躬與爲後胤法者，未循乎《易》之序，而昧於吉凶、消長、進退、存亡之所以然，而緦緦然以安序爲意，無乃過乎？不然。《易》與老合，昔之人蓋有本其旨以注《易》者矣。天師雖以清淨無爲爲宗，凝神至道，有得於《易》，存之於躬者莫非實理，垂諸後胤者亦莫非實德，尚何患乎？存諸己者有未至，爲後胤法者有弗裕乎？以安序名堂，此蓋天師慎於持盈，不自滿假之盛心也。

今也領袖仙班於維新之朝，光胤帝眷，歲時入覲，將必有如廣成子之告軒轅黄帝者矣。道德所孚，陰翊皇祚於百千萬祀，而天師之玄胤亦蒙休被祉於無窮，不其盛哉！雖然，此非吾儕小人之所敢知。然而徵諸至理，則有必然者矣。於是筆以爲《安序堂記》。

校勘記

〔二〕所以，四庫本作『所』。

環翠樓續記

國朝設行人之職以傳命於四方，蓋本《周官》之制。行人員至衆，又設率人爲之長，非材識邁衆，在言語之科者，不與玆選，而卓子强氏與焉。

子强世居閩，其居在三琅山之下。其山氣勢磅礴，隆而爲麓，衍而爲原。而群峰羅立，老人在其前，貪狼在其後，天驥在其左，文筆在其右，如拱如挹。每旭日始旦，翠氣四合，坌入窗户，蒼然襲人，坐客莫知其所從來，誠佳處也。

初，卓氏以儒術起家，宋全盛時，有諱夢龍、夢麟者，伯仲聯登進士第，佐州有聲，實子强之十四世祖也。其後有六學先生、菊泉先生，明性理之學，與紫陽朱夫子游，於子强爲九世祖。六學、菊泉存日，以謂山川之間神秀發舒，亦必有待，於是作樓爲燕息之地，以專〔一〕其勝。曲欄横檻，寥豁無礙，三琅山之勝萃於目前，名曰環翠。後之人克承先志，率皆未弊而葺，環翠之勝如一〔二〕昨也。

子强既仕於朝，使於四方無虚日，環翠之勝未嘗不往來於懷。遇善畫者，授以鄉山大意，俾規模爲圖，趨辨之。暇時加披覽，匪徒曰挹其勝而已，而其先人神明之往來亦或如在也。子强過浙上，謁余授經之堂，具道其所以請記。

余告之曰：『懷土，恒物之大情。古有莊舄者，本越人也，顯於上國，其心未嘗忘越，而每爲越吟。茲固人情之所不能免者，然吾有爲子强言者。子强閩人，吾不暇遠引，請以閩人告之。唐貞元間，閩人有歐陽詹生者，嘗游上國，其親雖有離憂，其志樂也。詹在親側，其親雖無離憂，其志不樂。此足以明爲人父母者，欲其子爲國宣力，以功名顯也。夫人以有用之軀而老於一同之地，與草木同腐，亦獨何哉！子强年富力强，材足以有爲。宦轍伊始，環翠之勝不必加戀嫪也。他日光膺寵命，歸榮故鄉，顧視環翠之山色，光彩絢爛，照映乎書樓之上，計日可待矣。斯時也，圖何有焉？』因筆以爲《環翠樓續記》。

校勘記

〔一〕專，四庫本作『傳』。

〔二〕如一，四庫本作『一如』。

柴氏議事記

錢唐有柴姓望名而字宗禮者，其人姿樸茂，不尚表襮，見義事輒爲。其友有金觀者，本括蒼人也，自其父遊宦錢唐，遂家焉。觀嘗舉進士，元至正中亦登備榜，爲州縣學官矣。遭值運去物改，窮居田里，生事落甚，母歿不能葬。宗禮相其經營，未克襄事，觀竟以哀毁成疾而卒〔一〕，已而其妻亦相繼歿。宗禮哭曰：『吾友之不幸至是哉！且其子弱，三喪在前，吾責也。』乃捐家資治葬事。其力弗逮，則告助於觀所嘗往來者，因得舉觀及其母與妻之喪，從其先人之兆葬焉。聲稱所及，四方之士咸恨識之之晚。於是人以義士目之。

嗚呼！朋友道喪久矣。平居無事，意氣相與，襟期相許，其膠如漆。及夫一死一生，交情乃見，孰肯施德於不報之地哉！今夫人未爲無所施，率皆有所爲而爲。今觀已死，其子且弱，夫豈有所爲而爲之者？求之古人，惟郭代公、柳仲途、范丞相、蘇長公二三君子爾，他鮮聞也。是二三子者爲義誠厚，然或藉富貴，或資俸禄，推以予人，若不難也。宗禮一介之士，其家不過中人之産，而亦能如古人之所爲，獨不可尚也哉！

友人筦籥爲余道其事甚悉，故爲筆之，以示夫觀民風者焉。

校勘記

〔一〕卒，四庫本作『殁』。

梅閣記

梅閣者，今浙江按察副使何公晏居之所也。公性潔修，於凡植物，獨梅花是好。作層屋出梅花上，每冬深，梅花驟發，俯檻眄睞，玉雪燦爛，芬芳襲人，詩興油然而生，吟哦竟日，不知此身之在太素鄉也。因自誦曰：『吾鼻祖水部府君，在揚州見東閣官梅，賦詩有名。吾名吾居曰梅閣，夫豈不可？』既而徵余記之。

惟人生乎百世之下，而尚友乎百世之上，必其風聲氣韻有以動乎心術之微，意領神會，有不期然而然者，非勉强也。雖然，此特以衆人之善尚友者言之耳。若夫推其所自出，本乎一源，蓋不必較遠近戚疏，則其所以相感者又易易然矣。此憲使公所以有慕於何水部之梅閣也。

按：何水部遜，字仲言，世爲東海人。八歲能賦詩，弱冠有文名。當時范雲、沈約皆負重名，雲稱其文含清濁，中今古，沈約亦面譽之曰：『吾讀卿詩，一日三復，不能自已。』其爲當時名人所推重蓋如此。唐人於詩爲尤盛，而杜子美出諸家右，亦推重之曰『沈范早知何水部』是也。水部嘗爲梁建安王行參軍記室，後官至尚書水部郎，從其王鎮揚州。時東閣有梅方發，水部倚樹而吟，終日不去。其詩清絶，見於家集，至今猶膾炙人口。後來杜子美在蜀，會裴節度登東亭送客，見梅賦詩，因用其事和裴詩，遂有『東閣官梅動詩興，還如何遜在揚州』之句。此憲使公梅閣所以名也。然觀水部平生，止以文學立名，而於事業不多見，抑豈當時所用者止於文學耶？不可得而知也。

今憲使公學廣而才贍。其見於製作，大篇雲行，短章鏗鍧，得水部家法。方持部使者節按行浙水西，蓋將以飲冰嚙蘗之操，如梅花之犯寒而茂，揚芳聲，邁偉烈，以報主知。詎止以其玉雪之燦爛、芬芳之襲人，如何水部之發興於詩也哉！吾聞古之善占人後者曰：『光遠而自他，有耀者也。』憲使公之於水部有耀矣。如但曰所好之似，豈知言者哉！

玉帶山房記

玉帶山在蘭溪縣東三十里而近。其山秀拔，頂趾皆青，而其腰色純白，横亘數十百丈，如拖玉帶，故號玉帶山。邑人王瑞翁先生有先廬在其下，因署曰玉帶山房。屬予以記，且曰：『玉帶之勝在吾户庭，非一世矣。我先人在元至元初，以羈孤之迹至燕，獲事竇文正公，默得其銅人針法，用醫官起家。稍遷江西，官醫提舉，後簽太醫院事。雖留燕歲久，而朝夕之念未嘗不在玉帶左右，故未老而謝官歸休於玉帶之下。而負病踵門者，不遠千里而來，望見玉帶，粲然曰：「活我者在是矣。」一時玉帶之色若濯而瑩。吾幼在侍旁，觀先人按俞穴，求經絡之貫屬，以驗氣機，不敢不究心焉。先人既殁，中更多故，薄宦不足以達，人不以我爲無似，見謂克承先緒，趨吾乞療者，如趨吾先人焉，曾不以吾父子異世而或我間。玉帶之色猶幸如一昨也。維是先人之弊廬在玉帶者，何可不圖表見，以昭先志？敢固以請。』

余曰：『嘻！玉韞于石，而山木爲之光潤，況在於人乎？古有庚桑楚者，居畏壘之山，而畏壘大穰。彼庚桑楚者惡能使畏壘大穰哉！由其德之薰蒸，故山爲發祥耳。余游四方，遇有過玉帶者，談王氏父子生人之死不可殫紀，其積世德，如累金城，於先生諗之而信。他日玉帶之上，禎符發見，如畏壘之穰，未足多也。其必有曳玉廟朝、垂聲邁烈以大其施者爲之徵乎？山房，所以識也。』

簽院號鏡潭，瑞翁號玉泉。蓋山下有淵，澄渟瑩徹，光可以鑒，故其父子以自命云。

明德樓記

吾邑張可敬氏與余同僑武林城中。一日，手出一卷見余授經之堂，發而視之，則前内翰鄱陽周伯温甫所篆明德樓三字。周公以篆書名一世，而此三字端勁圓潤，得斯冰之妙。撫玩久之，緬想前朝文物之懿，不忍釋手。已而掩卷，問樓之面勢與名樓之義何若，可敬進曰：『吾居在邑之中。先大父爲處州學官而歸，爰作兹樓，以務窮理盡性之學。適周内翰以使事過天台，嘗登吾樓，爲先大父書此三字揭之眉〔一〕間，以示正學之有在。吾大父不幸捐館，兹樓亦毁於兵。幸内翰公之遺墨猶在。作新樓於舊址，取其遺墨摹而揭之。吾大父雖歿，猶不歿也。子幸爲我記之。』

可敬之大父，伯寧先生也。吾去鄉里蚤，未嘗一造其樓而拜先生。今觀先生之所以表見者，亦或可得而窺其涯涘矣。涉浙而東，山嶽之秀無出天台。而赤城、瓊闕、玉霄諸峰之最秀者又悉赴於縣。樓近市廛，高出衆屋上，諸峰之秀悉可攬而有。秋高氣清，先生身處埃壒之表，倚樓而望，天宇鏡淨，纖翳不生，萬象呈露。先生神觀爽朗，收視返聽，冥然内觀，所謂天之所以與我者，其本然之體段，顧不洞見於此乎？此樓之所以名也。雖然，此義也，文公先生於孔氏之遺書言之備矣。而其門人弟子又復以鏡爲喻，以謂鏡之爲物，塵垢去而鏡之體見，猶物欲去而心之體全。是則是矣，此第言其用力之地，初不若即鏡觀心，表裏一致之爲至親且切也。文公先生平生精力盡在《大學》、《論語》、《孟子》、《中庸》四書，而明德二言又《大學》第一義，學者誠有見乎此，大之而用天下國家，小之而爲天下國家用，胥此焉出。經生學士何可以習熟見聞而易視之哉！

吾聞文公先生四書之成，傳於吾台最蚤。意者先生去前輩未遠，精微之旨，蓋必有所受矣。宜以[二]表見，如銘刀劍、銘户牖之不敢忽也。不然，茲樓專山嶽之勝，芳題雅匾，何所不有？而獨有取於此哉！吾雖不及聆先生之緒論，因可敬之請而粗言之，而亦未知其至與否也？夫苟未至，在可敬用力如何耳。《大雅》云：『無念爾祖，聿修厥德。』子幸歸而求之。

校勘記

〔一〕眉，四庫本作『楣』。

〔二〕以，四庫本作『其』。

滋德堂記

先王之憂民也，以凡踵行喙息於天地之間者，未免淫於六氣而致殀折，故制爲醫藥之具，以全其生，而躋之於壽考，德至厚也。是以《周官》設醫師，掌醫之政令，凡邦之有疾病者造焉，使醫分而治之，歲終則稽其醫事而制其食。若五味、五穀、五藥之齊存於神農氏、子儀之術者是也。而岐伯、俞拊、秦越人、淳于意諸人，察五氣、五色、五聲之劇易，九竅、九藏之變動，以定盈虚休王，又皆羽翼其道，以補天地造化之所不及，爲生人萬世立德者也。秦爲無道，敢於焚燒六經，以廢周公、孔子之道。至於醫藥之書所以續斯人之命者，則幸獨存於世，誠以天地生生之德不可一朝泯也。

今夫人明乎經絡、骨髓、陰陽、表裏之原，五苦、五辛、温凉、燥濕之性，蓋本諸神農氏、子儀、岐伯、俞拊、秦越人、淳于意之遺法以濟人利物。故論其德，殆不可襲而取之。言其所自，則必尚世；言其所及，則必尚衆。而非苟且於一時，僥幸於一人之所可致也。故君子務滋德焉。

錢塘有徐鎮字鼎夫者，本醫家子，性靜而敏。郡以俊秀選爲杭學弟子員，習經藝辭章，有足稱者，而不廢醫。其家嘗作堂以儲藥，而未有名，請余名其堂。余曰：『經云：「樹德務滋。」子之道亦類是，宜名滋德。』生曰：『唯唯』。

蓋生之先君子以醫名於大方，其療法具存於家，已樹德矣。而生以妙年承之，又愈人疾亡算，如余之多病，亦且賴生以存，可謂善於務滋者矣。雖然，吾尚告生以滋之之術，獨不見富人之滋財乎？一金爲母，則子百金；百金爲母，則子千金萬金。惟其滋財之心勝，故雖走荒徼而犯虎狼，浮重溟而觸蛟鼉，瀕死弗憚，遂乃至於大盈。又況滋德無此險難，不過舉斯心加諸彼而已。生以滋財之術滋德，持久而不懈，德之爲用，有不可勝言者矣。其以吾言爲然否乎？

生曰：『承教，承教。願筆以爲記。』

澤存室記

易貞庭幹，本荆州人，幼時從其父母避地來浙，遂家焉。姿粹雅，行甚謹飭。以選爲杭學弟子員，出入學校，非特不爲嬉戲徵逐事，未始見其笑而至矧，怒而至罵，恒有不怡之色。余忝爲都授師。生嘗從余質疑義，余爲之辨析；從余習文字，余爲之删潤。生善筆札，余時有論著，多屬生繕寫。故生在衿佩之列，往來余所尤密，每熟視生而甚矜之。一日，告余曰：『貞之從親至浙也，日漸長大，覬有所成立，以養吾父與母。今幸吾父猶强健，而吾母竟棄不肖孤而去，欲報無地，是以煢煢如在疚。恒讀《大戴記》，至「母殁而杯圈不能飲焉，口澤之氣存焉爾」，潸然出涕，猶懼其或忘也。爰就吾母飲食起居之處，顔之曰澤存。先生其能賜以一言之教乎？』

余語生：

事死如事生，事忘如事存，人子之道也，曷敢有死其親之心？夫杯圈，飲器也，揉木爲之，而加髹焉。常人之家日用之所須，非貴重而不可致者也。記《禮》君子以是器也其母之所嘗御，母雖已殁，而口澤之氣猶存，捧兹遺器而哀痛之，誠心有不期然而然者。故若有不能飲者焉，非誠不能飲也。生以之自見，可謂不死其親者矣。

凡人知養其親於生存之日，固不必論。求有不忘其親於既没之後者，或未必然，則是死其親者也。死其親，非孝子也。人固未嘗無所思也。有睹河洛而思禹者矣，有見甘棠而思召伯者矣。彼其思也，出於衆人之所同。見杯圈而思母，則惟孝子爲然。嗟乎！亦有誓及黄泉無相見者，吾則不知其何心也。

古稱純孝爲難。由生觀之，蓋亦庶幾乎？所謂純孝人矣。生方育材於學校，將向用於時。今日之不遺其親，則他日之不後其君的然可見。故移此心以服官政，暢皇仁，迪民性，革薄從忠，使風俗如唐虞三代之時，顧不在於生輩乎？吾雖耄，尚及見之，筆以爲記。

存誠齋記

鄭敬常甫敦固周慎，孝友行於家庭，信義孚於鄉黨，學足以華躬而不自炫，識足以致遠而不自賢。與之游者，撓之不見其濁，澄之不見其清。蓋庶幾所謂古有道之士者焉。嘗潔一室，名曰存誠，請余著記。余曰：

敬常甫其[二]知道者歟？蓋天下之理不出乎誠，人之所以參天地而爲人者，此誠也。出乎誠，則入乎僞矣，甚可畏也。夫人之所以爲人，身之所接，君臣也，父子也，夫婦也，兄弟也，朋友之交也，以至一事一物，一動一靜，一食一息，莫不有實理存乎其間。理無爲也，在人以實心行之耳。仰不愧，俯不怍，則可至於聖人矣。聖人之心渾然天理，無往而非誠。衆人之心膠膠擾擾，與利害物欲相旋轉於無窮，故於人倫日用之間，不暇盡其道，未免苟焉而已。故曰：

『誠者物之終始，不誠無物。』故君子誠之爲貴。

烏乎！誠非聖人不能全也。夫欲至乎聖人者，其在存誠乎？敬常甫以存誠名齋，非知道者，其孰能與於此？吾嘗謂聖賢言誠，散見於五經四書，其言備矣。原其入德之要，未有若乾之九二『閑邪存其誠』一言，蓋學者用力之方也。敬常甫有見於此乎？蓋邪者物欲所生之穢汙，所以汩没乎靈明者實在於此。邪既閑，則誠自存矣。敬常甫爲人，威儀辭氣，必其學用心於内而以敬自持者。以敬自持，則方寸之間凜然神明之居，城堅池深，外侮焉能入哉！此必敬常甫之所自得，人所不能知者。

余也學未聞道，其於聖賢之學，故不敢以易言之，而亦不敢不用其力。尚當從敬常甫詢其所以然，庶幾聖學之要或得而聞一二乎？

校勘記

〔一〕其，四庫本作『其爲』。

始豐稿卷之十一 後稿

徐一夔大章著

記

養志堂記

事親之道，莫大於養志，而飲食、衣服、宮室之奉次之。記《禮》者曰：『孝子之養老也，樂其心，不違其志。父母之所敬亦敬之，父母之所愛亦愛之，至於犬馬盡然。此之謂養志。』是故甘旨以奉之，滫髓以滑之，飲食可以悅其口矣；暑則以絺綌，寒則以狐貉，衣服可以適其體矣；夏之日處之以涼堂，使不知有暑氣，冬之日處之以燠館，使不知有寒氣，宮室可以安其寢處矣，而皆未足以言養志。養志云者，必如前之所云，斯無愧焉，而非飲食、衣服、宮室之謂也。

上虞嚴氏兄弟二人，伯曰煥文，仲曰炳文，皆有士君子之行，而且善事其親。其家頗裕，於凡飲食、衣服、宮室之奉蓋所素具。其兄語其弟曰：『此不足以言孝，惟能養吾親之志，則庶幾焉。』其尊人亦有學行，爲一鄉所推重。歲時，先生長者相過，必爲酒食以相款洽。二人者在旁趨事不敢後，洞洞屬屬，惟恐不得先生長者之歡心，以獲罪於其親。後先生長者數數過之，見其不懈益虔，於是先生長者更相謂曰：『若嚴氏子者，亦可謂之能養志者矣。』久之，相與名其堂曰養志。伯仲謝不敢當，又相與謀徵言於余曰：『願有益。』

余告之曰：『世俗言孝，能不虧於飲食、衣服、宮室之奉，莫不自以爲足，又孰知以養志爲孝哉！夫飲食、衣服、宮室，凡有力者則皆足以爲之。至於養志，則有力者或不能爲。此騶孟氏所以獨取於曾子之養志，而不取曾元之養口體也。雖然，孝子而能養志，可謂至矣，而騶孟氏乃曰：「事親若曾子，可也。」曾不以爲足，何哉！《蓼莪》之詩人曰：「欲報之德，昊天罔極。」嗚呼！人子之事親，何時而有足？故曰：「孝子愛日。」嚴氏之子尚念之哉！』

上虞縣戒德寺記

自佛法流通中國，凡名區奧壤，類非尋常編户之所能專，必作爲名藍巨刹而後稱。大概窮壤之内，秀異之所藴蓄，必有待而發，非偶然也。上虞縣西北六十里而近，有寺曰戒德。唐大中中，居人周氏伯仲有曰元度、元慶者捐宅所建，而延有行僧弘泰爲開山祖。其寺東有巨浸，廣袤一百餘里，波光雲影，瀰粼晃漾，可鑒可濯，曰夏蓋湖。其南峰巒秀聳，蜿蜒磅礴，勢若挐雲而上，如拱如顧，曰九龍山。又其北有大山屹立，若覆盂狀，横亘於滄海之濱，外障波濤，内固聚落，曰夏蓋山。寺據湖山之勝，面勢清曠，軼埃壒而揖形勝，於刹土爲宜。

始，周氏建寺時，工築基，鋤入土尺咫，見赤蛇一，俄斷爲二。徐視之，金也。伯仲相顧駭曰：『此神物也。』讓弗敢有，乃售以建寺，而用其餘造橋。故兹寺初名議讓。至宋祥符間，始改賜今額。而橋名分金，則猶仍其舊。此足以驗秀異之所藴蓄有待而後發，爲不誣矣。夫以佃漁雜處之場化爲飛樓湧殿，鐘魚梵唄之音，朝朝暮暮發於雲林煙水之間，非吉壤也耶？宋南渡後，李莊簡公光有清節，里第在上虞之鄙，嘗盤桓兹寺，留題而去，亦足以見兹寺之不凡矣。夫何至於宋季忽罹鬱攸之虐，而向之翬飛絢爛者悉委爲灰燼。

元至元初，寺之僧善寧有戒行，緇素向慕，時捐資以助者踵至，乃更作之。凡殿堂、樓閣、門廡及庖湢、庫庾之規制，佛菩薩天人之像設，珠纓寶鬘、異薌華鐙之供養，鮮潔完好，悉還舊觀。至至正中，黝堊頗就漫漶，牆垣頗就剥圮，瓴甓頗就缺落，耆舊僧常演、德林又皆葺而新之。於是五六百年之道場常如不壞之日，爲一方之名藍矣。寺舊無記，僧本愚嘗參學於天界寺住持泐公禪師，間以寺記爲言，禪師謂宜求天台徐君爲之，遂具始末來請。

余聞地理家相攸之説，謂凡棟宇而處，必據風氣之會。惟夫風氣完固，故其積之也厚，而發之也不竭，以能奠於永久。然以世相觀之，其成其壞不能不囿於數。其不底於壞而復於成者，則亦有地靈之助焉，非數所能制也。若上虞縣之戒德寺是已。方周氏捨宅爲寺，徒以地之靈不敢有也，詎意有蛇金之異？豈非地不愛寶，而發祥之徵見於此歟？宜乎兹寺既成而壞，既壞而成，非數所能制，若有神人冥助之者，信非偶然也。造兹寺者何可諉曰人天小果，而易視之哉！

寺之衆派别爲七，而以甲乙傳次。得度於其寺者，率皆清修嗜學，出遊大方，以行業稱云。

重建大慈定慧禪寺記

大慈定慧禪寺者，唐寰中禪師之道場也。寰中得旨於百丈大智禪師，元和中，行腳至杭，愛兹山幽邃，因卓錫焉，依皈者衆。將建道場，而地脈高亢，乏水以供庖湢，意欲他徙。一日禪定，有神人儀觀甚偉，拜而言曰：『吾師行道此方以利益群品，吾等寧能不效繇力乎？吾將役二虎移南嶽童子泉，以施吾師。』翌日，有二虎在山西南隅，以爪爬地，如掘井狀。已而，水泉湧出盈坎，且味極甘洌，遂成道場。他日有自南嶽來者，禪師問：『童子泉何如？』曰：『涸矣。』於是泉以虎跑得名。寺之成，賜額曰大慈，則長慶元年也。開成初，禪師入滅。咸通初，其大弟子欽山遂上其師之行於朝，謚曰性空，塔曰定慧，易寺額曰法雲院。中和間，又以塔名配寺名，如今所揭額云。

宋太平興國中，寺以南泉願、臨濟玄、無著喜、趙州諗、巖頭奯、雪峰存俱至兹山，與中禪師激揚宗旨，故又名祖塔院。元祐間，蘇長公守杭，有《病中游祖塔院》詩，見於家集。建炎初，又復寺額如長慶時。嘉定間，權臣史彌遠利其地可爲墳墓，欲陰廢其寺，或爲俳語危之，乃沮。彌遠猶徙其寺額於鄉郡建香火院，而奏奪其地爲軍營。時有僧曰克符者，雜處其中，圖復其舊，而卒弗果。未幾，而宋社亦墟矣。

元至元中，巴江回公居淨慈第一座，縛茅泉上，以待時緣。方薙草畚礫，得一石，狀類僧袈，乃中禪師像也，濯而奉之。識者以爲寺興之兆。大德初，鹽運使胡公度雅敬慕回公，爲捐貲財興造，而寺額則仍中和之舊。至治中，止巖成公繼之，作亭於半山，題曰古禪林。兹寺雖已復，而規模不加於昔。大凡世間相涉於有爲，必待其人而後成。

當大朝洪武之十年，定巖戒公來領寺事，顧瞻再三，曰：『兹寺位望雖在五山十刹之次，而我中禪師唱道於此，高風遠播，一時尊宿力足以建宗垂派者悉至兹山，與中禪師激揚宗旨，迄今八百年，事具僧史，名號在祖堂未泯。承其宗者，其或因陋就簡，何足以言恢弘祖道？』爰發宏願，以改作爲己任，顧以〔一〕寺容衆素少，而志更張者多，弗克就。地理家言寺前澗水直瀉而下故也。首捐衣貲購地二畝，鑿爲方池以瀦水。乃裒衆施具材，命工作大雄寶殿，視舊加三之一，歷四寒暑而後成。將作僧堂、法堂及方丈、三門、鐘樓、兩廡，而故址不足以容衆礎。乃削巖剗壑，左右前後爲尺六百有奇，而僧堂、法堂及方丈、三門、鐘樓、兩廡視舊始廣。至於庫庾庖湢，亦皆以次而完。欲别爲室以待凡雲水之暫至者、名勝之恬養者、病患之攝治者，亦窘於基址。故於兩廡之間作爲重屋，而分房以處之，又涉五六寒暑而後備。至是，始具大方之體。

寺舊有斷碑，殘缺不可讀。當成公住山時，嘗立石矣，而紀次未覈。今竺隱道公以宿德重望綱維宗教，嘉戒公之爲，謂凡住持皆若戒公，何廢不起？爲疏其始末，使來請記。

余嘗涉西湖而西過赤山之岡三四里許，緣山斗折而入，不盡百步，新作山門，揭大慈山三字，則元江浙行省平章紫微史公弼所書。既入山門，又緣山行二三百步，有石梁横小澗上，乃抵山門。山勢三面環擁，林壑清閟，嵐霏翠寒，人間塵坌不至，信乎清静之域也。是爲大慈定慧禪寺。周覽久之，見夫殿堂廣邃，像設莊嚴，薌鐙幡蓋，鮮潔華好。以至供佛飯僧之器，靡弗備足。因喈喈歎曰：『往者南北兩山禪黌教苑，甲乙相望，號稱佛國。兹寺雖古道場，取名位者或弗暇顧。自罹兵燹，昔之盛者類詘於時，荆榛未盡除，瓦礫未盡去。兹寺不獨一新，視昔抑且有加。』徐而詢之，由領寺事者有志建立，不以時詘舉贏爲嫌，積其善行，孚於人人，樂施者衆，故能有此建立也。或以有爲法爲非道之所存而不屑加之意者，蓋不達理事之不二故也。若戒公者，非達理事之不二者歟？高山仰止，感慕中禪師而興起者有矣。勿替引之，寧乏善繼承者乎？

戒公名静戒，字定巖，苕溪人。通内外學，持律甚嚴，稟法於天界静覺禪師，有古德之風云。

校勘記

〔一〕以，四庫本作『其』。

碑

敕賜靈谷寺碑

今上皇帝應天啟運，建大一統之業，定都於鍾山之陽，辯[二]方正位，適與梁神僧誌公之塔寺密邇。洪武九年春，浙東僧仲義被召來爲住持，前瞻宫闕，僅一里許，私自忖曰：『王氣攸聚，紫雲黄霧昕夕擁護，非惟吾徒食息靡寧，亦恐聖師神靈有所未妥，且佛法以方便爲先，如得近地改建，誠至幸也。』因請於上，從之。義乃擇地於朱湖洞南，則鍾山之左脅也。材木未具，會上方遷太廟於闕左，弗敢以舊廟遺材他用，遂以施之。又遣親軍五萬餘人徙塔附於寺。功將就緒，有爲宫宅地形之學者言其地湫隘，非京刹所宜。義復以聞，有旨舍其舊而新是圖，拓大其規制，令可容千僧，命太師韓國公李某擇地於獨龍岡之東麓，西距朱湖洞五里而近。

其地中寬外敞，回巒複阜，左右相向，而方山巋然在其南。天造地設，儼然祇園之境。義以圖進，上若曰：『以此奉志公爲宜。』遂命中軍都督府僉事李新、衛指揮僉事滕聚、衛指揮僉事袁禄、神壇署令崔安董其役。建立之日，以十四年九月之吉中作大殿。大殿之前，東爲大悲殿，西爲經藏殿。食堂在東，庫院附焉。禪堂在西，方丈近焉。而大殿之後則爲演法之堂，誌公之塔則樹於法堂之陰。其崇五級，復作殿附塔，以備禮誦。左右爲屋，以栖僧之奉香燈者。

翼以兩廡，其壁則繪佛出世、住世、涅槃及三大士、十六應真、華梵神師示現之迹。屏以重門，繚以周垣，而養老病與待雲水之暫到者亦各有其所。至於井竈湢庾之類，凡禪林所宜有者，無一不備。

而其爲制，以佛之當獨尊也，故於正殿，則奉去、現、未來三世之像，其他侍衛、天神不與焉。以禪與食之不可混於一也，故食堂附於庫院。以師之不可遠其徒也，故方丈近於禪堂。以聯坐觀心，或混於笑語而弗專，故異其龕。以單寮息力，或流於宴安而弗檢，故同其室。而締構之法，則以梁架桁，不施疊栱，以枅承榱，不出重檐。凡交椽接霤、盤結攢輳如蜂房蟻穴之狀者，悉不用。規模氣象軒豁雄麗，望之翬飛，即之山立。都人士庶莫不瞻仰讚歎，以爲希有。此皆皇上萬幾之暇，睿思所及。而羲與董工臣僚奔走受成算以授群工，加程督之耳。凡木石瓴甓、丹堊髹漆之需者，皆上所賜。其工之巨不可以[二]數計，且不勞一民，而以戾於法者充工。既畢，悉宥之。夫役之於慈悲之地，而導之以有生之塗，此又皇上懲惡勸善之神機也。

明年六月十有三日告成。上既因其地之勝賜額曰靈谷禪寺，又賜田若干畝，歲入米四千石以飯其衆。又明年正月十日，上在齋宫，進僧録司臣顧問，諭及靈谷碑文未建，爾等宜舉能文者爲之。於是右講經守仁以杭州府學教授臣徐一夔名聞，尋勅羲具始末書幣來取文。羲既被旨，使其徒道聯將命至。臣一夔學識膚淺，忝職外郡教事。上命所臨，不勝恐懼，謹具載其事，拜手稽首言曰：

竊嘗聞之，大雄氏之教以深慈宏願攝受群生，悉歸正覺，非細務也。故非國王大人，莫能恢弘之。自入中國以來，有天下國家者咸以其道爲能密贊化機，陰翊王度，而崇尚焉。然昧者事之不以其道，至其後也不能無弊。

皇上龍興，承中華之正統，爲天地神人主，臨制萬方，奮大有爲之略，舉百王之墜典而一新之，貽聖子神孫萬世之法。至於佛氏之教，亦以近世僧居不存古制，聖慮及焉。比因僧仲羲之請，改建誌公之塔寺，遂本佛意而作新之。規畫措置，度越古今，使凡學佛者起居食息各得其所，而致力於其道。至於慈風所被，法雨所霑，有生之類咸願去惡而爲善，庶有以上答聖天子崇奬之意。且其徒生於二千載之下而獲睹像教之盛如二千載之前，不其幸哉！謹系之以銘。銘曰：

皇帝受命，曰惟其時。天人克協，式應昌期。仗鉞秉旄，豪傑景附。曆數在躬，作我民主。皇顧四方，曰此幅員。德懷威服，在予一人。神祇邑導，底於建業。遂開帝基，受天之策。維此建業，地龎以洪。虎踞於西，龍蟠於東。天作神皋，帝王之宅。眷言定鼎，卜如洛食。大都奠止，萬國來臣。春朝秋覲，冠佩詵詵。奕奕彤宫，巍巍絳闕。五色成文，照映天日。地不愛寶，禎符相仍。昔有神師，亦此發靈。神師爲誰，道林真覺。岌彼塔寺，在於喬嶽。塔寺岌矣，宫闕在前。其徒弗寧，奏疏請遷。協於皇心，詔從其便。爰敕臣僚，具爲改建。既築既構，美奂美輪。有赫其居，震耀天人。伊大覺尊，具足萬德。巍然中居，玉毫金色。千袍濟濟，以食以禪。弗溷于一，惟適之安。彼窣堵波，如地湧出。道林所栖，天龍環翊。惟兹巨刹，殊勝莊嚴。如兜率宫，下現人間。是曰京寺，四方之式。弗加表見，曷示于逖。作而新之，有革有因。出自睿畫，以振法乘。法乘之行，如佛在世。凡百有生，慈恩悉被。惟皇與佛，天中之天。潛符默契，億萬斯年。

校勘記

〔一〕辯，四庫本作『辨』。

〔二〕以，四庫本作『無』。

重修龍翔宫碑 有序

杭之龍翔宫初建於後市街西，蓋宋理宗潛邸也。理宗既斥其地爲宫以奉感生帝，而命左右街都道録胡瑩微爲開山住持，以重其地。

元至正中，西僧楊輦真伽總統江淮釋教事，崇釋而抑老，以龍翔宫爲壽寧佛寺。住持胡元洪〔一〕購地於城西北隅，改建之。其地與宋和義郡王楊氏第密邇，而今宫基則楊氏所奉神祠處也。延祐中，朝廷降璽書命天師張留公主領宫事，且世襲之，而住持則黄石翁也。宫初爲三齋，至是增爲十齋，曰履和，曰頤正，曰全真，曰宜休，曰覲妙，曰東明，曰環隱，曰守正，曰安晚。元統癸酉之歲，杭州火而宫毁焉。住持史景仁謀更作之，而天師亦施金以助。寶殿中峙，瓊扉前辟，彤樓紫閣，左右輝映。後有葆真之室，壘石爲山，鑿地爲池，疏豁蕭爽，號蓬山堂。前儒學副提舉陳旅實爲之記。外則引西湖之水，環繞宮牆，隱然若玦，過者指爲神仙之居。俄而兵起，僭〔二〕竊一方者據爲軍器局。煙塵鴻洞，無復前日之勝矣。

天兵既平浙，住持毛君繼祖請於總兵官今曹國公曰：『兹宮乃國家祝釐之所，非官局也，願復其舊。』總兵官韙之，得還爲宮。居無幾何，毛君退席，而宮日就圮。四十二代天師過見之，歎曰：『此吾曾高所領宮也，忍使廢乎？』乃延龍虎山法師鄧君允修爲住持。既而鄧君被召爲金門高士，而天師亦化去。嗣天師克繼先志，尤以起廢爲事。僉謂玄妙觀住持王君應瑾足任起廢，於是天師加授貞白先生、東華弘道純一法師，爲住持，且兼領諸宮觀事。

王君玄風素孚，其來也，一意修葺，首捐己橐爲之倡，而施者踵至。凡殿堂門廡，以及庫湢，赤白之漫漶者，則塗繪之；瓴甓之缺損者，則補綴之；徑術之蔽塞者，則疏通之。至於帝天神及驅邪辟惡之像設，剥落黝黯，則加摶埴粉飾；不足，則請於別廢宮之失祠者足之。於是規模一新，過者則又莫不相與咨嗟言曰：『不意今日復睹舊觀。』其徒遂來謁余，請敘次其宮廢興之迹以昭示來者。

以余而觀於天地之間，凡物之成壞，未有不梏於數。其有不爲數所梏者，則存乎其人。龍翔爲宮，自宋之季以潛邸爲道館，迄今二百餘年，而滄海桑田已變矣。始也奪於異類，微胡尊師不足以任改建；中也厄於鬱攸，微史尊師不足以任起廢。維此二役雖巨，時方殷阜，其爲之也易爲力。王君當久替之餘，徒藉己橐與凡施者倡，遂能以舊爲新，使龍翔不至就圮，則難爲力矣。雖然，爲之於難爲之時，而不見其難爲，抑豈無所致而然哉！蓋王君襟抱〔三〕沖約，制行貞白，而應物和易，初若無爲，而未嘗不爲。推其精誠於禱禳禬禜之間，有感輒應，都人士女賴焉。故凡興作，人皆不勸而趨。嗚呼！德之懋者，其應大。吾所謂不爲數所梏而存乎其人者，以此也夫。銘曰：

言言琳宮，在巽之隅。往帝有作，厥惟靈區。金庭珠户，神聖攸居。天潢所經，滙而爲渠。如彼翠水，環於蓬壺。夐隔諸塵，若與世殊。俄遭小劫，轉隆爲汙。瓴阤垣圮，茀翳於衢。仙馭遠去，野馬紛驅。惟兹福庭，休祥所儲。發靈獻異，千祀弗渝。豈其遂仆，而不可扶。是有德人，其來弗徐。巽作飆舉，其助雲輸。葺易繪塓，厥工群趨。百廢具興，在於斯須。儀觀有煒，光彩發舒。瓊佩朝真，瑶章騰虚。行道讚歎，曰儼如初。德人有作，與化同樞。是用作銘，以昭德符。

校勘記

〔一〕胡元洪，四庫本作『胡原洪』。

〔二〕僭，四庫本作『潛』。

〔三〕襟抱，四庫本作『襟袍』。

序

六書本義序

古者六書之法皆掌於官，成周保氏之職以六書教國子。而書之設以同文爲盛，故又有外史掌達書名，行人掌諭書名。漢循其法，太史試[一]學童諷書九千字者，得爲史；吏民上書，字有不正者，則糾率之，其掌於官可知已。

夫書，非曲藝也。大而二帝三王周公孔子之道，次而古今成敗得失之迹、九流百氏雜家之説，又次而官牘、家乘、錢穀、獄訟、米鹽、碎務之記注，莫不有賴於書，蓋不容於一日廢者也。而爲書之法六，曰象形，曰指事，曰諧聲，曰會意，曰假借，曰轉注。其爲法也，有子母相生之類，形聲清濁之别，五方言語之異，用之者易流於譌舛。自夫官失其守，大夫士務趨簡便，以指事爲象形者有之，以會意爲指事者有之。至有以轉注爲假借，會意爲轉注，其失滋甚。於是六書之義不明，而義理之精微有失其本真者矣。

越人趙君撝謙深以爲病，取許叔重而下諸家論著之書，考其得失，推子母之相生，俾各歸其類，正五方之言語，律以四聲，而以子母相生之例統之。爲凡例，以提其綱；爲圖説，以括其要。分爲十類，著爲十二篇，釐爲三百六十部。於是六書之義明，而六書之用無譌舛之患矣。

嗟乎！大夫士之於六書，譬之麻縷絲絮，莫不以爲衣也，而或不知其出於蒔育；稻粱魚肉，莫不以爲食也，而或不知出於佃牧。習而不察，此固人情之大較。撝謙非有官守如古者外史、行人之所掌，而能用力於衆人所略之地，何其用心之專也哉！

撝謙裔出宋宗室，志慤而守恬。其學邃於經術，諸子百氏莫不記覽。著爲文辭，抑揚反覆，能沛然盡其所欲言，而不畔於道。觀其所著《六書論》可見已。至於《六書本義》，則尤盡心者也。方國家校正韻譜，徵至京師，稍試其所學，擢中京國子監典簿。旋以疾引退，遂克畢力於此書。書成，徵余序之。雖然，余固習而不察者也，安能發其蘊？以撝謙請之力，姑著其用心之專云爾。

校勘記

〔一〕試，四庫本作『設』。

寓齋類稿序

括蒼吳伯京先生既没〔一〕於家，前工部都水〔二〕主事公願，其冢嗣也，彙萃其所爲文爲若干卷，題曰《寓齋類稿》，自括蒼貽書武林，徵余〔三〕序之。

向余被檄攝祀海上，得以便道獲挹先生道德之光耀，然以草草別去，不獲承教爲憾。乃今得其高文大集而盡觀之，誠一快也。顧余晚出，且膚陋，何足以當知言之任而序之哉！而水部君方以博學能文振其家聲，徵余言頗切。然不敢以虚辱，乃[四]爲序之。

蓋先生之學出於見山葉氏，而見山之學私淑於水心葉氏。文章至宋而盛，既南渡，光嶽之氣分，不能無大音不完之議。幸而文運流於東南，儒先君子相繼唱鳴道學，而葉氏獨以文章顯。雖其久任句宣，而掌制之日少。然當是時，中外有大論撰，不歸葉氏，人情不饜。故其文章卓然自成一家。運去物改，其流風遺韻之被於鄉里者未泯，規模氣象有足以興起焉者。

先生生於其鄉，傳授既有端緒，本之以穎悟之資，濟之以方鋭之氣，年弱冠就試鄉闈，有司奇其文，寘諸前列。既而科舉事輟，乃遂博極群經，會異歸同，涵揉充暢。故其發爲文章，舂容整暇，浩乎如長江漫流，一碧千里，藹然皆性命道德之説。此無他，理勝故也。彼以才驅氣駕爲高者，坐於造理不深故耳。雖然，臨文而索理，理惡乎粹？惟夫求諸經而有得於堯、舜、禹、湯、文武、周公、孔子立言之旨，融而攝之於方寸之間，而吐之於觚翰，則其爲言自不患其不醇矣。嗚呼！理足而言暢，天下之至文也。先生之文有焉。

初，先生舉進士不遂，用薦歷台之寧海、衢之西安教諭。晚值更化，當路薦先生宜居師表之地，擢教授鄉郡。尸教席者十有餘年，其所造就領鄉薦、登舍選者居多，譽望隆重，號稱東郡儒宗。至於文章，又其餘事也。先生諱世昌，伯京其字也，别號寓齋云。

校勘記

〔一〕没，四庫本作『殁』。

〔二〕都水，原闕，據四庫本。

〔三〕余，四庫本作『予』。

〔四〕然不敢以虚辱，乃爲序之，四庫本作『然不敢以膚陋辭，故爲序之』。

何憲副集天台山賦爲詩序

天台山在於越之南，名雖不齊於五嶽，而神秀所鍾，有雄麗絶特之觀焉。晉孫興公爲章安令，嘗慕其勝，著《游天台山賦》。其賦既成，以示友人范榮期，曰：『此賦擲地，必作金聲。』兹山之勝，古未有發其秘者，自興公始發之。其後名公巨人，若唐翰林供奉李白、元余文忠公闕，皆有作以嗣其響焉。李翰林有《至天台曉望》詩，余文忠公有《劭〔一〕農至桐柏》詩，其詩妙麗，膾炙人口，而未有檃括孫賦而播爲篇什者也。

僉憲宣城何公行部至天台，睹其雄麗絶特之狀，左顧右盼，有不欲捨去之意。然職在巡訪，勢不能窮幽極夐，甚戀嫪焉。方外士有以趙文敏公所書《天台山賦》刻本獻者，按而讀之，目之所遇，與賦之所及，意領而神會，遂集賦内所指景物，如東坡先生檃括陶淵明《歸去來辭》爲樂府故事，以題詠焉，得近體詩若干首。其還司也，且以示凡能言之士，悉集其句爲之，且戒不用其語，而用己語，雖工弗採。且屬余以言弁其首。

余也世居天台，凡勝地之見於篇什者，少時侍先人杖屨嘗游焉。竊較赤城之霞氣，瀑布之飛流，莓苔之滑石，而皆莫若瓊臺雙闕之爲奇特，峭崿崢嶸，懸磴萬丈。比至其頂，地平如砥，九嶺環擁，雙闕夾路，瓊臺中居，五芝含秀，八桂森出，樓閣縹緲於彤云彩霧之中，彷佛如在天上。故興公之賦目爲仙都，而述其地特加詳焉。

今余留落他郡，且老，而鄉邑之勝未嘗不往來於懷。若興公之賦，蚤嘗習之，當夫懷土之心生，蓋嘗臨風一誦，以祛愁思。而習熟見聞之久，終不能祛也。今見公所集其句之字爲詩，組織工緻，模寫圓熟，逸興飛動於層巒疊嶂之間，政如李光弼入郭子儀軍，部伍雖舊，號令一出，風采新矣。不其奇哉！是詩也，使它方之士見之，天台之勝如在目前，況如余之舊所游者哉！寧不爲之欣快？因不辭而序於公詩之次，凡承命而作者，則請以次書焉。

校勘記

〔一〕劭，四庫本作『勸』。

送薛文舉還太常序

上虞薛文舉爲太常博士，將一年，得告省其親。其還職也，道過錢塘，徵余〔一〕言以贈。

初，文舉隱居教授，不求知於時。會國家搜訪遺逸，有司以文學薦擢爲太常博士。命下之日，朋友咸爲之喜。有謂余者曰：『今國家興治，衆職畢舉，將軼漢唐而過之，捐爵祿以待天下之士，非若往日拘於門地，限以歲月，而故靳之也。以文舉之學之行，得七品官，翱翔於奉常之署，夫豈曰忝？奚獨爲之喜哉！』余曰：『非也。太常之有博士，古號清望，非他流比也。而博士之設，其職有三，曰贊相祭祀，曰講究禮儀，曰撰定謚議。凡贊相祭祀，在乎臨事致誠敬之節。文舉爲人端慤而詳慎，其執事也，懼墜如執玉，懼傾如奉盈。其職贊相，所優爲也。凡講究禮儀，在乎據經以達因革之故。文舉於經考核精審，其講禮也，必合會通之宜，而不持專門之見。其職講究，所優爲也。凡選定謚議，在乎節惠以著功行之實。文舉於文穩順精確，其定議也，必得襃揚之要。其職定議，亦所優爲也。朋友之爲文舉喜者此也。獨不聞之古乎？古之人言善爲弓者必曰垂，以其利於射也；言善爲車者必曰奚仲，以其利於運也。設使垂而爲車，奚仲而爲弓，必弗利於用矣。故士而所習適所用，豈不可喜也哉！夫以一士而用稱其職，爲其友者，非有所利於己，而美愛之意沾沾然見於辭色，其故何哉！蓋天下爲公，鼓舞興起，人情之所同也。《棫樸》之詩，序者以文王爲能官人，其不以此也夫？』

屬文舉請，因述前之所云以爲之贈。

校勘記

〔一〕余，四庫本作『予』。

聽雨堂詩序

《聽雨堂詩》一卷，今知崇德縣安成周君子治之所粹也。

初，子治之先大父龍南縣尹與其世父南豐長司宦遊四方，不得時相會聚。及相會聚，簡書有程，又有別離之歎。因念蘇長公與次公會彭城，時長公送次公之官，有『夜雨何時聽蕭颯』之句，龍南與南豐言曰：『吾二人者今日之情，亦猶二蘇之在彭城也。』因名其所居堂曰聽雨。時子治之先君子延平郡守方以才能辟三公府掾，再轉而爲監察御史，其所與交皆魁公碩彦。於是廬陵歐陽公玄爲記其堂，而相臺許公有壬、臨川吳公當、危公素、宣城貢公師泰、河東張公翥、晉安張公以寧、黟南程公文以及一時文學名流咸爲賦詩，凡得若干首。周氏聽雨之堂在安成萬山中，自諸公題詠既出，爭相傳誦，而聽雨堂之名播於四方矣。

子治遭值運去物改，先世故物惟恐軼墜。至於聽雨之什，寶之尤謹，不啻如遺珪棄璧，曰：『前輩澌盡，片言隻字已不易得，而況長篇短章具在乎？且吾先德所由以著也。吾安敢忽諸？』及子治以文學選於朝，來爲縣於語溪之上，乃稡衆作，牙籤錦軸，裝潢成卷，謁余言爲之引。

余也藐焉晚出，以坐時艱，不能博其聞見，恒竊愧焉。卷内諸公雖不盡識，若貢宣城、程黟南，則嘗納交，過蒙許與者。至如危臨川，雖未嘗承顔接辭，而見知爲尤深。今老矣，學不加進，何敢以骫靡之言弁諸其端？

會子治徵言甚亟，寒廳坐雨，取而誦之。大篇激慨，小篇淒楚，咸極聽雨之情狀，使人有黯然不自持之意焉。兵革之餘，諸公之高文大集莫可得，而見其所爲詩歌於一卷之内。譬之嘗鼎而得一臠，亦云美矣。雖然，非吾子治不忘先德表而出之，吾亦安能有此獲也？昔者柳州先生顧其父所交皆一時知名士，著《先友記》，以示其父交道之廣，談者韙之。子治邃於經術，爲詩文古雅，有柳州之風。是編之稡，亦柳州記先友意也。庸弗讓而爲之序。

西塘八詠詩序

西塘在京城岐陽武靖王府第之西。其塘瀦水數百頃，浪波瀰粼，渚坻相間，鵝鶩浮沈，魴鯉游泳，輕榿短筏往來於暗靄之間。其上功臣甲第，畫棟連雲，丹甍曜日，環以戍屋，前後鱗次。晴風暖日，酒旗揺曳，暝色乍合，燈火相輝，遠則江上岡巒相屬於雞鳴山，朝嵐夕照，尤宜遐矚。白先生以中之館在焉。先生授經之暇，徘徊顧盼，心甚樂之。乃即其目之所及釐爲八景，各賦五字詩一首，每首二十字。清切精緻，吐辭有盡，含意無窮，誠雅製也。辱不鄙夷，封書與詩於千里之外，俾余題其首簡。

初，先生以豐才碩學受知岐陽武靖王，館之門下，俾授其嗣子今羽林左衛僉事及僉衛之二季以經，甚見尊禮。其後王俄捐館，先生悼知己之難得，浩有歸志，而僉衛昆季懇留，弗可。至聞於上，有勅諭留，先生始不敢辭去。僉衛乃築館於西塘之上，哀慼之餘，率其二季從學如初。先生之於去就可謂得其道矣，而其託迹又在輦轂之下、神皋聖壤之間。古人云：『大隱居朝市。』先生得專西塘之勝，宜其幽情逸思見於語言文字者，非尋常俗下之所及也。

有如余者，僑居錢塘十有餘年，而錢塘之勝莫西湖若。雖殘山剩水，而水煙雲月固在念，欲出遊以豁胸中之壹鬱，而日有鉛槧之務，兼之比年病兀，不良於行，曾不能少遂一適。故誦先生所寄詩，而想像西塘之景物，如在天上。以天之福，旦夕得遂休致之請，則將力購良劑，强筋壯力，補修游事，而後竭衰退之才，模寫湖山景物，以昭太平之盛，庶幾獲酬一適之願，如先生之在西塘也。因不辭而序。

會友詩序

朱孟堅宰長沙之寧鄉，六年而歸，僑杭嘉會門外。一日，張君光弼、吳君子立訪之，驩然出迎，掃榻命坐。時暑方盛，乃具茶瓜款話。逾午刻，二人者情消意釋，不知門外之有黄塵赤日也，各賦詩一首以識。既而孟堅裝潢成帙，徵余題辭。

余惟古之大夫仕不出國，惟聘問則出境，從事公朝，未始一日不相見。今則不然，仕者沿牒而出，近者二三千里，遠者或五六千里，又遠者或至萬里，及乎終更，又沿牒而去，何能一至鄉里修合并之好乎？張君前朝故老，子立宦轍暫停，孟堅亦六年於外，此一會也，亦何可得哉！情見乎辭，有以也。然吾聞之，三人爲聚。試於玄夜寥闃之時，仰而觀之，將必有德星聚矣。

師友集序

高君士敏編《師友集》，徵余序之。《師友集》者，稡其師與友贈遺倡酬之文與詩也。宦轍初，士敏之先君子宣尉府君以碩學至行，歷掾三臺御史府，後官至浙東宣尉司都事。宦轍所至，亦既揚芳聲，邁偉績矣。方其顯融時，雅不欲子弟從事華靡之習，務以通經學古爲賢。士敏遵承父訓惟謹，本之以超邁之姿，濟之以方鋭之氣，窮日夜之力以務記覽，涵揉停蓄，作爲文章，多而千言，少或百字，咸中矩度。時士敏年纔[一]弱冠，已與老成作者有並驅爭先之意。而宣尉府君向所與相晝諾於華要之地，以文學名世者，如鄱陽周公、宣城貢公、臨川危公皆在。士敏以契家子持所爲文贄之，皆曰：『人言高君有子，信然。』手其文不置，嗟異久之，且勉之曰：『他日人之求知於子，甚於子之求知於我矣。』士敏益自貴重，志之所向，直追千古而不疑。

天下方亂，操觚弄翰之士或棄而他業，士敏竊笑之。其志屹然如泰山之不可移，益力弗懈。既入國朝，士敏年日以壯，而文日益有名。凡著作家論當世能言之士，必曰高士敏氏，不敢後也。而四方之求文者，亦日輳其門。於是士敏聲譽欻起於東南，若火之始然，不可掩遏。而向所與游年長以倍者，莫不願與之爲忘年交，而與之齒者亦不敢與之雁行矣。夫惟士敏之奇偉卓絶，不獨有以成其先人之志，而一旦挺然立於作者之林，使高氏之文章自士敏始，庸非卓然有志之士也哉！

士敏有卓識雅量，人所不能及。其才雖高，未始以有餘自視，以不足待人。觀於所編《師友集》，大篇短章，無一或遺，蓋可見已。洪武初元，用薦預修《元史》，擢翰林編修，轉秦府紀善，未幾引退。今又詔起試吏部侍郎云。

校勘記

〔一〕纔，四庫本無。

陳氏文乘序

今浙江都指揮使陳公禀仁賢之資，處勳舊之地，簡在淵衷久矣。洪武元年，山東平，被旨出鎮登州，尋改鎮東昌。在登者三年，在東昌者十有二年，聲實徹於九重，遂有超遷之命，來至於浙。公在鎮時，大夫士之稱頌公者，有碑有記，有序有詩，不一而足。其客鄭某慮其散軼，彙稡成編，而總題之曰《陳氏文乘》。以余辱知於公，且屬之以序。

乘之云者，其意以晉之史曰乘，以載田賦爲名，故後世亦以郡所藏故物爲郡乘，家所藏故物爲家乘。陳氏以所藏編帙爲乘，蓋取諸此。

余嘗獲登公門，見公器宇凝重，識量宏達，有輕裘緩帶坐鎮雅俗之風，心竊慕之。及觀諸君子之所以稱頌公者，而益歎其事業表表偉偉。

初，公至登州，適倭奴犯海邊，時登州新附，民心驚悸。公躬擐甲胄，率先士卒，設方略剿平之，民賴以安。比至東昌，地當百戰之後，草萊荆棘滿望。公繕完城郭，樹立樓櫓，建置倉庫，畫街衢以奠民舍，列屯堡以安軍營，擇爽塏以立官署。至於輿梁之便往來者、楗閘之防蓄泄者，亦莫不修完之。郡府爲之一新。又以北地高亢，民不知種稻。公相其地勢之宜稻者，近於會通河，可決以灌，遂請於朝，開稻田三百餘頃，歲收米若干石。一衛之衆不藉餽餉以足，國家千萬世之利在焉。前後十有二年之間，民安於農，軍樂於戍。考其設施，大略不愧於古之賢方伯。此大夫士所以不能自已於言也。

夫公之勳德被於東土，固已勒之金石，播之聲詩，家傳而人誦之矣，尚何待於託之文乘而後傳哉！《詩》曰：『詒厥孫謀，以燕翼子。』他日公之賢子孫欲求公之餘風遺烈，有不待出户庭而知者，其有不資於文乘哉！公之賢子孫尚慎承之。

送左參政陳公入覲序

洪武十八年，皇上妙選浙江布政使司官屬，既命齊郡張公爲左布政使，未幾又命番禺何公爲右布政使。至於僚佐，亦極一時之選，而左參政儀真陳公蓋其一也。二公以宏材碩學提綱挈領，衆僚佐又各以聰明特達之材相濟，朝夕聚議，有協比之心，無乖違之意。譬之琴瑟和鳴，浝灃之音不作，政令爲之一新。曾未期月，十有二府稱治。

公本勳臣子，今中京留守衛指揮使，其尊公也。留守公當皇上龍飛之初，東征西伐，以材勇自奮，著攻城略地之績。及天下大定，論功行賞，遂託以心膂之寄，而拜留守之命。公少有父風，閑於弓馬之事，又習知文史，從其尊公剿凡未附者，遂亦以功擢長一旅之衆。天兵平雲南，遂以所部從大將軍調度還，奏捷於朝，因留備宿衛。會浙江有闕官之請，上以武臣直亮可任。於是拔自武弁，拜三品文階以行。

公既視事，郎吏持牒詣前，白當占位署。公必問事根柢，察其是非黑白，參決於長僚而後署。故凡事下，無弗當者。至或出莅所部督事之未集，召長吏立庭下，量事緩急與爲約束，違即笞辱之。公風稜素著，所至事無弗集。

初，公之至，以謂皇上軫念武臣，第以文職佚之。及見公之論議設施，聲譽煊赫，而後知聖見宏遠，不以常格拘也。嘗試論之，古者文武並用，故深衣之制可以用之於文，可以用之於武。是以《詩》稱『藹藹王多吉士，維君子使』，初不謂一材一藝而足也。如參政公者，謂非天下之通材乎？去古日遠，文武釐爲二塗，欲求通材如今參政公者，誠百一而爲收不易得也。一夔老且病，兹見公入覲於朝，所以樂道其善，告於中朝大夫士，以彰國家得人之盛，非曰佞也。

贈宋承差還司序

浙司承差有宋孟琳者，以左參議太原閻公之命來修治廟學。既竣事，徵言以還司。

初，參議以名進士自監察御史出爲今官。視事之三日，修奠謁禮，顧瞻禮殿，大梁將壓，靈致善譽，斯不負丞矣。往遵著令，條疏治行於尺咫之簡，以上於吏部以聞。若夫顯被光寵，蓋不必命之蓍龜而有以知其然矣。

天高氣清，綵舟容與，覽畿甸之博大，瞻天闕之伊邇，神怡思豁，無不足之意，不其快哉！雖然，褒典有二，或仍授前官，以竟其撫字；或膺不次之擢，而大其設施，皆異數也。子强行哉！如授前官而還，將必訪我於寂寥之境，吾當執手而與之傾寫；如膺不次之擢，其亦有以慰我乎？

校勘記

〔一〕言別，原無，據四庫本補。

〔二〕先後，四庫本作『後先』。

送吴景純歸省序

今年冬十有二月，余坐論堂上，天雨且雪，有二客霑濕而來，迎而挹之，浙司從事潘彦吉、尹仁茂也。坐既定，徐叩之曰：『二從事職掌公牘，胡爲擔簦躡蹻訪我於寂寞之濱耶？』二從事進而言曰：『屬有所請。僚友有吴景純者，括蒼人也。姿粹雅，且有材諝。布政使司辟爲承差者三年，傳命於各州縣，關決趨辦，事無不集，上官賢之。比者朝廷有除弊之政，自完者鮮，獨景純如一丸璧，無纖毫璺，抑不謂之賢乎？兹將謁告歸省其親，願假寵於執事者得一言片

始豐稿卷之十二 後稿

徐一夔大章著

序

送丘子强序

廬陵丘子强氏聰敏而詳慎。既世居文學之郡，而其諸父又多以經術起家，子强習熟見聞，固有以異於人者矣，且又益勵於學，鄉評韙之。會朝廷收攬材畯，以子强貢，擢丞杭之餘杭。其爲丞，時詣會府白事，暇輒見余於冷署，意甚懇款，斯足以見臭味之相同者矣。兹將上京師考績，過余言別[一]，余告曰：

聖明在上，思致太平之治，一去壅隔之弊，聚天下之賢才而用之。公平正大之道，如青天白日，奴隸亦知其清明。士生斯時，患無材爾，不患無用。用矣，患不能宣力，不患上之不知。

余聞子强之丞餘杭也，日坐訟庭上，與其令可否事，不持一見，務協民情而止。於徵輸則多寡以節，於期會則先後[二]以信，於趨辦則緩急以宜，上官稱爲佳丞。其民亦曰：『是能司平於我者也。』夫丞，所以佐令者也，事無所得遂。古人之爲此者有丞負予之歎。今子强爲之而吾聞孟琳從事浙司，素以勤謹受知上官，用日〔五〕月積勞行當换授於朝。他日拜官，或内而京朝，外而郡邑。揚芳邁偉，必有譽於時，何以知其然？以修廟學之事觀之而信。因筆以授之。

校勘記

〔一〕間，四庫本作『側』。
〔二〕每，四庫本作『母』。
〔三〕彩，四庫本作『彤』。
〔四〕以，四庫本作『治』。
〔五〕用日，四庫本無。

星門朽腐不任啟閉，而經閣講堂及誦習之舍亦皆上漏旁穿，喟然歎曰：『先師廟學，風化之原，人材之所自出也，而況兹郡廟學又十一府之望。失今不圖，必至頹仆，其可坐視乎？』右參議南陽耿公聞而韙之。越三月，紀綱法令既布，乃謀修治。材木則取諸公用之羡餘者，工匠則取諸輪番之休息者，民力則取諸編氓之弗役者。計工度材，具有成算，乃擇從事之勤且謹者授之，且戒之曰：『毋苟完，毋故緩。』

於是孟琳趨事不敢後，乃集工師。先懸大木於棟以揭梁，使梁不至獨負，而下植二柱副於兩楹之間〔一〕以拄之，上下相持，而梁愈固。其外靈星門三，每〔二〕門二扉，高凡若干尺，廣凡若干尺，疏欞修棖，皆析堅木爲之，加以髹彩〔三〕，而門愈壯。他若經閣、論堂、誦習之舍，則厚其塗塈，密其覆蓋，而免穿漏之患。至於成算之所不及，或一椽之朽，一瓦之缺，一竇之損，亦必葺之。自卯至酉，躬自督率，弗苟弗緩，僅三十日而告完。廟貌潔新，門觀雄麗。過門而式者，莫不讚歎：『此有以昭參議尊崇廟學之意。』而吾孟琳能以上官之心爲心而底於有成，亦見於此。

孔子之門高弟弟子有冉雍氏者，僅宰百里之地，而以爲政爲問，孔子教以三事，而先有司爲第一義。蓋宰兼衆職，非一人所能事也，必分屬之於下，而後可考其成功。今參議公受聖天子之命，布政於十有一府，任至重也，其職視一邑不翅百倍。如用孟琳氏任以〔四〕廟學之事，亦先有司之意。

辭張之，是亦揚善之道。』

余謝之曰：『余坐痼疾，觚翰事疏久矣。誠如所云，則又不能已於言也。括爲郡，在浙水東，素多材傑。其在前代者，吾不暇遠引。若我朝之誠意伯以謀略而建輔運之勳，章按察以風猷而揚澄清之烈，皆表表偉偉於當世。其餘以文學政事歇歷中外者，又不一而足。景純生長其鄉，習熟見聞，固異於衆人矣，宜其自見者夐出乎尋常之表也。余嘗聞之，景純性至孝。其承差於使者府也，不得奉晨昏於其親，行邁之餘，顧瞻白雲，在彼故山，情不能自已。用狄梁公過太行故事，規摹爲圖，以繫其思親之心。此有以見景純一舉足而不敢忘父母者矣。嗚呼！孝也者，百行之原也。人而能孝，則其行諸己者如執玉，如奉盈，可知已。括多材傑，他日有位于時，揚芳邁偉，豈復後於〔一〕諸公哉！歸哉！歸哉！可以慰悦而親矣。天稍霽，道無泥塗，吾當扶憊送之浙河之上。』

校勘記

〔一〕於，四庫本作『如』。

送徐子貞還官序

潭府典寶正徐君子貞將還。子貞世居杭，其去杭也五年矣，始獲與鄉里朋友一相見。其鄉里朋友甚欲款留之，而勢有不可者。或告余曰：『典寶君將有數千里之役，職務在躬，復欲如今日之相會聚，亦浩未有期。其行也，不能無離別可憐之意，子幸有〔一〕片言隻字慰解之。』

余告之曰：『凡人不得志於時，必有羈窮無聊之思。與之游者，故皆有言以慰解之。吾謂子貞此行有得志之事三，寧待吾言以慰解之哉！子貞以才行選於朝，得爲親王官屬，趨蹌王廷，夙興夜寐，敷陳尊主庇民之術，爲王所知，遂蒙予告，歸葬其親。所謂得志，此其一矣。古人有親喪弗舉者，必請乞於朋友而後獲葬，其情蓋亦戚已。今子貞不煩請乞，蒙王特賜奉襄之費，舉二十年未舉之喪。所謂得志，此其二矣。人有遠行，有篇什之贈，人且寶之。子貞之來也，王爲賦詩三首，至親灑翰墨以寵其行。珠玉照映，鸞鳳飛翥，光耀被於鄉里。所謂得志，此其三矣。士之仕也，患不得以行其志。今子貞既得賢王而事之，又得克盡人子之大事，天下之樂孰有大於此者乎？六月之吉，綵舟容與，泝浙河而上，西過彭蠡，而觀大江之演漾，又折而南，夷猶乎洞庭之野，時雨初霽，夏山如沐，瞻望王廷在紫雲之間，欣快可知，又安用慰解爲也？吾見子貞所攜無他長物，獨見牙籤錦軸，動盈篋笥，皆晉唐人墨迹，誠千百年秘藏之物。今子貞倶收並蓄，以備館閣博古之用，誠難得也。行哉子貞。吾與朋友遥見翼軫之間有光如虹，必吾子貞至也夫。』

是爲序。

校勘記

〔一〕有，四庫本作『以』。

崔彦齡往海南省親詩序

崔彦齡氏才質秀整，秦川之彦也。與之游者，雖未悉其中之所藴，見其容止進退，自不敢以常流目之，矧與之雅者乎？一日，持故人郭文伯甫書來見余於武林，愀然有不怡之色，拜而請曰：『吾母氏遠在海南，兹將往省，道阻且修，願假寵於執事者贈之以言。』

蓋彦齡方髫齔時失其所怙，其母改適桑君。後桑君仕於朝，以事謫海南，其母與之偕往。而彦齡留落鄉里，不見者數年，思之不置，故往省焉。以常情言之，彦齡之母蓋有託矣。然自此而去，溯浙河，過彭蠡，出大江之西，南踰五嶺，下惡灘之水，而後涉鯨波之茫洋，乃得見其母。是行也，跋跋萬里，蓋亦艱矣。而彦齡不以爲艱，視萬里若跬步，詎非孝人也哉！且吾聞之，而母尚康健。彦齡年方向壯，績〔三〕學累行，聲譽日著，將嚮用於時。他日取范文正公故事，迎母北還，享有五鼎之奉，亦未爲晚，安用戚戚爲哉！余既嘉其志，又重以文伯甫之請，贈之以詩：

崔生秦川來，面有憂戚姿。問生何所爲，念母無已時。母也在何方，南海渺天涯。涉川水增波，陟嶺路多歧。區區寸草心，不敢辭險危。晨興霜露零，夕息煙火微。去去一萬里，視若〔二〕跬步爲。人生穹壤間，母子故相依。胡爲若鴻雁〔三〕，南北相背馳。白日行中天，寧不照吾私。願言崇令德，遠大以爲期。

校勘記

〔一〕績，四庫本作『積』。

〔二〕若，四庫本作『爲』。

〔三〕雁，四庫本作『燕』。

送前郡守王公還鄱陽序

昔率謂天不可必，余獨以爲〔一〕不然。天者，理而已矣，曷嘗不可必哉！顧吾之所存〔二〕何如耳。土之沃者，其葉茂；膏之沃者，其光燁，亦理之自然也。設有不可必者，特其暫耳，而非一定之天也。余於鄱陽王公必先觀之而信。

公負材氣，早有志於功名。值天下亂，集鄉兵以守土。會國家收攬群策，而公連有典郡之命。其典郡於杭也，鞠躬盡瘁，一以公勤處之。而其爲治，慈愛之意恒存於威嚴之中。杭爲郡，地大物衆，供億浩繁，公區別有條理。吏畏其嚴，民懷其惠，事無不集者，聲譽赫然。而公剛介不阿，有撓其政者，以非道干之，雖其勢焰薰灼，終不肯曲法以徇。撓者銜之，以他事誣公，竟坐是去官。謂之天不可必者，亦近之矣。而公之去，雖遠謫數千里，肉食湩飲，亦未嘗有無聊不平之意。及耄而歸，意氣固自若也。一日，慨然有懷曰：『吾舊所治，惟杭爲佳，湖山城郭不知無恙否？』一日，命舟東下，蒼顔白髮，從一二童子曳履而行。望湖山之鬱紆，顧城郭之磐曲，徘徊久之。父老遺民相見道左，曰：『此吾故侯也。』再拜歔欷，問安否外，依依不忍去，若欲得其再任者。

嗟乎！自公之去，撓公者固已聲銷響滅，而繼公者朝榮夕萎，亦不知其幾易。自公觀之，有得於天者多矣，天果不可必乎？余年與公相上下，其來杭學，亦嘗辱公之薦。而性戇愚，且加之痼疾，他不能有所爲也。出處去就，然亦一信於天而已。今見有如公者，又已然之明效大驗也，寧不重予〔三〕之自信乎？公留杭逾月而還鄱陽，故吾道其得於天者送之。

校勘記

〔一〕以爲，四庫本作『以謂』。

〔二〕所存，四庫本作『所有者』。

〔三〕予，四庫本作『余』。

送歲貢生蔡長年序

今天下廣設學校，爲儲材之地，法至備也。衿佩之士選於編户而廪於學官，朝修暮習，升於太學，以待國家之任使。此固著令，然天之生材不一其等，爲之師者，雖有智力，亦不能强之使齊。苟其人未足以貢，雖欲脱穎〔一〕而出，不得遏衆論而先之；其人可以貢矣，而欲謙遜自持，亦不得曲徇其意而後之也。

蔡生長年之爲杭學弟子員者也，其質粹然，其氣温然，其言動舉止悉中禮度，而其治經義辭章，善自磨揉，理達言暢，琅然可誦，蔚然可觀。推其餘力以及字畫，一波一磔亦不苟，且務得晉唐人筆意。私竊以謂使廩於學官者皆如此，庸非職教者之幸乎？

昔[二]洪武十五年，聖天子新作太學以教育天下之英材，言者以州縣所貢弟子員推選。未至，奏令拔其尤者歲貢一人，且著爲令。歲十有二月，適迫貢期，余忝論薦，集分教師與同學友而詢之曰：『歲貢生孰爲宜？』僉曰：『無如蔡生。』杭學乃兩司一府所涖，質諸兩司一府之長，亦皆曰：『吾月旦望視學，亦獨視偉此生，貢之爲宜。』而生乃欲自晦，有不敢先之意。余進之曰：『子獨不見夫玉乎？其膚理之温潤，光華之暢達，玉不自寶也，而知玉者過見之，曰：「是物也，爲瑚爲璉[四]，爲珩璜，爲璁瑀，爲環玦，此其選也。」彼不即人，而人即之矣。生宜勿辭。』於是以其名上。

古者論士，亦必於學，無他，爲其公也。兹當歲貢之初，而拔生於四十人之列以之充貢，此一鄉之公論也。今去而列於大司成之館，與天下之俊彦角立，他日論秀於天子之廷，則有天下之公論在焉。生其勉之，如玉之必爲美器，吾黨之望也。

校勘記

〔一〕脱穎，四庫本作『穎脱』。

〔二〕昔，四庫本無。

〔四〕爲瑚爲璉，四庫本作『爲瑚璉』

送蔡平赴會試序

去年秋大比，浙闈取士凡六十又六人，杭學以弟子員選者得六人焉，有蔡平字持正者其一也。

古人有言：『非静無以成學。』蓋静則心志專壹，不爲外物所〔一〕摇奪，而後能有成。嘗讀《唐書》至《褚無量傳》，歎曰：『褚公之學，以静而成者也。』褚公，杭人，家居臨平湖邊。一日，龍起湖中，環視者如蟻，褚公讀書自若，如罔〔二〕聞見者，非能静者乎？褚公博極群書，號稱大儒，爲唐名臣，至今讀書堆尚在，人以爲美談。余忝教杭學，每舉以勸學者。大抵從古以來名公鉅人，所以揚聲光于當時，垂名譽于後世者，莫不由此而至，豈獨褚公爲然？吾不暇遠引他人而獨舉褚公者，以此郡學者視褚公爲先賢，得諸見聞者爲近且切，易以感發故也。

生之爲人，姿樸茂。生長在郡城闤闠中，聲音采色非不足於耳與目也，泊然〔四〕無所好，静者也。自其來學，余數爲言窮經之要、爲文之法，初若未之領會，徐而考其日之所業，遣辭析理，於余言無弗合者，吾固期之。科制既頒，有決取之志。以誦舍群居，未免譊譊以亂思，别擇一室，取凡書籍而致力焉。會大比之期至，有司取材於學校甚備。生以高等貢在場屋中，濡筆伸紙，以答問目，給燭至三鼓而退。考官得其程文讀之，見其敷繹詳明，援引精覈，曰：『此必力學之士。』置其名於第二。計其所獲，非能靜之效驗歟？

嗟乎！靜之功於學者大矣！茲將歌《鹿鳴》而上春官，願益以一言之教。余辭之曰：『吾固嘗爲生言之，生用余言有效驗矣。今上春官，不過移其試於鄉者而試之耳，無難事也，又奚言爲？吾竊以謂程文者，國家取士之具耳。今去而掇巍科，行將見諸事業，記誦文辭云乎哉！陸宣公有云：「吾上不負天子，下不負所學。」敢誦斯言爲贈，凡同年之友并請並以告焉。』

校勘記

〔一〕所，四庫本作『之所』。

送俞齊赴會試序

國朝學校之制，郡設教授一，訓導四，弟子員四十，俱廩於官。每訓導教弟子員，則以十人爲率，而日課其業。教授則月考四十人，所課有進與否而加程督焉。

余來杭學，會訓導缺，弟子員有俞生齊、王生羽者從余授經。余則以訓導之所課者課之，又不但月考其業之進與否而已。齊性詳雅，羽性聰慧，皆知向學，周旋衿佩中，不煩繩尺，私獨愛之。科詔既頒，二生舍吾寒廳之旁，以便承教。青燈永夜，誦習質問之餘，吾嘗與論本朝科目之設至甚備也。欲觀其窮性命之奧，達萬物之情，則在乎經與書；欲觀其得好惡之公，通古今之變，則在乎論與策；欲觀其處決之足以比律情，辭藻之足以華國體，則在乎判按與夫擬詔、擬誥、擬表。視隋唐以來，或專於經義，或專於詞賦，爲足以得人者，爲不同矣。且其定式多，其條件少，其字數一洗前代冗長之弊，使其製作有可以趨於古者。學者苟能如其法而致力焉，雖古人不難至，豈直取名爵之具而已？

歲當大比，有司取材於學校甚悉，羽以年未及冠〔一〕，姑留卒業。齊年差長，雖欲留之，亦不可得。其歲杭學以弟子員中選者六人，齊其一也。撤棘之日，他生皆以一得爲喜，而齊獨有不懌之色。余詰之曰：『生豈不欲去父母之邦耶？今國家取士，惟尚英俊。此生得志之秋也，奚不懌爲？』生謝曰：『非此之謂也。齊事先生，於兹有年矣，以質魯故未克卒業。今也持不足之學而僥倖於一得，未知所設施。朝廷懸名爵以待士，固不靳於齊也。意者一旦蒙恩，忝膺華資峻級，殆將不免製錦之譏，是以憂也。』余曰：『生之志如此，則遠且大矣，非吾所知也。吾聞宋歐陽公文章爲一代宗師，與人言，不言文章，而言政事。其稱曰：「文章止於潤身，政事可以及物。」生而知此，所進未易量也。余老且病，且材識黯昧，不足以及此。生今去此而游京師，必有如歐陽公者在。掇科之後，其尚求而師之。』

校勘記

〔一〕冠，四庫本無。

送孫生性初上興化縣主簿序

孫善性初以杭學洪武十九年歲貢補太學生。夏五月，上以天下郡縣吏弊未盡除，民蠹未盡去，由近民之官有雜流廁乎其間，悉取郡縣弟子員之在太學者，隨其年材之次第〔一〕，授之以州縣之職，欲使儒效暴白於天下。除目自天而降，蓋有千餘人，不其盛哉！於是性初得調〔二〕興化縣主簿。

始，余主杭學，生以俊秀選在衿佩之列。性警敏，爲經藝辭章，若不經意而能。處師友間，情誼翕翕，然遇是非利害，必開口別白，不以隱諱爲賢。吾嘗諗生，他日從政，必有可觀者。及上太學，僅五閱月，遂得八品官，與有民社之寄。余竊自慶向之所以期生者不孤矣。

其上官也，道浙而閩，求余言以贈。夫贈之爲言，增也，其意欲增其所未至云爾。余嘗忝爲都授師，誼不得而辭，因告之曰：『近民之官，莫切於令，而簿所以佐令者也，大要不貴立異。或立異以爲高，則戾心生而政乖焉，不可不知也。在《易》同人之初九曰：『同人于門，无咎。』當筮仕之初，乃出門同人之象。出門同人，不於異而於同。同則天下之公生焉，公則焉往而不利。是道也，不止於爲縣，爲郡可也，不止於爲郡，旬宣邦國、訏謨廟朝亦可也。吾所以爲子贈者如是，是亦師友相規之道也。吾又聞之，爾祖誠父先生異時爲行省掾，後爲縣於閩中有聲，至今人稱之。詩曰：「伐柯伐柯，其則不遠。」尚念之哉！』

校勘記

〔一〕第，原作『弟』，據四庫本改。

〔二〕得調，原作『調得』，據四庫本改。

重刊中峰和尚廣録序

昔在大德、延祐之間，江之南有大和尚曰中峰本公，居天目山，發大願力，具大辨才，痛救末法之弊，大機大用，變化翕霍，雷振電走，如大醫王視一切衆生受病已劇，悉皆因其病而藥之。故其所爲書有曰《信心銘》、《闢義解》，曰《楞嚴正心》、《辨見或問》，曰《金剛般若略義》，曰《别傳覺心》，曰《擬寒山詩》，曰《幻住家訓》，曰《山房夜話》，曰《東語西話》，曰《續集》，曰《語録》，曰《别録》。千言萬語，反覆辨説，無非隨機開示，俾凡參學之士證上乘也。總名〔一〕曰《天目中峰和尚廣録》。和尚化去，其徒表請於朝，願如五季永明壽禪師所著《宗鏡録》、宋明教嵩禪師所著《輔教編》、《傳法正宗記》得賜入藏，與内典並行。朝廷允之，鏤板於杭州〔二〕之南山大普寧寺〔三〕。未及廣布，而數遭小劫，版與寺俱毁。

有武弁之士曰張子華者，善人也。得其殘編讀之，愓然有省於中曰：『和尚之言切實明白，因事示理，真對證之良藥。若我之迷鈍，且有所警發，而況圓機之士乎？』吳山有雲居菴，亦和尚法嗣所築也。子華謀於其菴上首智暠、慧澤二師曰：『吾願重刊《廣録》，以廣流通。吾捐己橐爲之倡，師皆倡其道者也，幸助我募緣成之。』二師曰：『是吾志也。』時和尚之慈風被於人者未泯，樂助者衆。版材既具，擇日命工以鏤刻焉。逾年而功完，請余爲序。

嗚呼！和尚之道大矣。其見於虞文靖公集、宋正獻公本所著塔銘與道行碑者備矣。至於《廣録》入藏，揭文安公曼碩又奉敕爲之序。顧余何敢追繼三公之後？縱一言之，其於和尚之道，猶指虛空而加讚歎，安能得其仿佛哉！

嘗試論之，言禪不尚文字，其來尚矣。要之，第一義諦非文字，亦莫能以傳。譬之涉長江大河，非假舟筏之力，未免望洋而退，惡能以濟彼岸？故凡傳宗之家必有語録者，此也。夫文字者，舟筏之具也，何可廢哉！方元室全盛之日，崇尚佛乘，前古未有。有能續佛慧命，大弘法量，力尸化權，普應十方而無礙者，和尚一人而已。當其住世，王公貴人，學士大夫，以至遐陬裔域之長，攀蘿緣磴，躋千仞之巔，瞻其光儀，聆其謦欬，得悟於一棒一喝之下，固無資於文字。及夫報緣已盡，光儀不可得而見矣，謦欬不可得而聞矣，雖欲承其策勵，邈不可得，猶幸其應世之迹見於文字者可以爲究竟之地。不然，光沈響絶，未有不舍正塗而趨邪道者。此《廣録》之書所以不容廢也。雖然，能仁氏之道累千萬億言，至於無一言可説，乃爲大澈。嗚呼！是書也，其大澈之門乎？故〔四〕《廣録》之書完，和尚雖已化去，使四衆持誦，常如住世之日。然則張子華氏有功於心宗之傳，豈小補哉！

書凡三十卷，字以枚數凡二十八萬有奇。若其族出之懿、承傳之的，則有虞宋二公之碑銘在，兹不著。

校勘記

〔一〕名，四庫本作『名之』。
〔二〕杭州，四庫本作『杭』。
〔三〕大普寧寺，底本、四庫本均作『大普慶寺』，誤。
〔四〕故，四庫本作『是故』。

天鏡禪師哀頌序

浙河之上有大浮圖曰天鏡禪師，根器超邁，氣岸魁偉。其涉世也，汎乎若秋空之雲；其待物也，煦然若冬日之日。言其學，則博觀乎内外而持其中；言其識，則精别乎事理而融於一。可以謂之名師碩德也已。嘗住杭之靈隱禪寺，有東序僧搆訟於崇德縣，縣久稽關決。後有新令至，上其事於刑部，刑部付讞曹置對。既坐搆訟者罪，以禪師實領寺事，法當連坐，遂逮之。事實禪師未住持時事，禪師既赴讞曹，亦不自白，如讞引伏比律，謫居關陝，時年六十有七。行次實應縣之佛舍，覺氣體頗憊，謂侍者曰：『吾緣殆盡。』適遇其妹婿之官，道經其處，遂囑以後事，奄然而逝，洪武十一年正月十九日也。四方緇素聞其殁，莫不作爲詩偈以哀之，總凡若干首。其法屬大濟彙次成帙，以余與禪師有方外之好也，徵余序之。序曰：

禪師世爲越人，幼有異稟，不混俗狀，慨然慕出世法。時方尊尚佛乘，不屑爲凡緇，始去氏。時莊節先生韓公以文學德行教授鄉里，禪師從之游，講説群經大旨。至於諸子百氏，悉務記覽，貫穿博洽。發爲文辭，大篇雲行，小篇鏗鏘，得韓公之法，人皆〔一〕稱曰韓門方袍高弟。使其挾此，固足以誇於大方矣，而禪師蓋曰：『吾將藉此以入佛知見。』且以入佛之門有二，其由文字而顯者曰教，離文字而悟者曰禪。泥文字，則失之滯；略文字，則失之誕。去滯與誕，其必由教而禪乎？

天竺之陽有以宏辨碩學而弘天台之教者，爲濟公天岸，禪師往依之，縱横辨説，而得三乘四教之旨。徑山之杪又有高風古道而振臨濟之禪者，爲端公元叟。禪師往依之，機緣吻合而得教外别傳之妙。乃遂去教歸禪，猶不自足也。凡館閣名流、玄門高士、同袍巨擘負海内之望者，如虞文靖公在臨川，黄文獻公在寶婺，忠介公泰不華〔二〕之守越，危内翰素之使浙，訢公笑隱之在金陵，張公伯雨之在錢塘，近而百里，遠而千里，又遠而三四千里，莫不造見，挹其風裁，接其議論。而諸公亦皆極口譽之，稱爲法門偉器。

嗚呼！禪師道容德量既異於人，且本之於儒，資之以教，歸之於禪，廓其見地於大方，其所造豈衆人之所能窺哉！吾儒之論有云：『世有千人之人，有萬人之人。』如禪師者，千人之人歟？萬人之人歟？第惜其道之不大行也。在至正中雖嘗出世，兩坐道場，未幾以亂退幽敻之墟。值聖朝更化，固嘗被召，説法鍾山之廣會，且蒙賜對便殿，然亦不久抱道而還。至如靈隱之席，實五山之望，劫灰之餘，興廢補弊之不暇，方將據猊牀、揮麈拂以振宗風，而崇德之事遽作。嗚呼！惜哉！

禪師之來靈隱也，余適爲校官於兹。往來相好，道間闊外，輒及文事。余語之曰：『吾意禪師盡空諸有，而猶不忘此耶？』禪師曰：『吾固衲流，猶幸及見前輩作者寥落。今見吾子瞠乎其後，以故未能忘言。』余謝以不敏。至被逮，倉皇走慰之，問事所根柢，禪師具告以前所云。余解之曰：『如此，固未住持前事，司平者必能辨之，可無慮也。』禪師曰：『有定業，死生〔四〕不足較。』余觀其容，了無憂色，退而自謂有道者之於患難蓋如此。故其赴讞曹也，不復自白，而甘坐之。

嗚呼！禪師於無生之理見之澈矣。其視此身如幻泡然，其起其滅，曾何容心於其間？彼執世相者，固自以爲當然，何其狹哉！四方緇素哀之，見於詩偈，不約而同，亦豈過情也哉！其皈依之誠，嚮慕之意，有不能自已焉耳。雖然，此迹也，若論其至，則有非世俗言語可〔五〕得而擬議〔六〕者矣。

校勘記

〔一〕皆，四庫本無。

〔二〕泰不華，四庫本作『臺哈布哈』。

〔四〕死生，四庫本作『生死』。

〔五〕可，四庫本作『之可』。

〔六〕擬議，四庫本作『疑議』。

全室集序

昔者文物之盛，士有高世之志託迹桑門者，既有得於其宗，而亦以操觚染翰爲事，以與海内作者齊驅並駕，使其教益大以顯，有若季潭泐公者焉。

初，公負聰明特達之資，既釋士服，翱翔大方，擇所依歸之地。時廣智禪師訢公學統儒釋，肆筆於文事，卓然成一家言，施之著作之廷而無愧。天曆、至順間，光膺帝眷，説法金陵官寺，緇素向往，得其片言隻字，以爲秘寶。馳騁出入，以應其請，如群飲於河，各滿所欲，聲譽赫然。泐公既自得師，當是之時，金陵亦東南都會，内而閣臺〔一〕名流，外而山林遺老，至其地者，莫不折節而與廣智交。泐公參請之餘，又得博其聞見。凡六籍之所存、百氏之所萃、名家巨集之所録，日務記覽，涵揉渟〔二〕蓄，而後吐出其胸中之奇。譬之築九仞之臺，其基既厚，何患其不崇且大也？故公學甚辨博，才甚瑰偉，識甚超邁，而皆發於聲詩。其詩不淪於空寂，推敘功德，則發揚蹈厲，可以薦宗廟；襃贊節義，則感慨激烈，可以厲風俗。至於緣情指事，在江湖，則其言蕭散悠遠，適行住坐卧之情；在山林，則其言幽夐簡淡，得風泉雲月之趣；在殊方異域，則其言慨而不激，直而不肆，而極山川之險易、風俗之媺惡。其詩衆體畢具，一句一字，滌去凡情俗韻，一趨乎雅，有一唱〔三〕三歎之意焉。故其大篇短章之出，四方萬里爭相傳誦，震耀耳目，皆曰泐公猶廣智也。

余與同里閈，及壯而游，又託方外之好。公軀干魁碩，音吐洪暢。其與人交也，意度豁如，望之者知爲法門偉器。初出世李白題詩之寺，值天下亂，入山益深，入林益密，以養其高。會大朝混一，肇隆像教之事。今京師第一禪林，即廣智説法之地。桑門上首，非有宿德重望爲上所知者，不以授之。公以廣智大弟子繼席，據猊揮麈之日，四衆雲會，莫不容之，而公處之，不以爲泰。佛有遺書在西域中印，上有旨命公往取。即銜命而西，出没無人之境，往返數萬里，五年而還。艱難險阻備嘗之矣，而公處之，不以爲戚。定力所至，出乎世相之表，夫豈庸流之所能窺哉！若其見諸語言文字，則又特其寓者耳。

公之從子永祚得公詩法之傳，既彙萃其所爲古樂府歌行、五七言近體爲若干卷，公别號全室，因總題曰《全室集》。以集示余，意欲得余言以引其首者。

嗚呼！廣智之集，虞文靖公序之，謂如洞庭之野，衆樂並作，鏗轟軒昂，蛟龍起躍，物怪屏走，沈冥發興。至於名教節義，則感激奮厲，老於文學者不能過。天下以爲知言。有如余之昏鄙庸陋得而觀之，如以賤目而窺群玉之府，但駭其光采之粲爛，而莫能枚舉〔四〕其名也，惡足以言之哉！余不敢咈其從子之意，因以區區之見姑評其概。若論其至，則必有能言之士如虞公者爲之言也。

校勘記

〔一〕閣臺，四庫本作『臺閣』。

〔二〕渟蓄，四庫本作『停蓄』。
〔三〕唱，四庫本作『倡』。
〔四〕枚舉，四庫本作『枚指』。

鐘偈序

鐘偈總凡若干首，淨慈禪寺新鑄鐘成，叢社上首一倡衆和，以落之也。偈亦詩類，佛所説諸經必重之以偈以申前義。然多五言或七言，敷揚佛理，以便誦讀，而不叶以音韻。詩則四言、五言以至七言，緣情指事，而以音韻叶之。淨慈鐘成，諸上首以〔一〕言句落之，然不曰詩而曰偈者，崇法器也。

初，杭之南北兩山，禪黌教宛差次林立，鐘魚之音此鳴彼應。自罹兵燹，惟淨慈巋然獨存，而鐘亦就毀。今同庵禪師簡公以宿德雅望來主淨慈之席，緇素向慕，又有修比丘之行者曰鎮庵靜、雪堂立爲之慕施，以資行其道。於是化鐸宏宣，法雲遠被，施者川委，遂能以廢爲興。凡棟宇之撓缺者，瓴甓之漫漶者，既一新之。又聚銅造鐘，得銅至二萬餘斤。乃命攻玉之工作模範，設爐鞴，擇日鼓鑄，一冶而就，曾不苦窳。扣以巨筳，大音發越，徹於大千之内，聵者以醒，迷者以覺，見者聞者莫不讚歎禪師宏願所致。語云：『逃空谷者，聞足音，跫然而喜。』當兩山闃寂〔二〕之秋，獨淨慈成此宏偉之器，先衆刹而鳴，誠爲希有。兹諸上首之偈所由以作歟？

余觀諸偈，四韻八句，其體如詩。因器寓理，以振揚宗風，非世諦言語之比。而其辭鏗鍧炳熠，又有詩家所不逮者，蓋合二而爲一也。天門師繕寫成帙，持以示余，且請題辭卷端。余惟唐李睦州製尊勝幢以資冥福，而柳州先生實爲之贊。余睹茲希有，而不能贊一辭。諸上首既播響於無窮，余雖鄙劣，何可不以寸莛少試乎？乃輒序之。

校勘記

〔一〕以，四庫本作『爭以』。

〔二〕闃寂，四庫本作『闃默』。

送銓上人謁槎山泐禪師序

槎山在長淮之南，森鬱峭拔，緜亘數千百丈，蓋天造地設，以障夫淮流之蕩潏。其山蘊靈閟異，光耀未發，故不得與五臺、天台、匡廬、虎林諸山角勝。靈僧古佛不一示現，畸人靜士亦未始一至其處，而修名山志者亦或見遺。其勢蓋或若有待。而茲山距今天子龍興之地不滿百里耳。直隸中京王氣所鍾，發祥覃秘，所及者廣，一旦若培而崇，若濡而郁。先時，人生其間，氣習樸忮。聖天子更化，欲使其人有佛菩薩之行，使其地爲乾竺、鷲嶺之區，爰詔名師德二三輩居之，蘄以陰翊王度焉耳。於是全室禪師泐公在行。

禪師道器宏博，襟度開朗。嘗坐大道場，肆口説法〔一〕，爲人天師。又往西天竺國取世尊遺書以備内典，而斥其緒餘爲世諦文字，亦清暢宏遠，足以振其宗。居槎山三年，慈風所被，民俗遂隨以化。四方衲子聞之，接踵而至，隱然有大叢若之規摹。

有銓上人字仲衡者，嘉興産也。嘗出家郡之報忠寺。禪師唱道天界寺禪林時，上人往依焉。禪師愛其樸茂，有受道之資，俾居侍香之職。上人昕夕左右，凡禪師動静語默，悉得其要領。久之，通内外典，爲同袍所推許。所謂繩墨之下無枉木是也。

今年春，又自嘉興謁禪師於槎山，踏予門請贈。其意以在昔道林、道安、惠遠、湯休、文暢之徒與謝安石、王逸少、習鑿齒、謝靈運、鮑明遠、柳子厚諸人游，間或别去，必徵製作，以華其行，故亦不鄙余而見請。

余老且病，又屬有憂患之事，神摧氣耗，勉强秉筆，愧不能追前人之逸軌。雖然，吾聞爾宗古德勇於求道，雖履巉巖，披蒙茸，出入虎豹之窟，亦弗之憚。矧今槎山在神州赤縣之内，去此而彼，又有禪師爲之依歸，亦安用吾文爲哉！吾聞爾師往槎山也，有妙雲資公、蒲庵復公同日被旨。資公則余所向慕，復公則嘗與游者也。上人請益之次，幸爲一問訊焉。

校勘記

〔一〕説，原本作『設』，據四庫本改。

香爐峰詩序

余少時讀太白詩，考其遊歷之迹多在廬山。其詠香爐峰之詩曰：『日照香爐生紫煙。』大概廬山之勝在香爐峰，而香爐峰之勝又在日出之時。雋永其語，欲攬其勝，而不可得。後余西游，道經會稽山之陽。其山磅礴千仞，深鬱峭拔。山上有峰穹然而峙，狀如香爐，亦號香爐峰。余時自逆旅蓐食而出，行三四里許，日方出，正照峰上。日光山氣相射，紫翠成圍，丹青莫能點染。踞坐道旁石締玩久之，想像廬山之勝亦類此。因曰：『使太白一見，其吐出語必愈奇矣。』余憶過峰下時，今亦不知歷幾甲子。

有思上人者，字無念，其得度寺在會稽山香爐峰之下。上人秀而文。其師命之出遊大方。今僧録同庵簡公，時以雅德重望尸南屏之席。見上人有向上根器，必有得於地靈之助，爲賦香爐峰詩一首，以致屬望之意。已而，宗門上首皆相繼而作，久而成帙，持以示余。其詩搜奇騁異，極天造地設之秘，發而觀之，金鳴而石應。

吾别香爐峰之日久，一旦隱然如在几格上，亦足一快。余獨以謂匡廬之香爐峰，幸託于太白之品題，揚名海内。而會稽之香爐峰，其名差劣，抑〔一〕杜子美稱會稽山水止及於若邪溪雲門寺，而不及於香爐峰故耶？兹峰雖不見稱於子美，而諸公之作視太白爲益富。自今而後，會稽之香爐峰與匡廬之香爐峰兩相高矣，不彼劣也。

上人之得度寺曰銅佛寺。師曰東谷海師云。

校勘記

〔一〕抑，四庫本作『抑豈』。

墓誌銘

國子助教李君墓誌銘

李轅之奔其父喪也，道過錢塘，衰絰見余，泣而言曰：『轅去親五千里，爲丞於耀之三原，僅期月而訃音至，終天之恨〔一〕何可言？今歸奉襄事，自傷禄不逮養，苟能圖其所以不朽者，亦庶幾慰先人於地下。先人之友惟先生辱知最久，願哀而賜之銘。轅寧舍於逆旅，忍死以待。』余誼不得辭，乃爲〔二〕敘而銘之：

君諱畢，字宗表。其先汴之封丘人，有諱初者，從宋南遷，遂居錢塘。其占籍金華之永康，則自君始。曾祖諱某，妣王氏。祖諱某，杭州路雜造局提舉，有陰德，嘗儲粟於市，貴糴賤糶，且俾糴者自操斗斛；妣徐氏。父諱貴，紹興路新昌縣税務大使；妣柴氏，元初有以善相見世祖，賜名柴碧眼者，其父也。教子有法，見文學之士與其子游，則命款留，治具待之，否則戒其謝去。

君生于延祐甲寅十二月廿日。姿俊爽，美風儀，意氣超邁，衣冠潔修，狀類貴游子弟。少從鄉里師，口占詩已能出驚人語。稍長，好蒙古字學。元制，蒙古字學視儒學出身爲優。器局疏通之士多由此進。君喉中能吐蒙古人語，手寫横行書頗習。嘗侍大使府君宦游新昌。浙東僉憲苦思公行縣，君以詩謁之。公喜曰：『天才秀發，其進未易量也。』又問習何書，則以前所習對。公正色曰：『明經應進士舉，獨不可以發身耶？』公以西北處士起家，連持部使者節，有重望。君惕然有省，於是刻意明經，往從永嘉鄭公僖學。鄭公登泰定甲子進士第，需次未上官，從學者甚衆。君得其指授大要，爲經義辭章，驟出同輩上。公命删潤他弟子所業，君加删潤，輒粲然可觀。公喜曰：『如李暈者，科第不難致也，當以子妻之。』李秘著孝光，鄭公友也，以古文鳴東南。君持製作請教。秘著極加稱賞，曰：『吾友得婿矣。』其後業成，還就鄉試，有司以其程文爲説過高，棄不取。君曰：『科舉豈足以盡儒者之事耶？』乃營草閣於北門之外，取未讀之書盡讀之，蓋有毅然直追古人之意。阿魯翬公〔三〕，元室文獻之老，自翰林侍講學士退居郡城之東，聞君才名，延教其子。其家多藏書，可資記覽，君爲三年留，用是譽日益彰，才日益高，學日益博矣。

浙西憲司以君茂才異等，薦補衢之常山縣教諭，又薦補衢之包山書院山長，皆弗就。未幾，錢塘被兵，挈妻子居會稽。進士邁里古司〔四〕以江東憲司經歷總督浙東諸路軍事，以得君爲重，延居幕下，待以賓師之禮。居無幾何，君度其事無成，力辭去。遂適婺，翱翔東陽、永康二邑之間。有陳世恭者，龍川先生文毅公之後也，迎君館於家。永康，詩書之邑，士亦多敬愛君，爲之買田築室。君亦以永康地幽夐，樂居之，著書賦詩，若將以老其身。

會今上龍興，定鼎江左，令下郡縣蒐訪遺逸，有司首以君貢。時方開成均以育群材，既詣考功，奏補國子助教。君以國家聚材興治之初，日從其長設爲教條，以責成效。未及考，竟以疾免，宿留逾年而還永康。其還也，嘗語其所親曰：『吾材縱不如古人，吾志亦不敢後於今人。今老矣且病，復何爲哉！青山嶙峋，白雲在目，聊亦樂吾全而已。』從容自適，十有餘年而歿，洪武十四年二月三日也。

初娶鄭氏，同知黃巖州事僖之女。僖，君所嘗從學者。繼池氏，德清縣尉飛之女。子男四：長轅，今耀州三原縣丞；次金剛奴；次閏童；次慶童，皆早亡。女二：長適東陽蔣大本；次適胡士程，前鄉貢進士宗熹之子。孫男三人：曰崗，曰嵩，曰嵣。

初，轅在三原，凡衣衾棺槨〔五〕之事，皆其婿與其友治之。今轅卜以今年某月某日葬於永嘉縣某鄉某山之原，而以池氏祔焉。

洪武初元，余至京師，君方養疴秦淮之上。余走見之，握手道契闊甚慰。既而余二人者後先得還，雖居有東西，音問固不絕也，詎意君止於斯哉！君天性孝友。其兄貫貲頗裕，奉母備至。君客授於外，或時月不見母，輒歸省。有異味，必以遺母。在浙東幕府時，其兄病疫，方有公事，忽得書，倉皇戒行李。至則兄〔六〕病已危，瞪目視君，頤指取計簿并笥篋鐍器藏之。君不避疫之染己，百端營救而愈，悉還其兄前所付而别。

君博覽强記，隆冬盛暑，卷不去手。爲文蒼古，必有爲而作，不苟不汎。至于爲詩，緣情指事，機動籟鳴，無窮搜苦索之態，而語皆天出，不煩雕刻〔七〕。豪放馳騁，不見其有餘；收斂頓挫，不見其不足。總其概要，皆不踰乎盛唐人之家法。有所謂《草閣集》者，大篇短章，近至萬首。嗚呼！又何其多也！有瑰偉傑特之才〔八〕，不得見之事業，而徒見之呻吟佔畢之間，可慨也夫。銘曰：

仙李之系，其支實稠。其來于南，則自封丘。有繇世德，不顯伊晦。仕不擇禄，已閲兩世。維助教君，克奮自儒。雲霄遼闊，高步未舒。晚值更化，幸拜一命。未攄其藴，俄已引病。平生之志，何以見之。戚忻激慨，一發于詩。亦既有子，以圖不朽。雖躓于前，而裕于後。有崇新阡，子也所營。九京有知，其安且寧。

校勘記

〔一〕恨，四庫本作『痛』。

〔二〕爲，四庫本作『爲轅作』。

〔三〕阿魯翬公，四庫本作『阿勒呼木』。

〔四〕邁里古司，四庫本作『穆爾古蘇』。

〔五〕棺槨，原作『冠槨』，據四庫本改。

〔六〕兄，四庫本作『其兄』。

〔七〕雕刻，四庫本作『刻雕』。

〔八〕才，四庫本作『材』。

故元贈承務郎江浙等處行中書省左右司員外郎吳君墓誌銘

浙河之濱，古所謂西陵也，潮汛震盪，風氣雄緊。故其民俗懻忮，士生其間，喜爲事功之學。若元贈承務郎江浙行省左右司員外郎吳君諱世澄字茂夫者是已。

君少負奇氣，涉獵書史，不務鈎章摘句以爲工，取適用而止。年方壯，值天下承平，有志自奮，歎曰：『吾安能齷齪與鄉里兒伍。』北走三千里，翺翔故都。嘗紹介見當路貴人，上書言事。其言磊落可用，自謂取顯官甚易。時方重惜名爵，僅得奏補兩浙都轉鹽運使司廣盈庫大使。君所居官既卑，時時欲有所建白，往往軋於上官，視上官面目以爲進退，莫敢〔一〕自遂，則又歎曰：『得官如此，只苟禄耳，何能爲？』役竟，移疾歸鄉里。

其居當浙東西之衝，家又饒財，賓客過門無虚日。至輒張酒高會，談説古今成敗得失，意豁如也。久復自念曰：『夏日道旁木猶能庇〔二〕人，吾豈〔三〕没没以老？吾縱不能行吾所學以利天下，獨不可取吾鄉里所當爲之事爲之乎？』於是振貧乏，興學舍，修渠堰，凡可以利其鄉之人者，見無不爲。至於捄菑恤患，爲之尤勇往。大德丁未之歲，江南北大旱，餓莩載道路。君顧家雖少積，安能獨飽？時維廣東豐穰，乃裒家資，駕大舟，循海而南，運粟以濟其鄉之人。

鄉人賴以活者無〔四〕算。溯浙河而上，去君家三十餘里，有山横截水滸，曰廟山。波濤洄洑甚險，而閩浙賈舶之所必經。豪民〔五〕有姓史者，聚群不逞，每暮夜狙視過者劫殺之。過者怖，不敢前。官府亦莫能捕。君曰：『何可使此輩爲吾鄉里累？』蹤迹其出没，設方略擒之，無弗獲者。君平生多所設施，而此二事尤爲卓偉，故浙濱之人至今稱道之。而君自棄莞庫之命，更不敘遷。後以子貴，得贈前官。年六十五以殁，至正丁亥三月二日也。

君之先汲人〔六〕，宋南渡後，徙居浙河之濱，其地隸越之蕭山縣。曾祖諱某，不仕。祖諱師曾，不仕。父諱璿，兩浙都轉運鹽使司西興場管勾。君初配徐氏，繼配孫氏，末配竇氏。君殁時，竇氏纔二十八歲〔七〕，守節不移，撫育前妻子如己子，朝廷旌表其門閭。子男三：長琛，徐出也；次範，孫出也；次準，竇出也。三子皆克承父志，而準尤卓犖有材氣，所交皆當世名人碩士，官至中書兵部主事。女一，適韓昇孫。孫男七。孫女二。其子以某年某月某日葬君于某鄉某山之原，今三十有九年矣，始以國子生林右所爲狀來乞銘。余既按狀敘其行實、世系，作而言曰：『使員外君移其所以施于鄉者于國，則夫功利之在人者不既多乎？乃竟賫志以殁。嗚呼！惜哉！』銘曰：

世固有食於官，而曠厥職者矣。彼家食者而克建立如此，詎非千人之特乎？西陵之阿，有墳奕奕。遺澤不磨，過者其式。

校勘記

〔一〕敢，四庫本作『能』。

〔二〕庇，四庫本作『芘』。

〔三〕豈，四庫本作『寧』。

〔四〕無，四庫本作『亡』。

〔五〕豪民，四庫本作『兇民』。

〔六〕汲人，四庫本作『本汲人』。

〔七〕二十八歲，四庫本作『二十有八』。

始豐稿卷之十三後稿

徐一夔大章著

墓誌銘

故元松江府儒學教授孔君墓誌銘

前松江府儒學教授孔君既葬之十年，其孤希智以文學被薦。瀕行，告於天台徐一夔曰：『先人葬已久，不肖孤未遑圖其所以不朽者。兹將去墳墓而聽調于朝，失今不圖，致先人之潛德或遂淹〔一〕没，將墮于不孝，幸矜而賜之銘。且子辱與先人有平昔之雅，子其勿辭。』希智别去，調補華之華陰丞，以有能聲，擢審刑司詳議，貽書來趣文。而余比歲困於痼疾，觚翰事疏，有稽前諾。已而，希智得告來省其母夫人，趣之愈亟。余告之曰：『未晚也。古之孝者，必躋膴仕，而後大書深刻，以發幽光。今子仕方顯融，樹銘之事，此維其時，未爲晚也。』遂乃扶憊敘而銘之，以塞其請。

按狀：君諱森，字英夫，世籍温之平陽。平陽之有孔氏，蓋自五季之亂，有諱檜者，自曲阜浮海至温家焉。没，葬其縣之淨水山。後唐同光中，縣人表其墓曰『唐襲封文宣公曾孫之墓』，至今石表猶存。歷宋涉元，平陽之孔氏躋世科、登舍選者累累有焉。而君之曾祖考諱貴敬，宋迪功郎。祖考諱滢孫，理宗時一再試禮部不利。考諱文振，度宗末，亦試禮部不利。元至元初，歷建德之桐廬、徽之歙縣兩學教諭。後居錢塘，故今爲錢塘人。

君方五歲，而教諭府君即世，長姊適同郡葉氏，其母章夫人挈家依焉。稍長，從潘先生多吉學。先生浙之名儒〔二〕，見其聰敏，甚愛之。因博習經史百氏。其姊夫誘之從商。久之，私謂其母曰：『葉姊夫誘兒從商，資以爲養，固當，而非兒志也。吾族人昆弟類出游學四方，所至，學校官莫不折節而迎，適館授粲不敢後，故吾族人昆弟多所成就。兒奈何逐錐刀利，辱孔氏哉！』於是出遊四方，學日益廣。

元制，凡孔氏後，得從族長推舉，移衍聖公府送所隸類選，注學校官出身，視庶姓優一等。至正初，族長元祐舉孔氏子孫之在江南者，以君爲首選，衍聖公府移江浙行省，注充慶元之翁洲書院山長。翁洲在海上，去城府遠，有司不暇顧，殿宇頽圮，米廩弗給，釋奠不備。君走謁於郡守，以修葺廢墜爲請，郡守是之，書院遂得一新。爲山長三年，禄米仰於郡庠，俸錢給於府庫，無所自遂，齏鹽之況，處之裕如。人曰：『孔氏之爲學校官者蓋如此。』秩滿，陞松江府儒學教授。未上，而張氏據蘇松，干僞署者已占其缺矣。君曰：『逢時不祥，庸何言哉！』乃退處荒閒寂寞之野，以教子授徒爲事屬。

天朝平兩浙，即故廉訪司爲按察司，而西湖書院舊附司設教。西湖書院者，大德中廉訪使徐公琰所創，以祠唐刺史白公居易、宋知州事蘇公軾、林處士逋也，其制如州縣學。而國朝之制，置州縣學，而罷書院。司風紀者惜其遂廢，謀所以攝書院事者，咸言孔先生德尊望重，其攝爲宜，乃檄君來攝書院事。君至，視如家塾，書院之規模如初。一日被疾，其子徬徨營救弗效，遂終於書院之別齋，洪武六年正月十日也，得年六十有四。配范氏，宋太傅忠肅公諱宗尹之七世孫。男二：長希智，今審刑司詳議；次希昇，蚤世。孫男二：曰諫，曰議。

君軀乾頎碩。少時識量過人，以早失怙，故依葉氏。姊葉氏無子，言於章夫人，欲以爲子。時君八歲，白其母曰〔三〕：『我家幸託聖人之系，何可後他姓以自貶哉！他日葉氏果無子，兒事之如母可也，不可從其姓。』其後學成行尊，致蒙族長推舉爲學校官，屹然爲儒林望。非有卓然之見定之於初，安至是哉！故君位雖不滿其志，而有子嚮用于時，所以顯榮其親者方來未艾，將見屢書，不一書而足。而余懼咈其請，不敢復稽也，故書以爲先焉。銘曰：

五季戎馬蹂中州，乃有聖系來東甌。或視小宗如懸疣，樹以石表昭所由。歷宋涉元碩且稠，松江後出克自修。有識自稚孰與侔，歷游四方學行優。大宗飛薦不敢留，位雖弗稱澤則流。有子進列簪紱儔，式瞻寵贈賁松楸。

校勘記

〔一〕淹，四庫本作『堙』。

〔二〕『白其母曰』，四庫本作『其母曰』。

故元仙居縣税務副使張君墓誌銘

仙居張子恭氏跋山逾江，見餘於武林，拜而言曰：『先大父之葬，于今二十年矣。當大朝更化之初，凡仕勝國者例從他郡，吾父亦以有官籍于和陽，用是未遑乞銘于當世名人，以貽不朽。子恭深懼大父之潛德日就泯没，敢以教諭謝弘文所爲狀請，願矜而賜之銘。』

按狀：君諱道謙，字仲益，姓張氏。其先金華人，徙台之仙居，至君四世矣。曾祖恒，祖彧，父瑶，有隱德。元至元中，歲大祲〔一〕，有司推擇上户出鈔易粟以振飢民，徵期甚急。有某氏者實下户，質鈔〔二〕五十錠，以帛包之而輸官，行憩張氏市肆而遺之。其父得之，護視封識，懸於門。移時有泣而過者，其父呼之，曰：『得非遺鈔者乎？』曰：『是也。』諗所封識而符，擲還之。翌日，其人具羊酒來謝，亦弗受。人以長者稱之。

君至孝，父病，衣不解帶者累月。卧起躬自抱持，既革，痰液上行，力憊不能吐，輒以手掬之。父既殁，諸娣弟未有室家，相視羸然，曰：『此吾責也。』撫育之長大，皆擇伉儷嫁娶之，使不失時。且善治生，其家視編户爲裕，比閭族黨有不能自存者，必周之，曰：『吾何可以獨厚？』尤急於義，見人有難，奮不顧身救之。其人德之，若欲爲之死而不得其所者，而君無德色。有薦其材於江浙行省者，擢爲其縣税務副使，君亦不以爲卑，曰：『苟能平市，爲之何傷？』爲之一年，號能通商利民。上官又將上其最超遷之，君以老辭而止。

至正二十三年十月九日以疾卒於家，得年六十有九。其年十二月十日葬於其縣昇平鄉洞橋之原。其配龔氏，有淑德，爲婦爲母有楷範，後君十三年卒，則洪武八年二月廿八日也，某年某月某日祔焉。子男七人：長德源；次德潤，將仕郎，江浙等處行中書省照磨；次德澤；次德浩，台州路仙居縣尉。女三人：長適某，次適某。孫男二十三人。子恭，照磨君子也。

余既序其世系而論次其行實，蓋亦庶幾乎《周官》六行者焉，而僅職征商而止，位不滿其德，可悲也夫！銘曰：

其德則豐，其位則卑。雖嗇于逢，而裕于垂。有弗余信，請視刻辭。

校勘記

〔一〕祲，四庫本作『侵』。

〔二〕鈔，四庫本作『錢』。

錢塘夏君墓誌銘

錢塘夏君之歿也，其孤年幾弱冠，凡喪葬之事，其友俞子中甫、徐子貞甫實左右之。既，又與其孤謀曰：『而父有善行，盍志諸石，不可使遂泯湮。』於是其孤衰絰造門，再拜以請。

初，余未識夏君時，吾友新城周昉爲余言其父提舉府君没〔二〕已八年，以未獲銘其墓，遑遑焉如有求而弗得者。其後猥以屬余，爲述其行以登於石，其心乃始釋然。古人言：『先人有潛德，爲之子孫者不求名人銘，是謂不孝。』余固不足以當此，而夏君能以世俗之所緩者爲急，其不謂之孝乎？今其孤又以夏君之志爲請，余尚忍不爲之述哉！

君性詳雅，色夷而氣仁。在鄉黨，一以謙慎自持。善與人交，不爲翕翕熱，久而益親。有弗給者，不俟其請，解衣推食不吝。生殖頗殷，未始乘約以規利。里有以大宅一區質錢者，久之，質直與屋等，君趣之贖。其人辭以匱，請以屋歸之。君辭不獲，乃厚其直，立券以購。或曰太贏，君曰：『乘約以規利，吾不爲也。』

其家有藥肆在郡城壽安坊，其父所創也，儲藥甲於一郡。其父垂没〔二〕，猶戒以勿輕藥事，君遵命惟謹，捐重資以購良藥，致藥之富，川委山積，而凡病家非夏氏藥不用矣。君自念吾生長壽安坊中，年踰强仕，僅以藥劑濟人，無能爲役矣，因自號曰壽安處士。年四十有七以弱疾而没〔三〕，洪武十四年十二月二十五日也。

君諱仁壽，字景安，世爲錢塘人。自曾高而下，皆隱德弗耀。至其父應祥，始爲杭之金玉府庫軍器提舉司同提舉。元配徐氏，值寇難，死於水，以貞節著聞。繼配石氏。子男二：長時，徐出也；次禮，石出也。君没之明年閏二月甲申，祔葬于提舉府君之兆。其孤二皆質良性温，所謂稱其家兒也。銘曰：

猗嗟夏君，行則多有。有開於前，有承於後。雖嗇於壽，其獲已厚。奠兹幽堂，其寧且久。

校勘記

〔一〕没，四庫本作『殁』。

〔二〕同校一。

〔三〕同校一。

上虞顧君墓誌銘

世有特達敢爲之士，能出死力以捍菑禦患，雖〔一〕其爲德不竟，而其没也，精誠通乎神明，不亦異哉！　有若而人，余於上虞顧君見之矣。

君少負奇氣，髫齡〔二〕時從鄉先生學，見先生談説古今人磊落奇偉，見義勇爲事，輒傾耳聽，咨嗟歎羨，若欲爲之執鞭而不可得者。及壯，有設施，爲鄉里所倚重。里有巨浸，介餘姚、上虞兩邑之間，號夏蓋湖。鄰邑之强有力者，一遇旱暵，輒奪湖水以利己田。先是，其父嘗言於官，官爲立水則平之。其父既没，奪如初。君喻之曰：『若等敢渝前約，是死吾父也。吾不敢墜父志，當與若等決之。』其人畏縮，遂不敢奪而止，里人賴焉。

時邊境繹騷，方氏據有温、台、鄞三郡，且遣偏裨侵餘姚、上虞二邑。而行樞密院判邁里古思猶爲元守越城，兩兵相接，而君雅不欲爲方氏臣，團結鄉兵，以應邁里古思。里有邵某者素强暴，嘗聚群不逞剽掠鄉里。君用所團結兵殄之，弗果。其人竄去，爲方氏向導，來侵上虞。

君復與戰於曹娥江之上，衆寡不敵，遂遇害。里人哀之，收其屍以葬。其家濱江，風濤嚙岸，冢之下皆蕩析，而冢獨無恙。越七月，兵事稍戢，其孤謀返葬，啟冢視之，容體如生。後旬日，視其地，則爲江矣，人以爲異，相與尸而祝之。君得年四十有二，其遇害之歲，則元至正十八年十一月六日。其返葬也，則以明年某月某日，墓在其邑任巷先塋之次。

君之先本吳人，由吳徙剡，由剡徙上虞。曾祖某。祖某。其父仁壽，有隱操，處鄉黨，非義勿[三]爲。母徐氏，有婦德，相其夫以禮，不使有過舉。配俞氏，治家有法，盛年而寡，事姑[四]以孝聞。教其子，皆有成立。待族姻，禮意周洽。寡居三十年，能使家貲裕於夫在時。冰雪自守，前後如一日，内外無間言。子男三：長諒；次厚[五]，多學而有文，嘗爲無錫縣學[六]教諭，今見辟於燕府；次鄰，倜儻有父風，且以善醫行。女一，適吳琛。孫男二：同享，有享。孫女二，尚幼。

君既葬三十有五年，其孤持其同姓友前石樓縣知縣碩[七]所爲[八]狀，踵門請銘。狀稱君于孝友之節，委曲備至，有人所不能及者。余獨以君見義有爲，精誠所至，雖死猶生，有足以動人[九]者，乃爲之銘。銘曰：

猗嗟斯人，爲義孔力。弗計成敗，之死不惑。體魄攸藏，去江咫尺。陸變爲江，匪朝伊夕。有寧一丘，不至蕩析。英爽昭昭，川后效職。忠臣死事，精誠貫日。大概義士，肝膽與匹。尸而祝之，永永無斁。

校勘記

〔一〕雖，原作『難』，據四庫本改。
〔二〕齡，四庫本作『齔』。
〔三〕勿，四庫本作『弗』。
〔四〕事姑，四庫本作『事其姑』。
〔五〕厚，四庫本作『原』。
〔六〕縣，四庫本作『縣學』。
〔七〕碩，四庫本作『顧』。
〔八〕所爲，原作『爲所』，據四庫本改。
〔九〕動人，四庫本作『風動人』。

墓碣

處士徐君墓碣

處士徐君以元至正八年十一月二十九日卒，得年四十有七，其子大和葬于錢塘縣楊村湖浦先塋之次。後十有二年，其配鄭氏亦卒，其子值時多故未克祔葬。會天朝更化，蒐羅海内賢材布列中外，其子以才行被徵，至則擢爲潭王府典寶正，階迪功郎。久之，從王之國。大和有文學，且性介直，王甚禮貌之。一日，含哀啟於王曰：『臣之先人雖葬，久弗展視。先妣越在淺土，未克奉以祔。臣實疚心。』王頷而憐之，予告襄事，且賜寶鈔若干錠，製詩三首，至親灑翰墨以寵其行。光輝赫奕，照耀閭里，人皆榮之。於是大和獲奉其母祔于其父之兆，洪武十有九年五月二日也。

既襄事，以與一夔有夙世之雅，踵門請見。余方有子夏之戚，觀其若有所欲言，而未敢出諸口間。與其友萬君振謀曰：『吾父母〔一〕有潛德，苟弗得銘於有道而文之士，是我情事猶未伸也。』其友矜之，爲狀其世系、行實，偕來乞銘。余謝之曰：『幸甚！子克顯揚其親，吾寧以憂患而不副所請乎？』

按狀：處士諱復，字希賢，杭之富陽人。大父某。父某，母盧氏。處士性至孝，蚤失所怙，恒以不逮養爲憾。尤篤於事母，晨昏之間，必承候顏色以悅其心志。母歿，慟〔二〕絶而復甦者數四。喪已及禫，而猶齊衰食粥。恒言葬親必土厚水深，可以安體魄，否則猶委之壑。久之，得吉地，而非己産，百計營之勿獲。至夕，必稽顙北辰，以丐如願，涉四年而後葬。

處士少卓犖有材氣，以重違其親，不慕榮進。或勸之仕，曰：『苟有以榮吾親，而使吾親日有離憂，亦非孝也。』終身不仕。雅好周人急〔三〕。家不過中人之産，其樂於周急，曾不顧家之有無。或其人以券爲質，曰：『無用是。吾不覬償也。』惟好結交賢士大夫。當時有文藝者若杜徵君清碧，有政事者若王員外止善，善談《易》者若陳先生牧南，善言醫者若朱處士彦修，皆從之游。且嚴於教子，每與朋友談論至夜分不寐，必命其子伺側。母語處士曰：『爾惟一子，且羸弱，勿令其勞苦。』處士謹謝之曰：『兒惟一子，教之不可不嚴。願母勿罪兒。』其配亦有懿行，在家爲賢女，既嫁爲賢婦，有子爲賢母，族黨稱之。子男一，大和也。孫男二：長道□，次道縣。孫女二：長德珍，適袁中□，魯王府紀善袁君時之子也；次尚幼。處士之殁，戒其子與其內弟盧養源曰：『我辛苦購地，以葬吾親之側。』

初，處士之大父與越人盧翁共以販繒致富，且約通財合居而互爲婚。故盧翁以女歸之，處士母也〔四〕。處士之父既殁，母曰：『此雖大人高誼，然非持久之道，分異爲宜。』乃厚與其弟財，而自處其薄。至今兩姓之好不替，故其內弟相其喪葬之事如己事云。銘曰：

其事親也，勿違晨昏。其取友也，必于聞人。其周急也，寧窘于身。其寵既厚，其發必振。是有令子，際此昌辰。入毗于王，實維藎臣。寵數攸加，澤及〔五〕没存。顧此恤典，時也罕倫。敘而銘諸，用告後昆。

校勘記

〔一〕父母，四庫本作『父與母』。

〔二〕慟，四庫本作『慟哭』。

〔三〕周人急，四庫本作『周人之急』。

〔四〕也，四庫本作『是也』。

〔五〕及，四庫本作『沁』。

杏所翁墓碣

杏所翁諱德完，字叔大，别號杏所，世爲台之天台人。翁善醫，故用神仙家董奉種杏故事，號曰杏所。以洪武十五年冬十二月五日卒。其孤以明年十月二十五日葬於其鄉石鑪峰之原。以一夔同里閈，且以文字爲職業，請其從叔父[一]前儀真縣儒學教諭叔靜甫狀其世系、行實，貽書武林城中，乞著銘于其墓。

一夔少之時雖嘗承顔接辭于翁，及長而游四方，遂不能朝夕繼見。於翁之潛德懿行，有未能悉，是以逾年未能執筆。其孤趣之再三，誼不得辭，乃按狀合以粗所知[二]者，序而銘之。序曰：

胡氏世爲天台著姓。宋南渡後，有諱宗冕者爲殿前都總管，翁之高祖也。曾大父諱璟。大父諱嶙。父諱如[三]。翁有詞賦才，氣岸超邁，以醫行。翁少負羸疾，有志讀書。父母慮其勞神耗氣，以岐黄氏之術有裨於衛生，俾翁習之，且不替家傳。是時宋亡未久，有深於其術而職醫禁廷者咸退居田里。其父好結交名勝，悉延致於家，講求虚實補瀉之法。翁在侍旁，盡得其秘。病家來求療，其父與師欲試其術，命翁先加問切，而覆察之，以驗其合與否，而翁所問切與父師所問切不少異。用是醫名日振，來求療者皆赴於翁之門矣。而翁之志務在愈人疾乃已，不以賤貴貧富而二其心。既授藥，寢食不自安，必候病家告愈，乃始有喜色。或奉金爲壽，輒卻之曰：『吾不用於世，無利澤及人。今幸因人之疾如法愈之，尚敢受人之報，以貪天功乎？』悉辭不受。且善事父母，以至行聞。于兄與弟，克盡友恭之誼。在鄉黨，接人待物，和氣藹然。雅善諧謔，賓友集次，杯酒款洽，間發俳語，一座爲之傾倒，而已默然自若。

垂殁之歲，微感末疾。一日，諸子侍側，曰：『吾今日神思若有不堪者，殆將盡矣。』頃之，汩〔四〕然而逝，享年七十有五。配周氏。子男五：長鉢，嘗以文學薦擢龍江場〔五〕宣課提舉司副使，精地理學，翁之宅兆皆其所自卜；次鑑；次鎮；次鑰；次鋌。女一，鈿姑，適盧某。孫男□人。

一夔雖不能〔六〕盡知翁，狀稱懸綍之日，送者千數百人，縞素滿望，且相與言曰：『良醫已矣，吾屬而有札瘥將誰賴？』哭之皆盡哀。嗟乎！翁懷才〔七〕負藝，雖不效用於時，其利澤之及於人也多矣，何必有位哉！彼有位而徒厚其身，何足道也！賈子有云：『古之至人，不在朝廷，必在卜醫之中。』徵之於翁而信。銘曰：

凡百有位，其施孔易。苟非其人，實艱于施。施之之術，莫善于醫。惟杏所翁，樹德務滋。較其所及，逾于有位。施而弗食，以遺後嗣。鑪峰之阡，子也所營。遺魄在兹，利其後人。

校勘記

〔一〕從叔父，按民國《天台水竹胡氏宗譜》，杏所翁字叔大，叔靜爲杏所翁從叔父長子，此處『從叔父』疑當作『從兄』。

〔二〕『粗所知』，四庫本作『所粗知』。
〔三〕父諱如，按民國《天台水竹胡氏宗譜》：『其父諱奴，字頤卿，處士。』
〔四〕汩，四庫本作『泊』。
〔五〕場，四庫本無。
〔六〕能，四庫本無。
〔七〕懷才，四庫本作『懷材』。

俞子中墓碣

錢塘俞子中之葬也，五年于兹矣，而誌墓之石未樹。其友有爲潭府臣僚者，以王有臨池之好，取子中遺墨以獻。王既覽，若曰：『以予而觀其筆意，亦足以發，不可使此人泯焉無聞。』王適遣使如浙，因賜鈔若干貫，俾其家爲石刻費。使者既至，召其孤授之。其孤既西向拜受，乃來謁余請銘。余與子中有交游之誼，固不得而辭，矧遇賢王貤恩于子中既殁之後。誠希遇也，於凡文翰之士亦與有光，何敢不銘之哉！

子中爲人不尚表襮，與俗浮湛，若玩世然。少時得見趙文敏公用筆之法，極力攻書。書日益有名，篆、楷、行、草各臻於妙。一紙出，戲用文敏公印私〔一〕識之，人莫能辨其真贋。至其臨摹晉唐人法書〔二〕，尤稱妙絶。高堂廣厦，風日清美，賓友會集，酒數行後，濡筆伸紙，一揮數十行，波戈趯磔，轉换神速，真有驚蛇入草、飛鳥出林之態。已乃停筆按紙，詫衆客曰：『顛長史不我過也。』人爭購之以爲珍玩，而雅不樂士進。

至正初，朝廷修遼、金、宋三史成書，移文江浙行省繕寫鏤版，遣翰林應奉張公翥來視工，而行省參知政事秦公從德任程督事。既開局，集儒生繕寫。張公謂秦公曰：『此朝廷盛典，字畫懼不如式，宜得精書法如俞子中者校正。』秦公是之，即日命有司奉幣請子中入局如式校正。時行省得自除未入流官，既竣事，秦公擬以學校官處之。子中固謝曰：『某以國家有文事效薄勞耳，不願仕也。』秦公以其有高志，亦勿[三]强之。當是時，文章巨家，如黄文獻公溍、陳監丞旅，前後相繼爲江浙行省提舉[四]，每爲文脱稿，必致子中書之。一時名勝亦莫不與子中游，而方外高士若句曲外史張公伯雨以辭翰名世，與子中往來尤密。壬辰之亂，避地鄞縣之黄岡，嘯傲於海風山月之間者久之。比還故廬，故舊彫謝，出門四顧，無復向時繁華，第見山青水緑，則俯首蹙額，感慨係之。呼酒獨酌，賦近體詩歌、長短句，援筆書之，以寫其無聊不平之思，而其草聖猶飛動如初。其居有醉墨軒，嘗屬余記之，未及爲而竟銘其墓上之石。悲哉！

子中諱和，别號紫芝生。本嚴之桐廬人，自其父章游錢塘，因家焉。娶楊氏，先十五年卒。子男三：長琮，次堪，次珩。女三：長適趙仁本，次、三[五]皆適士族。以洪武十五年三月七日卒，享年七十有六。卒之月十又七日葬于其縣南山仙芝塢之原。銘曰：

有德有藝，泊焉自守。不遇於生前，而遇於死後。豈其用之也薄，故其發之也厚。理有固然，又何足究。有石如圭，永貽不朽。

校勘記

〔一〕印私，四庫本作『私印』。
〔二〕法書，原作『書法』，據四庫本改。
〔三〕勿，四庫本作『弗』。
〔四〕提舉，四庫本作『提學』，誤。
〔五〕三，四庫本無。

葬誌

孫處士葬誌

友人周昉元亮爲予〔一〕道其同邑孫處士之行甚悉，其言曰：『處士以力田起家，頗致餘饒。平生衣取蔽體，食取充口，室廬取庇風雨。少涉奢靡，輒不喜見。里閈間少年鮮衣華服，以事逸游，輒召其子與孫戒之曰：「吾見若輩祖父稍以勤儉，薄有儲蓄。一旦遽爾，豈持家之道？不改必僨，爾曹戒之。」其子與孫遵教惟謹。鄉之人亦更相飭勵曰：「慎毋取誚於孫。」

『叟性至孝。母嘗得危疾，彷徨營救，勿〔二〕效。一夕，露禱于天，刲股上肉和粥糜以進。其母啖之而愈，後以天年終。兄歿，從子〔三〕潮甫六歲，撫之歎曰：「吾兄僅餘此息耳。」躬教育甥亦如兄子。

之，至于成人，俾有室家，如己子。有女兄適人而寡，即料理其家，且順適其意如事母，撫諸孤

『新城爲邑，當杭、嚴二郡之衝，元季之亂，戎馬蹂踐無安地。處士徙居桐廬之桐洲，而族姓多留新城者遇〔四〕兵殲焉。覘兵稍退，輒率諸子含哀冒險，蚤夜兼程，具棺槨衣衾殮葬之。

『斯人也，其行足以範俗，而今殁矣。其孤欲得子爲之志，以貽不朽，而未敢以請。昉也嘗獲私于執事，且與處士有世契。夫發潛揚幽，亦盛德之事，願矜而畀之。』

處士諱某，字畯卿。世爲新城縣人，今即所遷地占籍焉。大父參。父文，母沈氏。其配湯氏，亦桐廬人，能修婦職，以如其夫之志，先十年卒。子男三：長昱，次恭，次恕。昱娶葛氏，恭娶姚氏，恕娶俞氏。孫男五人：德生、道生、智生、安生、義生。孫女四人。元延祐元年甲寅正月廿又九日，處士生之日也。大明洪武六年癸丑九月廿又一日，没〔五〕之日也。新城縣鄭家塢之原，葬之地也。没〔六〕之年十有二月朔，葬之日也。其配之殁，嘗權厝于桐洲之南，至是奉以祔焉。

嗚呼！孝于其親，友于其兄弟，睦姻之誼，敷于族黨。此先王設爲六行之目以教萬民者也。自夫先王之迹熄，民不興行久矣。有若孫處士者，乃能不待教而興，以庶幾乎可〔七〕謂六行者焉。是可尚已。銘曰：

猗孫叟，行恂恂。既孝友，又睦姻。聖教弛，古風泯。慨叔世，見斯人。薰其德，澆可淳。

猗孫叟，古遺民。

校勘記

〔一〕予，四庫本作『余』。
〔二〕勿，四庫本作『弗』。
〔三〕從子，四庫本作『從孫』。
〔四〕遇，四庫本作『過』。
〔五〕没，四庫本作『歿』。
〔六〕同校五。
〔七〕可謂，四庫本作『所謂』。

表

故元將仕郎杭州路西北録事司録事貢府君新阡表

宣城貢穎之之將遷葬其先録事府君與其母夫人也，卜地于宣城縣三十二都中山之原而吉。其地蓋穎之之曾大父所嘗卜者也，于今八十餘年矣。穎之曰：『吾曾大父卜而不用，蓋必有待，以葬吾二親爲宜。』厥既襄事，以一夔嘗辱交其父子間，疏其世系、官簿、行實，不遠千里致書請表其墓。

按：府君諱師剛，字剛父，别號木訥野人。系出孔子弟子端木氏，其後以王父字氏貢。至漢，有御史大夫禹最顯，後鮮聞人。迨宋中葉，有諱祖文者，由大名之蒲城扈從高宗來南。初居秣陵，後居宣城之南湖，故今爲宣城〔一〕人。曾祖諱應霆，宋承節郎，元贈中順大夫、禮部侍郎、驍騎尉，追封廣陵郡伯。大父諱士濬，元贈秘書監卿，追封廣陵郡侯。父諱栗元，天富南監場司丞，累贈奉訓大夫、禮部郎中。

府君爲人和易，樂與善人游，見不善人輒避去。與人交，未始計較錙銖以乖情誼。有忤之者，亦聽其自悔。性警敏。少時就學先生長者，或命題使賦，能操筆立就。讀書二三過，輒成誦。與其兄翰林待制師道、從兄户部尚書師泰自相師友，其兄不〔二〕敢以弟目之。而其伯父翰林直學士文靖公奎亦深期許，常曰：『此兒他時不忝吾門者也。』府君少失怙，年及弱冠，從母夫人之命出贅於鄞阮縣尹之家。阮亦賢令，曰：『不可使貢氏子荒嬉。』延黄彦實先生于家，俾府君與其子同學。黄亦當世名士，學者經其指授，皆能取科第。府君從之學，通《尚書》、《周易》兩經。就試有司不利，乃歸宣城。

時東平王公士熙爲江東廉訪使，王公有文學重望，府君袖文謁之。王公大喜曰：『貢門子弟如鄧林之木，一枝一幹皆美材也。』薦于中書。府君荷王公知己，遂沿檄北上，久之未調。時文靖公在翰苑，而尚書、待制仕亦顯榮〔三〕。府君矍然曰：『幸吾父兄布列于朝，吾姑徐徐而仕，亦未爲晚。』拂袖南歸，益修其德業。後中書移文江浙行省俾爲學官，補婺之麗澤書院山長。

轉饒之餘干州學教授，再調廣德。在麗澤時，訓迪有法，來學者有成效。書院密邇憲府，學官或弗稱職，輒庸人視之，甚則斥去。府君爲山長也，司風紀者皆一時名人，莫不以賓師禮待之。時許先生謙、黄文獻公溍、柳待制貫、吴博士師道在婺，府君暇輒修謁，諸公皆稱譽之。一日，黄公來報謁，適府君白事上司，公題其壁，有『冷官人事亦紛紜』之句。在餘干時，廟學久廢，能不資學廩新之；學田久没，能據版籍復之；士業不振，能立教條以程督之。其在廣德亦然。

元制，歷教授兩考，例得八品流官。謁調銓曹，得將仕郎，太平路當塗縣主簿。未上，會中原亂，水寨軍有號長槍者先襲南湖，府君倉皇〔四〕移家入浙，浮湛浙東西者久之。江浙行省丞相辟爲掾。時方艱危，内則楊左丞擁苗獠以肆脅制，外則張太尉據州縣以務僭竊，丞相孤立寡助，爲掾者亦不易。府君能出婉畫以左右之，多所裨補。丞相目爲文學掾，字而不名。考滿，表授于朝，仍前將仕郎、杭州路西北録事司録事。時元官類爲强有力者所沮撓，而府君周旋其間，有善譽。張氏欲拔用之，避辭固卻不肯就，退居嘉興之野。

會天朝更化，例徙故有官者，府君亦徙居和州。流離顛沛，處之恒裕如。頃之，有旨放歸田里。而南湖故業鞠爲兵燹，依陶氏婿於蕪湖縣之東川恬淡寂寞之濱。有遺子弟來就學者，府君亦不辭，曰：『吾故學校官也，爲師固宜。』方圖修葺舊田廬，俄感末疾，遂至不起，歿於東川之寓舍，洪武六年十一月廿又六日也，享年七十有一。又七年十一月廿又七日，纇之始克遷葬于中山。

夫人諱德惠，字巽軒，姓阮氏。大父諱麟翁，宋進士，父治鳳共榜，元贈太中大夫、寧國路總管，謚文安侯。父諱申之，累官至奉政大夫、慶元路市舶提舉。母諱婉伯，故宋贈開府儀同三司諱巖之之孫女，有賢行，見于虞文靖公集所著墓銘及改葬志。夫人慈順恭儉，年十八贅府君，後四年而歸。事其姑如禮，處妯娌間和睦，訓子女嚴而有法。至于奉祭祀，待賓客，舉無違節。其姑嘗言：『人言娶婦須不若吾家三郎妻，生貴驕而能，然亦吾家福也。』府君行居三，故云三郎。長槍之禍，府君尚猶豫未去，夫人曰：『稍緩且及矣。』既出境，適潁之留婦家，不及從，夫人積憂成疾。比得見，乃愈。久之復作，乃歿，享年四十有九。距府君歿之歲，則十有八年矣。客殯於山陰縣之九里山。潁之遷葬〔五〕府君之明年，自山陰遷以合葬，則其年之十月三日也。

子男四：長相之，故元慶元路昌國州儒學正，前若干年卒；次潁之，前鄉貢進士，洪武四年蘇州儒學教授，今奉旨館于駙馬都尉李府；次集之，故元將仕佐郎，紹興路曹娥場鹽司丞，前若干年卒；次稱之，方習舉子業。女一人，柔永，適士人湯潤祖。孫男三人：曰譽，曰謣。曾孫男三人。

初，貢氏以征〔六〕將起家，不棄其君。扈從而南，肇迹于播遷之地，世篤其祜，至秘書府君而始大作。南湖書院延致大儒先生，若眉山牟伯成氏、剡源戴帥初氏，爲之師，以牖導群子姓、比閭族黨，敦詩書而悅禮樂。宣亦東南名藩，持部使者節而至，則柳城姚公燧、大名盧公摯、巴西鄧公文原、東平王公士熙其人也，歲時行部，必枉騎過書院，親與秘書爲客主禮，褒奬再四，以風厲四方。時則文靖公以宏偉之才、該贍之學，以代言爲職業，在帝左右，而尚書待制克濟其美，其文其學益大以閎。入則鳴玉廟朝，出則揚鑣郡國，天下皆〔七〕想望其風采。府君處乎名父兄之間，所謂觀道德于前後，聽教誨于左右，身親而炙之者，固非衆人之所敢企。使一歲三遷，以襲父兄之餘烈，分之宜也。而位不滿其德，惜哉！

吾聞有德者必在其後。潁之以前鄉貢進士起家，學贍而文高，際今盛時，爲戚邸賓師，聲譽日起，其進蓋未易量也。代有禪續，而貢氏之文脈宛如一昨，誠罕見哉！嗚呼！其德厚者其流光，必然之理也，無假蓍龜而知。吾謹表諸其墓以俟。

校勘記

〔一〕宣城，四庫本作『宣之宣城』。
〔二〕不，四庫本作『亦不』。
〔三〕顯榮，四庫本作『顯融』。
〔四〕倉皇，四庫本作『倉惶』。
〔五〕遷葬，四庫本無。
〔六〕征，四庫本作『正』。
〔七〕皆，四庫本作『之』。

黄灣馬公墓表

黄灣馬公之既殁也，其孤葬于其鄉菩提山長生嶺之原。後十有二年，值天朝更化，徙郡縣巨姓居於中州，馬氏亦徙居潁上。又十有二年，其孤自潁奉其母以還，殁于濠上[一]之舟中，含哀茹毒，裹遺骸而南，與公合葬。既襄事，匍匐走見余，泣且言曰：『我先人有潛德，不肖孤以奔播故，不得請銘於當世立言君子以貽不朽。今著作家爲東南所推重者在先生，矧不肖孤又辱有一日之雅，寧靳而不爲之執筆乎？』

余記張氏陷吴門之歲，避地黄灣，時馬公捐世未久。其孤辟館以處我，而使其子與姝于余授經。余以亂故爲三年留，故知公爲悉。于義不得辭，乃本其世系與其行實之尤章章者爲之表。

公諱振，字廷舉。其先汴人，從宋南遷，居今海寧縣之黄灣。譜牒散佚，莫能考其傳序。大父以行稱，是爲萬十一宣教。父諱君玉，習知鹽筴事。元至元間，仕爲西路鹽司典史。母鄭氏盛年而寡，守志不易，以撫遺孤。馬氏世業鬻海，藉群鹵丁以事淋熬。屬歲大祲，群鹵丁散去，其母盡鬻簪珥以活之。

公於經史，頗通大意。幼游鄉校，以父喪未卒業而歸。事母至孝，色順辭婉，迎承母意，以理家政。其後家日以裕，不厚自封殖，鄉黨、親戚有不能自存者，皆周給之。性度寬厚，與人交不置町畦，亦頗尚氣。里有出己右者，則折之以義，使自愧伏。平生不惑於邪説。里人有疾，輒赴詭祠，吹簫擊鼓，刲羊釃酒，曰以祛菑，公曰：『此正所謂「非其鬼而祭之，諂也」。』絶而不爲。浙俗信佛，多資之家莫不爭施財以華飾其居，曰以種福，公曰：『彼惑於因果輪迴之説，故至是。施財於生前而收福於死後，理無是也。』家雖餘饒，不以一錢尺帛施僧。惟篤於教事，每語其子曰：『吾觀諸孫多秀發，宜擇良先生教之。』曰：『讀書知禮義，可以持家，可以發身。』將屬纊，其子請遺訓，又以爲言。故其子奉命惟謹，雖在衰絰，亟築館爲設教之地。故長史朱君右過之，嘗本其意而名之曰詒教，可以見其爲人矣。

公之歿以元至正十有六年三月某日，得年六十有一。葬以其年十月某日。配朱氏，孝順慈儉，爲婦爲母，皆盡其道。其歿也，年八十有四。而祔葬之日，則大明洪武之十有六年正月某日也。子男四：長繼周；次維周，以督海運功，元授杭州路總管府判官；次用周，出繼弟同知嘉興路總管府事某後；次臣周，後公十二年歿。女二：長適沈[二]，次適董[三]。孫男十人：曰絅，曰秩，皆明經舉進士。絅蚤亡，秩今爲潁上縣儒學訓導。孫女七人。曾孫十人，女五人。

嗚呼！自夫鬼之説盛于荆楚，而江以南莫不媚鬼。自夫佛之教行于中國，而浙以西事佛爲甚。至于家塾黨庠之制既廢，富而不知教，不獨遐陬僻壤爲然，雖鄒魯之邦亦或有之。夫人苟有材力[四]，命與時逢，能使其家轉約爲裕，亦易易耳。求其有卓然之見，不媚鬼，不事佛，而鰓鰓[五]然以教爲事如馬公者，蓋亦鮮見。余以其事可以範俗，是用揭之於墓。

校勘記

〔一〕濠上，四庫本作『濠州』。

〔二〕沈，四庫本作『沈某』。

〔三〕董，四庫本作『董某』。

〔四〕材力，四庫本作『才力』。

〔五〕鰓鰓，四庫本作『諰諰』。

始豐稿卷之十四 後稿

徐一夔大章著

碑

故元明威將軍平江等處水軍都萬户府副萬户葉君墓碑

君諱應槐，字文舉，後以字行世，爲台之臨海人。曾大父某，大父某，皆不仕。父謙夫，仕至嘉興路照磨、兼承發架閣，卒於官。臨海葉氏自丞相信國公夢鼎顯於宋季，比閭族黨以詩書相尚。君之伯叔亦並以儒術起家，爲郡文學。君兄弟九人，照磨府君捐館時，君方九歲，服喪如成人，親族憐之。姿爽朗，讀書過目成誦，書翰有晉人筆法。身長七尺，倜儻有氣概，且儇捷過人，善騎射。

至正初，海上寇起，朝廷發兵殄之，未捷。君奮袂起曰：『此吾取功名時也。』因結集鄉兵圖之。未舉而情露，寇將覆其家，潛挈家遯。過浙，會朝廷置水軍都萬户府，行省丞相達識帖睦爾承制募君補水軍千户。君以所部鄉兵就募，駐杭州。君素諳海上利害，條陳殄寇之策，如指諸掌，丞相韙之。尋陞水軍萬户。行省方議大出舟師，而海寇款伏，君切齒不已。行省猶以防海爲務，調君出鎮海寧縣[一]之園花鎮。會天兵渡江南，御史臺失守，移治紹興。御史大夫慶童[二]選屬帥守御臺城，君以所部往應命。三年外兵無敢犯境者，朝廷實授明威將軍、平江等處水軍都萬户府副萬户。慶童罷去，繼居臺端者非材，臺城内亂。先是，泰州張氏居蘇、湖、松、秀等郡，杭、越猶聽行省節制。於是遣其部將居臺城，臺綱遂弛，君亦失兵柄，將取道於海入朝。時海上未靖，慮陷[三]宿憾。卜之，得《屯》之上九：『乘馬班如，泣血漣如。』卜者以爲不吉，遂止，退處散地。君雖困抑，而氣不少衰。張氏臣有怒其不下己者，加之以罪，械[四]其至蘇州，將白於其主殺之，君處之自若。張氏見之，曰：『此有用人也，何至是？』破其械，釋之，然猶羈縻不遣。

未幾，天兵下蘇州，徙凡故有官者於河南之開封府，君亦在徙中。既至開封，人初見之，曰：『故偏裨也。』頗易之。及見其談論皆本據經史，曰：『此儒者。』爭遣弟子[五]來學。君曰：『此固吾素業，爲之亦何害？』已而，人見其訓迪有法，户外之屨日滿，則又曰：『吾棄此久，今已老矣，安用此吸吸爲哉！』皆謝遣之。居開封十有五年，殁於上十字街之寓舍，享年六十有五，洪武十四年十月七日也。

前配汪氏，繼[六]丁氏。子男三人：長虎都，次仕和，次越生。女一人，適廬州李權。孫男□人：□[七]曰□曰□曰坦，曰載。孫女一，真童。汪夫人前君十四年卒，殯蘇州。丁夫人前君五十一日卒，殯開封。虎都、越生皆籍開封。仕和以[八]卒之明年十月十又[九]一日，奉君與兩夫人之喪至，合葬於山陰縣承務鄉包家塢之原。

君雖以武弁起家，而不失韋布之行。治家有法，嚴於教子，稍違禮輒叱責之，終日不假以辭色。雖處亂世，所依以取功名者，非乃心王室者不附。樂於周急〔一〇〕，解衣衣人，推食食人，不吝。且好賓友，苟賓友至，傾資爲具相款洽。在開封無聊不平之鄉，苟得一二同志，輒相攜而出游宋氏故宫，徘徊艮岳之下，呼酒引滿，慷慨懷古。酒酣南望，賦懷越之章，擊節歌之，於悒泣下。

君本台人而久居越，樂其佳山水，因卜築焉。故其謫居也，每語其子曰：『以天之福得還故丘，魂魄其庶安乎？』夫何天者不副其願，至於客死，亦可悲哉！

余與君同里閈。君戍海寧時，嘗擁騎訪余於客館，抵掌劇談終日夜。余亦嘗造其軍府。已而軍事日殷，不能數相見，乃遂至於永訣。仕和以余爲知其父，持其友越人王節所爲狀，泣而請銘。余亦幸君之有子也，乃爲之銘。銘曰：

君之生也，去文就武，亦可謂瑰瑋不群者矣。奈何馬方馳而或勒之，車方縱而或柅之？詎非有其志而無其時者乎？窮通得喪，誰之所屍？事有固然，抑又何悲！

校勘記

〔一〕海寧縣，四庫本作『海寧州』。

〔二〕慶童：四庫本作『强通』，下同。

〔三〕陷，四庫本作『蹈』。
〔四〕械，四庫本作『械繫』。
〔五〕弟子，四庫本作『子弟』。
〔六〕繼，四庫本作『繼配』。
〔七〕□人□，四庫本作『□□人』。
〔八〕以，四庫本作『以君』。
〔九〕又，四庫本無。
〔一〇〕周急，四庫本作『周亟』。

王真士壽藏碑銘

杭佑聖觀之延真館有真士曰王君景舟，既豫營冢壙於西山蓮花峰之下，凡衣衾棺槨以及銘旌之類亦皆備具，而屬其友毛君起宗言於余曰：『死生者，晝夜之道也。惟不死不生，乃無晝夜。而一氣之所聚，則不能獨免。吾將以吾之有晝夜者爲之地焉，願得徐君爲我誌之。庶吾未瞑目時得一睹焉，亦足快也。』余曰：『異哉！真士之見也。非一死生、解外膠者，其能然乎？』余乃不辭而敘其平生之概，爲王真士壽藏碑云。

真士世爲錢塘人，名應瑾，景舟其字也。父德原，母沈氏。兄弟四人，而真士行居四。始生時，其母夢紫氣滿室。稍長，氣韻凝重，奉祠神明惟謹。識者曰：『此道器也，非人家兒。』年十八，從鶴林宫沈日瑞度爲道士。佑聖觀者，故宋孝宗之潛邸也。地勢亢爽，林木葱蒨，飛樓傑閣在煙霞之中，城府之仙都也，星冠霞佩之侣集焉。真士入處其觀之延真館，精究玄業，造詣出同輩上。主領觀事者器之，請知庫司事金穀之出納，了無所濡，陞充提舉觀事。真士德譽日隆，其後遂爲玄門尊宿。洪武三年，四十二代天師畀號教門高士、洞微真隱純一法師，住持玄妙觀，同領本府諸宫觀事。又三年，嗣天師加授東華弘道純一法師、教門真士、貞白先生，住持龍翔宫，兼領本府諸宫觀事。此真士之履歷也。真士雖以無爲爲宗，於道家法所以興雷致雨者，尤盡心焉。當世神師若王盤隱、何東霞、鄧子皋、鄧仲修皆師事之，咨決法要。

真士心志純一，日游乎神明之庭。杭地大物衆，邦人或以旱乾告，有民人社稷者走真士所陳款。真士用其術，發揚蹈厲，鼓舞陰陽之橐籥，雷作雨至，若呼而應。前後二三十年之間，以旱乾告者，惟真士是賴。此真士之道術也。真士在龍翔時，以興廢補弊爲事。而佑聖觀乃其業成之地，頹圮尤甚，凡棟宇之橈屈者、赤白之漫漶者，皆撤而新之。

且性至孝，善事父母。父母殁，購地五畝於南山之金沙塢葬其父母，而爲祭享之所，俾其從子奉祀。所以厚其親者，不以託迹玄門而或後焉。又雅好結交名勝。如故楊提舉廉夫、張外史伯雨、俞山人子中、今玘講經大樸、仁講經一初，或師或友，情好甚篤。其崇本始、敦交好又如此。

初，真士謝龍翔之席，歸延真館，疏種藥畦，作洗竹亭，浚天一泉，置吹笙石，築馭鶴臺，而日逍遥其間，曰：『吾聊以盡吾之有夜旦者爾，他無所爲也。』余告之曰：『真士亦誠異於人哉！且吾聞之，古者王公貴人盛年而爲榫，歲一漆之，有事則載以從，初不以蚤爲諱。惟夫昧者，不知制事於未然，故有以爲諱者。一旦倉卒卒，墮於墨子之所謂薄，不免爲君子所誚。聞真士之風，亦〔一〕少自廣乎？』乃爲之銘。銘曰：

名山西來何秀特，金精焕發光燁奕。天日照耀菡萏折，下有陽罔氣攸積。玄門上士操卓識，坐視夜旦如一息。甲子未周卜窀穸，辨方置臬龜乃食。曰吾遺蜕此其宅，冢人運钁仞丈尺。黄腸深錮陰縵塞，龐洪久閟俄洞辟。數實有待非偶適，山靈藪怪紛衛翼，孰敢躪之我其斥。此維有道之兆域，高風不磨過者式。有弗式者視兹刻，後千萬無褀終極。

校勘記

〔一〕亦，四庫本作『其亦』。

平山禪師塔銘

佛法至于中國，愈傳而愈盛。由其度門廣大，故每有辨才、福德兼備之士出乎其間以任負荷之寄。時遇緣合，遂能以廢爲興，續佛慧命于無窮也。若平山林禪師者，蓋其人焉。

師諱處林，字平山，杭仁和王氏子。母黄氏。師既誕，比旦有異僧過其家，持木刻梵僧像，長僅尺許，遺其父曰：『此即汝所生兒也。』語迄，不知僧所往。其父與母異之，曰：『必佛種也。』因不茹葷肉，以保佑之。年十二，即欲出家學佛。父母亦以其有宿因，勿〔一〕奪其志，投禮其邑之廣嚴寺僧廣修爲剃度師。十七，即受具戒。頃之，告其母曰：『兒欲參學四方。』母曰：『此汝分内事也。』爲治衣裓使行。不數日，復還，見母，其母亦忍愛，隔壁語之曰：『大凡學佛，當持不退轉心，何赼趄若是？』因痛自警省。

泝濤江，上金華山謁及庵信禪師於西峰。及庵一見器之，命處侍室。一夕，師在左右，及庵燃紙沁膏以代蠟燭，因舉以示師曰：『龍潭吹滅，汝作麽生會？』師方擬答，及庵即掩其口，因是省悟。會及庵遷主湖之道場禪寺，師從之來，遂典其藏鑰。一夕，及庵陞座，參學畢集，發百餘問，隨問隨答，如瓴建水，衆皆服其機鋒之捷。既而及庵化去，師若失所依歸。聞虚谷陵禪師在仰山，門庭孤峻，莫有當其機者，遂往江西求印證焉。師初在衆中，未有知者。一日，有僧持茶瓢請頌，頌者滿卷。其僧持呈方丈，虚谷讀至師所頌〔二〕，不勝驚喜，曰：『宗門有人，不可以常職處之。』處以第二座，主賓之間相與激揚。此事猶龍樹之待雲門。久之，去游江漢湖湘間，徧禮祖塔而還。皇慶癸丑，出世大慈山之定慧禪寺。瓣香所歸，遂爲及庵之嗣。延祐戊午，嘉興之當湖張氏新建蘭若曰福源，請師開山。師爲創立制度，重規疊矩，纖悉備具，使來者有所遵守。後至元庚辰，遷住中天竺禪寺。

三年，高公納麟由樞密使出爲行宣政院使，以拯教門爲己任。凡選住持，必推有德望者，諸妄庸不得幸進。淨慈禪寺，杭之大方也，自昔號稱五山，而廢弛爲最甚。公素知師有道行，以謂淨慈住持非林公不可據猊揮麈。之後學徒雲集，動至萬指。常儲不給，至募施以贍之。施者向風而至，乃事興造殿堂、門廡及阿羅漢殿，棟梁橈屈，丹堊漫漶，瓴甓剥缺，皆一新之。以至佛、菩薩、天人之相，鼓鐘、薌鐙、旛蓋之具，悉皆莊嚴如法。乃作淨居庵一區，爲歸老之地。然皆務極宏壯，不以有爲法而略之。而其自奉則甚薄，二時粥飯必赴堂首衆，不厭麤糲，寒暑則大布大帛而已，不求精緻。至於勘辨學者，隨機策勵，皆得其歸趣。一以古道自任，不爲藻麗緣飾之辭以動世俗。學徒或滯於文字，從容牖導曰：『當知佛祖西來意，乃成妙覺。』一住十有八年，始終如一日。向非時緣遇合，詎至是乎？

靈隱遭鬱攸之禍。時達識帖睦邇丞相領行宣政院事，以師足任起廢，移住靈隱禪寺。師既領寺事，捐〔三〕衣盂，旋募檀施，已具大佛寶殿材。是時，泰州張氏自蘇州入杭，國朝發兵討之未下，靈隱宿兵，殿材毀焉。兵事既解，一日師語〔四〕左右曰：『吾緣殆盡。』肩輿入城府，别丞相及嘗所往來者。還至淨居，沐浴取紙筆作《辭世頌》，泊然而化。至正辛丑五月一日也。師生于前至元己卯，世壽八十有三，僧臘六十有六。

師頂平面圓，音吐洪暢，見而知爲法門偉器，而其修證尤非同袍所可及。當時禪門尊宿，前有虛谷陵公，後有元叟端公。師分座仰山時，陵公稱其定力如百鍊鋼。開山福源時，端公稱其提唱足爲新創楷範。淨慈百廢既舉，而前代住持失其傳次，師懼其湮没無聞，擬求記於虞文靖公。師與虞公無平日之雅，乃命侍者録所爲偈頌曰《淨居吟》者二百餘首以寄公，用表玄契。

虞公晚年深造禪理，得師法語，讀之大喜，即爲秉筆，且答以四偈。

杭爲東南都會，元時江浙行省所治，必命丞相領之，且兼領行宣政院事。前後以丞相領院事者悉皆敬禮，爲師外護，而達識帖睦邇丞相尤篤。高麗國王遣僧十輩齎賁香幣，航海而來，迎師至其國闡揚宗旨。丞相雅不欲師去中國，乃以師年老爲解，語其使曰：『師四會語有録，此即其道所在也，録之還國足矣。』其使録之而去。

師四住名剎，惟淨慈爲盛且久。距今聖朝更化僅閲二紀，而師之大弟子簡公、祥公又俱以碩德雅望相繼主淨慈之席。父作子述，前後相輝。而簡公譽徹九重，至膺聖眷，長僧司于朝，海内方袍之士倚以爲重。師之垂休〔五〕委祉于其後者，不其盛哉！簡公、祥公辱與予〔六〕有方外之好，狀師之行業，屬余銘其塔上之石。惟師道行大方，當代鮮比，顧余泥于世間法，未嘗獲叩心要，以破拘孿。自揆暗昧，曷從而讚歎之哉！諺云：『不識其父視其子。』亦姑以聞於其徒者，敘其應世之迹而已。若其閫奥，豈余之所能言哉！銘曰：

教外别傳，心宗攸託。千江一源，在乎妙覺。屬當像季，其緒或微。必有碩師，振而起之。惟淨居師，慧根夙植。矢言求道，必見其的。勇往精進，如百鍊鋼〔七〕。斬蛟剸犀，不頓其芒。東涉〔八〕金華，西登大仰。不憚其高，究極無上。岌彼南屏，慧日所懸。坐大道場，十有八年。曰時與緣，二者並至。水光山色，皆具法意。宰臣恭敬，三門晏然。慈風所被，至于三韓。航海來迎，薌幣旁午。願乘妙雲，被彼東土。智覺無礙，應緣有終。隻履言旋〔九〕，欲依焉從。有賢法嗣，與龍象媲。大法不泯，師常住世。古巖之阿，崒堵巋然。銘其仿佛，以告承傳。

校勘記

〔一〕勿，四庫本作『弗』。
〔二〕所頌，四庫本作『所爲頌』。
〔三〕捐，四庫本作『首捐』。
〔四〕語，四庫本作『與』。
〔五〕垂休，四庫本作『垂庥』。
〔六〕予，四庫本作『余』。
〔七〕百錬鋼，四庫本作『百錬剛』。
〔八〕涉，四庫本作『陟』。
〔九〕旋，四庫本作『還』。

題跋

跋岐陽武靖王雪庭詩卷後

右《雪庭詩》一首并跋尾，故岐陽武靖王所製以贈杭僧康上人者也。

上人精修白業，解行兼至，以聲音爲法事，虔若見佛，緇素信向。初，王開府鎮杭時，聞其風，亦加敬焉，所以親御翰墨而爲之詠贊也。余惟上人假雪爲號，蓋即雪以觀心。而王摹寫雪之爲狀，詞旨精詣。言雪之初，天地茫然，與月相貫，皓旰皎潔之態，表裏洞然，一有覺悟，了然明白，可謂知上人之造詣者矣。然非王之睿見，固不足以及此。不知上人何修而得此於王也？王以戚里懿親文武忠孝起乘興運，爲開國功臣，至膺丹書鐵券之錫，以與我國家聯休共美於無窮。而上人得其翰墨，不亦希世之盛遇也哉！

一夔聞之，宋天禧中，西湖僧有省常者，修華嚴淨業。王文穆公欽若判杭，亦嘗贈之以詩。當時以爲美談。以上人之行業而較之省常，固若無愧。以文穆公而視王之勳德，則有難以同年語者矣。是宜上人得其翰墨，如兼金拱璧，不敢玩視也。

一夔淪落無似，粗以觚翰爲業，初不足以取知於人，而王兼收並蓄，勿〔一〕遺疏遠，若欲振之於衰朽之餘者。然則王之待一夔，亦不後於上人矣。古人有言：『士爲知己死。』一夔既耄且病，未及下門屏之拜，而王薨矣，何從而攄效死之忱哉！伏觀兹卷，不勝慨歎久之。

校勘記

〔一〕勿，四庫本作『弗』。

跋吾子行墨迹後

吾子行先生篆隸得周秦石刻之妙，前輩論其字畫，殆千百年而一見，此誠不刊之論。其法今具於所著《三十五舉》。學古之家苟得其法於言意之表，可以脱去俗習而趨於古。獨先生之殁距今未及百年，而其墨迹已無存者，抑豈博古者寡耶？

崔彦暉氏工篆書，雅慕先生墨迹，而不可得。一日，在市肆中忽見先生篆書《瘞鶴銘》一通、隸書《寄友人》近體詩一首，共一紙，因購得之，不啻如獲重寶。彦暉請予識於紙尾。熟視久之，歎曰：『使此紙落於他人之手，不過故紙視耳。而彦暉得之，真有合哉！』因爲識之，且慶其有此獲也。

跋張貞居五帖後

先生性狷介，不與俗合，後不知所終。朋友招其魂葬之，胡先生長孺誌其出處於墓甚悉。且又無後。余來杭學，治鄉賢祠，以其行藝可以範俗，并祠之云。

貞居先生五帖，蓋與其同袍毛知宫伯珪者，知宫之孫繼祖裝潢成卷請誌。貞居玄門高士，風度絶俗，見之而意也消。仙去已久，意其神游上界，出入紫虚之府，邈不可即，幸其翰墨留落人世。雖中間所言不過日用細事，今一見之，猶得以挹其風度於波戈之間，亦一快也。

跋張貞居與毛起宗手批後

吾玄友有毛起宗者，童稚時常侍張外史飲於黄真人之小蓬山。庖人適薦鰣魚，外史命賦之。起宗即口占曰：『胥江五月潮初落，網得鰣魚價未平。椒葉薦來風味美，不思牛炙與羊羹〔一〕。』外史奇之，批其詩曰：『此生不倦於學，必有立於吾門。』今起宗以玄教上士表倡大方，真不負外史之期望也哉！

外史名雨，字伯雨，風裁絶俗，工於詩，且善筆札。與内翰虞、黄諸公游。嘗修《三茆志》，故號句曲外史。批後復自署曰修撰者，則其教門所賜號也。起宗以此裝潢成軸，請予誌之，爲誌於左方。

校勘記

〔一〕牛炙與羊羹，四庫本作『羊炙與牛羹』。

跋徐烈婦傳後

余觀山陰王先生書項里徐烈婦事，想其奮死之烈，未嘗不爲之悚然以警、愓然以悸也。

烈婦本潘氏女，年二十五歸里人徐允讓。至正十九年春，有大兵徇地越上，烈婦從其夫走匿山谷中。俄游兵至，獲其舅與夫，殺之，且執烈婦。烈婦自度不免，謀死又不得間，乃紿之曰：『吾夫既死，吾從汝必矣。獨念吾舅與夫暴屍原野，誠不忍其狼藉，苟爲我曳屍納土窖中，聚雜木焚之，使化爲燼，吾無他念，從汝決矣。』游兵信之，行拾遺甓，倉卒刻誓辭，擲置草間，伺火焰稍熾，即躍入窖中，并燒死。

嗚呼！猛矣哉！元季之亂，婦人女子不汙而死者蓋有之矣，談者往往引爲口實，以恥凡爲人臣而懷二心者，求其奮死如徐烈婦者蓋鮮。此吾所以爲之悚然以警、惕然以悸也。嗚呼！忠臣不事二君，孰不知有此語？今婦人女子乃能蹈之，而平日號稱大丈夫者乃反不能，亦獨何哉！

題康里〔一〕公書仙都生三大字後

康里文憲公起世胄，以文學雅望重當世，而字畫尤精。用筆圓健清潤，意態飛動，無世俗氣，觀於此卷所書三大字可見已。

仙都生者，括人王桂志學也。初，志學讀書仙都山中，其後游學錢唐。會文憲公出爲浙省平章，志學獲登其門。公愛其警敏，書仙都生三大字以贈之。當是時，得公片紙隻字，寶之不啻拱璧。而志學得此於公，良足歆羨。臨川危内翰題其後云：『仙都山有獨峰，朱文公行部浙東時有所按劾，不與時合，因屏居焉。公號志學，爲仙都生，非無意也。欲吾志學景行先哲云爾。』今志學經明行修，爲縣文學訓迪，有成效，其亦無愧也哉！

校勘記

〔一〕康里，四庫本作『喀爾』。

跋楊貞姬傳後

越人陸厚季和手槀詩文一編見示，發而讀之，乃吳郡大夫士以楊貞姬有賢行而稱述之也。貞姬，厚諸母。初，厚之從父裕有才行。貞姬方擇配，裕適游吳，遂嫁之。既嫁，生男三。裕病瘵，貞姬事之無少懈。其母語之曰：『何用是？彼不起矣，不若爲他適計。』貞姬不答。後又數迫之。一日，貞姬方食，其母怒其不從，痛罵之，食下咽，氣逆上，竟憤懣死。後五日，其夫亦死。貞姬之賢行如此。

余謝厚曰：『諸君〔一〕之稱道貞姬者已備，余復何言？』厚固以請曰：『子嘗執筆從太史氏，其言可信，幸不我鄙。』因以貞姬之事而較之夏侯令女。蓋令女家人欲嫁令女在其夫既死之後，而令女始則斷髮，中則截耳，終則劓鼻，以明其志。而貞姬之母欲嫁貞姬則在其夫方病之時，而事之難處有甚焉者，乃至飲恨而死，亦可念哉！或者以謂令女毁傷體肢〔二〕，不可以訓，然則貞姬違母之命，亦不足爲訓乎？大抵君子寧過於厚。我文公先生有取於令女者，厚之道也。吾於貞姬亦云。

校勘記

〔一〕諸君，原作『謝君』，據四庫本改。

〔二〕體肢，四庫本作『肢體』。

題出蜀行卷後

右《送廬陵李德善先生出蜀序并詩》，皆東南士君子之仕蜀者所作也。蜀自司馬相如、王褒、揚雄、陳子昂相繼而出，至宋爲極盛。故有以一門兄弟而魁天下者焉，有以一門兄弟而登制科者焉，又有一州貢士多至五六十人者焉。至於卓然以道德文學師表一世者，又不乏人。當時論風俗者，以蜀之文物追過鄒魯。夫何宋運中否，至端平而失蜀，章縫之士，幸不死於鋒鏑者，則皆奔竄東南以依其主。於是蜀之文物掃地矣。元之有蜀，五六十年之間乃始有登舍選第奉常者。至其後也，倫魁亦幸在蜀，有足以風動人者。然而禪續息復之機不可得而測，不意遽有至正之亂。

先生少負才氣。以歲庚寅入蜀，居無幾何，中原亂，蜀據於僞主，兵戈阻絶。先生匄〔一〕克東還，竄匿山谷。天兵取蜀，首開學校，守土之臣旁求蜀儒以塞明詔，而蜀儒無一存者。訪得先生，乃畀以學校之事。先生以天下大定，而親在大江之西，未知存否，請於上官歸省，意甚懇切。上官念之，爲别致老儒於他郡攝理教事〔二〕，而先生得還。此行卷之所由以作也。

嗚呼！蜀之禍僅百年而復見。遭值更化，欲得一二儒者爲學校重而不可得，幸得先生於羈旅奔波之餘。楚雖有材，晉實用之，豈其然乎？雖然，文運之隆汙有時，振而起之，俾人材輩出，則有今日之聖人在乎上。謹識於卷末以俟。

行卷序一首，詩七首，作者爲廬陵胡某、臨川盛某、豐城黄某、會稽趙某、華亭虞某、王某。其一曰錦城七十翁者，則姚文公燧之孫，亦寓公也。因併識之。

校勘記

〔一〕勿，四庫本作『弗』。

〔二〕教事，四庫本作『政事』。

題黄文獻公所著墓銘初稿後

右黄文獻公所著墓銘初稿二紙，其一全篇有塗注字，其一僅存其半，乃四明樂君仲本既得公銘其師程先生與其大父浹江府君之墓，并得其初所屬稿，遂裝潢成卷。蓋以公之文翰發揚其父師之潛德，故敬重如此。王待制褘云：『公凡爲文脱稿，必命門生代書，而碎其初稿。』公字畫甚佳，以秘惜故，世多不傳。此二紙誠不易得，樂君當寶藏之。

題邁里古思保越事迹後

余曩避地海昌之黄灣，其地距越僅隔一水。越人至海昌者，見輒道邁公保越方略甚悉。今觀其友白君以中所述事迹，於余所聞無有不合者，信直筆也。比閲《元史》，見邁公事已附傳，第視白君所述差略耳。蓋彼附傳，體當然也。欲得邁公之詳者，自當以此觀之。

書鍊庵丈人傳後

有示余以《鍊庵丈人傳》者，其人居黄巖，字某，別號鍊庵。人高其行，稱之曰丈人。傳者不著名氏，敘其群行甚詳。至敘其事母之孝，然以義裁之，雖若過於中庸，而有厚之道焉，余故不得不加之言。蓋黄君有母七十而瞽，偏求良醫，用藥勿〔一〕效，彷徨不知所爲。有告之〔二〕曰：『爾當皈依世所奉觀音大士，日禮其像一千拜，誦其所説《普門品》一千遍，爾母目自愈矣。第爾習儒，不此信也。』黄君曰：『吾方急於救母，誠能愈吾母，寧暇他顧哉！』黄君謹用其言，設大士像，莊嚴供養，且拜且誦。如是者三閱月，不懈益虔。一夕，大士夢黄君曰：『吾用金篦刮汝母眼膜矣，行當自明。』既寤，其母雙目豁然，蓋亦異矣。

吾嘗聞之佛者，觀音大士於東震旦有緣，以故家崇而户信之，有疾病患難，倚以爲命。如黄君之乞靈救母，殆不誣矣。雖然，以理推之，亦聖門之所不棄，何以知其然？孔子蓋曰：『觀過，斯知仁矣。』然則黄君之奉佛，蓋爲母也。雖曰過於中庸，非所謂君子之過者乎？吾故揭之以示凡欲爲孝而無所用其力者，亦或有取焉。

校勘記

〔一〕勿，四庫本作『弗』。

〔二〕告之，四庫本作『告之者』。

跋袁鏞傳後

按宋季，鄞人袁鏞常登咸淳辛未進士第，以憂未上官。元兵將陷宋都，鏞與寓公將作少監謝昌元、華文閣直學士趙孟博共謀死國。已而游兵至鄞上，鏞先二人往覘敵，奮不顧身，以大義摧敵，爲敵所擒，罵不絶口而死。其妻孥一十七人聞之，亦同時赴水死，獨有僕護其一子。其事類齊王蠋，而又甚焉。夫蠋常諫齊王不聽，退而耕於野，未嘗一日食齊之禄，固亦齊之士耳，而欲以一邑存已亡之齊。鏞雖登進士第，亦未嘗一日食宋之禄，固亦宋之士耳，而欲以一身存已亡之宋。及事不濟，則皆繼以死，亦可念哉！

夫爲臣死忠，無庸言者。爲士亦如之，則誠罕見。千百載而上，有一王蠋，固足以愧夫後世之爲人臣而懷二心者矣。詎意千百載而下，復有如鏞者哉！蠋幸遇太史公得書其事，鏞不幸不遇太史公，又其同志已叛盟事敵，亦諱道其事，故遂至於無聞，蓋可知已。

鏞死已易代，其孫廷玉有文學行誼，以國子生林右善敘事，請爲私傳以補《宋史》之缺，亦孝事也。余因附其説云。

題印公所著字説後

千江印公稟慈惠之資，傳天台教觀之學，解行兼至，誠法門之巨器。其徒有潤上人者，以玉田爲字。印公曰：『玉出於田，則誠潤矣，然止於潤身，而不能潤物，非吾法自利利他之意。』因易其字曰受之。且著爲《字説》。印公大意以謂法華一會，誕開權乘，悉歸真實，功在溥潤。譬如百穀草木同潤於雨，惟夫所受不同，故各從所解而有差別。惟圓機之士能受潤不二，推其所自，在於能受與否。印公爲其徒制字，本《法華》真諦，反復開示，其望上人受潤不二而溥潤於物者，可謂至矣。間請余言焉，而余何足以言之？雖然，吾夫子設教，有時雨化之者，亦受潤之功也。然不知與妙教所説何如？余也根器懵闇，未免執文滯相，請從汝師質之。

跋劉子高所著伯父墓誌銘後

余讀劉禮部所撰其世父養蒙先生墓誌，而知先生之卓識雅量，有非衆人之所能及者焉。先生經明行修，爲鄉里所推重。至正初，常一試於有司，不利，漠然不以爲意。徐治肴蔬獨行，過東湖謁徐孺子祠，薦奠而還。當是時，江右之士試於有司者亡慮三千餘人，而爲有司所取者僅二十二而止，是求十一於千百也。故得者翱翔通衢，揚揚然有矜色；不得者垂首喪氣走委巷，恥見故人。先生方且歆慕高節，若欲從之游而不可得者，此何可及哉！禮部君以從子而發其世父之潛德，而及於此，真知德者矣。

先生之冢嗣子和以誌文示余，因表而出之，以著先生之高，俾後人知溯風云爾。先生諱某，字某，養蒙其號也。禮部諱某，字子高，以文學知名，卒於官。

跋李唐所畫扁鵲授方圖

此圖相傳爲李唐規模扁鵲與長桑君授受大意。一人在古樹間，南向坐，有授説狀，似是長桑君。一人坐於樹旁，回視坐樹間者，頗恭，似是扁鵲。旁有水波沄沄，即所謂上池水也。太史公紀長桑君授禁方於扁鵲，其事甚秘，世莫得而知。不知唐生於千載之下，乃能得其仿佛如此。

海昌郭子振氏得此圖甚加秘重，請余識之。子振以世醫名，故知所尚如此。吾聞昔有好爲詩者，嘗畫杜子美像，而師事之惟謹。醫家以扁鵲爲宗，子振之愛重此圖，亦詩人像杜子美而事之意。因識而歸之。

跋張外史墨迹

右句曲外史所書《再和能仁詩》一首，希白玄上人之所藏也。外史名雨，字伯雨。嘗修《茆山志》，故號句曲外史，以詩名世。其字畫得楊、許筆意，波戈飄逸，自有夐塵風致，觀於此紙可見。

能仁者，天台法師繼公也。法師博綜内外典，號稱巨德，嘗住台之能仁教寺。法師寓席南山，時與外史所居相近，往來甚密。其稱法師，不以名而稱所住山，尊其人也。

上人私淑於法師，而有臨池之好，尤愛外史字畫，其寶藏此紙也宜哉！

跋孟先生墓誌銘後

洪武初，友人朱伯賢爲余言國朝纂修《元史》，吾郡前輩得列於儒學傳者二三人而止，而孟長文先生居其一焉。蓋吾郡自王文憲公柏講道上蔡書院，而朱子之學始盛行於台。當時及門弟子，以楊氏、王氏爲稱首。志稱先生之學一以楊氏爲師，盡得性理之淵奥，其所以得列於儒學傳者有由然矣。先生位雖不滿其德，然得正學以垂名於國史，亦何憾哉！

跋吴縣徐氏家譜

韓文公《偃王廟碑》言徐子章羽既執於吴，徐之公族子姓散處徐、揚二州間。余與吴縣徐良夫同姓，良夫之上世來自汴，後居吴中，必徐州之族。余上世來自太末，今居天台，則揚州族也。其初蓋亦同所自出。世言天下無二徐，有由然哉！良夫有行誼，著書立言，以亢其宗。余已老，學不加進，行不加修，有忝吾宗者也。因閲良夫所著世譜，識余愧焉。

跋先德記

右《先德記》一通，金華宋贊善爲知石樓縣顧碩著也。碩之先，自宋南渡後有以薦爲學校前廊官者，有擢進士第爲奉國軍簽判者，又有以武舉第一人爲殿前司同正將者，否亦〔一〕博學高行推重鄉里，蓋望族也。比余纂修杭郡志，於人物得齊鹽官顧歡。鹽官實今海寧縣。歡博學有隱操，累徵不就，去隱天台山，開館受徒，學者恒數百人，後遂終焉。余少家天台，莫詳歡所居處。《先德記》本顧氏家乘，云顧氏系出歡，其所居處有顧儒嶺，有歡溪，可爲歡所居左驗。曰天台山者，總稱也。因讀兹記，偶有以資余以未詳，故附著之。

碩字景蕃，有學有守。爲石樓時，能興學愛民，表著忠臣義士。蓋能亢其宗者云。

校勘記

〔一〕亦，四庫本作『亦以』。

跋高士敏送季弟南歸序後

高君士敏嘗爲試吏部侍郎，後以事去官，謫居朐山。其季士表往省之，留兩月，以母夫人在南，爲文送之還。其文反復千餘言，大概敘其離合之故、悲喜之情，而友于之誼藹然見乎其辭。

夫天倫之間，至親莫如兄弟。詩人有言：『兄及弟矣，式相好矣，無相猶矣。』奈何世之人相好者鮮，而相猶者多？余亦不自知其何若。方侍郎君仕顯融時，其季既往省之。及其退而處於隱約之地，又往省之。此自其相好然耳，非矯飾也。彼視同氣得志，則爲翕翕熱藉其聲勢以自張，一有不然，則掉臂不相顧，無異路人，此非相猶而何？余交高氏昆季間，見其季省〔一〕

其兄於隱約之時，愈於顯榮〔三〕之日。嘗欲述其事，告凡薄於同氣者。今讀其文，蓋有不待於余之言者矣。

古稱『元方難爲兄，季方難爲弟』，相傳以爲美談。侍郎君以文學知名當世，所以友其弟者，誠難爲兄矣。若其季之篤於倫理，不尤難爲弟哉！或謂二難并爲不易得，今於高氏兄弟見之。因識於卷後。

校勘記

〔一〕省，四庫本作『裕』。

〔二〕顯榮，四庫本作『顯融』。

題賈氏族譜後

天台賈氏，在宋爲最盛。余少在鄉里所聞而知者，惟知漢州之奇有遺惠在鄉里。蜀多美椒，漢州解官歸，攜其種蒔之，其味辛烈不減蜀産，至今人稱漢州椒云。由漢州而下，皆仕宋，有階至承議郎、承節郎者。而其别出之族有擁旄二鎮、秉鈞兩朝者，蓋甚顯矣。而漢州之五世孫前樞密院副使嵩又顯於元季。賈氏之族代不乏人，非所謂能亢其宗者乎？樞密值運去物改，罷官家居，亟以修譜爲事。而其修之之法特詳，具見於同郡葉君夷仲所爲序。

嗚呼！人莫大於崇本，始自氏族之制不講，士大夫蓋有以此爲不急者矣。而樞密君汲汲焉爲此，其知崇本始者哉！

題藏拙齋記後

右會稽王先生爲趙某著《藏拙齋記》，其友顧某以示餘，且請題辭。余讀其文，大意美其知拙而能藏也。余獨以謂巧宜藏，拙不必藏也。櫟社樹，匠石過而弗睨者，以其材不足用也。人之材苟不適用，雖有庸，有司亦未必取之，焉用藏爲？故巧宜藏，拙不必藏也。不然，則是大巧若拙之士，非真拙也。而況能言之士又從而文之，是謂欲蓋而彰。雖加十襲，無益也。予〔一〕言非訐，試以諗諸藏拙者，然歟？不然歟？

校勘記

〔一〕予，四庫本作『余』。

説

草庭説

昔者濂溪先生實開有宋道統之原，近世大儒以元亨利貞分別上古、中古、近古之統。而以先生爲近古之元，可謂知先生者已〔一〕。先生平日窗前草生不除，程伯子見而問之，先生曰：

『與自家意思一般。』此可見先生胸次與天地萬物同體。當時蘇長公爲先生賦濂溪詩，至謂：『先生豈我輩，造物乃其徒。』蓋可見已。後來朱子贊先生，直曰：『道喪千載，聖遠言堙。不有先覺，孰開我人？書不盡言，圖不盡意。風月無邊，庭草交翠。』所謂極盛德之形容，蓋未有踰於此者。孰謂不爲近古之統之元乎？

新城周昉制行不溷于俗，自謂古人可學而到，又謂欲求古人之道，必觀古人之文。以余亦好古者，與余甚相好。嘗謂余曰：『吾上世相傳系出營道，與濂溪先生同所自出。譜諜不存，無所於考。詩曰：「豈無他人，不如我同姓。」況吾同姓乃聖人之徒乎？敢竊取先生窗前草生不除之意，號曰草庭，以致吾高山仰止之意。』

余復之曰：『論者以先生氣象似孔子，易以感人。如李初平得之于二年，王荊公得之于連日夜，蒲宗孟得之于三日三夜，侯師聖[二]得之于三日，王君既得之于坐談之頃。今雖不能身[三]親炙之，其言之具于《大極圖》與《通書》者固在。有志之士[四]苟潛心而學焉，將必意領神會于數百載之上。先生教人，固曰「士希賢，賢希聖」，而況子有同姓之懿哉！雖然，目擊道存，無乎不在。春雨初霽之時，庭草怒長，子必自得之。余也有志于道，懵懵焉莫知所之。誠有得焉，其肯語我以微乎？』因爲之說如此。

校勘記

〔一〕已，四庫本作『矣』。

〔二〕侯師聖，原作『俠師聖』，據四庫本改。
〔三〕身，四庫本作『得』。
〔四〕有志之士，原作『有志之志』，據四庫本改。

傳

何節婦傳

洪武九年三月，詔天下郡縣：凡孝子、順孫、義夫、節婦事關風教者，其悉以聞。於是杭之仁和縣四隅里以何子貴母平氏守節事上於縣，縣上於郡，郡上之部使者，部使者覆實以聞於朝。今年十月某日得旨如律，旌表其門閭。

初，平年十有九，歸同里何富，居五年而富殁。富殁之五月，子貴始生。時平方二十有四，誓不他適〔一〕，養其舅姑，以撫其遺嬰。夫既殁，生事落甚，有不堪其爲生者，微諷之易天。平曰：『吾爲人妻，不幸而失所天，吾未亡人耳。今棄人父母，而挈其遺嬰，以父他人，吾復何心？此言非吾所願聞也。』峻絶之。平事其舅姑，養生送死無遺禮。而撫其遺嬰，卒至於成人。冰蘗自守，四十餘年如一日。何氏不絶如縷，以平而振。里之人有不幸如平者，亦以平爲法，曰：『慎勿有愧於何母。』

以予所見，何節婦之行，第自盡其道耳，非欲求知於人也。而國家必欲表而出之，翼然綽楔，一旦立於沙潭廣斥之墟，照耀其閭里，其故何哉！嗚呼！節義者，人之大閑也。『見金夫，不有躬。』《易》以爲戒。而《柏舟》之篇，《詩》則存之，敦節義也。有國家者，於匹夫匹婦苟有卓絶之行，不使之泯没無聞，誠以飭勵風俗之具有在於此爾。何節婦之獲被光寵於今盛世，其有以夫。爰著於篇。

校勘記

〔一〕他適，四庫本作『他天』。

席孝婦傳

山陰席昌之被兵〔一〕於錢唐也，爲其子祥娶錢塘吴氏女。亦既成伉儷矣，兵退，昌挈家還山陰，而祥留錢塘。生子未晬，而祥以病歿。時吴氏年纔二十有六，行自歎曰：『吾席婦也，義不當留父母家，惟奉靈櫬絶濤江而東，葬於其先塋之次。從吾妯娌事舅與姑，以撫吾遺嬰，至於成人耳，他無所用其心也。』已而一如所言。一日，其姑忽〔二〕患瘍，痛甚。醫者曰：『此爲膿所苦耳，有能吮之者乎？』吴氏在旁吮之，無難色，姑瘍遂愈。親戚鄉黨咸稱爲節孝。今朝廷屢下制書，旌表節義以訓厲風俗。吴氏年已老，其子尚志〔三〕亦長大。行應旌表，有司將上其事云。

史氏曰：貞女不更二姓，固亦人所難能者。至於事姑能爲人之所不屑[四]爲，則又所難者也。唐博陵崔氏婦至孝，有姑年高無齒，每旦櫛縰笄拜於階下，即升堂乳其姑，其姑不粒食而康健[五]者數年。君子取以爲訓。以吴氏之孝行較之，詎不謂之尤難乎哉！因著於篇。

校勘記

〔一〕被兵，四庫本作『避兵』。
〔二〕忽，四庫本無。
〔三〕尚志，四庫本作『尚忠』。
〔四〕不屑，四庫本作『不肯』。
〔五〕健，四庫本作『强』。

祭文

祭曹右布政使文 諱岱

維洪武十有六年歲次癸亥二月甲辰朔，越十有一日甲寅，杭州府學教授徐一夔等謹以清酌之奠，致祭於新浙右布政使[二]曹公之靈曰：

惟公起自科名，允爲時彦。佐縣有聲，遂領方面。自謂一士，忝受主知。誓以所學，見之於爲。喜慍不形，寬嚴相濟。惟務公平，不尚苛細。如公之賢，百一見之。胡彼天者，乃不憖遺。歲覲甫修，遽膺時沴。遂使明時，失此偉器。惟昔我曹，承顔接辭。話言相好，不見鄙夷。初謂暫遠〔二〕，竟成永訣。溯風一奠，豈勝悲咽。嗚呼哀哉！尚享。

校勘記

〔一〕右布政使，雍正《浙江通志》載洪武年間布政使曹岱爲左布政使。

〔二〕遠，四庫本作『違』。

祭錢生鈞文

子〔一〕之材質，濯濯乎如春柳之茂；子之意氣，翩翩乎如俊翮之翔。子之學力，蓋已耕耨乎經畬；子之文藻，又足以馳騁乎文場。使天而與之年，寧不表表偉偉於章縫之林、鵷鷺之行？胡乃二十有四而亡？玉未琢而毁，木未拱而戕。猗天道之茫昧，殊不可得而測量。自子之死，孰不盡傷？而況師與友相與于典册之側、筆硯之旁。一奠永訣，有淚如滂。嗚呼哀哉！尚享。

校勘記

〔一〕『子』上四庫本有『嗚呼』二字。

祝文

杭學鄉賢祠增置神主祝文

緬惟兹邦，以德行、文學、風節、事功顯著〔一〕，代不乏人。舊祠自漢嚴先生而下，惟十有六人得祠。考之前志，有宜祠而失祠者六人，當祠而未祠者九人，通三十有二人。準式作主，本其時世之先後，列其姓氏、爵號而位置之，以補兹祠之未備。爰擇吉日，式陳明薦，伏維諸賢特賜鑒格。敢告。

校勘記

〔一〕顯著，四庫本作『顯者』。

啟

答皇甫知州慶初度儷語

眷言初度，已越稀年。方興白首之嗟，乃辱華箋之贈。拭目快睹，粲然瓊琚玉珮之辭；反己熟思，慊甚道德文章之實。誼特廑於祝嘏，分敢媿于達尊。伏念某〔二〕幸生於今，竊慕乎古。

學不加進，行不加修，嗟流年之易度；力則有限，志則有餘，追前人而愈遠。求友已數十載，遇知不四三人。自視朽材，非斯道隆汙之寄；乃煩巨筆，述平生出處之詳。必鍾期乃賞流水之音，惟楊意肯薦大人之賦。恭惟前景州知州彦昭先輩，天姿近道，器識邁倫。惟務修藏，不尚表襮。擇交而處，其介類郭林宗；辭官而歸，其故異陶靖節。偉矣簪纓之彦，卓然甫掖之英。式詩得正音，允稱大家之作；文推爾雅，深知天下之言。惟所造之域既高，故所趨之塗敻異。相好矣，同聲相應，同氣相求；受言藏之，千金非恩，一語乃德。詎意垂老之歲，始獲知己之交。致一瓣於南豐，甚愧推崇之盛意；輯五福於《洪範》，願如屬望之至情。欣懌增加，敷宣罔既。

校勘記

〔一〕某，四庫本作『徐一夔』。

表

代尹都指揮使謝賜醫藥表

臣某上言：臣于洪武十六年某月某日，忽肺經受病，欽蒙〔二〕特遣太醫院官療臣證候。其肺疾今已平安，獨左手伸縮未便，已于今年十一月十一日出司署事。謹奉表稱謝者。伏以聖人在位，以仁育物。凡在臣庶，悉荷生成。中謝。伏念臣某迹本疏賤，遭逢聖朝。曾乏寸勞之補，已登二品〔二〕之崇。榮寵方來，菑厲忽至。爲證既重，自分難存。欽惟〔三〕量若海涵，恩如春育。好生之德，與天地同。有若細微，亦蒙眷注。輟名醫于近侍，出良藥于尚方。雖尚左之猶艱，幸報恩之有日。黽勉視事，深懼素餐。謹當竭力于餘年，以報更生之大德。臣無任。

校勘記

〔一〕『蒙』下四庫本空四格。

〔二〕二品，四庫本作『二器』。

〔三〕『惟』下四庫本空四格。

代某官謝陞除表

伏以祗奉綸音，進膺峻秩。仰恩數之洊至，顧己分而奚堪？雖被寵榮，實深兢惕。中謝。伏念臣某迹本疏賤，材則愚蒙。早承教育於成均，遂獲甄收於給舍。遭逢已至，補報未能。方期由中補外，以竭駑材；詎意一歲三遷，遂登要地。拜命之後，雖喜實驚。兹蓋伏遇〔一〕量若海涵，仁如春育。建太平之治，收有用之材。有若細微，亦蒙記録。臣某惟當顧寵思報，恪守公勤。務竭涓埃之微，仰補乾坤之大。

校勘記

〔一〕『遇』下四庫本空四格。

疏[一]

六一泉重建祠堂疏 有序

六一泉者，東坡先生會勤上人哭歐陽公之處也。泉在孤山之趾，勤上人之居在焉。熙寧四年，先生通守錢唐，别公於汝陰里第。明年秋七月，公薨。先生以上人與公雅也，會哭於其舍。又十有八年，先生乞郡，得知杭州。比至官，上人已化去，獨其徒像公與上人事之。先生未至之數月，泉出於其舍後，其徒因請先生識之。先生追念上人存日，與先生抵掌談公，稱公爲天人，謂公雖不至杭，公之神明無所不至。因本其意，名之曰六一泉，以公晚年自號六一居士故也。先生爲著泉銘。其徒既作石室覆泉，且刻泉銘於泉上。宋南渡後，廢勤舍爲延祥觀。元初，又廢觀爲帝師祠。泉没於二氏之居者幾三百年。元季兵燹，泉始軒豁呈露，但石屋已摧，而泉銘亦爲他僧舍舁去。有僧曰行昇者，鉏荒滌垢，圖復舊觀。既，仍樹石屋，且求泉銘還於舊處。欲建祠堂一區，如當時祠公與上人故事，而力有未逮。未免持短疏，求之好施之家與凡儒宗之英、釋門之老，助財成之。庶幾歐蘇二公與上人之流風雅韻同不泯云。

伏以眷兹勝地，實在名邦。勤上人於此幽棲，蘇長公因之數至。迹分緇素，同登歐子之門；誼重死生，會哭孤山之下。惟精誠有感通之理，故山嶽出迎勞之泉。名聿表於懷賢，忱式昭於薦菊。顧淵源有永，幸與文派俱流；雖名號僅存，幾逐劫灰共化。欲存故迹，必建新祠。此舉非爲福田，實欲共成勝事。儒冠僧衲，請恢雅量以相成；山色湖光，行與高風而並遠。願言樂助，毋誚濫干〔三〕。謹疏。

校勘記

〔一〕以下三首四庫本無。

〔三〕濫干，張岱《西湖夢尋·六一泉》作『濫竽』。

吴山重修文昌祠疏 有序

文昌祠在蜀之潼川，實司科舉之事。宋南渡後，有祠在吴山之巔，蓋蜀士赴舉者所創也。自經兵燹，頹圮弗治。聖朝更化，首詔科舉取士。乃者賓興，而浙司得人爲盛。此皆神明陰相斯文所致。而揭虔妥靈之地勿致崇嚴，庸非斯文之恥乎？用持短疏，徧咨同志之士，共修葺之。伏望慨然，幸甚！

伏以英靈發見，肇迹遠在東川；神氣流通，降祥乃及西浙。屬文運方興之日，應國家急材之需。相我士於棘闈，悉登名於桂籍。嵯峨遺廟，尚左江而右湖；寂寞神棲，乃旁穿而上漏。既蒙陰騭之賜，敢忘昭告之忱？爰務重修，有干同志。白騾數至，定驚棟宇翬飛；黄榜多賢，共賀人材輩出。尚資靈貺，助我皇家。

昱大徹講主住台州能仁教寺草疏

維大能仁教寺在台州東掖山之陰，蓋浙水東法窟也。異時有文明海慧大師者，以全悟大辨之材唱道其處，今三十年矣。山空水寒，未有嗣其響者。虞江大徹昱公，蓋宋劉忠諫公〔一〕之裔，海慧之入室弟子也。器宏而深，機圓而熟。部有大小之別，而會其説，非同非異；典有内外之分，而歸其極，無此無彼。雖常出世於越之明真、杭之雷峰，是謂牛刀試邑，未足以發其蘊。能仁，五山之巋然者也，今天下第一禪林，乃公論所出之地。咸謂以若而人弘師道於既往，振宗風於將來，孰曰弗稱行矣？泉出雙源，無非實相；松鳴千樹，總是妙音。法席之虚久矣，尚無尼其武哉！

校勘記

〔一〕劉忠諫公，疑『劉忠簡忠』之訛。按：劉欽，字子時，福建建陽人，官至同知樞密院事，卒謚忠簡。

相本空講主住蕭山延慶方外草疏

諺云：『求美木者，必于鄧氏之林。』蓋本其所産而言也。在昔浙河之西，有大浮圖曰湛堂澄公，丕闡天台教觀之學，坐大道場説法，以振其宗，號稱佛海大師。其得度寺在會稽山中。凡託衣鉢之傳，必擇根器之邁倫者爲之徒。若本空上人，蓋其曾孫也。

上人識朗而融，機圓而熟。佛海化去，所以發明性具之旨見於遺書者具在。上人不假擔簦躡蹻，求師於遠，即書可以領悟。所謂鄧林有美木者以此。上人蓋嘗出世杭之寶林。今蕭山之延慶虚席，僧司公論以上人補其處。夫制於數者，時也。不爲數所制者，人也。延慶雖當兵燹之餘，江上之山色，湘湖之水光，宛然在目。興廢起弊，以還舊觀，獨不在於人乎？行矣，其弗遲。辱在交游，用伸勸請。

始豐稿補遺

送齊彦德歲貢序

天台齊賢彦德，吾邑高等生也，以學行爲同輩所推重。歲貢德行，彦德在首選。余去天台日久，未始與鄉里之俊秀接，不知彦德也。吾諸孫有與之同舍者，以書來省，極贊其賢，以是知之。吾孫且曰：『翁雖久外，而彦德視翁，固鄉先生也，願受一言之教。翁其勿辭。』乃爲之言曰：

『士之生也，患不逢時爾。苟逢時，奚患哉！余在鄉里時，聞之先生長者，宋南渡後，吾邑以文學踐世科、登舍選者，行金曳紫，前後相望，閭里白徒百不一二見焉。入元之後，當國者類皆西北右族，所用不過門第、吏胥、技藝雜流三等而已。自予所見，科目之行歷五六舉，吾邑僅得一人。彼出自學校得釋謁者，雖一人亦無之。皓首窮經，不免有不遇時之歎。

『天道之運，固若循環然。我皇明之興也，剗去弊習，壹是用儒爲治，學校與科目並具。又以科目爲未足以盡其材，仍詔天下州縣學，歲拔其尤者一人貢於禮部，試之而廪於太學，太學廪之而進於天子之廷，而後授之以官。於是人各自奮，躐取華資峻級，如拾地芥。吾謂彦德生於斯時，不其幸哉！

『余見比年以來，歷中外之士，皆瑰瑋特達，不自科目，則自學校。揚芳聲，邁偉烈〔一〕，彼此競爽，行道之人莫不咨嗟歆羡，以爲國家用儒之效如此。以彦德之才之行，無愧於兹選。他日拜官，接武諸公之後，追芳蹤，拔俊軌，詎知其孰先而孰後哉！吾雖耄，尚及見之。』

是爲序。

校勘記

〔一〕偉烈，原作『緯烈』，據文義改。

故文林郎湖廣房縣知縣齊公墓誌銘

齊公莊卿以耆儒薦舉，兩宰劇邑，有治聲。其初得鄧之新野，釐清宿弊。知邑之困於師征，男耕女織，不足以自給其兩税逋負，甘自斃杖下，黠者逃走旁邑，城中十室九空，田疇鞠爲茂草。公爲書代請命於直指使者，不獲命，則又流涕陳課糧不減、新且無民之狀於行省、行臺，事得上聞。於是困者興，逃者復，户口漸多。以最異徵，行除部郎矣。適襄陽之房民訴其令於朝，朝廷方重宰官之任，嘗有成績見於治新，賜墨書，再綰墨綬。有弟奪兄産者，公下車即直之，一邑翕然。公素簡静，不爲碎煩之政，舉事必求便民，以此民歸如流水，監司爭薦之。年老足病，致政歸天台。公在新九年，皆以循良著，可謂賢吏矣。

予嘗謂三代以下，吏治惟漢爲盛。由其時舉人之法出於鄉評，而課最不拘年歲。今天子稽古爲治，不專以科目興賢，而守令之得民心，久至二十餘年不調，故治行上追龔黄召杜者所在多有。世嘗言：『薦舉多迂儒，超選有異政。』觀於齊公，不自知其説之大謬不然也哉！

公先本汴人，其居台始於宋宣義郎德閶，於公爲曾大父。大父諱恒，宋寧海尉。考仲傑，元處士，妣孔氏、楊氏，俱以公貴膺敕贈。公娶林氏，贈孺人。子二：長曰文，次曰武。其生也，元至元丁卯。其卒也，明洪武戊寅。以明年二月祔葬考墓左，是曰蔣山也。銘曰：

猗歟齊公，于新于房。飲食尸祝，爲兩桐鄉。公之去矣，新人是思。公之死矣，房人其悲。既悲既思，公將奚之？公有遺命，考妣是隨。

存耕堂記

妙山之北，宅麓之原，峿嶁盤鬱，中有藍田，葉君近仁世築室居焉。累代簪纓，猶不忘先德滋棧之本也，思培植以貽子孫，乃顔其堂曰存耕。國子司業趙先生屬余記。

考周家農事開基，葉君之命名即此意乎？先生曰：『否。蓋取昔人方寸留耕之義云。』余曰：『善哉！葉君之命名也。今夫素封之家，田連阡陌，膏腴是寶，疇不願存爲子孫世業？然興替有時，强弱異勢，雖欲爲世守，庸可得乎？即襏襫之家枷芟擊鼓，每多逢年，卻又有旱澇螟蝗之害、粟米力役之征，妻啼飢而兒號寒者多矣。惟存方寸之地，其廣也不啻阡陌，其美也不啻膏腴，强莫與奪，富莫與兼，無旱澇螟螣之害，而又無粟米力役之征，可以世守，可以逢年。善哉！葉君之命名。雖然，《書》不云乎：「厥父菑，厥子乃弗肯播，矧肯穫？」又云：「厥父勤勞稼穡，厥子曰昔之人無聞知。」存而弗耕，奈何？』先生曰：『否。惟善是親，慮不存耳，未有存而不耕，耕而不永者也。葉君近仁，我朝兩應徵辟詔，不受官歸，而畎畝自怡〔一〕，日引二子希賢、希永讀書堂上，仁種禮耕，義錢信鎛。異日獲其報而享其利，顧不信然哉！』余笑曰：『信子之言，可以記矣。請誌之。』

校勘記

〔一〕『怡』下《葉氏宗譜》有『步和汾之高致，守涑水之詒謀』。

郁離子序

《郁離子》者，誠意伯劉公在元季時所著之書也。

公學足以探三才之奥，識足以達萬物之情，氣足以奪三軍之帥。以是自許，卓然立於天地之間，不知自視與古之豪傑何如也。年二十已登進士第，有志於尊主庇民。當是時，其君不以天下繫念慮，官不擇人，例以常格處之，噤不能有爲。已而南北繹騷，公慨然有澄清之志。藩閫方務治兵，辟公參贊。而公鋭欲以功業自見，累建大議，皆匡時之長策。而當國者樂因循而悦苟且，抑而不行。公遂棄官去，屏居青田山中，發憤著書，此《郁離子》之所以作也。

郁離者何？離爲火，文明之象。用之，其文郁郁然，爲盛世文明之治，故曰《郁離子》。其書總爲十卷，分爲十八章，散爲一百九十五條，多或千言，少或百字。其言詳於正己、慎微、修紀、遠利、尚誠、量敵、審勢、用賢、治民，本乎仁義道德之懿，明乎吉凶禍福之幾，審乎古今成敗得失之迹。大概矯元室之弊，有激而言也。牢龍萬彙，洞釋群疑，辨博奇詭，巧於比喻，而不失乎正。驟而讀之，其鋒凜然，若太阿出匣，若不可玩。徐而思之，其言確然，鑿鑿乎如藥石之必治病，斷斷乎如五穀之必療飢，而不可無者也。豈若管商之功利、申韓之刑名、儀秦之捭闔、孫吳之陰謀，其說詭於聖人，務以智數相高，而不自以爲非者哉！見是書者，皆以公不大用爲憾，詎知天意有在，挈而畀之維新之朝乎？皇上龍興，卒以宏謨偉略輔翼興運。及定功行賞，疏土分封，遂膺五等之爵，與元勳大臣丹書鐵券，聯休共美於無窮，不其盛哉！傳有之曰：『楚雖有才，晉實用之。』公之謂也。

初，公著書，本有望於天下後世，詎意身親用之？雖然，公之事業具於書，此元之所以亡也；公之書見於事業，此皇明所以興也。嗚呼！一人之用舍，有關於天下國家之故，則是書也豈區區一家言哉！

一夔蚤受教於公，後謁公金陵官寺，出是書以見教。一夔駭所未見，愧未能悉其要領。今公已薨，其子仲璟懼其散軼，以一夔於公有相從之好，俾爲之序。顧一夔何敢序公之書？然得繫名於簡編之末，亦爲榮幸，因不讓而序之。

公諱基，字伯温，括蒼人。若其言行之詳，官勳之次，則具在國史，兹不著。

廣福廟重建記

吾惟窮兩閒跂行喙息之徒，苟具方寸間，一念所存，純一無僞，仰不愧，俯不怍，則共發見，施諸明而無不孚，達諸幽而無不格。惟神奮起閭閻，所爲不過如古貨殖家，以市價爲術，原非有異於人也。但其所存，一以濟人利物爲心，無有私意存乎其間。故其生也，惠被於一方而人德之；其歿也，福庇於後世而人戴之，非僥倖於一時者所可致也。若夫單夫細人以左右望而罔市利而惟恐不足者，或過兹廟，仰觀肖像，寧不惕然有警於心而知所戒哉！

神降生之日，一方之人會享祠下，以祈以報，因作享神之詩，使歌以祀神。詩曰：

吳之山兮蒼蒼，河之水兮洋洋，有廟翼翼兮在河之梁。神之來兮不來，目睠睠兮延佇。或泠然兮以風，或黯然兮以雨。俎有牲兮其牲既滌，尊有酒兮其酒匪酤，肸蠁潛通兮俟食有所。逐畢方兮其去無蹤，驅海若兮波濤乃東。物不疵癘兮人不暴凶，降福穰穰兮我民攸蒙。吳之山兮不改其色，河之水兮其沚湜湜。於萬斯年兮惟神之宅，小民祈報兮歲歲其無斁。

至正己亥兵後明年八月之望同守繆公招同諸彦集南湖即席分韻得久字

青丘緩殛殪，黑飆撼九有。海走翻蛟宫，山移若蟻阜。雖愛赤城霞，噴瀑當窗牖。棄擲不敢顧，欲卧豈得久。里處擇其仁，於焉得林藪。衍原饒粳秫，詩書足朋友。何期復中兵，難作在丁酉。東西競奔竄，顧尾不救首。幸云全此軀，長疑是夢否。還見湖上月，兼之對名酒。狂奴故態萌，嚧然開笑口。郁伯承云：僧雪廬《資聖寺記》：至正十八年八月，嘉興兵變。而大章詩云：『難作在丁酉。』是丁、戊、己三年郡皆被兵也。故高士敏詩亦云：『前年奔山壑，去年匿檣舵。』

辛丑秋七月曹廣文招同諸子憩西郭景德寺分韻得半字

野曠天逾豁，川平路疑斷。不知何朝寺，突兀古河岸。潭蘊白氣没，林密翠霏亂。勝地固清凉，火流七月半。合并洵難得，通塞奚足算。廣文厭館舍，亦此事蕭散。風櫺爵屢行，蘿磴席頻换。但覺清嘯發，寧顧白日旰。吾欲紀兹游，掃塵勞弱翰。

桐柏山

吾鄉之下動千數，獨有桐柏非凡山。孟冬之月日氣薄，浩有老興窮躋攀。峻嶺盤回三百折，日晏始陟青霞關。芙蓉蒼翠幾千朵，四面周匝如城環。其中地勢坦若掌，别是天上非人間。飛樓湧墮殿灰塹，煙光霞氣猶朱殷。長松夾道狀磊砢，槲葉打帽聲珊珊。欲尋石碑究年代，往往斷礫遺荆菅。仙人道士出迎客，羽衣蒼佩朱爲顔。桑田滄海易變幻，坐閲大劫輕人寰。澗東雲房尚突兀，掃榻延我忘疲艱。丹泉作酒麻作飯，殷勤餉客情非慳。忽驚風雨亂人耳，乃是石漱流潺湲。夜深明月出東嶺，半照窗户光斕斒。神清氣爽不成寐，直欲輕舉凌巑屼。誰云瓊闕不可即，顧我已接神霄班。但愁俗骨不可换，天明又覓征途還。

訪玘法師宿夕佳樓

寓縣俄多難，湖山亦被兵。名藍俱泯滅，别構獨崢嶸。翰墨看前輩，登臨愧後生。嚴城圍列嶂，半鑒出澄泓。直筱侵檐上，纖蘿附牖縈。倚闌雲鳥度，極目鏡天平。日夕景逾好，秋高思轉清。殘陽樹間没，薄靄水邊横。紫翠霏微合，丹鉛點染成。茅津有漁唱，麥嶺少人行。暝色松門動，寒飆竹嶼鳴。疏鐘度餘響，遠火露青熒。仙梵微微出，爐煙裊裊輕。山盤撲露實，石鼎泛雲英。洗濯塵凡淨，歸依誓願精。行當陪竺士，聽法破無明。

九里松圓覺寺

法侣西州彦，招邀有雅情。供分園果熟，沐愛井泉清。江近潮偏響，山平月倍明。無眠知夜永，况乃候蟲鳴。

題破窗風雨圖

按《明詩綜》：金絅，字子尚，嘉興人。有題王彦强《破屋風雨圖》，時地均合，殆即彦强之圖作也。

疏窗久零落，亂帙自縱横。方與聖賢對，那堪風雨驚。乾坤含暝色，林壑作秋聲。想子心如石，看書夜到明。

題徐良夫遂幽軒

臨風一讀遂幽篇，鄧尉穹隆在眼前。愧我未安三畝宅，思君欲問五湖船。春明載酒穿花塢，日暮扶藜看稻田。多少長安軒冕貴，枉勞魂夢到林泉。

小桃源記

海昌縣治之東五十里而近，有地曰湖塘，後負硤石，前倚鳳岡。雖無高山大川爲之限隔，而甚幽夐。朱氏世居焉。

朱氏有肅齋父者，敦慎尚禮。子鐩早知明經。宣城貢公泰父以文學名世，守官錢塘，鐩實從之游。至正末年，有户部尚書之命，督漕閩中。值邊境弗靖，託家朱氏而行。三年而還，來抵其家，恬然無恙。朱氏父子上謁，喜謂之曰：『而所居地，非桃源也耶？何能使吾妻子即安若是？』因易地名曰小桃源云。其曰小者，以自别於武陵桃源也。

余嘗謁公寓館，退見朱氏父子，道所以然者。余曰：『桃源之説，如王摩詰、韓退之、劉夢得諸人以爲神仙者，吾固弗敢信。若陶淵明、任安貧稱其先世避秦，厥後遂不通者，亦不過世外棄壤。孰若小桃源，有賢父子以一鄉善士爲之倡率，不猶愈於長老山谷，儕麋鹿者耶？尚書公以天子列卿爲之表見，不猶愈於漁郎偶至，驚相問者耶？』

方是時，浙西猶未平也。一二年來，余數往海昌之野，北過硤石，有謂余曰：『異時商夫賈豎資販鬻之利，以錙銖致羸者，肩摩踵接。今此荒蹊斷港，則其所嘗走集之處也。』南過鳳岡，有謂余曰：『異時豪門巨室挾魚鹽之利，以多資稱雄者，日煽月焰。今此頹垣廢宇，則其所嘗武斷之地也。』余爲躊躇者久之。及過湖塘，朱氏父子門徑不改，園田繞廬，詩書聯架，鳥雀在户，鳴聲上下。父子出見客，恂恂然有承平儒者風。周視其外，水泉清遠，林木幽茂。東西聚落百數十家，煙火相望，居人多務耕稼。作者歌，休者和，悠然雲水之鄉，野意横集，漠然不知世有代謝。時貢公捐館已久，余歎曰：『公之易兹名，其預知耶？』

浙西甫平之歲，瀕海之氓乘時竊發，所在爲墟，而此一隅之地完好如初，則夫小桃源之揭，夫豈偶然哉！朱氏將刻石里門，而諗於余。余復之曰：『此實不讓武林桃源，他日修地志者行采之矣。』其遂刻之。

始豐稿續補遺

貝助教文集序

吾友貝廷臣先生有子曰翺，以文學選爲楚府紀善。積其禄入之餘，彙稡其父所爲詩若文爲若干卷。以余與其父友也，不遠四千里，致書請余言以弁其首簡。先生辱與余交最久，雖不敢自謂知先生，而翺之意可尚，何可以不敏辭哉！

昔在元季，文章巨家如虞、揭、歐、黄相繼物故，而宣城貢公泰甫、河東張公仲舉、臨川危公太樸、新安程公以文四三君子者亦各以宏才碩學居朝廷製作之任，聯芳以繼響。時會稽楊公廉夫以名進士屏居吴淞江之上，嘯傲煙月，亦以詩文自豪，有陵轢古今、磅礴宇宙之意，殆若不以臺閣爲泰、江湖爲戚者。一時及門之士，類皆英邁不羈而恥規規於繩墨之末。先生蓋其傑然者焉。

先生天資敻出輩流。其所居邑爲浙以西望，取科第、領鄉薦者前後相繼。邑之人，父教其子，兄授其弟，惟場屋之文是務。先生獨曰：『此有式之文也，爲之不難。』乃取經史百氏暨大家集，博覽强記，漸漬儲蓄，發而爲文，以追古作者。其言引物連類，奇論層出。濡筆伸紙，千數百言立就。每一篇出，輒爲楊公歎伏。於是聲譽大起，而貝氏之文章遂擅名於一時矣。

余評其文，馳驟奇崛，如長風駕濤，銀山鐵壁，澎湃疊至，鼉鼉蛟龍，百怪出没，而金支翠旍焜耀前後，何其才之贍而氣之雄也！惜其盛年遭時不偶，浮湛田里之間、山林之下。念有所屬，亦時吐出胸中之奇，以泄其無聊不平之思。

及值維新之朝，起自布衣，預修《元史》，預考鄉試，旋擢國子助教，改助教中京，幸已嚮用。會國家方育材興治，第所居官以訓迪爲職業，而長篇短章亦不過應四方知己之請，而所以敷張神藻，潤飾鴻業，以鳴國家太平之盛者，則亦未見其有數數然者焉。雖然，言之不文，則其傳也不遠。余見前輩以著作名家，焦心勞思於佔畢之下，其言未必不可傳也，而卒至於湮没無聞者，良以爲之後者不能繼夫前人之志故也。先生之文固足傳諸遠矣，然亦幸甚有子，故雖不獲收大用之效於前，亦奚憾哉！

先生諱瓊，廷臣其字也，世居嘉興之崇德，學者稱清江先生云。

杭州府儒學教授天台徐一夔序。

録自《四部叢刊》影印明洪武年間刊本《清江先生集》卷首

靈溪八詠詩序

《靈溪八詠詩》，君子之美其趣也。天台之靈溪虚白山人奚公國賢，字彦先，隱居晦迹，安貧樂道，得山林之美趣，揭其地之尤勝者，目爲八頌。

始入其徑〔一〕，橋有霜凝人迹焉，曰板橋霜迹，示君子必履其正也。指先公游眺遺迹，曰亭山秋色，即其景而思得其人也。山右泉夾〔二〕兩崖間而下，曰西灣飛瀑，言山高而思下也。山下有澗，清而縈紆，曰曲澗春流，以其清比德、行比智也。嶺下之坦，樵〔三〕憩而歌，曰烏巖樵唱，樂野事也。山〔五〕左有平湖半頃，曰勝湖夜月，取其水之明潔也。湖上石岡中分劈裂，傳者謂自昔有白龍騰起而斷此岡，曰斷嶠〔四〕棲霞，誌靈迹也。溪之脣有石骨嶄然，蜿蜒卧於水滸，曰石龍暮雨，是溪之奇勝也。

此八詠舉屬台之靈溪，去邑東〔五〕三十里，東接丹丘，西通霞嶠，重岡複嶺，□然沿溪步澗，水聲泠泠，雲木杳靄。較乎天台之景，此最爲幽勝而絶出者也。昔興公刺永嘉，嘗賦『過靈溪而一濯，疏煩想于心胸』，爲高蹈佳處〔六〕。公文名重天下，而靈溪之山水若增而勝也，人皆斐然尚之，故靈溪勝概遠近播揚。而處士猶以爲未足以盡山林之美趣，乃揭其八景以發詩人之詠，賢士大夫與名僧聞之〔七〕，皆樂爲賦詩，而競出奇詞麗句，風韻若金石鏗然，起人情思，益聞而益播，將傳至〔八〕無窮也。雖然，人皆有所嗜，或雅或俗，有淫有正，觀其事，其人之賢否可知矣。

夫物之出没，亦猶人之懷才挾異，隱而顯，窮通必有數存焉。是八詠者，虚白山人播於山中亦已久矣。余寓西湖書院，鄉友養明〔九〕奚君赴文學之命，過謁于官署，出示此卷，將欲表彰以光之，豈其數會而然乎？故賢人終身隱晦，不足歎之；或得榮耀，不足幸之。余善諸君子之詩，而思山林之趣，未能寂然無謂，要〔一〇〕豈能盡其詩之美也哉！於是乎書。時洪武戊寅春三月二日，杭州府儒學教授同邑徐一夔大章序。

録自清道光丁酉重修《台西徐氏宗譜》卷六《藝文》，校以清乾隆戊子重修《天台徐氏八族宗譜》

校勘記

〔一〕『徑』下乾隆本有『之』字。

〔二〕夾，乾隆本作『束』。

〔三〕樵，原無，據乾隆本補。

〔四〕嶠，原作『橋』，據乾隆本改。

〔五〕『東』下乾隆本有『迨』字。

〔六〕佳處，乾隆本作『佳趣』。

〔七〕聞之，原無，據乾隆本補。

〔八〕至，乾隆本作『而』。

〔九〕養明，乾隆本作『養名』。

〔一〇〕未能寂然無謂要，原作『然無謂』，據乾隆本改。

至正辛丑倡和集跋〔一〕

至正辛丑秋七月十有三日，永嘉曹睿以休假出郊，憩景德寺。諸公攜酒相慰藉，環坐，以唐人『因過竹院逢僧話，又得浮生半日閒』之句分韻賦詩。雲海師因裒集成帙，以志一時之良會云。

録自陳田《明詩記事》甲籤卷十一

南渡大小官署考

宋南渡，省臺寺監，俱可指數。若其倉庫所局諸色公署，不能一一悉舉。入元以來，其地或爲官舍，或爲民居，遺基猶能指而言之。元改府爲路，而設總管府以轄之。

尚書省、中書省、門下省，在鯀寧門北。洪武初爲杭州前衛指揮使司所治，今爲軍民居矣。樞密院，在都堂之東，蓋樞密院率以宰相兼領故也。中書、門下後省，在都堂之西。唐制，兩省之官各十有二。宋闕散騎常侍，由諫議大夫而下别爲諫院，惟給事中、中書舍人、左右起居注以法從爲同居，後省其員，亦十有三。蓋中書、樞密宋稱兩院，而中書則有檢正左右司，謂之宰屬，其署在諫院之右，而樞密院有都承旨、副都承旨，有檢詳，有編修，謂之樞屬，其屬則在樞密院之内。都進奏院，在朝天門外。官誥院，在六部門内。閤門，在龢寧門外。客省四方館，在東華門北。登聞檢院、登聞聲鼓院，初建於龢寧門下，後移置麗正門外。殿前司，在鳳凰山下麗正門之右。若内諸司、内侍省、皇城司、御藥院、内東門司，則皆在其左右焉。御史臺，則在清河坊。有臺廳，謂之朝堂，有御史閤位，廳以内爲兩監察位，又内爲殿中位，又内爲中丞侍御史位。有獄，獄有門，匾曰四推。南渡鮮置對，有屬臺官讞問者，則刑察就聽於大理之獄。諫院，在後省之西。大部，在三省樞密院門内。

南渡後，以用兵故，省併諸寺監，有大宗正司、太常寺、宗正寺、大理寺、司農寺、太府寺。大宗正司，在天慶坊内，司有屬籍之閣。太常寺，在羅漢洞，兼領光禄司事。寺有寅清堂，有昭勳崇德閣，繪文武勳臣像其中。宗正寺，在太廟南。建炎間，以太常少卿兼領。紹興中，仍創玉牒所及宗正寺，有玉牒殿及祖宗屬籍之堂。大理寺，初在錢塘門内，紹熙末，以地近景靈宫，遷之仁和縣西。司農寺、府寺，皆在保民坊内。司農寺初撥隸倉部，紹興三年復置丞，明年又置少卿，職掌如故。太府寺亦如之。其後又置太府寺將作監、軍器監、審計司於其處。其測驗之所，則在吳山，置太史領之，有太歲殿，有十二曜殿，後改爲至德觀主管。秘書省，紹興初權寓法惠寺，十三年移於天井坊之左，有秘閣，有右文殿，有史院，有提舉廳，有道山堂，有著作之庭，有國史日曆所，有編纂會要所。秘閣在右文殿西，道山堂在秘閣後，道山之後則著作之庭在焉，庭之東廡則國史日曆所在焉，庭之西廡則編纂會要所在焉。又有書庫，有寶庫，有後圃。

圃有群玉堂、芸香亭、席珍亭、芳壺亭、含章亭、茹芝館、射圃、繹志亭。

諸寺監雖以兵興省減，至於國子監、宗學、太學、武學，則建置惟謹。國子監，在紀家橋。紹興三年，即駐蹕所在置監，乃置博士二員，以太學生隨架者三十六人充爲監生。監有芳潤亭，在後圃，有書板庫在中門之内。宗學，在睦親坊。紹興初，始置諸王宫大小學校，教授各一員。嘉定九年，改宫學爲宗學，在屬籍者二歲一試，補弟子員如太學法。學有大成殿、御書閣、立教堂、汲古堂。齋舍六，曰貴仁，曰立愛，曰大雅，曰明賢，曰懷德，曰時俊。

太學，在前洋街。紹興十一年，置祭酒、司業、博士、正録，定養士額。十三年，即岳飛宅建學。有大成殿、首善閣，有光堯石經之閣，有崇信堂，有齋舍。初爲齋十，曰服膺，曰禔身，曰習是，曰守約，曰存心，曰允蹈，曰養正，曰持正，曰率履，曰誠意。續修七，曰觀化，曰貫道，曰務本，曰果行，曰崇信，曰時中，曰循理。紹興又增齋三，曰節性，曰經德，曰立禮。齋各有樓。後爲罏亭，又各有亭。武學，在前洋街，紹興十六年建。有武成正殿、立武堂。其齋舍六，曰受成，曰貴謀，曰輔文，曰中吉，曰經遠，曰閲祀。其教養之法，大略亦如太學。

此宋南渡省臺寺監之大凡也。若其倉庫所局諸色公署，不能一一悉舉。入元以來，其地或爲官舍，或爲民居，遺基故址故老猶能指而言之。其詳具見《咸淳臨安志》。

録自《成化杭州府志》卷六十一紀遺

與僧守良等同游廣福寺分韻得高字

澤國豁平野，何地堪登高。盪舟且出郭，踰彼東城濠。夷猶六里塘，悠然見林皋。云是故賢宅，間世居方袍。乃遵龍游街，鞠爲茂蓬蒿。摳衣歷層塔，憑欄瞰秋濤。講師雅知己，采菊酤新醪。歡餘發清嘯，屏息塵務勞。同游漱珠玉，白首徒自搔。

録自明崇禎十年刊本《嘉興縣志》卷七，標題新擬

丁未九月二十有二日肅始生之辰時寓南京會飲林公慶孟善所在會者陳世昌彦博徐一夔大章張翼翔南牛諒士良後至者朱升允升相與聯句得三十韻

霜降後一日，我適初度辰。思親隔千里，肅。會友成七人。脱略羈旅悲，一夔。邂逅骨肉親。文采玉在璪，公慶。襟懷冰絶塵。佳瑞徵夢鷟，諒。修齡期紱麟。願稱卒君壽，翼。更數甲子旬。緑鬢不知老，世昌。朱顔屢驚春。覽鏡愧勳業，肅。補衮思經綸。詞場舊得雋，公慶。主國今來賓。視弧遂初志，諒。拖玉期此身。算符椿八千，翼。義重鼎萬鈞。且持紫霞杯，薦此銀絲蓴。橙香芼八跪，肅。看旅羅兼珍。紅皺實纂纂，青纖縷繽繽。末飣處葱渫，行盤送蕫

辛。徹俎有餘懌，允升。揮□儕等倫。雕鐫出肝腎，世昌。呫囁摇吻脣。沈思覃抽緒，應接鼓和錞。驪珠耀白日，一夔。虹劍衝青旻。冥搜北郊愈，翟。大敵當秦晉。磨勵各有待，世昌。倡酹亦相因。重廑同袍愛，肅。少慰傾蓋新。卜歸想占鵲，公慶。御袷憂懸鶉。心持履霜戒，諒。學警遷墓鄰。未忘炊扊扅，翟。何暇問組絢。咸池晞曙髮，公慶。鑒水垂秋緡。歸田甘野服，肅。趨召宜朝紳。重來路彌熟，世昌。後會情益真。明年值兹旦，允升。共記龍河濱。諒。

人日興聖方丈小集玉山與大章致堯元朴聯句二十韻

録自明季祁氏澹生堂鈔本唐肅《丹崖集》卷二

新正苦風雨，況乃屬人日。嘉友適解后，顧。小飲任真率。行酒罄深爵，徐。焚香閟幽室。畦蔬韭新翦，琦。山果橘屢出。顧。烹魚溉鬵釜，徐。漱茗滌脂膩。善謔雜笑傲，周。雅韻播聲律。撫事歌飯牛，顧。談時捫蝨。漂零憐杜甫，琦。坎壈嗟趙壹。顧。孰謂喪亂仍，徐。有此情誼密。顧。玉山摩詰流，周。龍門辯才匹。徐。文誇徐卿瞻，琦。才妒周郎逸。德星夜燁煌，顧。野水春蕩潏。城雲低睥睨，徐。林籟哨觱篥。顧。燈灺鳳蕤吐，周。墨瀋龍氣溢。初集日亭午，欲散晷届戌。徐。琅璫塔鈴語，琦。哽咽漏籥疾。毋耽樂厭厭，顧。共守禮秩秩。聯詩紀盍簪，周。訂約誓膠漆。徐。名教固有三，真理本歸一。琦。所冀會面數，莫遺塵慮汩。顧。

録自中華書局二〇〇八年版明顧瑛《玉山名勝集》卷上

吴越兩山亭記

瀕浙而有縣者，東有蕭山，西有錢塘。按《輿地志》，二邑皆古越地。自漢順帝肇置吴郡，限於漸水，錢塘入焉。後之人遂指浙以東爲越，以西爲吴。而自唐以來，騷人墨客率稱二邑之山爲吴山、越山云。吴山則遠自天目飛馳而下，若龍驤鳳翥於虎林之區。越山則近自湘湖分布而出，若星離綺錯於會稽之陸。而浙江則波濤洶湧，潢潭汗漫，風帆浪舶，上下若云；沙輿水馬，往來若螘，而界乎兩山之間。故在兹山之杪以望浙西諸山，而想五代錢氏之保有，南渡六帝之偏安，亦猶行乎淮甸而望江南諸山，見鍾阜之岧嶢，石城之嶄絶，而想六朝之迭王，南唐之竊據也。登是亭者，能不有感於斯乎？

録自民國二十四年鉛印本《蕭山縣志稿》卷三十二藝文

過上虞魏氏福緣精舍題

瀟灑山陰路，家家水竹邊。游魚吹霽沫，棲雀散晴煙。硯垢臨磯滌，詩清帶粉鐫。爲來京國久，展卷亦翛然。

録自清光緒元年上虞祈山《陳氏續修宗譜》

天台始祖怡松公像贊

父也竭忠，子克盡孝。天眷其衷，賊刃勿蹈。世衰道微，山林寄傲。聿來胥宇，赤城煙水。俾立室家，爰居爰處。萬有千歲，俎豆是主。

録自一九九六年重修《天台夏氏宗譜》

題燕肅春山圖

名畫經年久，皴痕澹欲迷。昔從吾邑見，今向異方題。寺古藏深崦，橋危接斷隄。舊游尋未得，撫卷一含悽。

録自北京故宫博物院藏燕肅《春山圖》

題崔彦輔吴興清遠圖三首

青山靡靡水悠悠，水色直連山盡頭。若欲更尋清遠處，人間那復有湖州。

的歷山光在眼中，似研碧瓛染來濃。一雙翡翠應迷卻，飛入深深不見蹤。

丹青只説趙吴興，更愛臨模有館甥。何用水晶宫裏住，只消看畫過平生。

録自上海博物館藏崔彦輔《吴興清遠圖》

始豐稿附録

宋濂《送徐教授纂修日曆還任序》

洪武六年秋九月，皇帝御謹身殿，從翰林學士宋濂之請，妙柬文學之士四三人纂修《大明日曆》，而詔濂與吏部尚書詹同司總裁事。當是時，杭州府學教授徐君大章實在選中。開局於内府，日給太官之膳，而令中貴人護閽，非奉敕旨不敢入，其事至嚴也。濂時與大章辰入而申出，凡興王出治之典、命將行師之績、采章文物之懿、律曆刑法之詳，咸以事繫日，以日繫月，以月繫年，必商榷而謹書之。濂年加耄，不能有所猷爲，唯發凡舉例而已。其助我者，大章之力居多。越四月，書成，共一百卷。遴日上奏，登盤龍金匱中，奠於丹陛之下。縉紳之家爭欲薦大章入詞林，大章堅以足疾辭。濂因爲陳情於上，乃詔賜文綺、纖繒各三裝、錢六千文，仍俾其職爲真。故事，教授試職三年，俟育材奏功，方許真授。大章時未期年，乃異數云。

大章將還涖教席，濂餞之秦淮河上，與之言曰：『教授之職，雖設於宋，其任亦云重矣。在紹聖初，詔令中制科及進士第上五人、禮部奏名上三人、府監廣文館第一人，始令爲之。大章起布衣而輒膺其任，豈無其故耶？漢法，太史公位丞相上，天下計書先上太史公，副上丞相；

由唐及宋，宰相皆兼史官，其重如此。大章以一教授之微，乃召入史館，與編摩之列，又豈無其故耶？蓋大章博覽載籍，發之於詞章，霞粲波縈，峻潔鮮朗，威儀儼雅又足爲後進師表，聲名籍籍起儒林間。當此聖明之朝，材咸求實，不於其官於其人，故大章致此無難也。然而黄琮之貴，必登於方明；大雅之音，必奏於清廟，理勢則然。大章以温然之姿、鏘然之文，乃鰓鰓下教於一郡，如惜才之論何？濂誠耄矣，髮種種被肩矣，聰明不及於前時矣。詞林清切之班，非大章誰所宜堪？行將力薦而用之。脱使大章實不良於步趨，雖卧治亦可也。大章以爲何如？』

明年春正月，金華宋濂序。

梁寅《贈徐大章序》〔一〕

余昔以戊子歲之秋至金陵，迨庚寅歲之夏，將歸江右。以爲錢塘江左之名郡也，於是行而不一游焉，則將無時而至也，乃令兒子岷買舟載書籍，由京口而往。留錢塘逾一月，於賢士大夫固多見之矣。而天台徐君大章家於是郡，爲侯泮助教。考其藴蓄，聆其議論，而又相與之勤，相顧之厚，心尤慕焉。西還之後，不十年而兵興，竄身巖石之下，屏迹田野之間。每思金陵及錢唐怳然如夢寐之所歷，心雖係焉，而迹不可以復至矣。

今上〔二〕龍興，金陵爲鉅麗之都，視前時益盛。吴元年丁未歲，以詔徵至都，四方之士翕然雲集，而大章亦以嘗爲郡文學見徵。於是得復與之會，相持問勞，以喜以歎。思曩時之周旋，誠猶夢寐，不期復見於此也。是時，上方文武並用，丕式隆古，肇置三局：一曰律局，以定律令，凡舊官之練於憲章者居之；二曰禮局，以究禮儀，凡宿儒之通於古制者居之；三曰誥局，以撰誥命，凡俊才之優於文辭者居之。余備員禮局，而大章撰誥文，同居官寺者半歲。或談辨於蚤莫，或賞詠乎風月。大章之學之文，固進於往昔，而余之益老且衰，則日退而已。

嗟乎！昔之見也，不期再見於今日；而今之見也，又可期於後耶？其睽之久也，其地之遠也，而乃無一言以爲別，於人情何如也？而余之贈以是言，則所期於大章者，固不啻如今之已也。

校勘記

〔一〕《天台徐氏八族宗譜》題作《金陵惜別敘》。

〔二〕今上，原作『令上』，誤，據文義改。

王禕《知學齋記》

人不可以不學，而非所當學，不可以爲學。知所當學而學焉，斯可以言學矣。所當學者何？聖賢之道是也。聖賢遠矣，而其典籍具在，其言可考，其道可求，勉焉以至也。知其學而學焉，雖未至於聖賢，蓋亦聖賢之徒也。夫人莫不有是性也。有是性則有是才，盡其性而充其才者，聖賢之所以爲學也。性者，萬物之一原，非有我之得私也。盡性則理之在我者無不明，而視天下無一物之非我矣。子思曰：『唯天下至誠，爲能盡其性。』能盡其性，則能盡人之性。能盡人之性，則能盡物之性。夫謂之盡人盡物之性，則天下含智之人、肖翹之物，舉必待我以遂其生、樂其所矣。所以然者，由我之盡心性，而又有我之才有以應之也。是故家國天下之事衆多，不易爲也。而所以品節彌綸之者，非才莫有以應之。

周子曰：『才與誠合，則周天下之治也。』蓋盡諸己而及乎人物者，性之所以盡也。盡乎人物而本諸一己者，才之所以充也。性出於天，才出於氣，而氣亦天也。盡其性，充其才，則有以合乎天矣。合乎天而無間焉，則與天爲一矣。而其至於是也，亦本於誠而已矣。是故盡性至命，未有不本於孝弟也；窮神知化，未有不由通於禮樂也。大至於位天地，育萬物，而實不外乎屋漏之無愧；妙極乎危微執中之奥，而實不離乎匹夫匹婦之所知。自小學以底大成，本末雖殊，而無二致；自一己以對天下，體用雖别，而皆一理。所推者廣，而所守者可謂簡；所行者若近而易知，而所任者不可不謂遠且重也。此聖賢之學所以爲天地立心，爲生民立命，爲往聖繼絶學，爲萬世開太平者也。堯、舜、禹、湯、文、武之爲君，臯陶、伊、傅、周、召之爲臣，孔子、顔、思、孟之所以爲教者，其不以此也歟？

嗚呼！三代以還，聖賢之學於是不明不行也久矣。當戰國時，蘇、張以縱横之學行，管、商以功利之學顯，申、韓以刑名之學見，楊、墨以異端之學名。及漢，有黄老清静之學，有專門訓詁之學，有災異之學，有讖緯之學。至晉，有清虚之學。至梁，有佛氏之學。至於隋唐，又習爲詞章之學。百家之所立，各奮其私説；一代之所尚，皆徇乎時好，道術爲天下裂。至於宋蓋千數百年，其間如荀卿、揚雄、董仲舒、賈誼、王通、韓愈氏、歐陽脩氏，庶幾明聖賢之學矣，而其道不大顯。諸葛亮、陸贄、范仲淹、司馬光蓋欲行其學矣，而亦未能以有爲也。惟春陵周子者出，始有以上續千載不傳之統。河南兩程子承之，而後二帝三王以來傳心之妙、經世之規，焕然復明於世。關西張子因之，崇執禮之教，考三代以示方來，推一鄉以達天下。皆可謂卓哉聖賢之學者矣。迨考亭朱子，又集其大成而折衷之。廣漢張子、東萊吕子，皆同心僇力以閑先聖之道。而當其時，江西有易簡之學，永嘉有經濟之學，永康有事功之學。雖其爲説不能皆同，而要爲不詭於道者，豈不皆可謂聖賢之學矣乎？

《易》曰：『智周乎萬物，而道濟乎天下，故不過。』此聖賢之學所以爲盛也。智足以知一偏，而不足以盡萬物之理；道足以爲一方，而不足以適天下之用。此百家之所立，一代之所尚，其學所以不足貴也。人莫不有耳目肺腸也，而莫不誘於高遠，蔽於淺陋。天之與我可以爲聖賢者，不能以自信也。有能知性之具於己者，不可不盡；才之盡乎人者，不可不充。篤信實踐，而本之以誠焉。雖未至於聖賢，獨不可謂聖賢之學者歟？

吾友天台徐君大章非其學不學，實慨然有志於聖賢之道者也。故名其所居之室曰『知學』。嗟乎！君子之於學豈徒知之而已乎？知之，則必能好之；好之，則必將至之。有不至勉焉，以求其至可也。吾故推本聖賢之學，與大章商略之，大章亦尚有以教我，而同底於成哉！

朱右《知學齋記》

天下不可一日以無學，尤一日而不知學也。學也者，天理民則之所在也。人而不知學，其如天理何？在昔大道之行，設官職以教天下，比閭族黨、王宫國都庠序學校之政無不修矣。其於列君臣父子之禮，序兄弟夫婦之别，乃至飲射、合樂、養老、勞農、尊賢、考藝、選言，一皆所以養中和之德而盡成人之道也，非直習訓詁、事文詞章句而已也。若是而不知焉，是豈人之情也哉！

天台徐大章，名一夔，惇篤而尚志，警敏而有文。其好學尤知向方，而不墮於世儒習俗之病。嘗標其齋居之室曰知學，日讀書誨友教者，且曰：『吾非學者，知所以學焉爾。昔者舜學乎堯，禹學乎舜，文、武學乎禹、湯，皋、夔、稷、契、摯、説、周公、孔子又學乎堯、舜、禹、湯、文、武者也。學乎君，能長人；學乎臣，能事君；學乎孔子，能聖人。孔子，集大成者也，仁之至，智之盡也。學孔子者，守仁行知而已矣。君焉不如堯，臣焉不如舜，學焉不如孔子，皆未足以爲至也。夔也知所以願學，而未能也，將正於有道，何如？』

余惟學之廢久矣，天下貿貿焉弗知所適從。士或修於家，一行聞於人，則將訑訑爲過人遠矣。是孰知原彝倫之情，約仁義之塗，務格致力行，以求其至耶？故予於大章不無惕然於中也。大章其已知之，予又奚言？雖然，代有國家者，使皆知正學而躬行於上，則天下將風偃景從，盡知性分之固有矣，尊君親上之心油然自生，尚何皇極之福有不永也夫？予知大章學優而仕，其有志於是者與？孟軻氏曰：『雖大行不加焉，窮居不損焉，始足以爲知學。』兹又予望於大章者，因書寘齋壁以爲記。

方孝孺《寄徐教授書》

教授鄉先生執事：某不幸早失先人，始也俯仰顧視，輒哀不自勝。既而觸物遇時，輒哀。既再見先人衣履書帙，輒愴然而悲。及除服而居，思先人之聲容辭氣存乎目者益遠矣，凡見先人交友與嘗識先人之面者，未嘗不趨而拜之，泣而問之以先人之事。

蓋某年二十，而先人亡。前之十年幼且愚也，未有知；後之十年宜有知，而性質愚魯，於先人之善言懿行不獲紀載。又頗謂先人壽年未衰，當自有所論著，又念古之君子不敢預以凶事望其親，故因循遺失，卒不復書。及先人遽亡，而先人之德業竟無知者，其竊痛且懼。倚廬之中，忍死掇拾耳目所見聞者，即書之。至於十年以前之事，則詢諸父兄，采諸遺文，近而宗族，遠而鄉里之人，無所不徵，各報其略，而請銘於太史公。公在翰林時，嘗聞四方之人說先人學行政事甚熟，故不拒而爲銘，且盛有稱。予雖少，足以塞無窮之悲。然先人之善諸孤之所不知而遺失者，蓋多矣。是以詢於先人之友。而先友之存者甚寡，縱有存，又多不能言，雖知而無從教之。此某所以願請於執事也。

伏惟執事於先人爲鄉郡而友久，故文章言語足以傳信於人，則先人之遺德隱没而未著者，不望於執事而誰望哉！先人道德之奥，某至愚，雖不足以周知，然考諸心，則明白坦夷，而不見有纖毫之闕；徵諸身，則端嚴重厚，可以鎮俗而化民。見一物失所，則戚然以爲憂。聞人之善，快然如己出。較之於世，誠不多見，且不知於古賢者何如耳？今鄉里之中善人君子日以淪亡，後生學者無所取則。揚先人之善，而使學者知所效，則有志者之所汲汲也。執事不遺而有述焉，豈特先人之幸哉！

某少不通於諸事，惟於學問常若有陰督而默相之者。先人之亡，宗族老人皆懲前事，勸其輟業。某重歎先人功名既不顯於天下，苟又無人繼而揚之於來世，豈先人所望哉！故益刻心勵行，從學於太史公。鄙陋之私，蓋將以有爲也，而未敢必其能成否，故先有所請於執事。苟以先人之故而憐之發之，并有以教之，使得以承先人之緒，則幸矣。

墓銘謹録以上。近所爲文，迫疾不獲寫，至冬閒，當持詣左右。先公碑，太史公尚欲删正，未及如命。

夏時正《成化杭州府志》

表忠觀在城南龍山。熙寧十年，郡守趙清獻公抃以錢氏墳廟蕪廢，請於朝，即龍山廢佛刹妙因院爲觀，俾錢氏之孫爲道士曰自然者主之，賜額曰表忠，東坡爲記。元季兵亂，觀毁碑仆。洪武七年，杭學教授徐一夔言於浙江參政徐公本，徙碑於府學。

陳善《萬曆杭州府志》

徐一夔，字大章，天台人。洪武六年，以儒士薦授杭州府儒學教授，通經學古。國家肇開學校，而克嚴爲軌範，以身率之。召入史館纂修禮書、日曆，下〔一〕詔製靈谷寺碑稱旨，賜蟒龍綵緞。繼〔二〕得實授，再涖，益申教條。一時學徒成就，試之有司，往往獲舉首。至今稱教授之賢難乎爲繼。

校勘記

〔一〕下，《萬曆杭州府志》刊本無。

〔二〕繼，《萬曆杭州府志》刊本無。

高岱《鴻猷録》

洪武丁未，置三局，一曰律局，二曰禮局，三曰誥局，以宋濂等領之，又徵四方處士徐大章、梁寅等分典其事。

徐禎卿《翦勝野聞》

太祖多疑，每慮人侮己。杭州府學教授徐一夔曾作賀表上，其詞有云『光天之下』，又云『天生聖人，爲世作則』，帝覽之大怒，曰：『腐儒乃如是侮我耶！生者，僧也，以我嘗從釋也。光則摩髮之謂矣。則字近賊。』罪坐不敬，命收斬之。禮臣大懼，因請曰：『愚蒙不知忌諱，乞降表式。』帝因自爲文式傳布天下。

田汝成《西湖志餘》

《杭州府志》，在宋則有《淳祐志》、《咸淳志》，去取無法，非史體也。洪武初徐一夔所著《杭州府志》，頗稱簡明，今不傳矣。

郁嘉慶《至正庚辛唱和詩人小傳》

徐一夔，字大章，天台人。博學善屬文，擅名於時。與方希古孝孺父交善。危太樸素在元時嘗言於朝，授建寧路學教授。元末避兵於郡之白苧里，有屋三四楹。牖外有一大柞，因作《獨柞軒記》以自見其意。洪武初，徵起預修《大明日曆》，分典三局，賜蟒衣綵幣。縉紳欲薦入詞林，堅以足疾辭。終於杭州府學教授。當學校肇開，公嚴爲軌範，以身率之。至今稱教官之賢者，必首公云。

嘗作賀表上，其詞有云『光天之下』，又云『天生聖人，爲世作則』，太祖覽之大怒，曰：『腐儒乃如是侮我耶！』以生字、光字、作則字聲律犯忌，欲坐以不敬。禮臣大懼，因請曰：『草茅不知忌諱，乞宥之。』并請欽定表式頒示天下，從之。

公有《始豐稿》行於世。

謝鐸《赤城新志》

徐一夔，字大章，天台人。自少學文，即期以載道，非六經所存，不復輕置念慮。含蓄既久，燁然以文名江南。洪武中，召入史館與修《大明日曆》。未幾，除杭州府教授。所著有《始豐稿》十五卷，今有刻板在杭州。

朱彝尊《徐一夔傳》

徐一夔，字大章，天台人。以文見知危素，授以建寧教授牒。吴元年六月，詔儒臣纂禮書，敕中書省舉素志高潔、博古通今，士非深知經術者勿遺。於是一夔首被徵。開局於天界寺。草創既就而還。會《元史》成，而元統後無事迹可徵，將有事續修，王禕以一夔薦。一夔報以書曰：

『執事自漳州被召纂修《元史》，與金華宋公同領總裁之命。置局以來，未滿一歲，自元太祖至寧宗一十三朝悉本據實録修成上進。局中秉筆之士，或授官，或還山去。獨順帝三十六年事，以無實録可據，分遣使者搜訪故都圖籍、列郡文移有關政體者，俱收並録，以備采擇，足成一代之書。邇者縣吏踵門，傳致浙省官僚之命，云朝廷以史事見徵。且云『執事以僕爲善敘事，薦之當路。夫爲總裁，薦人，此固其職。然何爲而及區區不材且病之人也？

竊嘗思之，近世論史者謂莫切於日曆。日曆者，史之根柢也。自唐長壽中史官姚璹奏請撰時政記，元和中韋執誼又奏史官撰日曆。日曆之設，其法以事繫日，以日繫月，以月繫時，以時繫年，猶有《春秋》遺法。而起居注亦專以甲子起例，蓋記事之法無踰此也。

『往宋極重史事。日曆之修，必諸司關白，如詔誥政令，則三省必録；如兵機邊事，樞庭必報；百官之拜罷、刑賞之與奪、臺諫之論列、給舍之繳駮、經筵之論答、臣僚之轉對、侍從之直前故事、中外之囊封匭奏，下至錢穀、甲兵、獄訟、造作，凡有關於政體者，必隨日以録。又慮其出於吏牘，未免訛繆，或一日之差，則後難考定；一事之失，則後難增補。此歐陽子所以慮日曆或至遺失，奏請歲終監修宰相點檢修撰官日所録事，有隳官失職者罰之。其於日曆慎重如此。此日曆不至遺失，則後日會要之修取於此，他年實録之修取於此，百年之後紀志列傳取於此。此宋氏之史所以爲精確也。

『元朝制度文爲務從簡便，不置日曆，不置起居注，獨中書置時政科，一文學掾掌之，以事付史館。及一帝崩，則國史院據所付修實録而已。尚幸天曆間詔修《經世大典》，虞公集依《六典》爲之，一代之典章文物稍備。其書止於天曆，而其事則可備十三朝之未備。前局之史既有實録可據，又有《經世大典》可以參稽，一時纂修之士其成此十三朝史不難矣。

『若夫順帝一朝三十六年中事，既無實録，又無參稽之書，惟憑采訪以足成之。竊恐其事未必覈，其言未必馴，其首尾未必貫。雖執事高材卓識，提綱挈領，有條而不紊，向之諸公或受官，或還山，既各散去，而欲不材且病如僕者承乏於後，誠恐不能副執事之意。有司不容見辭，逼上道，舟至嘉興驛，賤疾大作，行步不前。謹奉狀左右，乞賜矜察，別求有史材者成此盛典，幸甚！』

一夔復至京師。洪武三年九月，《大明集禮》成。五年，試職杭州府儒學教授。六年，復就職。命編纂日曆，成，得實授官，并賜文綺、繒各三裝，錢六緡。十六年，帝以靈谷寺初建，敕一夔自杭州撰碑文以進，稱旨，賜蟒衣綵幣。

一夔工於文，深而不刻，質而不俚。其言曰：『理足而言暢，斯天下至文也。臨文而後索理，理惡乎粹？惟夫求諸經而有得於堯、舜、禹、湯、文、武、周公、孔子立言之旨，融而攝之方寸之間，而吐之觚翰，則其爲言自不患其不醇矣。彼以才驅氣，駕爲高者，坐於造理不深故爾。』君子以爲篤論。禮局共編纂者，新喻梁寅孟敬、永豐劉于允恭、贛州劉承直宗弼、廬陵周子諒子諒、清江劉永之仲修、淳安魯淵道源、錢塘劉儼敬思、會稽錢宰子予、胡行簡、董彝、蔡深、滕公琰。

當元之季，一夔自天台徙嘉興。於時，嘉興人鮑恂居郡城之西溪，貝瓊居於金圩，郁遵居商陳村，朱克恭居澄林，王鏞及弟鈞居梅溪，宋仲温父子居濮市，豐於資，集一時名士爲聚桂文會，以文卷赴者五百餘人，請楊維禎評其優劣。四方避地者，桐廬姚桐壽居海鹽之峨溪，崑山顧德輝居合溪，温州陳秀民居竹鄰巷，閩卓成大居甓川，江陰孫作居南湖，而東平牛諒、河南高遜志、江都丘民、錢塘陳世昌、會稽唐肅、江漢皆來僑居，一夔卜宅於春波門外白苧里，四明周棐以陸宣公書院山長留梨林，鹽城秦約教授崇德，日以文酒相酬和。桐壽稱曰樂郊云。

朱彝尊《静志居詩話》

《實録》：洪武二年八月，詔儒臣纂修禮書，徵儒士徐一夔、梁寅、劉于、周子諒、胡行簡、劉宗弼、董彝、蔡深、滕公琰至京師。曾魯以《元史》方成，奏留之同纂修。三年九月，書成，賜名《大明集禮》，通五十卷，授曾魯、徐一夔、周子諒、董彝以官。梁寅等六人以疾賜還鄉里。宋景濂撰《楊廉夫墓誌》云：『國朝天下大定，詔遺逸之士纂修禮樂書。君被命，至京師僅百日，而肺疾作，乃還。卒，年七十五，洪武庚戌夏五月也。』而梁孟敬《贈徐大章序》則云：『吴元年丁未歲，以詔徵至都，大章亦見徵。是時置三局，一律局，二禮局，三誥局。余備員禮局，而大章撰誥文，同居官寺者半歲。』云云。若是，則禮局、律局同時分設，而大章、孟敬俱於吴元年即被徵矣。

《實録》又載：吴元年八月，徵江西儒士劉于等至京，欲官之，俱以老病辭，各賜帛遣還。則劉于亦以吴元年被徵矣。且劉宗弼者，承直之字。承直於吴元年十月官國子司業，不應於洪武二年又同遺逸之士並徵也。又中書省定律令亦係吴元年十月事，至十二月律令成，命頒行之，則律局可輟，不煩二年猶與禮局並存也。此皆事之大可疑者。

相傳廉夫賦《老客婦》詞進御，其辭云：『老客婦，行年七十又一九。』按是歲己酉，廉夫年七十有四爾，何必增益其齒以誑孝陵邪？殆好事者爲之。又考當日同修禮書尚有魯淵道原，《實録》削而不書者，以道原書未成時先卒也。梁孟敬有輓詩，載《石門集》。

大章遺稿罕傳，余於京師見之今刑部尚書新城王先生貽上所，凡四册，比余家藏者倍之。然驗其目無詩，猶未是足本也。

元時進賀表文觸忌諱者凡一百六十七字，著之典章，使人不犯，其法良善。逮明孝陵，恩威不測，每因文字少不當意，輒罪其臣，若蘇平仲、徐大章輩是也。

汪琬《徐一夔傳》

徐一夔，字大章，天台人。工屬文，知名浙東西，與義烏王禕相友善。洪武三年，詔修元十三朝史成，將復修順帝史。是時，禕方爲總裁官，以一夔薦。一夔故有足疾，致書於禕曰：

『爾者縣吏踵門，傳致浙省官僚之命，言朝廷以續修《元史》見徵。且云執事謂僕善敘事，薦之當路。夫爲總裁，薦人纂修，此固其職。向者執事道錢唐時，不疑僕不材，已欲引置史局，僕固嘗敷陳情實矣。不意執事猶惓惓於不材且病之人也。

『竊惟近世論史者，以爲莫切於日曆。日曆者，史之根柢也。自唐長壽中史官姚璹奏請撰時政記，元和中韋執誼又奏撰日曆。日曆以事繫日，以日繫月，以月繫時，以時繫年，猶有《春秋》遺意。至於起居注之設，亦專以甲子起例，蓋記事之法無踰此也。

『往宋極重史事。日曆之修，必諸司關白，如詔誥政令，則三省必書；兵機邊務，則樞庭必報；百官之拜罷、刑賞之與奪、臺諫之論列、給舍之繳駁、經筵之論答、臣僚之轉對、侍從之直前故事、中外之囊封匭奏，下至錢穀、甲兵、獄訟、造作，凡有關於政體者，莫不隨日以録。日曆所以不可忽也。然猶患其出於吏牘，或一日之僞，則後難更定；一事之失，則後難增補。故歐陽公慮之，奏請監修宰相歲終點檢修撰官日所録事，有隳官失職者罰之。其於日曆慎重如此。日曆不至僞失，則它時會要之修取於此，百年之後紀志列傳取於此。此宋氏之史所以爲精確也。

『凡僕所陳，皆執事所熟知者。而僕自有知以來，頗識前元制度文爲務從簡便。且聞史事尤甚疏略，不置日曆，不置起居注，獨中書置時政科，以一文學掾掌之，以事付史館。及一帝升遐，則國史院據所付修實録而已。尚幸天曆間所纂《經世大典》，虞公集依《六典》爲之，一代典章文物纛備。兹者前局之史，既有十三朝《實録》可據，又有此書可以參稽，一時纂修者，僕雖不能盡識，如胡仲申、陶中立、趙伯友、趙子常、徐大年輩，又皆有史學，其成此不難。『若順帝三十六年之事，既無實録可據，又無參稽之書，惟憑采訪以足成之。竊恐其事未必覈也，其言未必馴也，其首尾未必貫串也。雖執事高才卓識，爲之提綱挈領，然如向之數公，或受官，或還山，既各散去，而欲不材且病如僕者承乏於後，必無以副執事之望。有司迫促上道，舟至嘉興驛，足疾大作。謹奉狀左右，乞賜矜察。』

一夔遂不至。未幾，用薦署杭州學教授。召修《大明日曆》，越四月書成，將授翰林官，一夔又以足疾辭，賜綺繒三襲、錢六緡，遣還杭州。宋濂嘗稱其文能與六經之道俱云。

《明人集序録》

徐大章《始豐稿》十四卷，明初天台徐一夔大章著。前稿三卷，雜述、解、説、贊、詞、銘、碑、記、序、題跋、誄、書、墓誌共五十四首。後稿上三卷，雜述、解、説、贊、詞、頌、銘、碑、記、序、題跋、書、表、祝文、祭文、傳、墓誌共七十首。後稿中三卷，雜述、贊、記、序、題跋、書、祭文、傳、墓誌共六十三首。後稿下五卷，雜述、贊、詞、記、序、墓誌、銘、墓碣、墓誌、表、碑、題跋、説、傳、祭文、啟、表、疏共一百八首。凡十四卷，總計二百九十五首。予於朱錫鬯架上見此集。但集中未見有詩，或以爲非全本，俟更博訪之。

王士禎《漁洋書跋》

余於慈仁寺市得徐一夔大章《始豐稿》文十四卷，無詩。陳繼儒嘗稱大章《宋行宮考》、《吴越國考》研檢精確。余觀集中如《歐史十國年譜備證》、《錢塘鐵箭辨》等篇皆極精核，不獨二考也。

鄭端《康熙台州府志》

徐一夔，字大章，赤山人。洪武初，任杭州府教授。通經學古，以詩文擅名於時。召入史館纂修《元史》及《大明日曆》，賜蟒袍綵緞。凡言教授之賢者，必曰一夔云。所著有《始豐稿》十五卷，宋濳溪爲之序。見《萬姓統譜》。祀鄉賢。

黄宗羲《宋元學案》

徐一夔，字大章，天台人。洪武初，任杭州府儒學教授。通經博古，以詩文擅名於一時。召入史館纂修《元史》。自後言教授之賢者，必推先生云。馮案：謝山《學案札記》云：徐一夔不知何師？今查《始豐稿》，蓋師林古泉。始豐講友山長周先生棐。棐字致堯，四明人，由鄮山書院移宣公書院，與徐始豐善。馮案：先生與始豐俱爲白苧里詩人，見《禾録》。

張琦《乾隆建寧府志》

徐一夔，字大章，天台人。博學善屬文。學士危素薦爲建寧路教授。洪武初，徵修《元史》。

《三台詩録》

徐一夔，天台人。博學善屬文。危素薦授建寧路教授。元末，避兵嘉興之白苧里。門有大柞樹，名士多爲題詠。明初，薦任杭州教授，修《杭州府志》。召入史館纂修《元史》，以足病辭歸。其序《郁離子》自署門生，蓋嘗出誠意之門云。

《四庫全書總目提要》

《明集禮》五十三卷，明徐一夔、梁寅、劉于、周子諒、胡行簡、劉宗弼、董彝、蔡深、滕公琰、曾魯同奉敕撰。

考《明典彙》載：洪武二年八月，詔儒臣修纂禮書。三年九月，書成，名《大明集禮》。其書以吉、凶、軍、賓、嘉、冠服、車輅、儀仗、鹵簿、字學、樂爲綱，所列子目：吉禮十四，曰祀天，曰祀地，曰宗廟，曰社稷，曰朝日，曰夕月，曰先農，曰太歲風云雷雨師，曰嶽鎮海瀆天下山川城隍，曰旗纛，曰馬祖先牧社馬步，曰祭厲，曰祀典神，曰三皇孔子；嘉禮五，曰朝會，曰册封，曰冠禮，曰婚，曰鄉飲酒；賓禮二，曰朝貢，曰遣使；軍禮三，曰親征，曰遣將，曰大射；凶禮二，曰弔賻，曰喪儀；又冠服、車輅、儀仗、鹵簿、字學各一；樂三，曰鐘律，曰雅樂，曰俗樂。

《明史·藝文志》及《昭代典則》均作五十卷，今書乃五十三卷。考《明典彙》載：嘉靖八年，禮部尚書李時請刊《大明集禮》。九年六月，梓成。禮部言是書舊無善録，故多殘闕，臣等以次詮補，因爲傳注，乞令史臣纂入以成全書云云。則所稱五十卷者，或洪武原本，而今所存五十三卷，乃嘉靖中刊本，取諸臣傳注及所詮補者纂入原書，故多三卷耳。

又

《藝圃搜奇》十八卷，補闕二卷，舊本題明徐一夔編。一夔字大章，天台人，僑寓嘉興。元末，嘗官建寧路教授。按：一夔官建寧教授，見其《始豐稿·與危素書》，《明史》本傳不載，蓋偶未考其文集。洪武初，徵修禮書。王褘又薦修《元史》，辭不至。後起爲杭州教授。又召修《大明日曆》，特授以翰林官，以足病辭歸。事迹具《明史·文苑傳》。《翦勝野聞》稱其官杭州教授時，以表文忤旨，收捕斬之，殊爲妄誕。《野聞》託名徐禎卿，多齊東之語，此亦其一也。

姚璉《徐一夔獨樹軒》

瀟灑幽軒面水開，軒前老樹倚雲栽。閒來倚杖過三匝，醉後支頤看百回。風雨欲隨龍化去，雲霄常聽鶴飛來。結鄰擬共榮枯事，遮莫人知是散材。

釋至仁《次韻徐大章移居》

借屋藏書避世喧，地偏塵遠水雲繁。籬前沙渚群鷗卧，村外人家萬蟻屯。春送蘭香浮綺席，月移梅影度柴門。杖藜慣識湖東路，今雨還尋孺子論。

釋至仁《次韻徐大章新除教授之作》

先生學富志堅强，伊洛諸公總雁行。只擬丘園崇隱德，那期雨露浹恩光。北溟鯤化波濤壯，阿閣鳳銘時俗康。弟子早占公府瑞，雀銜三鱣集書堂。

唐肅詩[一]

我昔居秀州，友有徐一夔。好爲古文章，自矜少所推。每論其鄉人，屈指二三希。云有善詩者，郭姓字公葵。不習時所好，刻意追古詞。前後數百篇，一一皆珠璣。

校勘記

〔一〕唐肅《丹崖集》卷二有《挽郭秉心》詩，此節録之。

張昱《上巳日偕徐大章游智果寺》

佳辰際上巳，屬此清明前。春景已云晏，風光猶未暄。往尋智果寺，竟得參寥泉。雲物豈殊昔，人世自更遷。邈哉長公詠，高吟憶當年。吾輩復登臨，花界何因緣。古佛儼香閣，真詮積華軒。境超萬念空，道勝諸妄捐。緬彼此會難，徘徊未言旋。申章續芳藻，冀或來者傳。

姚廣孝《和徐一夔游龍山雜賦六首》

遠過桃花關，欲上桃花嶺。關深嶺亦峻，雲鳥樂幽静。窮高見煙市，始悟在人境。
前山低易登，後山陟難度。亂石礙僧扉，藂篠隘樵路。行行倦欲歇，寧待日西暮。
翛翛一禪宫，樓臺隱金碧。松關掩唄音，花龕鎖雲迹。群僧禮祖餘，香燈自長夕。
崇壇起芳郊，山川勢增壯。神來氣氤氳，神去風瀁蕩。奠享不移時，庶以答靈貺。
路入龍岡來，一澗復一澗。迢迢花石邊，孤猱度雲棧。深處忽逢仙，相攜坐談幻。
出崦不逢山，長江波渺渺。落日下遥汀，寒雲翳沙鳥。延佇目難窮，孤帆來樹杪。

始豐稿續附録

趙撝謙《與徐大章先生書》

竊謂西漢以上，著書者皆不藉序文，蓋其自信有可必傳者，更不待他人贊奬而後取信於人也。三國以來，既不能自信而無疑，而人又不足是非於其間，必待有名位在上者倡之也。其或不布於名位在上，而後爲人竊爲己物者，亦有之，如郭象之《莊子注》、宋齊丘之《化書》是以。其書雖無足傳，因序文而名於後者，亦或有之。

某之《六書本義》，雖未敢自信其必傳，然歷覽前人，自許祭酒以來，欲明之者，不啻百數十家，紛紛藉藉，非不各自以爲盡美盡善，然卒無攸主者，蓋皆未明乎六義，而未得其凡例也。

鄉上金陵，得以此書見知於執事，即許序之。及東還復見，而執事尚抱不豫，遂弗敢固請。兹因所親詣杭，敢以復請。成人之美，循循善誘，君子之道。某欲執事必一序者，以執事一代文章之砥柱，斯文之宗表，而某又生於東南故也。

顧字書雖一小藝，然用之甚大，該理甚博。嘗謂水火之生，人不可一日無者，而人不汲汲然者，以其隨取隨足，而衆人味焉。惟聖人於《易》坎離，始終明之。字書之於世用，亦若水火，顧不察耳。夫以沈約所謂韻書綴於世間，草創略無次第，猶至今用於人人，而况實有通之者乎？蓋聲音之在造化，有一定自然之序，如祖父、伯叔、兄弟、子孫生生之道，居處運用，略不可紊。約未之知，世習弗疑，沈痼不容針砭，實可慨也。某甚有志於此，而未暇也。以執事見知，故間及之。

楊循吉《徐君始豐稿序》

自予來居雁蕩村上，日發故所藏書讀之，因得窺徐先生之文焉。其言閎肆博大，信其爲卓然偉丈夫也。然徐先生不過爲杭州教授而已矣。嗚呼！何抑也？

以徐先生之文觀之，苟拔之末僚中，與一貴大之職，何所不能成其功也？而使止此以没，則士之有才者，豈必皆用乎？夫士未用，則其才未見，恃其有言論而已，舍此將何觀焉？故諸葛公，南陽一布衣也。先主一接見，間以國事付之，豈其嘗有尺寸之功哉！亦聽其言而從之如此也。後世之人即其言觀之者，以文視之而已矣。苟其人未嘗試而有功，則雖有王伯大略顯著於言論，不以信也。則徐先生何怪其止於一教授也？

故士學雖成，未必其誠得於大用於世，直如浮泛於天地之間，以俟其所遇者而已矣。其得用者，功業顯著，而名不朽，非其才之必至是也，亦其所遇得地，有不容不然者耳，非真有人識之也。故古之士恒爲知己者死之，誠足死矣。夫匿其名於山林，無言論見於世，則人之不知宜也。今有人日與人接而言者，亦未見人之知之者也，則士豈有不自懼而恥歟？當徐先生時，無論薦者，則已矣。於今世，則有大不然者也。苟有名士，必忌且擠焉，尚望論薦乎？必其幸會得地，以文飾之，則人亦無校者焉。如欲以文自拔也，斯已矣。然士豈可以空言踐之也哉！士而不用，非特徐先生也。讀其文而悲之，故論焉。

貢師泰《知學齋記》

人亦孰不欲學哉！善學者知所以爲學而已矣。知所以學，則用志專而成功易。學而不知所以，則倀倀然無所向。雖日疲神於六藝之文，殫思於百家之言，其爲學果何如耶？然則學固在乎知，知亦有其要矣。

天台徐大章以知學名齋，間過予海昌寓舍，願聞一言以發其歸趣。未幾，復以書請曰：『一夔嘗受教於家君矣。學以立言明道，非徒記誦詞章云耳。然堯、舜、湯、文、周、孔之道見於經，其言宏博奧衍，既未易知，而漢之司馬遷、揚雄，唐之韓愈，宋之歐陽脩，卓然自爲一家之言，又未易得其門牆而入也。先生獨不能啟死虚滯，使如春陽發動，層冰頓釋乎？』

予發書，三復而歎曰：『善哉！大章之爲學，庶幾得其要矣。夫予亦何足以知之？然竊聞之，言非道不立，道非言不明。立言明道，固不可岐而二矣，亦豈可不知先後輕重之敘也耶？不知其敘而遽學焉，則終不足以領其要矣。是哉！道明於己而發於言，則言不期文而自文。譬之江淮河漢之流行，波瀾起伏，將有不得不文者。不明於道而徒言之，則如斷潢敗潦，雖欲文，得乎？且是道也，非遠人以爲道也，本之於人心天理之正，行之於彝倫日用之常，因微以至著，推近以達遠，由小以及大，可以參贊，可以位育，可以成變化而行鬼神，斯其所以爲學也，斯其所以爲堯、舜、湯、文、周、孔之道也。然而楊墨仁義而異端，老佛慈愛而殘忍。其它若申韓、管商、公孫衍、張儀之流，其始亦非不欲明道也，而卒至於糜爛磔裂不可究極者，不知所以爲學，學焉不得其要故也。是則堯、舜、湯、文、周、孔，吾學之標準也。《易》、《書》、《詩》、《春秋》、《禮學》，吾學之尺寸也。執尺寸以定長短，望標準以趨遠近，道其外是乎？不然，苦心刻意，作爲文章，雖能並驅齊駕於揚、馬、韓、歐之間，果爲知學哉！』大章不棄予言，遂書以爲記。』

貢師泰《書扇餞徐大章往黄灣》

海村四月菊花香，日暮牽船出下塘。別後莫教音問少，蒼頭時遣送文章。

沈夢麟《九日小集教授齋中》

廣文招我飲重陽，樽俎論交樂未央。故舊幾人蓬髮白，風流九日菊花黄。陶潛止酒非真性，杜甫登臺有故常。傾座喜聞皇甫湜，醉歌伐木有文章。

張光弼《風木歌爲褚本中賦并寄徐一夔記》

褚孝子，感風木。樹猶如此親安在，歲月去人何迅速。陟岵陟屺望不及，入室升堂成宿昔。劬勞未報棄諸孤，號泣旻天涕沾臆。走獸聞之失其群，飛鳥聞之墮其翼。物之感也有如此，宜爾諸孤哀罔極。始豐先生辭餘力，文章今擅歐蘇筆。記成不忍再三讀，未及終篇話嗚咽。乃知人皆有父母，天性油然非染習。孝思不匱永錫類，草偃風移而俗易。三復始豐記，擊節爲太息。往求二木之所在，果然拔地俱千尺。孝子之父見手植，造物於斯有陰騭。君不見東坡所記三槐堂，魏公得符在他日。

又《徐一夔以自己小影代送壎上人回龍門寺爲題其上》

總是三生夢幻身，又何分別假和真。縱饒送到龍門寺，也只丹青畫裏人。

又《送徐大章建寧路學教授》

經籍傳家二百年，河汾今在路西偏。文雄虎豹豈徒作，名動京師非偶然。領教七閩勝作郡，受知八座合稱賢。佇看召入承明署，禮樂遺書在簡編。

又《晏居有懷徐一夔教授》

逝者如斯繼者誰，遺經獨抱可勝悲。心忘爵禄身方逸，道載文章老始知。乳燕試飛華屋静，桐陰初合畫簾垂。古音最愛朱絃瑟，彈向高堂念别離。

又《讀府教授徐大章爲岐陽王客[一]白以中賦西塘八景詠夜卧不寐有懷》

若使蔡邕今日讀，應題八字刻西塘。大音如奏古琴瑟，衆羽不瞻孤鳳凰。百世可傳惟述作，一辭難措是文章。老夫爲此喜無寐，卧誦不知秋夜長。

校勘記

〔一〕岐陽王客，原作『政陽王容』，據明張昱《可閒老人集》卷四改。

丁丙《跋始豐稿》

丙既冠，入郡庠，謁先聖，以次謁鄉賢，見壁陷祠記，爲大章先生撰，景仰久之。嗣讀厲徵君《樊榭集》詩，述先生道藝尤詳，更見《東城雜記》引《始豐稿》文，益思讀其全集。會遭親喪，痛不暇求。庚辛粤匪兩寇杭城，流離奔匿中，竹舟兄冒險抱文瀾閣殘書移滬上。同治甲子肅清，舉遺書暫庋郡庠尊經閣。檢先生，稿尚存五卷，亟録副，冀規其全。越數年，得明初刻本卷九至十一，凡三卷，喜躍累日。光緒間，大吏奏明補鈔閣書，訪知四明盧氏有其書。孫孝廉樹禮奉劄納幣，祭其先祠，始得借鈔而歸。顧盧氏本亦鈔非刻，時病魯魚。又數年，得黃蕘圃藏本，前六卷爲明初刊，後八卷影寫明刊者。於是方睹原書面目。甚矣！書之不易得也如此。

按：天台本名始豐。先生世居赤山側，稿名《始豐》，不忘所自也。少以貧故，游四方，後徙嘉興，寓杭州，遷黃灣，繼爲建寧路學教授，溯蹤迹幾三十年。前稿三卷，凡雜述、解説、贊詞、銘記、序跋、誄書、墓誌共五十四首，皆作於元至正間。及明洪武初，召修禮書。五年試職杭學，年五十有四，繼修日曆，書成，授翰林官，以足疾辭歸，得實授，更著後稿。上三卷序次，始雜述，終墓誌，增頌、表、祝文、祭文、傳，而無誄文，共七十首。後稿中三卷，文六十三首，序次與上卷同，惟無解與説耳。自卷十至卷十四，但注後稿，仍以雜述始，以啟疏終，共一百八首。其不注下字者，蓋備隨時增刊他文也。

按上虞顧君墓誌銘，葬在元至正十九年己亥，既葬三十五年始請銘，則在洪武二十六年癸酉，時先生七十五歲。並考陳氏善《萬曆杭州府志·職官表》，先生洪武六年任教授，下接三十三年，會當革除，實建文二年，教授爲蔣良輔。其中即有權代者，表不列名。約記先生壽終，當及八秩矣。世因《翦勝野聞》稱表文忤旨收捕斬之之誣，幾疑不克令終於官，豈非大謬哉！

先生晚抱西河之戚，繼起孤單，稿本零落。明《文淵閣書目》雖有著録，亦注殘闕。俞氏憲

《盛明百家詩》、錢氏《列朝詩集》皆不登隻字。幸新城、秀水表而出之，始克登四庫，儲七閣。然兵燹銷磨，傳亦幾希。竊惟先生在杭造就儒生者勤且廣，表章景物者精而博，志稱教授之賢難乎爲繼。況其集板十五卷，《赤城新志》云刊在杭州，詎可使顯而復晦耶？今撫部崧公修葺杭郡禮殿廡閣及先生祠祀名宦，靡不焕然一新，因寫付剞劂氏，並録《提要》、《明史》傳、宋學士序冠其端，旁採王忠文、梁石門諸序記與志文軼事附於末，更補輯遺詩一卷。雖不能復十五卷之舊，而後之讀先生集者亦庶幾尚論有資云。

光緒癸巳仲冬，錢塘丁丙謹識。

始豐稿新附録

沈夢麟《次日皇甫彦昭復招飲且賦詩見示因和韻謝時徐廣文鄭叔致同飲》

老我每扶斑竹杖，多君重約紫萸杯。千頭橘子從人采，一樹芙蓉對酒開。北海芳樽無俗客，南州高士不凡才。同襟更有麟溪鄭，千里跫音不速來。

貝瓊《題徐大章白鶴山居》

孤煙一曲紫雲村，好客尋常遠到門。水落已知魚可笱，夜深不畏虎夔藩。鄰人送酒酌花下，稚子讀書當樹根。白鶴千年時過此，山中還有令威孫。

張光弼《同徐大章溪上看芙蓉》

日暮歸來雨濕衣，涼風千樹緑云飛。渚宫只在秋江上，何事襄王夢到稀。

《嘉靖浙江通志》

徐一夔，字大章，天台人。洪武初，以儒士薦授杭州府儒學教授。通經學古，以詩文擅名於一時。當學校肇開，一夔嚴爲軌範，以身率之。召入史館纂修《元史》，賜蟒衣綵緞。至今言教授之賢者，必曰一夔云。

《嘉靖嘉興府圖記》

徐一夔，字大章，天台人。博學善屬文。學士危素薦爲建寧路教授。元末，避地嘉興。洪武初，徵修《元史》。終杭州府學教授。以文行推重當時。有《始豐稿》行世。

《康熙杭州府志》

徐一夔，字大章，天台人。洪武六年，以儒士薦授杭州府儒學教授。當國家肇開學校，而克嚴爲軌範，以身率之。召入史館纂修《元史》。詔製《靈谷寺碑》，稱旨，賜蟒衣綵緞。再涖，益申教條。一時生徒成就，試之有司，往往獲舉首。至今稱教授之賢難乎爲繼云。

《康熙天台縣志》

徐一夔，字大章，赤山人。洪武初，任杭州教授。通經學古，以詩文擅名於時。召入史館纂修《元史》及《大明日曆》，賜蟒袍綵緞。凡言教授之賢者，必曰一夔云。所著有《始豐稿》十五卷，宋濳溪爲之序。見《萬姓統譜》。祀鄉賢。

朱彝尊《至正辛丑倡和集詩人小傳》

徐一夔，字大章，天台人。博學善屬文。危太樸在元時嘗言於朝廷，授建寧路教授。元末，避兵於郡之白苧里，有屋三四楹。牖外有大柞，因作《獨柞軒記》以見志。錢塘潘時雍題一詩曰：『瀟灑幽軒水面開，軒前老樹倚雲栽。閒來扶杖過三匝，醉後支頤看百回。風雨欲隨龍化去，雲霄常聽鶴飛來。結鄰擬共榮枯事，遮莫人知是散材。』

明吳元年，以詔至都。時方置三局，一曰律局，定律令，凡舊官練於憲章者居之；二曰禮局，究禮儀，凡宿儒通於古制者居之；三曰誥局，撰誥命，凡俊才優於文辭者居之。一夔特撰誥文，賜蟒衣綵幣。縉紳欲薦入禁近，堅以足疾辭。終杭州府學教授。有《始豐稿》。

嘗作賀表，有云『光天之下』，又云『天生作則』，太祖覽之大怒，曰：『豎儒乃如是侮我耶！』以生字、光字、作則字聲律犯忌，欲坐以不敬。禮臣請曰：『草茅不知忌諱，乞宥之。』並請欽定表式頒示天下，從之。

《雍正浙江通志》

朱彝尊《徐一夔傳》：字大章，天台人。吳元年，詔儒臣纂修禮書，勑舉博古通今之士。一夔首被徵，草創既就而還。會《元史》成，而元統後無事迹可徵，將有事續修，王禕以一夔薦，復至京師。洪武三年，《大明集禮》成，官杭州府儒學教授。命編日曆。靈谷寺初建，勑一夔自杭州撰碑文以進。稱旨，賜蟒衣綵幣。一夔工於文，深而不刻，質而不俚。當元季，自天台徙嘉興，卜宅於春波門外白苧里。

《乾隆海寧縣志》

《明史文苑傳》：字大章，天台人。工文。與義烏王禕善。洪武二年初，詔纂修禮書，一夔與焉。明年書成。將續修《元史》，禕以一夔薦，不至。未幾，用薦署杭州教授。《許志》：元末值亂，客黃灣馬氏授經。

《嘉慶嘉興縣志》

徐一夔，字大章，天台人，徙嘉興。元末，建寧教授。洪武初，召修禮書。終杭州府學教授。有《始豐稿》。

《光緒台州府志》

徐一夔，字大章，天台人。《明史·文苑傳》賦資絶倫，宋濂《徐教授文集序》博學善屬文，擅名於時。危素在元時嘗言於朝，授建寧路教授。元末，避兵於嘉興之白苧里，郁嘉慶《至正庚辛唱和詩人小傳》與一時名士爲聚桂文會，以文卷赴者五百餘人。朱彝尊撰傳

吳元年，以詔徵至都。是時，朝廷置三局，一曰律局，以定律令，凡舊官之練於憲章者居之；二曰禮局，以究禮儀，凡宿儒之通於古制者居之；三曰誥局，以撰誥命，凡俊才之優於文辭者居之。一夔得撰誥文。梁寅贈序

洪武二年八月，詔纂修禮書，一夔及儒士梁寅、劉于、曾魯、周子諒、胡行簡、劉宗弼、董彝、蔡深、滕公琰並與焉。明年，書成史傳而還。會《元史》成，而元統後無事迹可證，將有事續修，朱傳王禕爲總裁官，以一夔薦。史傳一夔故有足疾，汪琬撰傳遺書曰：

『爾者縣令傳命，言朝廷以續修《元史》見徵，且云執事謂僕善敘事，薦之當路。私心竊怪執事何惓惓於不材多病之人也？僕素謂執事知我，自審終不能副執事之望，何也？

『近世論史者，以爲莫切於日曆。日曆者，史之根柢也。自唐長壽中史官姚璹奏請撰時政記，元和中韋執宜又奏撰日曆。日曆以事繫日，以日繫月，以月繫時，以時繫年，猶有《春秋》遺

意。至於起居注之設，亦專以甲子起例。蓋記事之法無踰此也。

『往宋極重史事。日曆之修，必諸司關白。如詔誥則三省必書，兵機邊務則樞司必報，百官之進退、刑賞之予奪、臺諫之論列、給舍之繳駁、經筵之論答、臣僚之轉對、侍從之直前故事、中外之囊封匭奏，下至錢穀、甲兵、獄訟、造作，凡有關於政體者，莫不隨日以録。然猶患其出於吏牘，或有訛失，故歐陽脩奏請監修者於歲終檢點修撰官日所録事，有失職者罰之。如此，則日曆不至訛失，則他時會要之修取於此，實録之修取於此，百年之後紀志列傳取於此。此宋氏之史所以爲精確也。

『元朝則不然，不置日曆，不置起居注，獨中書置時政科，遣一文學掾掌之，以事付史館。及一帝崩，則國史院據所付實録而已，其於史事固甚疏略。幸而天曆間虞集仿《六典》法纂《經世大典》，一代典章文物粗備。是以前局之史，既有十三朝實録可據，又有此書可以參稽，而一時纂修諸公，如胡仲申、陶中立、趙伯友、趙子常、徐大年輩，又皆有史才史學，廑而成書。至若順帝三十六年之事，既無實録可據，又無參稽之書，惟憑采訪以足成之。竊恐事未必覈，言未必馴，首尾未必貫串也。而向之數公，或受官，或還山，復各散去。乃欲以不材多病如僕者承乏於後，僕雖欲仰副執事之望，何以哉！謹奉狀左右，乞賜矜察。』

一夔遂不至。未幾，用薦署杭州教授。史傳六年，召修《大明日曆》，越四月書成。爭欲薦入詞林，堅以足疾辭。詔賜文綺、織繒各三裝，錢六緡，俾其職爲真。故事，教授試職三年，俟育材奏功，方許真授。一夔未期年，乃異數云。宋濂《送徐教授纂修日曆還任序》時學校肇開，一夔嚴爲軌範，以身率之。一時學徒成就，稱教授之賢難乎爲繼。《萬曆杭州府志》十六年，帝以靈谷寺初建，勑一夔自杭州撰碑文以進。稱旨，賜蟒衣綵幣。

一夔工於文，深而不刻，質而不俗。其言曰：『理足而言暢，斯天下至文也。臨文而後索理，理惡乎粹？惟夫求諸經而有得於堯、舜、禹、湯、文、武、周公、孔子立言之旨，融而攝之方寸之間，吐之觚翰，則其爲言自不患其不醇矣。彼以才驅氣，駕爲高者，坐於造理不深故爾。』君子以爲篤論。朱傳著有《始豐稿》十五卷，《弘治志》又輯有《杭州府志》。田汝成《西湖志餘》歿祀鄉賢祠。《萬曆天台志》

朱彝尊《明詩綜》

當元之季，浙西歲有詩社，而濮市濮仲温豐於資，集一時名士爲聚桂文會，以卷赴者五百人，請楊維禎評其優劣。於是紀風土者目爲樂郊。及楊完者亂，州無完郛。然繆同知思恭德謙猶招群彦集南湖，與會分韻者一十有四人。越二年，曹教授睿新民復集諸公於景德寺，亦有一十四人。是時，閩人麟彦昭、葉廣居居仲、金絅子尚、潘著澤民、劉堪子輿咸有詩名。吳鎮仲圭居魏塘，貝瓊廷琚居千金圩，鮑恂仲孚居郡之西城之西溪，郁遵子路居商陳村。四方避地者，温州陳秀民庶子居竹鄰巷，閩人卓成大器之居甓川，江陰孫作大雅居南湖，崑山顧德輝仲瑛居合溪，天台徐一夔大章居白苧里，桐廬姚桐壽樂年居海鹽之峨溪，而河南高遜志士敏、東平牛諒士良、江都丘民克莊、錢塘陳世昌彥博、建德張𦐇翔南皆來僑居，四明周棐以陸宣公書院山長留居梨林，日以文酒唱酬。詩成，輒鏤板鑱壁，聞者傳爲勝事。今也流風遺俗未有存者。録處敬詩，因附録之。欲尋舊迹，不勝海桑岸谷之感也。

陳田《明詩紀事》

一夔，字大章，天台人，徙嘉興。元末，建寧教授。洪武二年，徵修禮書。三年書成，授杭州教授。六年，與修日曆。書成，將授翰林院官，以疾辭，賜文綺遺歸。有《始豐類稿》。

《至正庚辛唱和集》補傳：大章博學善屬文。危太僕在元時嘗言於朝，授建寧路教授。元末，避兵於郡之白苧里，有屋三四楹。牖外有大柞，因作《獨柞軒記》以見志。錢塘潘時壅題詩曰：『瀟灑幽軒水面開，軒前老樹倚雲栽。閒來扶杖過三匝，醉後支頤看百回。風雨欲隨龍化去，雲霄常聽鶴飛來。結鄰擬共榮枯事，遮莫人知是散材。』

田按：明初以禮徵者，如楊維禎、王錡、張宣、朱右、魯淵、錢宰、林弼、劉儼、張𦐇、陳世昌輩，不堪枚舉。其見於《明集禮》者，僅徐一夔、梁寅、劉于、周子諒、胡行簡、劉宗弼、董彝、蔡深、滕公琰、曾魯十人。此外如高季迪《送舒徵士考禮畢歸四明》詩云：『寄語關門吏，休輕尚布衣。』叔孫聊應詔，周黨竟辭歸。赤日京塵遠，蒼煙海樹微。送君還自歎，老卻故山薇。』徵士不能舉其名，蓋亦應詔考禮畢辭歸者也。劉仲修《清江集》有《秣陵述懷》詩：『誤蒙曲臺召，秉筆從諸公。』是仲修亦以考禮徵矣。曾得之以修《元史》畢留禮局。高季迪《送徐大年歸嚴陵序》云：『大年被召與修《元史》，書成，以老乞還。會春官議修五禮，復奏留之。其書又成，有司具禮傳送歸。』是大年亦以修史留禮局者，《集禮》何以不列大年名？豈大年所修五禮又別自成書歟？梁孟敬贈徐大章序云：『吳元年丁未歲，寅以召徵至都，四方之士翕然雲集。是時，置三局，一律局，舊官之陳於憲章者居之；二禮局，宿儒之通於古制者居之；三誥局，俊才之優於文辭者居之。』《明史》云：『太祖首定天下，他務未遑，首開禮樂局二，廣徵宿學耆儒，分居討究。』是禮局之外又有樂局。厥後《集禮》書成，末附鐘律、雅樂、俗樂三事，始爲合併耳。又謝密庵《送朱伯賢考禮序》云：『皇帝混一初元，命中書暨翰林、太常率諸儒擬三禮。明年，再命集儀禮樂。又明年，遍徵在野道德文章之士，相與考定之。』蓋自吳元年至洪武三年，無歲不召諸儒考禮。三年九月，《集禮》成，特以大章等十人竣事耳。大章爲王子充所薦續修《元史》，力辭。其報子充書深明史法，爲世所稱。《始豐稿》十四卷，獨缺詩。今所録者，皆散見於他選本者也。

丁丙題

一夔字大章，天台人，嘗游徙嘉興海寧。危大參素薦授建寧路學教授。入明，試杭學教授，徵修《元史》、《大明集禮》。將授翰林官，以足疾辭，乃實授杭州府學教授。年踰七十，卒於官。《翦勝野聞》所載明太祖怒其表文有『天生作則』斬之者，誤也。

《千頃堂書目》載《始豐類稿》十五卷。朱氏《靜志居詩話》云：『大章遺稿罕傳，余見王貽上所，凡十四卷，皆雜文無詩。』與四庫著録合。一至六卷，明初先刻，當竹坨□〔一〕家藏之本。後七卷至十四卷乃續刻，爲黄蕘圃影寫顧抱沖藏本。跋稱字體頗得其似，迥非鈔胥比矣。有汪士鍾讀書三十四□□□員喬、藹齋、水竹墅、鳳凰池上客諸印。又得卷九之十一凡三卷，與明先刻卷一式，有黄印丕烈、蕘圃兩圖記。余雖補鈔全集，不能如黄氏影寫顧本之工，又不忍將黄氏所影者撤去，故兩存之。

校勘記

〔一〕□，係手稿字迹難辨。後同。

丁丙跋

明《文淵閣書目》有徐大章集三部，皆二册，皆注闕字，而不著《始豐稿》之名，豈别一刻本歟？大章以洪武十六年撰靈谷寺碑稱旨，賜蟒衣、幣。集中所列《重刊中峰和尚廣録序》，原書後題洪武二十年四月佛誕日杭州府儒學教授天台徐某序。此文編之集中，在二十年以後上版，計教授吾杭者凡念□載。《翦勝野聞》：『太祖覽其表文「光天之下」、「天生聖人，爲世作則」，大怒，禍□不測。』其事如確，疑在宋景濂貶後藉端而發，俟再考之。光緒壬辰冬至日，丁丙識。

集中卷十四《答皇甫知州慶初度儷語》云：『眷言初度，已越稀年。』則先生年已七十餘。按卷六《初至杭學祝文》云『洪武五年歲次壬子，年踰五十，於道未聞』語核之，則先生□已在洪武二十六七年間。郁嘉慶所撰《至正庚辛唱和詩人小傳》云終於杭州府學教授，正刊集事竟之後矣。

黄丕烈等跋

徐一夔《始豐稿》，余於顧抱沖家偶一見之，未及細檢其卷第也。恭閲國朝《簡明書目》，載有兩本。一爲十四卷，即四庫所收者是，與《也是翁藏書目》合。一爲六卷，今所得者適合，然有目，而六卷後有割裂補綴之痕，且後稿下總目及每卷似具有上字而挖去者，則其有後稿無疑。是本得無爲十四卷而逸其半歟？俟假抱沖本對之。嘉慶四年莫春月下浣六日，取付裝潢，用嚮日得書時所記語録於六卷之後，蕘圃。

光緒二十二年歲在丙申九月五日，黄巖王棻校讀於錢塘丁氏求己齋。

四月四日，借得抱沖藏本一對，彼此爲卷十四，固全璧也。然自七至九卷以雜述始，以墓銘終，七卷注後稿上、中，八卷無注，九卷注後稿中。自十至十四卷又以雜述始，以墓銘及碑終，十至十四俱注後稿。可知當日以時增益，故前後各自爲稿，且後稿有上、中而無下，其無下者，可以隨時增益也。蕘圃。

卷七，十九頁；卷八，十四頁；卷九，十四頁，内有又六，共十五頁；卷十，十八頁，内有又三，共十九頁；卷十一，十五頁；卷十二，十四頁，内有又四、又五，共十六頁；卷十三，十三頁；卷十四，十八頁，總一百二十九頁。

此亦得書時借抱沖本核之，自記語并所待補頁數也，今已補就。此八卷，余前所得本目録已割裂。抱沖得本雖十四卷，目録并前六卷而無之，因續補卷數葉數，以備考。蕘圃。

此七卷至十四卷一百二十九葉《始豐稿》，余用抱沖本屬友人影寫者。字體頗得其似，迥非鈔胥比矣。是書世行有二本，恭閲《四庫提要》載王阮亭所藏爲十四卷，朱竹垞所藏爲六卷，則足本誠爲難得也。但《千頃堂書目》載有十五卷，其一爲詩，似十四卷究非全本，俟徧□諸藏書家。己未春季，棘人黄丕烈。

同治七年戊辰四月，唐翰題借校。

光緒二十二年九月，王棻閲一過。

唐翰跋

近見黄蕘翁舊藏刻本，葉十五行二十七字，至六卷而止，七卷至十四卷則借顧抱沖家藏本補録之。目序次間有不同，依黄本校正列於眉端，並通校一過，僞者正之，闕者補之，十四卷本可無遺憾。蕘翁跋謂《千頃堂書目》有十五卷本，其一爲詩，俟更訪之。戊辰四月十六日，訪孫敬亭大令，觀所藏秘籍，與劉參清直刺同行。余借是本，彦七借舊鈔《淮南鴻烈解》歸，各以校勘所藏之本，幾不知身在宦海中也。書以記□□。鵠安。

黄氏士禮居本刻者六卷止此，手跋謂目録六卷後有割裂補綴之痕，且後稿下總目及每卷似有上字而剜去者，蓋爲十四卷本而逸其半者。鵠記。

蕘翁又跋云：『自七至九卷以雜述始，以墓銘終，自十四卷又以雜述始，以墓碑終，七卷下有後稿中三字，八卷下無，九卷亦有後稿中三字，十至十四卷有後稿字而無中下等字，可知當日一時增益，故前後各自爲稿，且後稿有上、中而無下者，可以隨時增益也。顧抱沖十四卷全，目録全佚。』今檢刻本，卷五亦有後稿字。鵠記。

此本傳出之本，以脱字計之，當即二十七字之本。□有全闕之葉二。又元人名此本與刻本均不同，則此本又似從别本傳出，當更訪之。四月二十九日校畢書此。

《始豐稿提要》

臣等謹按：《始豐稿》十四卷，明徐一夔撰。一夔字大章，天台人，僑居嘉興。洪武初，徵至都纂修禮書。後王禕薦修《元史》，不赴，署杭州教授，召修日曆，授翰林院官。此集自一卷至三卷爲前稿，自四卷至十四卷爲後稿，皆雜文無詩。觀其與危素書，知曾任建寧教授，而《明史》本傳不載。

明陳繼儒嘗稱其《宋行宫考》、《吴越國考》研核精確。又王士禎謂其《錢塘鐵箭辨》精於考覈。其《歐史十國年譜備證》一篇，謂歐陽氏於吴越改元止據寶石山制稱寶正六年爲證，一夔復得錢鏐將許俊墓碑稱有寶正三年字以證歐史之不誣，又謂元瓘襲位後不復改元，立説皆有根據。觀一夔此文，始知明嘉靖間錢德洪所撰《吴越世家疑辨》謂改元之事别無證據者，特爲其先世諱耳。

此本爲明代舊刻，乃一夔全集。别一本僅六卷，佚篇甚多，不及此本之完善也。

乾隆四十七年五月恭校上。

《千頃堂書目》

徐一夔《始豐類稿》十五卷。字大章，天台人，徙嘉興。元末，建寧教授。洪武初，召修禮書。終杭州府學教授。